刘海潮 著

張伯行

第一卷 黄河故事

图书在版编目(CIP)数据

张伯行 / 刘海潮著. —郑州 ：河南人民出版社，2022.5

ISBN 978-7-215-12308-3

Ⅰ. ①张… Ⅱ. ①刘… Ⅲ. ①张伯行-生平事迹 Ⅳ. ①K827=49

中国版本图书馆 CIP 数据核字(2021)第086211号

河南人民出版社出版发行

(地址：郑州市郑东新区祥盛街27号 邮政编码：450016 电话：65788053)

新华书店经销　　河南瑞之光印刷股份有限公司印刷

开本 710毫米×1000毫米 1/16 印张 133

字数 2100千字

2022年5月第1版　　2022年5月第1次印刷

定价：460.00元(全六卷)

以史为鉴,以人为镜

张　平

之前,我对张伯行其人其事不甚了解。

2014年3月18日,习近平总书记在河南省兰考县委常委扩大会议上发表重要讲话,其中在谈到慎独、慎初、慎微时,特别提起兰考历史上有名的清官张伯行,并引用其《却赠檄文》中的名言:"一丝一粒,我之名节;一厘一毫,民之脂膏。宽一分,民受赐不止一分;取一文,我为人不值一文。谁云交际之常,廉耻实伤;倘非不义之财,此物何来?"要求大家把张伯行的《却赠檄文》"作为一面镜子"。

此后,我便查询有关张伯行的资料,见到的多是他治水和理学方面的书籍,没有一部全面描述张伯行一生的专著。但康熙帝褒扬张伯行清正廉洁,封其为"天下第一清官",让我印象深刻,并引以为镜,时时自省。

2018年,民盟中央"不忘合作初心,继续携手前进"主题教育现场活动在兰考举行。甫一踏足这片土地,"天下第一清官"张伯行、县委书记的榜样焦裕禄等清正廉洁的人物形象,在我心中愈发清晰。那次主题教育现场活动,在民盟河南省委会和中共开封市委的大力支持下,民盟开封市委会和中共兰考县委通力合作,取得圆满成功。但我心中仍有些许遗憾,且在拜谒焦陵、瞻仰焦桐、参观焦裕禄纪念馆时,这种念头愈发明显起来。张伯行被康熙帝誉为"天下第一清官",青史留名,历久弥新,是廉洁清正、忠君爱民的代表,其精神品格在任何时代都有积极的价值取向,理应得到更多的关注与宣传。同是与兰考渊源颇深的历史名人,但他的民众知晓广度、重视程度、挖掘深度却相去甚远。

恰逢具体承办主题教育活动的民盟开封市委会主委刘海潮,正在创作一部以张伯行这一历史人物为主要原型的长篇小说，我听闻后十分欣喜。刘海潮是位诗人，著述编纂诗文多部，文学造诣亦是深厚。这部书一旦写成，不仅是对张伯行其人其事的宣传，更是对习近平总书记在兰考县委常委扩大会上关于张伯行这一典型人物指示精神的贯彻落实，对当下从严治党、依法治国有较大的借鉴意义和警示作用。

《张伯行》于2014年7月动笔。几年间，海潮同志在干好本职工作的同时，青灯黄卷，笔耕不辍，终于完成了这部两百万字的鸿篇巨制。我受邀为此书作序，深感荣幸。

全书以张伯行生平事迹为故事节点，在尊重史实的基础上糅入艺术创作。以“大真实、小虚构”的笔法，通过其治水治河、赈灾救民、兴办书院、弘扬理学、打击豪强、与各种黑恶势力作斗争等，艺术再现了张伯行清正廉洁、刚直不阿的精神品质，真实塑造了张伯行严以律己、勤政爱民的官员形象，生动刻画出张伯行有血有肉、活生生的人物性格。

《张伯行》采用章回结构模式，分为《黄河故事》《治河能臣》《康熙拔擢》《却赠檄文》《科考大案》《第一清官》六卷，共十二章。以张伯行的人生轨迹为主要线索，串联出清朝的官场与市井、政坛与民风，脉络清晰，结构严谨，层次鲜明。

书中注重人物细节刻画与情节设置，吸取多种文学体裁的风格特点，对人物的心理描写炉火纯青。诗性的语言贯穿始终，大开大合，汪洋恣肆，通俗流畅，真切生动。人物对话中有突出的地方特征，形象逼真，富于表现力，显示出作者较强的文字驾驭能力和较高的文化艺术修养。尤其是书中大量化用了《习近平用典》《习近平讲故事》的内容，更是让人受益颇深！

全书以“天下第一清官”张伯行为灵魂人物，其成书的核心思想与十八大以来中共中央坚决践行以人民为中心的根本立场，坚定不移开展党风廉政建设和反腐败斗争的社会政治背景完美契合，还原了张伯行廉洁正直的清官形象，显示了清朝早期清官文化的价值取向，为做好新时代人民的好干部、好公仆提供了思考与借鉴，是中华民族优秀廉政文化的典范之作，具有很强的社会价值。

张伯行清正廉洁、实干爱民的精神品格，无论在任何时代都具有积极的劝世作用、教育意义与榜样力量，且代代相传，经久不衰。通过阅读本书，可感到这些优秀品质愈加鲜明，愈加耀眼，愈加宝贵。

“夫以铜为镜，可以正衣冠；以史为镜，可以知兴替；以人为镜，可以明得失。”由此可见，《张伯行》不失为一部对照自我、净化心灵、自警自省、发人深思的好书，值得一读。

是为序！

（作者系全国人大常委会委员、民盟中央副主席、中国文联副主席，作品曾获全国第七届优秀短篇小说奖、第五届茅盾文学奖等。）

【引子】

张伯行，字孝先，号恕斋，晚号敬庵，河南开封府仪封县（今兰考县）人。生于清顺治八年（1651 年）辛卯冬腊月初五，卒于雍正三年（1725 年）二月十六。由仪封县学廪生中康熙二十年（1681 年）辛酉科举人，乙丑（1685 年）科进士。张伯行为官清廉，刚直不阿，被康熙帝誉为“天下第一清官”。其《却赠檄文》广为世人所知，成为清朝三百年配享文庙的三人之一。

2014 年 3 月 18 日，习近平总书记在河南省兰考县委常委扩大会议上着重指出：兰考历史上出了一个有名的清官张伯行。他历任福建巡抚、江苏巡抚、礼部尚书，为谢绝各方馈赠，专门写了一篇《却赠檄文》，其中说道：“一丝一粒，我之名节；一厘一毫，民之脂膏。宽一分，民受赐不止一分；取一文，我为人不值一文。谁云交际之常，廉耻实伤；倘非不义之财，此物何来？”我看，这也可以作为一面镜子。

兰考古有“天下第一清官”张伯行，百官楷模；今有县委书记榜样焦裕禄，万人敬仰。那就让我们在默诵习近平总书记《念奴娇·追思焦裕禄》“把泪焦桐成雨”的同时，轻轻拨开三百多年前的历史风云，再现中原大地上的百年画卷，还原一个“路漫漫其修远矣，两袖清风来去”的真实张伯行！

目 录

（第一卷 黄河故事）

第一章

第二章

第一章

一
秦晋百年

(一)康熙六年(1667 年)丁未中秋,十七岁的张伯行大婚在即

又是一轮中秋月,又是花好月圆时!

一轮中秋圆月斜斜地挂在黝黑的天穹之上,皎洁的月辉洒在河南开封府仪封县的棂星门,洒在县城东南角一座叫宫保府的宅院,洒在宅院里几丈高的大槐树上,透出一股沁人的芳馨。

1644 年顺治入关到如今已经二十四个年头,康熙爷即位也已六年多。征战,杀伐,金戈铁马,刀枪剑戟,都渐渐融入这皑皑月色之中,淹没在漫漫黄沙之下。仪封县这绵延百里的黄河故道上,琴棋书画,五经四书,天地君亲师,宫商角徵羽,都从尘封的历史深处走出,走到市井之间,走进袅袅炊烟,给这风沙弥漫的黄河故道、盐碱遍地的豫东平原、内涝纵横的仪封大地,平添出几分亮色与温馨。

雨打上元灯,月照中秋夜。一定是上元灯会的蒙蒙细雨浥湿春衫,才让今年的中秋圆月分外皎洁,圆润而不刺眼,温馨而又沉静。

月色下的宫保府,此刻一派忙碌的景象。

宫保府由坐北朝南、左右并列的两座三进四合院组成。三进院正房后墙外有后花园,把东西两院连为一体。两个大门一条直线,错落有致。

说起来宫保府的大门,还真是有讲究。

东西两座院落的大门都依周文王"西北为乾、东南为坤"的风水,建在院子东南角上,双重起楼,砖瓦覆顶,隆脊吻兽。前出厦,饰以木雕;后出檐,饰以砖雕,刻有龙凤、花鸟、鱼虫、人物。西面大门外的两个石狮子温顺谦和,脖子上的红绸子在月光照耀下玲珑剔透。

宫保府的管家张正保领着众人，在大门两侧挂上汴京灯笼张的大红灯笼。汴京灯笼张靠手艺走四方，北京紫禁城、西安钟鼓楼、汴京相国寺，用的都是他家的灯笼。老师傅用上好的纸、布、绸、缎、绢、竹、木，经过扎制、合褶、着色、整理等十几道工序制作而成，工艺细致入微，形态栩栩如生。

两扇黑里透红的门面上，分别镌刻着“恭俭世家”“沧桑寄宅”八个大字，颜楷，字形博大，苍劲有力，和厚重的门板、雕花的门当浑然一体，一种饱满和凝重从文字深处散发出来。

门帘下，“出昭入明”四个大字入木三分，让人触摸到历史的脉搏在不停跳动。

东西两侧的墙壁上，大红灯笼映照的汉字，既有原始隶书的质朴简淡，又有汉代石刻的庄重典雅。

东侧墙壁上镌刻一个单字“戬”，西侧墙壁上镌刻两个字“罄宜”，均出自《诗经·小雅·天保》中的“天保定尔，俾尔戬穀。罄无不宜，受天百禄。降尔遐福，维日不足”。

“戬”“罄宜”，尽宜于人，尽宜于事，尽宜于万物，主人对善的追求和对美的向往都融入这一撇一捺中。

大门外的蓝砖白灰墙上，刚贴上的对子还有点潮湿，“好鸟双楼嘉鱼比目，仙葩并蒂瑞木交枝”，与两侧的“囍”字剪纸十指相扣、手手相牵。

大门左转就进入第一进院，院南有倒座房三间，前檐墙坐于厢房的南山墙内。

院子中间，苍劲倔强的老槐树上挂着千手千眼佛灯笼，佛光四溅，温润如玉。

东西厢房各三间，有一庹多的前檐廊。

没有廊墙的檐廊下，风刮不着，雨淋不着，日头晒不着。

前出檐后封檐，前坡长后坡短，六架梁的屋顶在中秋圆月的银辉下，泛出道道寒光。

几个穿着对襟布衫的年轻人不停地从东西厢房进进出出，长长的辫子盘在脖子上，豫东小曲时不时地从口中传出。“小蚂嘎，尾巴长，娶了媳妇不要娘。把娘背到雪窝里，把媳妇背到炕头上。烙油饼，蘸白糖，媳妇媳妇你先尝。”

帮忙的隔壁邻居李馍头半开玩笑地问张伯行的同父异母兄弟张仲行："仲行仲行，你哥哥会不会娶了媳妇忘了娘啊？"

九岁的张仲行头一拧说："你才娶了媳妇忘了娘呢！"话没说完，就一蹦三跳地唱着跑得没影了。

"小蚂嘎，尾巴长，娶了媳妇还要娘。炸油馍，蘸白糖，娘啊娘啊你先尝。"

几个半大孩子正你追我赶地在院子里忙活，只听见一阵"让路让路"的吆喝声从后花园飘来。

大黑肩上担着两桶水，双手提着两个木梢桶，一颠一簸飘到眼前。四桶刚打出来的井冰凉水在桶里面纹丝不动，四个月亮在水里面安然无恙。

大黑把四个月亮连同四桶水，一下子倒进十二应大锅，锅底的芝麻秆立刻燃烧起来，火苗蹿出半腰高。

那边，一直嗷嗷直叫的肥猪突然间安静下来。五六个壮劳力用棍把猪打蒙，抬到长板凳上，一刀子下去，流出来半盆猪血。

屠夫用刀在猪蹄子上拉开个口子，就对着吹起来，一直吹到猪身子鼓囊囊的像个发面窝窝。

几个人把猪推到大锅里，"咯哒哒"的滚水淹没大半个猪身子，真是应验了那句"死猪不怕开水烫"的俗语。

扬汤止沸，釜底抽薪，杀猪教子……几个成语用过之后，煺过毛的肥猪就被开膛破肚大卸八块。前腿、后腿、肋条、三线肉、五花肉，几百斤重的一头猪瞬间变成几十个名词。

张正保洗洗手，正正衣冠，用红绸子布盖好猪头，毕恭毕敬地放在张氏宗祠的案桌上。

之后，他点上三炷香，从胸口，到额头，最后高高举过头顶。如此三次，插入香炉。

后退三步，双手抱拳，拱手长揖，双膝下跪，额头着地，重重地磕仨响头。

起身，再次作揖，退着走出祠堂。关上门，左右看看，才小心翼翼地走出来。

到前院的张正保立马像换个人似的，又高门大嗓地招呼着媳妇张杨氏和婶子大娘到厅堂说事。

这厅堂用一句流行话说就是低调、讲究。立面设前檐柱，明间的六抹头隔扇门黑里透红。次间槛墙上的隔扇窗上，窗花透过灯笼的光散发出一丝暖意。檐口下的木雕彩绘依稀可见，后立面封护檐上的砖雕斗拱却淹没在茫茫夜色中。

张正保把婶子大娘的手头活一一安排妥当，谁铺床、谁叠被、谁布置新房，就抬脚走人。

（二）五男二女的张杨氏往被子四个角缝入花生、大枣、莲子

张伯行的新房就在二进院正厅。

进入二进院有两条路径。一是由厅堂穿过直接进入，再者就是从厅堂东侧绕过一个偏院，由此进入。

偏院门是个独立柱担梁式随墙垂花门，只有一排柱。梁与柱十字相交，梁头两端都有一根檐檩，下面悬一根垂莲柱，雕刻的喜鹊呼之欲出、荷花栩栩如生。

二进院内有一棵几百年的石榴树，老树新枝，遒劲有力。相传是张家远祖彦实公于洪武年间任仪封儒学时栽下的，以祈求多子多福，庇荫后人。

不料想这棵石榴树也知道少东家今年大喜，长得格外旺，挂果格外多，石榴结得也格外大。

天上的圆月、树上的红灯笼、比拳头还大的石榴，一同点燃三百年张家的香火，延续耕读传世的家风。

按张伯行的父亲东冈公张岩的想法，把东院正厅当张伯行的婚房。可孝顺的张伯行感到从二进院抬脚就到三进院，和父母双亲离得近，每天早上给父母请安问候更方便。

再者，从顺治十四年张伯行七岁入私塾，师从秦先生明弼求学开始，他一回家就在东院闭门读书。小园香径，禅房花木；有香不溢，有影不艳；环境清静，没人打扰。

于是，父亲就依了他，二进院的正厅权作洞房，待日后看情况再说。

说是正厅，其实和左右厢房差不多，都是清一色的青砖，配有迭瓦花脊、墀头、檐板、砖雕等饰件。黑色的柱子、红色的门窗、灰色的过道瓦，把儒家的出将入相、良相良医都揉得滴水不漏。

抬眼望，正厅上的梁头饰以麻叶云头，檐枋与上檐的木雕花板上，一嘟噜一串子的葡萄令人垂涎。

古人云：文如其人。其实居家房舍也是和主人一样。就像这座二进院，雕饰素雅，门敞窗明，相得益彰。虽无奢侈豪华，却也古朴大方，碧玉素装，光彩照人，雅而不俗。

廊檐下的东墙上，砖雕的扁框里贴着两个字“凤翥”，赵体行楷，笔法温润闲雅，轻盈流动，精致秀美，充满书卷气。西侧廊檐下，和“凤翥”遥遥相对的是“鸾翔”二字，依旧是赵孟頫风格，外似柔润而内实坚强，形体端秀而骨架劲挺。

东西廊檐下的四个大字，不由得让人想起前明诗人李东阳的“我女之嫁，鸾翔凤翥；我女之行，山遥水长”。

走进洞房，迎面就是一幅汴绣《牡丹花开》，针线细密，不露痕迹；花朵丰硕，雍容华贵；形态娇而不冶，色彩艳而不俗。用三十二分针绣出的牡丹花蕊上，一雌一雄两只蜜蜂在专注地采蜜。一上一下，翅翼透明，让人顿时有一种“作蜜不忙采蜜忙，蜜成又带百花香”的感觉。右上方的几朵牡丹红里透紫，颜色过渡自然。花边上有金丝勾勒，蜿蜒曲折，如游龙戏凤，层次分明。几只蝴蝶，有的藏在花丛中，有的隐在绿叶后，有的飞在画中央，盈盈一水间，脉脉不得语，栩栩如生，呼之欲出。

里间，快人快语的张杨氏已把大红“囍”字贴在檐窗上，墙壁粉刷裱糊一新，床帐、桌椅、衣帽盆架都已到位。

一对印有烫金“囍”字的大红蜡烛，和桌子上的木斗遥遥相望。梳妆台上的铜镜倒映着钗环首饰。

给新娘子做的四季单棉绸缎新衣裳，都叠好入柜。一对各二尺长、两头五尺见方的绣花枕头，鸳鸯戏水，成双成对。四床表里全新的被褥叠得齐齐整整，摞在大床里面，红绸子缎面和绿绸子缎面隔一放一。

说起新婚用的被褥，颇为讲究的仪封人把被子叫盖的（音 dì），把褥子叫铺的。这绸子被面是从开封府城内马道街义丰厚绸布店所购，由苏州上等蚕丝精制，做工考究，花鸟鱼虫的图案是由四个十六岁的小姑娘花七七四十九天绣成。

被里是用去年的头茬棉花自纺、自织、自染而成。手摇纺车，左手一伸一回地扯线,右手一圈又一圈地转动。织布用脚踏木制织布机,两只脚有节奏地上下蹬,一只手来回拉篦子,另一只手不停地穿梭。棉絮在手如蚕吐丝,能纺出又细又匀的线;浆线上机,能织出又平又光的白布。手巧的还能织出横竖条纹和方格子花布。起五更,睡半夜,孤灯如豆,寒风似刀,全靠妇女一根线一根线纺出来,一梭子一梭子织出来。

七月十五蹚花棵,八月十五摘得多。为用上今年的新棉花,一帮人从谷雨就开始忙活,精耕细作,打杈除草,才没耽误今年用。

做被子的妇女禁忌更多,要求是公公婆婆、娘家爹娘都得健在,儿子闺女都有,四个年龄在三十岁左右的女子在午时之前做好才中。只有闺女没有儿的不带来,寡妇更要靠边站。

生养了五男二女的张杨氏往被子和枕头的四角都缝入花生、石榴、大枣、莲子,嘴里面还念念有词:“大枣莲子早生贵子,石榴花生多子多生。”

数叨罢,张杨氏站在梳妆台前,一本正经地说道:“一把枝,一把圆,大的哄着小的玩。一把核桃一把枣,大的哄着小的跑。一撒撒到床外边,生个儿子做高官。”

张杨氏用袖子擦擦眼,说道:“要是大夫人还在,那该多好啊!”

(三)耿夫人看着张伯行将要结婚成家,高兴得合不住嘴

从黑里河往北,再往北,过官道不远,海子绕着寨墙的水边,就是我的村庄。我的村庄是没有葡萄的葡萄架;我的村庄是没有土山的土山寨。我的村庄哟,诗质的泡桐挂满阳光,落到平原上便撒豆成金。母亲走了,谁还在秋后的庄稼地里,一粒一粒拾起散落的渴望?

仰起头,炊烟霞然弥漫,芝麻正在豫东平原上节节开放。我的村庄,风随着往事掠过的村庄,月色下静谧如水的村庄,正沿着芝麻所指的方向,种植汗水,收割梦想!

——《我的村庄》

张伯行的母亲张梁氏是考城县一家大户人家的千金。娘家地有千顷,房有百座,骡马成群,丫鬟仆人众多。家中祖传铸铁制造,手艺精良。东到曹

州、徐州，西到洛阳、西安，南到汉口，北到保定，都有梁家的生意。

有一句俗话说，梁家南京到北京，不住别家店，不吃别家饭。由此可见家大业大人户大。

梁家的深宅大院在考城县也远近闻名。

按照清朝规制建筑庄园三里三的定量，梁家聘请开封府的名人专门设计，在考城县南一块地平高亢，无盐碱、风沙、内涝之害的风水宝地修筑庄园。庄园起名梅园，寨子起名土山寨。

寨子三里三筑园，也就是绕寨一圈三里三。寨内有东西两个三进院，坐北向南，中轴线盖楼，两旁厢房。东院大门青砖雕花门楼，西院临街大门更加气派。两座高楼直入云端，顶为平顶，加高一层露天。四周垒墙高六尺有余，四角加高，形成棱三角挑尖，整体通高六丈。门台砌砖到顶，砖木结构，砖雕门楣、窗户，显得美观雅丽。楼一层存放粮食，二层住人，并存放细软、服饰精品。楼顶层砖铺地面，放晒物件，供登高瞭望，既可躲避洪水，又能防盗防匪。

大院圈门为头门，二道门、楼门都是南方珍木定制，并用铁皮包着。每道门都用上千颗比铜钱还大的铁钉穿木相连。寨子外面是高大坚固的寨墙，寨墙上面可以并行四辆太平车。紧挨着寨墙有一条防攻、防盗、防老抬的海子，玉带环绕，清泉自流。

寨的东西南北有四个寨门，每个寨门配有一门土炮。寨的东门还建有几丈高的炮楼，居高临下，易守难攻。登上炮楼，千里平原一马平川，万里黄河尽收眼底。

天上的云朵，地上的庄稼，河里的鱼虾，都与这寨墙、这高楼、这海子休戚与共，融为一体。

那时，李自成还没有水淹开封，周王府里依旧荡漾着皓腕云鬟笙歌管弦；

那时，黄河还没有高悬头顶，豫东平原上麦浪翻滚炊烟袅袅；

那时，谷雨麦挑旗，立夏麦穗齐，二十四节气一个挨着一个；

那时，粽子香气四溢，艾叶插满村庄；

那时，考城县还叫考城县，张梁氏还叫梁玉荣，是梁家头门不出二门不踩、纤纤巧手工于女红的千金小姐；

那时，仪封城还是仪封城，张岩还在程门立雪挑灯夜读，周张程朱无不熟稔于心；

终于,考城县的土山寨和仪封县的宫保府一衣带水烟火人间千里姻缘一线牵。

风吹麦浪,月满西楼。

凤冠霞帔的梁家小姐带着乳名叫耿小俊的丫鬟在一个满地金黄的季节嫁给小三岁的宫保府少爷张岩。

百年好合、千载良缘、永结秦晋、鸾凤和鸣、琴瑟友之、书香门第……所有能想起来的美好和所有能用得上的词语都铺天盖地涌了出来,堆满从土山寨到宫保府的二十多里官道。

从此,梁家小姐变成张家少奶奶,生命亦如二月的柳穗三月的桃花四月的榆钱五月的麦子盛开在辽阔丰厚的豫东平原。

陪嫁丫鬟耿小俊在唢呐声中一步一步跟着花轿来到仪封城,这二十多里路让她心神不宁。

一路上,她时不时问花轿里的小姐渴不渴、累不累,生怕轿夫的颠簸把小姐折腾出个三长两短自己不好交代。

七岁那年,黄河水冲走她的父母双亲和弟弟,也把她从曹州老家冲到考城县小宋集。刚巧,梁家老爷去集上买木料,见她可怜,就把她收留下来做小姐的丫鬟。从此,耿小俊也有口饭吃有件衣穿有一个牢稳的窝。

这些年,待她如亲姊妹的小姐就是她的天、她的地、她的一切,她身上穿的、脚上蹬的、手里拿的,都是梁家小姐给她的。小姐教她绣花描红刺绣,教她纳鞋底粘鞋帮,教她站有站相坐有坐型,她感到自己就像换了一个人。

有时候,她倒是莫名其妙地感谢那一场大水把她冲到土山寨,让她有机会认识小姐、侍奉小姐。小姐出嫁,本来是要把她送走,可她却寻死觅活地要陪小姐出嫁。她觉得这辈子就认定这个理,小姐就是她的命根子,小姐走哪儿她就跟到哪儿,生死相依,形影不离。

可让陪嫁丫鬟耿小俊做梦也没有想到,小姐那么好的人怎么早早地就走了呢……

想到这些,耿小俊心里面就疼,揪心地疼!疼得指尖打战,疼得浑身发抖,疼得不知道什么是疼!

耿小俊至今都记得一清二楚,那一年是辛卯年,那一月是腊月,那一天是初五。

天出奇地冷，一个劲地冷，干冷，直冷，刺骨地冷。

屋檐下的琉璃一尺多长，粗的都有胳膊大小，就像男人们的辫子。瓮里面的水都冻成实疙瘩，寨子里面的水井都已干涸。

只有宫保府大院的水井里面云雾缭绕，冒着白烟，好像是从地心里面钻出来似的，一股脑往上拱。

从初四申时开始临产的张家少奶奶，也是梁家大小姐，一直都在呻吟，每叫一声都让耿小俊心里面哆嗦一下。

接生婆一个劲地催，热水、手巾、粗布不住气地往里间送，染红的棉花一团一团往外拿。

三十有一的东冈公张岩傻呆呆地站在八仙桌子前面，死死盯着条几上的香炉。

一炷香，又一炷香；一个时辰，又一个时辰；一盆热水，又一盆热水。

夫人张梁氏始终没有生产，张岩的冷汗从额头、脸庞、脖子顺着往下一个劲儿流，一直流到初五辰时。

突然，接生婆没人腔地喊道："少爷，少爷，快点过来啊，少奶奶快不中啦！少爷，少爷，快点来啊！"

张岩连三赶四地跑到里间，见夫人张梁氏脸上没有一点血色，嘴里塞条白手巾，半张床都是红的。

接生婆问要大人还是要孩子，只能保一个。

张岩毫不犹豫地说保大人。

一直处于昏迷状态的少奶奶忽然清醒，断断续续地说："儿子，我要儿子，要儿子。"

话没说完，就又昏迷过去。

随着一声凄厉的叫喊，"哇"的一声，一个男孩儿呱呱坠地。

一红一白，宫保府处于悲喜交加的寒冬腊月。

光秃秃的大槐树上，平时没动静的老鸹窝不经意间掉下来，横七竖八散落满地。

丫鬟耿小俊永远忘不了小姐最后的话："嫁给老爷，照顾好我的儿子，把孩子养活大。"

然后，小姐一只手死死搦住耿小俊，另一只手摸着还在襁褓里的婴儿，最后一滴眼泪从眼角里沁出来。

耿小俊缓缓地把手抽出，轻轻合上小姐的眼帘，跪在床边重重磕下三个响头，抱起孩子，再也没有松过手。

十七年，十七年了！

已是张家少奶奶的耿小俊始终把这个用娘的命换来的乳名叫“黑孩儿”的儿子视为己出，含在嘴里怕化、捧在手里怕飞，冬怕冷、夏怕热，生怕委屈孩子，对不起小姐的知遇之恩。直到嫁给张家八年后，在张岩一再坚持下，才生下儿子张仲行。

而今，风和，日丽；云开，雾散；花好，月圆。一把屎一把尿拉扯大的张伯行就要大婚，小姐若在天有灵也该放心了！

耿小俊看着铜镜里的鱼角纹、鱼角纹上的发髻、发髻里的白发，鼻子一酸，眼眶里的液体来来回回打几个转，一直没敢落下来。

（四）张岩感到要改改婚丧嫁娶大操大办的风气，只待客不收礼

东冈公张岩看着发黄的家谱，想起从“前明洪武年间始祖张公彦实为仪封文学，由山西洪洞经河南上蔡迁至仪封至今已历十世，遂家焉至今。曾祖父警吾公讳自新，祖父肖警公讳醇，俱邑庠生，绩学未遇，为里党宗师”，祖祖辈辈，都是当地仪封县学的生员。

到自己这一代，“少即能文，有声庠序。既援例考授州同知，植德励行，尤汲汲维持伦纪，利济生民，当事及缙绅先生仰之如山斗”。

张岩抬头看看正屋和厅堂，高灯下亮，屋里屋外都被灯笼照得亮堂堂的。

前后檐柱和前后金柱四根柱子上，分别挂着春、夏、秋、冬四个红黄相间的灯笼。

檐柱和金柱之间的抱头梁上，挂着送子观音菩萨像，神情端庄，仪态万方。观音菩萨那清澈的双眸凝视着张岩，凝视着宫保府，凝视着这平原上的芸芸众生。

即将当公公的张岩掩饰不住自己的兴奋，这几天都一直忙个不停。说是忙，其实不是干多少体力活，而是操心。大到黄道吉日，小到柴米油盐，都让他放心不下。

四十八岁的张岩今年是本命年,没过年三十他就穿上红裤头,扎上红腰带,还在夜深人静时到老槐树下烧三炷高香。又在老母树茬系上红绸子,辟邪去灾,祈求一年平平安安没灾没病。

可没出正月就小麻烦不断。

先是耿夫人的哮喘病犯了,抓多少服中药效果都不明显。

再者是张岩在院子里走路,地上啥都没有,却莫名其妙摔了一跤,跟腱撕裂,到现在走路还有点踮脚。

老槐树上的老鸹窝,梁夫人生张伯行难产而去时,曾不明不白地掉下来。十七年间,一直平安无事。可二月二龙抬头那天,没有一点风,居然又没任何征兆地掉下来。

几件事凑到一块儿,张岩感到这本命年不平稳。犯不犯太岁不知道,诸事不顺却是真的。于是,他就萌生给张伯行办喜事冲一冲的念头。

张岩先请张伯行的私塾老师秦先生明弼前去女方家送好,并带上张岩的亲笔笺帖,上书“兹谨定于康熙六年丁未八月十六吉辰迎亲,敬恳台允”。

不想亲家也有这个愿望,一拍即合。随即以“谨遵台命”复之,婚期就定在中秋节之后的第二天,即康熙六年(1667 年)八月十六举行婚礼。

按仪封县的老规矩,官宦人家待客都是八凉八热八个扣碗,外加一甜一咸两个汤。桌子上摞的一层一层又一层,好多菜没动筷子就端下来,浪费极大,让人心疼。

张岩就想着怎样改进一下,让大家既能吃饱,又不浪费;既能体现主家的热情好客,又能恰如其分地表达心情。

他把张正保叫过来,简单说了说自己的想法。

张正保说道:“这太好不过。好多人家婚丧嫁娶大操大办,主家攀比讲排场比阔气,一家比一家穷大方,弄得苦不堪言。客人又整天不停地随份子礼,负担太重,压力也大。要说,早就该改改这个坏规矩了。”

张岩说道:“那就从咱家开始,从黑孩儿结婚开始,咱就改改这个规矩吧!只待客不收礼,四凉四热四个扣碗,数字馍,不管大人小孩,每人六个好面馒头,吃不完带走。你看中不中啊?”

“我看中,十二个菜肯定能吃饱,六个馒头带回家,还能叫家里人解解馋,咱何乐而不为啊?”张正保说,“要是以后咱仪封县婚丧嫁娶待客办事都是这样,那该多好啊!”

张岩点点头,认真说道:“万事开头难,只要是咱宫保府起个好头,不怕没人响应。久久为功,能坚持个一年半载,成规矩以后就可行。”

沉思一下,张岩又接着说道:“那就按我说的准备吧！记住,只待客不收礼。不管是多远多近,谁的礼咱都不收,一文钱的礼也不收。”

张正保高兴地说道:“放心吧老爷！我这就去张罗,只待客不收礼,咱开个好头。”

安排过这个事,张岩突然间心里亮堂起来。这么多天慌里慌张不知道哪儿堵得慌,没想到心结在这儿。如果真能这样坚持下去,那老百姓又省多少没必要的花销啊!

不一会儿,张正保回到后院,兴奋地对张岩说道:“大家听过后都很满意,说觉得早就该这样。只是一般老百姓人微言轻,不敢带这个头。人家宫保府这么大的世范,都这么俭省,咱这些要啥没啥的庄稼人,更不能穷讲究啊!”

随即把菜单拿出来让张岩看。

四凉是一个莲菜、一盘皮冻、一盘猪下水、一盘牛肉,四热是一只整鸡、一条鱼、一盘素什锦、一盘拔丝渣饼,扣碗是小酥肉、四喜丸子、芥菜肉、红烧肘子。虽然数量不多,但都是硬菜。尤其是扣碗,哪一碗都能叫半大孩子打住底。

张岩说:“再加俩汤,馍蒸得大大的,叫大伙儿吃饱,喝足,管够。”

“没一点问题,绝对够吃,馒头也都能省下来带回家。”

“酒呢?”

“酒就用咱宫保府自已酿的酒。酿酒的水是封人请见处夫子泉里的水,配以小麦、高粱、糯米、玉蜀黍,发酵之后,又窖藏五年的‘仪封醇’。”

“那就中。”张岩回屋里取出一个小布袋,装满上好烟叶丝,说,“你跟我一块去看看大家吧!”

张岩和张正保两个人一前一后、一高一低、一胖一瘦地从后院往前院走去。

与后院的宁静大不一样的是,前院热闹非凡,人声鼎沸。

千手千眼佛灯笼下,大黑正和李馍头掰手腕。两个人嘴咧得像裤腰,眼瞪得像牲口脖子下面挂的铃铛,互不相让,谁也不服谁。

旁边的人分成两班,嗷嗷叫着“加油,加油”。

张仲行也是兴奋不已,搦着拳头跺着脚,看着比他们两个还紧张。

张正保正想向前,被张岩一把拉住。二人悄悄站在树影里,含笑不语。

只听见大黑一声吼叫,“呼啦”,李馍头连人带板凳弄个底朝天。

众人大笑不止。

凑这个空当,张正保大声说道:“老少爷们儿,老爷来看看大家,感谢大家捧场帮忙!”

随后,张正保把颜色金黄的烟叶丝,你一撮他一撮地分给大家。张岩拱手向四周致意,嘴里不停地说:“谢谢!谢谢!”

看到张岩亲自过来上烟,众人心中感动不已。大家纷纷围过来说:“老爷您这么忙,咋也过来啦?能给您和少爷帮忙,也是我们的福分。”

大黑不好意思地摸着头说:“老爷,我刚才没有看见您,您可别见怪啊!”

张岩笑着说:“大黑啥时候也学会说好听话啦!”

众人都哈哈大笑起来。

不知道是红灯笼照射的缘故,还是有点不好意思,大黑的脸在月色下显得更黑更红。

张正保说:“老少爷们儿,大家都忙活一天了,累得不能行,赶紧吃饭吧,明天还要起个大早呢!”

那边,十二印大锅里面,热气掺和着香气四处弥漫。

牤牛火灶膛,劈柴“哔哔啵啵”响个不停。火苗顺着锅底一个劲儿往上蹿,火光照亮宫保府,照亮仪封城,照亮厚重辽阔的豫东平原。

“吃饭啦!吃饭啦!”

掌勺大厨李馍头一声吆喝,大伙一个接一个从瓦盆里拿出黑陶碗,依次走到大锅前,把碗递过去。

李馍头一手接住碗,一手搅动着大锅。勺子上下一抖,细粉条、肥肉片、豆腐片、小秦椒,均匀地盛在大碗里,浮浮沿,又不洒,着实是个功夫。

你别看李馍头掰手腕掰不过大黑,做饭还真是不含糊。

这细粉条是黄河滩种的春茬红薯,打碎过滤暴晒而成。粗细均匀,干爽透明,柔韧有度,下锅就软。

这豆腐片来自小宋集上罗家祖传的手艺,用淤泥地里种的黄豆,手摇石磨，小火加温，卤水淋锅，经十几道工序做成。

说话间，大黑已经第三次叫李馍头盛菜。李馍头一边盛菜一边说："叫你掰手腕赢我，我光给你盛点稀汤寡水，看你还能不能！"

大黑笑着说："馍头哥，你做的熬菜太好吃，我逮几碗还不过瘾啊！"

张正保从馍筐里面拿个蒸馍递给大黑，说："咱老家有句俗话：能吃能喝，不算打锅。这力气活还真是得指着大黑干呢！"

"中，饭吃饱，活干好！"只一眨眼，大黑就把半个馍扔进肚子里面。

（五）张家这口井白天打出来的水甘甜，晚上打出来的水苦涩

油灯一着，小村上年纪的人，就从长满青苔的老井里，打捞出一桶清澈的历史，在十字街头就盘落生豆，一口一口地慢慢咀嚼。

小村的头面人物从发黄的家谱里，慢慢踱出，给小子后生们讲述小村的牌坊。村庄还是村庄，土墙还是土墙。成为磨刀石的井台，养活四邻八舍。后生们摸着一夜之间长长的胡须，毕恭毕敬地掂起木筲走向老井。

——《老井》

大伙你一言我一语连吃带说扯上半个时辰，李馍头说："仲行，咋有看见你哥过来吃饭啊？"

众人都打趣说："就是。该不是自己去接新媳妇吧！"

张正保这才发现没见张伯行，就说道："仲行，去看看你哥哥在哪儿，叫他过来喝汤。"

"中。"话还没说出口，张仲行已经没影儿了。

张仲行沿着东西两院之间的通道一直朝北走，中秋圆月就在头上悬挂。"月亮走，我也走，月亮和我手牵手。"厢房后墙的月影叠合着张仲行的身影，真是对影成三人。

张仲行想起来白天先生教的唐诗，咿咿呀呀不知所云，现在才多少明白一点"我歌月徘徊，我舞影零乱"的意思。无非就是一个人，和影子，和月亮，在一起玩耍而已。

后花园的门敞开着，两扇漆黑的木门厚实沉重，一动就吱吱呀呀响个不停。

张仲行想，哥哥肯定在后花园里散步。他经常独自一人在花园里拿本书一坐半天，那些密密麻麻像蝌蚪一样的线装书让自己头疼不已，哥哥却看得津津有味。

宫保府后花园是一个一亩多地的私家花园，面积不大，雅致清静。庭院靠墙的是一排珊瑚树，形成一道高约两米的绿篱。紧靠墙根，爬山虎攀缘而上，成为一面绿色的屏障，庭院显得更为幽雅，平添几分山野情趣。

庭院里，五颜六色的花木相互映衬，争奇斗艳，或绿或红，相偎相依。整个花园四季见花，间或有果，既饱眼福，又添口福。

院子里还有几处小花坛，花坛周围，沿阶草镶边。靠东面的大花坛当中，几块两人高的太湖石皱、漏、瘦、透，与花木相映成趣。

园内六角亭古朴典雅，长廊曲折幽深，让张仲行又想起两句记不起题目的唐诗："曲径通幽处，禅房花木深。"

花园的东北角是一座古井，石头砌沿，井壁光滑，井绳勒过的痕迹深深烙在石上。古井上口小，越朝下越大，十来个人能同时打水。

张家这口井，自有神奇之处。白天打出来的水甘甜，晚上打出来的水苦涩。传说井里有黑、白两只龟，白龟管白天，水是甜的；黑龟管夜晚，水是苦的。从井底顺水能游到东海，一个来回就是二十四个时辰。

其实，仪封人有一种独创的凿井灸法："未及泉可预知水味。先除去浮土二三尺，得一平地。取艾如卵大，火灸之。视烟迹在地上者，色黄则水甘，黑则苦，白则淡。"

远祖彦实公明洪武年间来到仪封县，一路鞍马劳顿，在此小憩，一眼就看中这口老井。

无意中翻开井边笆砖，发现笆砖下的土质与周围不同。再朝下挖，就看见一个暗红色的瓦罐。

瓦罐用黄河水淤积之后的胶泥烧制而成，古朴、笨拙，也没有图案。口沿的彩釉有点脱落，看样子像是宋末元初的物件。

打开封口，里三层外三层包着一本书，上写"周子太极图说"，扉页上写道："阳动，阴静。乾道成男，坤道成女。万物化生……"

彦实公掩饰不住内心的激动，一字一句读下来：

无极而太极。太极动而生阳，动极而静；静而生阴，静极复动。一动一静，互为其根。分阴分阳，两仪立焉。阳变阴合，而生水火木金土。五气顺布，四时行焉。五行一阴阳也，阴阳一太极也，太极本无极也。

五行之生也，各一其性。无极之真，二五之精，妙合而凝。乾道成男，坤道成女。二气交感，化生万物。万物生生而变化无穷焉。

唯人也得其秀而最灵。形既生矣，神发知矣。五性感动而善恶分，万事出矣。圣人定之以中正仁义而主静，立人极焉。

故圣人与天地合其德，日月合其明，四时合其序，鬼神合其吉凶。君子修之吉，小人悖之凶。故曰："立天之道，曰阴与阳。立地之道，曰柔与刚。立人之道，曰仁与义。"又曰："原始反终，故知死生之说。"大哉易也，斯其至矣！

彦实公把书按原样子包好，重新放到罐子里，封上胶泥，盖好笆砖，一撩长袍，双膝下跪，口中念念有词：

感谢上苍，赐我宝物；恩泽于斯，点化于此。吾后世子孙饱受庇荫，定当弘扬理学，致力程朱；立乎宇宙，贯乎天人；明达事理，教化万物！

说毕，又连连叩首，额头触地。礼毕，方才起身。

遂倾尽家囊，以老井为中心，购置田产，修建家园。除从老家迁来族人，并收留逃难讨饭的青壮年十多姓为佃户，先住棚庵后盖草房，垦荒耕种土地，连年积蓄丰满。张家自己砌砖窑、烧砖瓦，就地取土，用秫秆或麦秸烧砖，以节省从远程购砖运输的人力、畜力、财力。就这样先建瓦房，再建楼房，形成村落，一代一代，沿袭至今。

二
寒窗苦读

（一）张仲行四处寻找，看见哥哥张伯行还在书房挑灯苦读

张仲行在后花园里转一圈也没有看到哥哥，便从后花园的偏门走到东院，看见三进院里的海棠树上，灯笼在风中摇曳，跳动的火苗呼之欲出，闪烁着柔美的光芒。

这东院的建筑风格和西院不完全一样，高低也不十分一致。风水上说“宁让青龙高三头，不让白虎压一筹”，这东高西低、左尊右卑的规矩是万万不能破的。

东院是一排三座插花走兽大门，门前出平台，台前是存放车轿、拴马的场地。

院内左侧为祠堂院，右侧是库房院，三进宅院，大门面南。门楼飞檐画栋，砌砖雕木，五彩花檐。五级台阶下，两个石雕坐狮分置左右。

进大门有一方三丈大厅，前有廊，后有厦，隔屏全为透花木雕。过大厅有两个天井院相连，沿走廊可以到院内的每一个房间。

天井院近于方形，地层基础三尺，正中砌花池一个，屋内院中方砖铺地。屋脊、檐口、山墙、窗楣、入口等形式精美别致，装饰纹样形象逼真，将小院点缀得古色古香。

大门上方，悬挂着“耕读传家”的黑底金字匾额。左右门框两侧雕刻的对联，用笔出规入矩，张弛有度，流转自如，力道千钧，颇有王铎遗风。上联是“一等人忠臣孝子”，下联是“两件事读书耕田”，在月色和灯笼的映照下，透出朴实大气。

正厅东间，只见一个年轻人眉若双剑，目若朗星，鼻高口正，面色黑里透

红。偶尔一笑,脸上还有两个小酒窝,嘴唇上黑茸茸的小胡子显示出一种刚毅。他身着天青色的对襟马褂,脚蹬圆口条绒布鞋,浑身上下透出这个年龄少有的成熟与沉着。从天亮到天黑,他时而在书案前埋头苦读,时而站起来回踱步,眼睛不离书卷,口中念念有词,豆大的烛光把他的身影长长地投在身后的屋墙上。

张仲行一见哥哥还在这里读书,就大声叫道:"哥,哥,吃饭啦,咱爹叫你吃饭啦!"

张伯行仿佛刚从另一个世界里回来,回到现实。形而上的程朱理学和形而下的衣食住行来回交错,重影跌宕,让精神的张伯行和物质的张伯行知行合一,形影不离。

张伯行像换了个人一样,柔声细语地对弟弟说:"你在学堂里一定读过朱熹的《春日》:'胜日寻芳泗水滨,无边光景一时新。等闲识得东风面,万紫千红总是春。'我给你讲讲这首诗吧!"

张仲行扑到哥哥跟前,拉着哥哥就要往外走。

张伯行说:"我刚得一朱子之孤本,不可不读矣! 我先讲几句你听一听。"

"终朱熹一生,无渡淮而至鲁境。而此诗写到泗水,其原因是朱熹潜心理学,心仪孔圣,向往当年孔子居洙泗之上,弦歌讲诵、传道授业的盛事,于是托意于神游寻芳。

"诗中'泗水'暗指孔门,因为春秋时孔子曾在洙、泗之间教授弟子。所谓'寻芳'即是指求圣人之道。'无边光景'所示空间极其广大,透露诗人膜求圣道本意。'东风'暗喻教化,'万紫千红'喻孔学丰富多彩。诗人将圣人之道比作催发生机、点燃万物的春风,寓理趣于形象之中而不露说理痕迹,这是朱熹的高明之处。……"

张仲行睁大眼睛,努力听上半天,终于还是大叫道:"我不听,我不听。你不走,我让娘过来叫你吧!"没等哥哥说完,就捂住耳朵跑得没影儿了。

张仲行穿过东院大门,一溜小跑往西院奔过来,一边跑一边甩着胳膊加着油,嘴里面唱着:"五月里,麦梢黄,家家户户地里忙。家里忙得春蚕老,地里忙得麦子黄。"

张仲行只顾闷着头往前跑,不小心一头撞到大黑怀里。大黑顺势一拉,把张仲行扛到肩膀上。

“我叫你再疯，看我不把你扔到树梢上，叫老猫吃你。”大黑吓唬他。

“叫我下来，叫我下来。”张仲行一边夸张地喊着一边乱弹蹬。

张岩看见，禁不住面带笑意说道：“快点下来吧，别把你大黑哥累着。”

张仲行一扭身从大黑肩膀上蹦下来，飞快地扑到张岩怀里，把张岩撞个趔趄。

“见着你哥没？”张岩问道。

“别说啦，人是见着了，事是冇弄成。”

“咋着啦？”

“我哥在东院书房读书，我去叫他，他又给我上堂课，讲得我头蒙。”

“上堂课？这个时候上啥课？”

“哎呀爹，俺哥说得我头皮发麻，什么‘万紫千红总是春’的，我也听不明白。要不，还是你去叫吧！”

这时，张岩却见张正保急急忙忙走过来。

“老爷，今个天晴得不正常。云朝南，雨涟涟，我怕明儿个天不好。再说，仪封北地的黑里河一个劲儿涨水，到曹州赵王河的闸门又打不开。水越涨越高，这可不是个好兆头啊！”

张岩向左右看看，见大伙都在吃晚饭，没人注意，就一摆手，叫张正保先打住，两个人就往后院走去。

张岩边走边说：“你能看到这一步，说明你这些年没有白跟着我。”

开封府和曹州府分属于河南、山东两省，仪封县和东明县又各属于开封、曹州两府。旱的时候，两个县争水源，经常打群架。十几个村子械斗，男女老少都上阵。九节鞭、绳鞭、三节棍、红缨枪，都派上了用场，年年都死人。一到秋季，雨水大的时候，东明县又把赵王河闸门关上，不让仪封县的水往下排。导致洪水漫流，大片大片庄稼地被淹，玉蜀黍高粱棵只剩下光秆。

一个是不叫排水，一个是非得排水，两个县的老百姓就又开始打架。

今年更厉害，黄河上游一直在下大雨。华西秋雨连绵不断，汾河、渭河暴雨成灾，黄河铜瓦厢都不一定保险，更别说这仪封城。

张正保说道：“听说，仪封县东的一溜十八寨和东明县西的一溜十八场，都已经集合起来。咱这一带有习武之风，真要是打起来，可不是闹着玩的。”

张岩不无忧虑地说道：“这个事已经惊动皇上。康熙爷派钦差大臣张鹏翮会同河南、山东两省巡抚，专门处理黑里河的出口问题，这下咱乡里乡亲就有救。你冇看小宋集上的粮食，今年一升都比往年贵几文钱。”

“老爷，好些佃户的租子都没有交，有的都欠好几年。要不，咱催催租了，最起码叫他们把今年的先交上，咱也提前有个防备。”张正保向四处看看，忐忑不安地小声说道。

张岩叹道：“不中啊！今年是个灾年，老百姓日子也不好过，咱咋能再催要租子呢？”

“老爷，顾不了那么多啊！咱已经仁至义尽。哪有一连几年都不交租子的啊？”张正保有点着急。

“从先祖彦实公到仪封城已经三百年，咱张家都是忠孝之家。宁愿自己吃亏，也不想亏人。这个时候咱更不能难为人家啊！”张岩感慨地说。

“话虽这么说，可种地交租，天经地义，这是祖祖辈辈传下来的规矩。也不是咱张家自己不厚道，要都不交租，咱拿啥接济这么多人啊！”

张岩迈进门，抬头向正厅里间的耿夫人说：“你去东院叫黑孩儿吃饭吧，让他也见见帮忙的，给大伙道个谢。”

之后，他又招呼张正保：“到这个时候，啥都别说，先把黑孩儿的喜事顺顺当当办好，把媳妇平平安安娶到家。其他的事从长计议吧！”

接着，张岩又神情凝重地说：“这少奶奶娘家，是咱仪封县数一数二的名门望族。她的曾祖王廷相，官至前明都察院左都御史，廉洁奉公，学识渊博，倡习唐诗，诗歌留世颇多，是前明‘前七子’之一。尤其是他集成前人气本论，与郏县王尚絅一起构建气学，被后世称为‘气学二王’，无论生前还是死后都声名显赫。我们一定要把明天的婚事办好，对得起老人家的在天之灵啊！”

“这个您就放心吧，老爷，事情我都安排妥当了。您先歇歇，我再到前院看看。”

说罢，张正保又马不停蹄地往前院走去。

（二）继母耿夫人扭着小脚，趁着月色去叫张伯行

陪嫁丫鬟耿小俊做梦也没有想到，她一个没人要的穷人家的闺女，会成为宫保府的尊贵夫人。已入中年，有时候半夜睡不着，她就掐掐自己的大腿，

问自己这是不是真的。

她感觉这一切就像是做梦一样，一会儿清晰，一会儿模糊；一会儿觉得是在天上，一会儿觉得是在地下。一会儿觉得还在小宋集上那两间趴趴屋里面，爹还在月夜里捣粮食，青麦转眼间变成碾转；娘还在棉油灯下纳鞋底，破铺衬、烂衣裳都在娘的手上变成弟弟的猫头鞋。一会儿觉得地锅里面还是玉蜀黍糁子糊涂。春天是榆钱、柳穗掺着玉蜀黍糁子糊涂，夏天是水萝卜棵、马齿苋掺着玉蜀黍糁子糊涂，秋天是萝卜缨子、猪毛尾菜掺着玉蜀黍糁子糊涂，冬天是红薯、山药掺着玉蜀黍糁子糊涂。一年到头吃的都是糊涂，倒没觉得多么糊涂，年纪大了却觉得有点糊涂。

十七年前的腊月初五，小姐撒手人寰，撇下刚出生的孩子，在花兜兜里不住气地哭。

孩子哭，耿小俊也跟着哭；孩子不哭了，耿小俊还在哭。哭小姐的早逝，哭孩子一落地就没娘，哭自己这还没出门的黄花闺女儿如何当娘，哭这以后比树叶还稠的日子一天一天如何度过。

一直哭得地老天荒天昏地暗死去活来，一口气没上来就昏死过去。接生婆手上的血还没洗干净，就又掐人中泼凉水的，把耿小俊从奈何桥上拉回来。

刚死过一回的耿小俊啥都不怕。要说也是，一个人连死都不怕，还能怕什么？

更何况，小姐走了，有个吃奶的孩儿还活着。她要是再有个三长两短，小姐拼了性命生下的孩子谁来照管？

耿小俊用井冰凉水洗把脸，捋捋头发，抱起襁褓中的婴儿，撩开衣裳，啥都不顾地解开红肚兜，把还泛着红晕的奶头塞到孩子小嘴里。一任没牙的孩子在雪白的胸脯上嚼着咬着吮着吸着，一任这红嘟嘟黑魆魆的肉蛋子在自己的怀中哭着笑着喊着叫着，一任明晃晃的阳光温暖着宫保府温暖着仪封城温暖着八月的黄河滩。

从此，还待字闺中不知男人为何物的少女耿小俊瞬间当上娘；

从此，陪嫁丫鬟耿小俊有了一个相依为命相濡以沫的人；

从此，悲喜交加的宫保府多了一丝温馨温暖人间烟火。

说也奇怪，一直闹个不停的孩子到耿小俊的怀里，顿时安静下来。小腿弹蹬着像跳舞一样，小手摸着耿小俊的奶子一动不动，不大一会儿就睡着。

谁都不会想到的是，这个在耿小俊怀里熟睡的孩子，日后会给大清王朝掀起一场惊天波澜，陪嫁丫鬟耿小俊也因为怀里这个孩子被康熙爷封为一品诰命夫人。

耿小俊扭着小脚往东院一边走，一边抬头看看天上的月亮，不由得想起小时候娘教的一首儿歌：

月明地儿，明晃晃，打开后门洗衣裳。
洗得净，熨得光，俺儿穿上到学堂。
读四书，念文章，考场得个状元郎。
旗杆立到咱门上，你看排场不排场。

从西院到东院，这条路也不知道走了多少遍。风刮雨淋，披星戴月，每一块八砖，每一个旮旯，每一棵树，每一株草，耿小俊熟悉得不能再熟悉。

这么多年，只要没有特殊情况，张伯行便一天到晚都在东院刻苦读书。一日三餐，都是耿夫人亲自送到书房，亲手交到黑孩儿手中，亲眼看着他吃完饭，再把碗罐收拾收拾掂回来，从不让人替。

有一年腊月，雪下得半尺多厚，地上一呲一滑站不住人。耿小俊惦念着在东院念书的张伯行，依旧亲自去送汤送饭，再看看儿子冻着没有。

时间还是清晨，庭院还没来得及打扫干净。她刚过后花园的角门，一脚没踩好，便在冰雪地里跌一跤。碗罐在雪地上摔成几瓣，汤饭也洒满地。

寒冬，腊月，大雪，后花园没个人影。

她一个人艰难地从雪地上爬起来，拍打拍打身上的雪，又回到厨屋，点着灶火，重新给黑孩儿搅一碗面汤，打两个荷包蛋，用馏布包个馒头，用墩墩碗盛点豆糁，一脚深一脚浅地送到东院。

当亲眼看着这个乳名叫黑孩儿的儿子狼吞虎咽吃个精光，她觉得吃什么苦受什么罪都值。

后来，张岩和张伯行知道这事，说啥都不让她去送饭。要么叫仆人去送，要么叫张伯行过来一起吃。

可耿夫人觉得，叫谁去送她都不放心。只有亲眼看着儿子把饭吃到肚里,她才觉得心里面踏实,才能睡个安稳觉。

耿小俊还没有走到东院书房,就听见儿子那熟悉的声音传来。这么多年来,从稚嫩到童声,从童声到变声,一直到现在瓮声瓮气,儿子的声音从没离开过她的耳朵。一天听不到这个声音,她都觉得心里面空荡荡,丢了魂似的。

她不知道张伯行是在自说自话,还是在大声念书。反正一天学都没上过、连自己名字都不认识的耿夫人知道,儿子读的是正儿八经的书,是考状元的书,是远祖彦实公在老井边上发现的书,是曲阜邹城他们老辈人一代一代传下来的书。

(三)母亲唤儿的哑嗓把张伯行从程朱理学中拉回现实

东院书房内,即将大婚的张伯行完全沉浸在《朱子近思录》中。这是朱熹与吕祖谦合编的一部理学入门书,汇集周敦颐、程颢、程颐、张载"北宋四子"的言论。他们通过对"北宋四子"言论的选择、编写体例的安排和全书的整体结构,来体现理学教育思想的基本精神和思想意图。既表现其理学教育思想的学术渊源,又增强了其理学教育主张的权威性。

站在门口,看到油灯下身形瘦削的儿子,耿夫人忍不住叫一声:"儿啊!"

就像是一只在大海里颠簸航行的小船,突然间看到港口一样,沉浸在程朱理学之中、遨游在方块汉字之间的张伯行猛地抬头,如大梦初醒。他用浓重的仪封口音叫一声:"娘,你咋过来啦?"说着,站起来深施一礼。

打记事起,娘就非常疼他宠他,不要说没动过他一指头,连训斥也从没有过。就是惹她生气,也最多数叨几句。儿时,和他一起玩藏老猫的大黑说他不是娘亲生的,他的亲娘已经死了。他气不过,就和大黑打一架,脸上挖的都是血道道。娘罚他站到石磙上,也没有舍得动他一指头。他懵懵懂懂感觉到,娘就是他的亲娘,自己就是娘亲生的。娘的一言一行,都可以说明这一点。

此刻,已长大成人的张伯行仔细端详着这个手把手把他拉扯大的女人,心中充满无限感激和敬爱。人都说:关上一扇门,就会打开一扇窗。娘就是那扇窗,娘就是他的亲娘。如今,长大成人的张伯行早已不关心这个问题。每次见到娘,端详她面容上岁月的痕迹,他心中都充满无限感激。

耿夫人心疼地上前来拉着儿子的手说:“儿啊,该吃饭啦。你看看你,这都啥日子了,还是一看书就走不动。”

张伯行这才想起明天就要结婚成人,就要娶妻生子成家立业,就要撑门立户单独开灶。他挠挠头,不好意思地冲母亲笑笑。

“娘,你看我这一见书,就把结婚这事儿给忘了。俺爹呢?”

在仪封,管结婚叫成人。男人不管年龄有多大,就是七老八十,只要没结婚成家,就是没成人,死了也不能埋进老坟。

耿夫人继续说:“你爹他们正在前院忙活,你过去跟亲戚邻居见个面吧!”

“要不我把剩这几页读完吧?”

“走吧孩儿,读不完的书,攒不住的力。”

“中!”

张伯行跟着母亲走出书房,见五颜六色的灯笼挂满院子,方的、圆的、长的,形态各异;人形、鱼形、花形,应有尽有。灯光照耀下,花池中的秋海棠开得愈发娇艳。

抱头梁上挂的那个绘着观音菩萨像的灯笼,神态逼真,面容祥和,好像菩萨真的走进烟火人间,走到寻常百姓家。

张伯行想,这菩萨,这灯笼,这海棠,其实也和刚刚读过的周子、“二程”、张载一样。虽在芸芸众生中,却超越芸芸众生,如同高悬在天空上的月亮,照耀人间,温暖人间,让人们“存天理,灭人欲”。

这天理,就是人性。

程颐说:“性即理。”《中庸》说:“天命之谓性。”天赋予人的本性,就是人之所以成为人的“理”!

不仅仅是人,宇宙万物,各有各的生成之“理”。月亮有月亮的“理”,灯笼有灯笼的“理”,海棠有海棠的“理”。

这个“理”,既非神授,也非人为,而是自然存在,并且至高无上,故谓之“天理”。

张伯行觉得,人是由形而上的“理”和形而下的“器”构成,所以才集善恶于一身。善的是“天理”,恶的才是“人欲”。朱熹说的“饮食者,天理也;要求美味,人欲也”,大概也是这个理。

以此类推,男女事,天理也;要求美色,人欲也。饮食男女,天经地义,并非邪恶,天理也;美色美酒美人,三妻四妾,是人欲。圣人不可能没有人欲,小人也不会没有天理,只不过圣人与小人不同的是,圣人能够"存天理,灭人欲"而已。

张伯行正在信马由缰海阔天空地想着,见牤牛火上,十几层的蒸笼正在冒着热气。热气从一层一层的罅隙间往上升腾,绘着千手千眼佛的灯笼宛如在仙境一般。

张伯行看见李馍头正在做四喜丸子,就走过去深鞠一躬,说:"老哥,真是麻烦你了!"

"不麻烦,不麻烦。能给少爷帮个忙,也是我的福分。"李馍头一边忙着红案上的活儿,一边笑着对张伯行说。

"这扣碗,是咱仪封县乃至豫东平原农村待客的必备菜。尤其四喜丸子我最爱吃,名字喜庆,寓意深刻,既好吃又挡饥。"张伯行说,"做四喜丸子我还是第一次见呢!"

"也没啥稀罕的,就是把猪肉、藕剁碎,跟鸡蛋、粉芡搅和匀,做成肉馅。把葱姜一半切成末放进肉馅,一半放到凉开水里做成葱姜水。葱姜水慢慢倒在肉馅上,搅拌,到肉馅上劲为止。"李馍头边说边用两手不停地摔打肉馅,那肉馅一会儿就变得结实有弹性。他把打好的肉馅团成一个个肉丸,放到七成热的油锅里文火慢炸,炸到整个球变成金黄色后,捞出沥油。

"现在是最见功夫的时候。"李馍头对张伯行说,"锅中留的油,不能多也不能少。放入葱姜大火爆炒,再加入一多半水,放上适量酱油,一起煮开。水开后放入炸好的丸子,小火炖,用几个冰糖调味。等冰糖融化后,加淀粉水放进去收汁。"

"真是樱桃好吃树难栽。"张伯行感叹道,"只知道四喜丸子好吃,不知道要费这么多的功夫!"

"你看,那边上笼蒸的小酥肉、芥菜肉、肘子,哪一样菜都需要很多工序。"

张伯行看到这么多人为自己忙活,心里感到十分过意不去。他觉得读那么多的圣贤之书,有时候还真不如这些人。劈柴、担水、烧锅、蒸碗、炒菜、盘面,自己都不会做,更不用说犁地打场、耩麦收秋。

孟子曰:"劳心者治人,劳力者治于人。"

其实,言劳心者治人,你就是不治,人家照样春耕夏种,秋收冬藏;照样日出而作，日落而息；照样生老病死，繁衍生息。这就是程朱理学的“天理”。

天理无所不在，不生不灭，至善至美，超越时空。它不仅是世界的本原，也是社会生活的最高准则。关键是让人们通过正心诚意，格物致知，存天理，知荣辱，教育人们知书识礼，陶冶情操，维护社会稳定，推动历史进步。

（四）众亲友看见张伯行，都纷纷道喜祝贺

刚吃过三碗熬菜的大黑顿时觉得力气倍增，浑身有使不完的劲儿。一提气，就把院子里的石磙立了起来。大伙顿时拍手称赞，张伯行也禁不住喊声“好”。

一旁的李馍头起哄说：“还记得你们俩小时候打架不？要不你俩再交交手？”

“那可不敢。少爷是个念书人，还经常学打拳，子路八卦拳拳不离手，我可不敢递招。”大黑说。

“我那是强身健体，磨炼意志，不是打架用的。”张伯行连忙解释。

李馍头不依不饶：“那你们俩掰手腕吧！少爷掰输就给大黑鞠个躬，大黑扳输赶明儿给少爷当保镖。”

大黑又来劲。别的不行，笨力气还是有的。他对张伯行说：“少爷，说话算话，我要是扳输就给你当跟班的，中不中？”

这时张正保走过来：“别瞎胡闹，少爷还没有吃晚饭哩！”说着，他把饭盘递过去。

张伯行有个习惯，吃饭的时候喜欢琢磨事。他一边吃一边想，朱熹讲过的一句名言“存天理，灭人欲”，被很多人记住并断章取义地解读，斥为不讲人性、扼杀人性之说。若按此说，那结婚也不符合程朱理学，岂不是天大笑话吗？

其实，朱熹并没有反对《礼记》和告子所主张的“人欲”。相反，朱熹将《礼记》和告子所主张的“人欲”视为“天理”，而将超出于“天理”的欲望视为“人欲”。因此，朱熹所说的“人欲”与《礼记》和告子所说的“人欲”不是一个意思，也不在一个层面。朱熹反对的“人欲”，是超越《礼记》和告子所说的“人欲”的“人欲”，是一种泛滥成灾的“人欲”。

朱熹所说的“存天理，灭人欲”，不但不扼杀人性，还是在保护人性，即人

类应该节俭一点、收敛一点，不能穷奢极侈。

圣人之所以为圣人，是因为圣人“灭尽人欲，存尽天理”。所以，朱熹的“存天理，灭人欲”，其实就是讲人的修炼与修行，就跟《礼记·大学》讲身修家齐国治天下平相似，都是通过对自己的严格要求，来达到某种品质能力，使自己与世界和谐。

平时跟好朋友大仪讲谈，大仪常常不认同他的观点，争来辩去，谁也不服谁。大仪认为，朱熹不仅仅是在哲学层面思考人类因欲望带来的尔虞我诈，勾心斗角，铤而走险，更多的是想从最本原的、最初始的地方去还原人的本性。结果他就找到“天理”这个东西，并认为“天理”就是最初的人性，即人之为人的道理；而脱离“天理”的人性则成“人欲”，即人变为非人的道理。他认为人之为人的道理是至高无上，谓之“天理”。人要回到人之为人上，就要“存天理，灭人欲”。

见张伯行左右四下张望，张正保便说：“大仪和秦先生一起去王家商量明天的婚事。天这么晚，应该快回来了。”

张伯行笑笑，暗自想到，大仪将来是个出将入相之人，必成大器。他才思敏捷，宁静深邃，对程朱理学见解独到，思维超常，非常人所能企及也。

张伯行信步走到牤牛灶南边，见红案掌勺师傅正在忙活，鸡、鸭、鱼、肉都收拾停当，上前对大家深施一礼，口中道谢。大家纷纷还礼说：“少爷别外气，都是咱自己家的事，俺也跟着沾沾喜气。”

张伯行又转身走到白案帐篷里，看到地上排一溜筐箩，里面装满白面馒头。蒸馍绝对是个技术活，发面、搓揉、制型和上笼蒸熟。和面要做到“三光”，也就是盆光、手光、面光。今年墒情好，麦子长得旺，麦穗大，麦籽饱，打出来的面也格外筋道。这回待客，一个人六个馒头，光白面就用几百斤。这白案上的活儿，做馒头是个重头戏，面要和好，发好，上锅蒸的火候也要掌握好。

张伯行给白案师傅拱手致谢，大伙笑着说，新郎官把心放肚里吧，明儿个绝对不会掉漏，菜管饱，馍管够。

张正保拿出几个准备好的红包，给众位师傅一人一个。众人连声道谢。

张伯行一扭头，看到父亲张岩走过来，怀里抱着盛粮食的大斗，右手还掂一杆秤，就急忙跑去接过来：“爹，拿斗和秤做什么？”

没等张岩说话，张正保就抢过话头说，这是明儿个拜堂时天地桌上用的。这天地桌就摆在院中，桌上放大斗、尺子、剪子、镜子、算盘和秤，称为“六证”。可知家里粮食多少、布帛多少、衣服好坏、容颜怎样、账目清否、东西轻重。

“爹，这些事都别再操心，明天也不要那么麻烦，越简单越好。”张伯行说。

“话虽这么说，老规矩还是要讲的。咱仪封县是礼仪之邦、过化之地。从封人请见到圣祖即位，一代一代，血脉相承，延续至今，靠的就是这些好规矩、好家风。”张岩说。

“老爷，去王家商量事的秦先生和大仪还没有回来，用不用派人去看看？”张正保问道。

“不用。大仪知书达理，办事有板有眼。再加上秦先生是大媒人，不用担心。”张岩开玩笑道，“你还怕王家不管他们饭啊？”

“大仪和秦先生办事咱绝对放心。只是明天还要让大仪记账，有些事我还要给他安排安排。”张正保解释说。

“不是不让收礼吗？怎么还记账？”张岩问道。

“是不收人家的礼。您二老给的磕头钱，亲戚添箱的被面，邻居拿二斤鸡蛋，这些也得有个底才好。”张正保说，“像秦先生的礼，咱要是不收，也说不过去啊！”

张岩点点头：“秦先生既是黑孩儿和小闺女儿的老师，还是王家的姑爷，又是吃大鲤鱼的媒人，他的礼更有意义！”

“老爷，您看这个分寸如何把握？您定个规矩，我好照办。”

“只收近亲的，也就是男女双方直系亲属的，薄礼可以，厚礼不要；其他人的一概不收。凡是收到的礼品、礼金都要登记造册，到人家办事时一定要加倍还礼。”张岩边走边说，之后一摆手，“你们忙吧，我到后院看看。”

月色下，张岩那微胖的身躯明显前倾，步履有点蹒跚，感觉突然间就老去许多。

张伯行禁不住鼻子一酸，随即把头扭了过来。

张正保拍拍他的肩膀，什么也没说，就往东厢房走去。

（五）这种热情、侠义、质朴、憨厚，都渗透到骨子里，融化到血液里

也许是一直忙碌的缘故，大家都感到有些疲惫。张伯行就吩咐张正保加几个凉菜，提一坛子“仪封醇”，让大家解解乏，消消暑，开怀畅饮。

大黑一见“仪封醇”，就激动地叫起来，说这酒是纯粮食酿的，喝过不上头。一个人弄半斤没事儿，比考城县的“闷倒驴”酒强太多。“闷倒驴”酒是用发酵的红薯片做的，烧喉咙，喝下去跟火炭一样，火辣辣的。

李馍头说：“大黑，你就趁喝‘闷倒驴’酒，跟你的脾气一样。”

“跟你的脾气才一样呢！”大黑眼一瞪说。

“你看，你看，还没说你一句呢就尥蹶子，你该不会是属驴的吧？”李馍头半开玩笑说。

“你敢不敢跟我干一黑墩墩碗？”大黑拧着头问李馍头。

“我可不敢，我是属羊的，还是属绵羊的。”李馍头说，“可是有个人敢。”

“谁敢？”大黑一副当阳桥喝退曹兵的样子。

李馍头卖个关子，说：“新郎官张伯行敢。”说完，溜个没影。

众人哈哈大笑起来。

张伯行笑得格外开心，他感觉身心从未有过的放松和愉悦。

这些亲戚邻居们，平时看不出来谁远谁近，一到有事需要帮忙就不请自到，从不讨价还价说三道四。这也许就是孔子停辙的教化功能吧！看似无影无踪，其实这种热情、侠义、质朴、憨厚，以及那一点点狡黠，都渗透到骨子里，融化到血液里，成为一代又一代传承下来的家风村规、因袭下来的民风民俗。滋养着一代又一代人在这风沙弥漫、盐碱遍地的豫东平原上生息繁衍，成长壮大！

明代“前七子”之一李梦阳有诗《过仪封》曰：

揽辔返夷门，乃至东昏里。
声声向卫传，铎韵中天起。
叔孙见仲尼，楚狂过孔子。

何如仪封人，有道知久矣。

张伯行突然间想起来家训，那是远祖彦实公立下的规矩：“修谱系，顺父母，敬长上，兄弟和，教子孙，敬妻子，毋亲讼，力农耕，敦读书。”

从开始学说话，不识字的娘就一字一句地教他家训，和“人之初，性本善，性相近，习相远”一样，陪伴他童年和少年。

自己的家训与孟子、朱子一脉相承，源远流长。

古人云：“道德传家，十代以上，耕读传家次之，诗书传家又次，富贵传家，不过三代。”

孟子曰：“君子之泽，五世而斩。”

朱子曰：“君之所贵者，仁也。臣之所贵者，忠也。父之所贵者，慈也。子之所贵者，孝也。兄之所贵者，友也。弟之所贵者，恭也。夫之所贵者，和也。妇之所贵者，柔也。事师长贵乎礼也，交朋友贵乎信也！”

张家从山西大槐树下来到仪封已传袭十一世，生生不息，靠的就是道德传家，责己敬人。

张伯行信马由缰海阔天空地思索许久，见大伙都放开喝酒，心里面感到一丝暖意。他随手拿件外套，独自一人走出宫保府大门，向东而去。

三
童年记忆

(一)趁众人酒酣微醉之际,张伯行踱步来到城东的荷塘

张伯行走出宫保府西院大门,见东西大街上行人稀少,夜色阑珊,便细细打量仪封城。此时此刻,张伯行突然想起一个词语“有凤来仪”。无论是《尚书·益稷》中“箫韶九成,凤皇来仪”,还是《诗经·大雅·卷阿》中“凤凰于飞,翙翙其羽。有凤来仪兮,见则天下安宁”,甚至“弄玉吹箫,有凤来仪”的神话传说,都是吉祥与美好、幸福与安康、高贵与神奇,一起来到仪邑。

尽管他没有听过箫韶之曲没有见过凤凰翩翩起舞,尽管他没有看到凤与凰青天相伴百鸟紧随,尽管他没有玉色温润红光夺目的赤玉萧对月长吟,尽管这个“仪”有一千种一万种解释,但张伯行宁愿这样想,先祖就是涅槃的凤凰,“仪”就是“仪封”,“有凤来仪”就是先祖彦实公奉天之命来到仪封城。

仔细算来,从洪武年间先祖彦实公来仪算起,已经三四百年,自己在仪封城生活十七年。十七年了,还没有像今晚这样,好好看过这仪封城,看过这片生他养他的热土。

这仪封古城,春秋始置,秦汉犹存。魏晋分并,宋金又兴。元朝重修,增筑城垣。明洪武二十三年,知县于敬祖扩建土城。嘉靖年间,始易以砖。因形如幞头,故名幞头城,沿袭至今。

仪封城内,有东、西、南和北四门巷街。东门街巷和西门街巷都是十一条大街小巷,各成一保,东西长和南北宽都是一里地,各有三百多户人家。南门街巷是十八条大街小巷,北门街巷是十四条大街小巷,东西长各一里地,南北宽各二里有余,都是五百多户人家,各成一保。野处之民则连以村庄,邑居之民分以街巷,按里可索,逐户可稽,生聚之道,宛然在目,但使弦歌耕凿,邻里

和谐。

城墙内土外砖，周围五里，高两丈二尺，阔一丈四尺。城有六门，东曰仰圣，西曰兴贤，南曰崇儒，西南曰重道，北曰适卫，东北曰通齐。

距城里许，有护城堤，高一丈五尺，阔三丈，创始于正德初年。嘉靖年间，总理河道都御史刘天和，悯仪邑独当河冲，亲至邑境督筑。堤外有路，其阔似堤。历年于农隙时修残补缺，遇有水患，资以捍卫。

宋以后，开封从首都变为王府。到明朝，开封往东还有一座被称为王府的地方，那就是仪封。这座有六座城门的古城，数千年来地名一直未变。

城以人名，人以城显。这座城有王廷相，有刘大谟，还与一位伟大的人物紧紧地连在一起。就是因为他，仪封得以流传千古——

两千一百多年前一个寒意萧瑟的晚秋，在由南向北通往仪封的乡间古道上，一辆木轮车吱吱嘎嘎地行进着，车上坐的便是千百年来被天下人奉为至圣先师的孔子。

那时候，孔子正处于人生最低谷。他因为与鲁国国君政见不合，愤然辞去鲁国大司寇之位，带着弟子颜回、子贡、子路、子夏等，开始他一生的列国之行。说是周游列国，其实是浪迹天涯，有时候连基本的食宿都不能保障。一路上，孔子多遭困厄，受过饥饿之苦，遭过被围之难，每每若丧家之犬。

行至卫国仪邑的孔子，本来想往南继续前行，一打听南边不远就是陈国，遂令弟子来个一百八十度的急转弯，打马而回，掉头北去。不为别的，就是因为前边的陈国人听从鲁国国君指使，曾经大骂孔子并围困他数日。对此他一直愤愤然，认为这是不可教化之愚民。圣人掉转车子的这个村庄，至今还在，名为“拧车湾”。

快到仪封时，一路颠簸饥渴难耐的孔子，屋漏偏逢连夜雨，车轴“咔嚓”一声断裂，一行人陷入孤苦无援的困境。弟子颜回情急之下，从路边捡回一根带毛的骨头当车轴。于是，马车勉强又吱呀向前。后来，圣人捡毛骨代替车轴的这个荒野小村，名叫“毛骨村”，这个村名一直延续至今。

走投无路的孔子师徒正在茫然无措之际，仪封的乡绅学子闻讯而来，奉茶敬酒，以礼相待，求孔子停车一见，并与孔子及其弟子们有了一段著名而又有趣的佳话。

孔子和封人这一见，成就《论语》中的“封人请见”篇，每每读来，都倍感亲切。

前人有诗《过仪封怀古》曰：

当年此地仲尼过，请见封人意若何？
木铎至今徇道路，封疆不改旧山河。
迳迷舍馆豪华少，水圮围城感慨多。
独有民风神化在，衣冠比屋动弦歌。

又有诗曰《仪封怀古》：

道德巍巍仰素王，銮舆曾过此封疆。
杏坛门第相从众，木铎封人取喻长。
千载由来沾化雨，四方应喜复纲常。
嗟叹按部经行处，幸遇春丁献一觞。

又和前韵：

双旌凤拥入仪封，却忆宣尼亦固穷。
为铎一时称颂后，垂模万世化中行。
洛嵩西接山河壮，邹鲁东连道路通。
日暖肩舆经处好，村村花柳自从容。

张伯行走到东门，看到城门还没有关闭。圣祖临朝，天下大定，政通人和，百业俱兴，所以城门也时常大开。偶有圈头集、小宋集、土山寨集早起晚归之人，亦可自由出入，不受约束，大有路不拾遗、夜不闭户的古风。

从仰圣门出来，张伯行看见三丈余宽的护城河上波光粼粼，月色朦胧，无数个月亮沉溺其中，让中秋的仪封古城玉带绕城，灵性充溢。

护城河的拐弯处，水流湍急，天长日久，竟冲出一水塘。也许是有心栽花，也许是无心插柳，水塘中竟兀自长出荷叶来。先是一片两片，之后便蔓延开来，成簇成片，高低错落。荷花也次第开放，含羞娇嗔，欲语含苞。绯红的，鹅黄的,青绿的,绛紫的,若隐若现,时开时闭。每当微风吹过,田田荷叶轻摇,朵朵莲花颔首,阵阵馨香扑面。放眼望去,月光洒在荷叶上,反射出黛青色的光。“接天莲叶无穷碧,映日荷花别样红。”只是这映月的荷花也是如此娇媚、如此火红。这月光,这荷塘,这莲子,让张伯行驻足于此,遐思不已。

嘉祐六年(1061年)至治平元年(1064年),周敦颐曾任赣州通判。为人清廉正直的他,襟怀淡泊,平生酷爱莲花。在他的府治东侧开辟一块四十余丈宽长的莲池,池中建赏莲亭,南北曲桥连岸。夏秋之交,莲花盛开,披霞含露,亭亭玉立。濂溪先生凭栏放目,触景生情,爱莲花之洁白,感宦海之沉浮,写下著名的《爱莲说》。张伯行随口吟诵出这一千古名篇:

> 水陆草木之花,可爱者甚蕃。晋陶渊明独爱菊。自李唐来,世人皆爱牡丹。予独爱莲之出淤泥而不染,濯清涟而不妖,中通外直,不蔓不枝,香远益清,亭亭净植,可远观而不可亵玩焉。予谓菊,花之隐逸者也;牡丹,花之富贵者也;莲,花之君子者也。噫!菊之爱,陶后鲜有闻。莲之爱,同予者何人?牡丹之爱,宜乎众矣。

张伯行暗自思忖,寂寂如周子者,独爱莲之出淤泥而不染,濯清涟而不妖。芸芸如吾辈者,更应当少私、寡欲、静心、超然,在孔子教化之地,扬程朱理学之风,教为学明道之人,成圣贤春秋之事。

已是中秋,花好月圆。

“蛤蟆打哇哇,四十五天吃疙瘩。”

而今,中秋月正圆,夜深天渐寒。蝉鸣渐远,蛙鸣不断;林愈静,水更幽;清风拂面,花香沁人;思追千古,绍介后学;此情此景,殷殷为盼!

张伯行觉得“仪封八景”,如果没有这荷塘、这月色,该是多么遗憾啊。干脆,我给他加上这荷塘月色,成为“仪封九景”吧!

这“仪封八景”自古都有,说法不一,明初逐渐固定下来。有琉璃圣井、金花女营、归城晓月、练苑春光、大河飞帆、野泥落雁、青陵樵唱、黄渡渔歌。前朝进士、明代“前七子”之一,也是明天就要迎娶的夫人王凤仪的先祖王廷相曾经有诗为证。

张伯行想到“仪封八景”,顿时诗兴大发,忍不住为仪封第九景“荷塘月

色"赋诗一首:

又梦仪邑月满楼,遥想夫子过卫州。
封人请见成往事,周张程朱傲王侯。
闲看浮云眼前过,再品茶淡人亦走。
深夜荷塘月色起,千载文思万古愁。

(二)张伯行想起七岁在私塾读书时,向先生秦明弼求学的情景

月色下的荷塘沁人心脾,清香馥郁,让张伯行思接千载,文如泉涌。他看着脚下的荷塘,荷塘边上的城墙,想起城墙内的秦先生明弼的私塾。

顺治十四年(1657年)丁酉,七岁的张伯行入私塾,跟着邑庠生秦明弼求学。尽管时间不是很长,却对张伯行的一生影响甚远。

俗话说,"三岁看大,七岁看老"。大凡出类拔萃成庙堂之器者,必有超常脱俗与众不同之处。

虽然年龄小,张伯行却显示出他这个年龄段少有的成熟与稳重。"先生邑庠生,见公入塾,恂恂专志诵习,不与同学嬉戏,甚器之。"

张伯行上课专心致志,描红一丝不苟,背诵认认真真,发言大胆踊跃。尤其是喜欢程朱理学,每每不耻下问,追根溯源,一字一句都刨根问底,探个究竟。

一次秦先生讲到仪封的历史时,无意中提及《论语 · 八佾》:"仪封人请见,曰:君子之至于斯也,吾未尝不得见也。从者见之。出曰:二三子何患于丧乎? 天下之无道也久矣,天将以夫子为木铎。"

张伯行问先生:"为什么天将以夫子为木铎呢?"

先生答:"孔子以木铎自喻,说自己是上天派来教化民众的。因为孔子长年从事教育,此后木铎就成教师的别名,木铎的木舌就被比作教师的教化之舌。"

"那孔子的教化之功是如何教、如何化的呢?"张伯行问。

"封人所请教虽不可考,然而进见之时则曰:君子之至于斯也,吾未曾不

得见也,其不绝于贤,有素矣。既见之后,则曰:天将以夫子为木铎,是能知圣道之不终废,世道之不终乱,天意之不终忘,斯世可谓智足以知圣人,且知天矣,其贤而隐于下位者欤!”秦先生道。

“那如何让民众崇礼仪、慕圣贤、守底线、知荣辱呢?”张伯行又问。

“先教化官员,再润泽民众;以官风正民风,用纲纪画红线。”秦先生答道。

张伯行似懂非懂地点点头。先生这“先教化官员,再润泽民众;以官风正民风,用纲纪画红线”的教诲,像种子一样深深埋在张伯行心灵深处,一步步长成参天大树。

张伯行清楚地记得,刚过中秋的第二天,娘给他穿上新衣裳、新鞋子,备好新书包、新毛笔、新砚台,千叮咛万嘱咐,上学听先生的话,遇事要让着别人,缺啥跟娘说。

父亲张岩一手扯着张伯行,一手掂着新的书包,亲自把他送到秦明弼先生的私塾。

秦先生看见张氏父子,十分高兴,说:“吾观他少年聪慧,天资敏学,是块读书的料,将来会成大器。”

“玉不琢,不成器。孩子年幼无知,望先生多多管教。”张岩也十分欣喜地说。

“这孩子有儒学之像,将来能够出将入相。”秦明弼对张伯行语说,“宋朝周张程朱五子,乃上接孔曾思孟之传者也,他日务读其书。”

张伯行向孔子牌位恭立片刻,深施一礼,毕恭毕敬地磕个头。起身之后,又向秦明弼深施一礼,双膝着地,也毕恭毕敬地磕了个头。

秦明弼把张伯行安排在第一排中间的位置坐下,目送张岩离开私塾。

已成为私塾新生的张伯行,时常把父亲的教诲和先生的要求铭刻在心,言志不忘。每过书肆,必问有周张程朱之书否。

同桌的大仪不知道从哪里弄来一本自称“兰阳才子”王春脚的诗集《王王屋集》,让张伯行阅读。

史载:王斥,字春脚,号王屋,明末兰阳县人,天启元年(1621 年)荐乡试,崇祯四年(1631 年)中进士。

张伯行从小就听说过“王春脚刻树棵”的传说。知道王春脚少年时聪敏好学，具有奇才，性格忠厚坦诚，诙谐豪放，不拘小节，颇具胆略。他的传闻轶事在兰阳、仪封、考城广泛流传。

看过《王王屋集》之后，张伯行觉得王春脚所著的诗、词、文、赋，都是记录一些稀奇古怪的事情。虽自成一体，与当时文坛上的迂腐靡丽之风形成鲜明对比，但与程朱理学相距甚远，属于旁门左道，不登大雅之堂。其言行也多有不端，聪明有余而正气不足，非正人君子所为。

于是就对大仪说，这王春脚虽是乡党却远非乡贤，这《王王屋集》虽有可取之处但终归是一孔之见。且与夫子过化的木铎之声相悖，与克己复礼的周张程朱甚远。以后你不要再看这些书，更不要给我推荐这些书。要不，我们就会剑走偏锋，离儒家圣贤只会越来越远。

大仪感到，这个一起长大、一起上学的同桌好友，心胸和格局远非自己所能企及。他想起不知道谁说的一句话：一个人，心胸有多大，舞台就有多大；舞台有多大，格局就有多大；格局有多大，就会成就多大的事业！

眼前的张伯行，能走多远，能成就多大的事业，是大仪想也想不到的！

（三）邑庠生秦明弼先生教书育人，时而像严父，时而像慈母

邑庠生秦明弼出生于名门望族。先祖秦纮是前朝著名廉吏，二十六岁中进士，授南京御史。后多次升迁，直至户部尚书。一生为官清廉，刚正不阿，学富五车，著作等身，出版诗集多部。在任保定府雄县知县时，不畏权贵，扫黑除恶，被人诬告，革职下狱。全县五千多民众到京城上书皇帝，为其请命，轰动一时。

到秦明弼这一代，战事不断，家道中落。

秦明弼参加院试考中秀才后，就遇到朝代更迭，天下大乱，时局不稳，世事变迁。再加上父亲去世，更无心科举，觉得把一生时间都付与之乎者也，没有太大意义，就带着一家老小，从老家曹州府单县投奔到开封府仪封县的妹妹家。妹夫王嗣京就是前朝太子少保、兵部尚书、大名鼎鼎的明代“前七子”之一王廷相的曾孙。

王嗣京虽为处士，然饱读诗书，精通医术，淡泊名利，甘于寂寞。时常流

连于山林之间,忘情于田园之乐,常以陶翁自诩。他的性格与秦明弼如出一辙,两人时常把酒临风,赏花弄月,吟诗作赋,自得其乐,颇有些魏晋遗风。

然投亲靠友终非长久之计。妹妹一家倒没有人说什么,只是秦明弼自己感到不安。堂堂七尺男儿,虽不能上马杀敌报国,也不愿饱食终日无所事事。况且有功名在身,虽仅仅是个秀才,但办私塾却绰绰有余。

如能像孔子一样教书育人,桃李天下;或者像孟子所说的"得天下英才而育之,亦乐也",不失为一桩美事矣!若能培养出来高徒一二,亦不枉人生一场。遂将宅院的东西厢房改为私塾,招收仪封县城及附近周边的适龄孩子入学。

后人有诗曰:"老书生,白屋中;说唐虞,道古风。许多后辈高科中。门前仆从雄如虎,陌上旌旗去似龙。一朝势落成春梦,倒不如蓬门僻巷,教几个小小蒙童。"

因大家倾慕秦先生名望,仰慕其人品,尊崇其学识,一下子来了二十多个学生。年龄最大的李馍头十几岁,年龄较小的有张伯行、张伯黑、张伯仪等人。还有一个女孩子王凤仪是她的外甥女,五岁,半学半玩地跟着他,一日三餐,衣食住行,都和秦先生形影不离。

这私塾办学,说起来容易做起来难,难就难在学生年龄大小不一,水平参差不齐。大名叫张伯黑的大黑斗大的字不识几个,而张伯行已经熟读《宋词》《全唐诗》。

秦明弼分门别类,因材施教。同时,让孩子们因教而学,择其善者而从之,不善者而改之。允许学生因材择学,根据自己的能力、兴趣等特殊情况自由发展,做到既重视教师的"教",又重视学生的"学",使之达到和谐统一。

对大黑他们耐心细致,不急不躁。先让他们认识书写在一寸见方纸上的方块字,熟读背诵《三字经》《百家姓》《千字文》。再从扶手润字开始,描红,写映本,进而临帖,逐字讲解,不厌其烦。

对张伯行他们响鼓重槌,鞭打快牛,一入校就直接教读《大学》《中庸》《论语》《孟子》。读完之后,即读《诗经》《尚书》《礼记》《周易》《春秋》。等把"四书""五经"都熟稔于心,就兼读古文,要求把《东莱博议》《古文观止》倒背如流,并且开始学习作文,把"古之教也"贯穿始终。

古之教者，家有塾，党有庠，术有序，国有学。比年入学，中年考校，一年视离经辨志，三年视敬业乐群，五年视博习亲师，七年视论学取友，谓之小成。九年知类通达，强立而不反，谓之大成。

秦明弼认为，不仅要熟读《中庸》13946个字，《大学》6182个字，《论语》8474个字，《孟子》14593个字，而且还要连朱熹的注解都要背熟，这是作八股文最重要的基础。这点功夫非在十来岁时打好基础不可。然后再读《诗经》《左传》《书经》《礼记》《易经》等，不仅要读熟，而且能背诵。尤其是“四书”，更是要连本文带朱注，烂熟于心，随口引用，像说话那样自然。没有这点基本功，是谈不上作八股文的。

秦明弼的私塾时常门庭若市，热闹非凡。东西厢房内，二十来个学生，分别按不同程度读不同种类的书。大黑他们十来个读《三字经》《百家姓》《千字文》，大仪他们几个读《唐诗三百首》，唯独张伯行一个人读《论语》《孟子》……大家都在秦明弼的教导下，在同一个房间中高声朗读。

即便是对大黑他们几个同读一种书的学生，秦明弼也是按他们不同的智慧，不同的记忆力、理解力，分别教不同数量、不同进度的课程。

极少体罚学生的秦明弼突然大发脾气，还是对他心爱的学生张伯行。戒尺一下又一下打在张伯行手上，疼在秦明弼心头。他知道，“玉不琢，不成器”，不狠狠体罚他一下，这孩子就会走弯路。

那日秦明弼布置张伯行写八股文。先是“破题”，再学写“承题”“起讲”，接着是“题比”“中比”，直到写出来完整的八股文，谓之为“完篇”。而这才开始，仅仅是会不会的问题。之后就是熟练不熟练、好不好、有没有法度、有没有思路、有没有见解、精彩不精彩。最后才是把名家的八股范文融会贯通，化为己有。

秦明弼检查布置给张伯行的作文，发现他根本就没有写。从他书包里还翻出自称“兰阳才子”王春脚的《王王屋集》，书里面内容泥沙俱下，良莠不分。这让秦明弼大失所望，他没有想到这孩子居然在读这种害人的书。

更让人气愤不已的是，他问张伯行书是从哪里来的，张伯行就是一声不吭。

盛怒之下，他拿起戒尺重重打向张伯行的手心，一下，两下，三下……直到大名叫张伯仪的大仪主动承认是他叫张伯行看的《王王屋集》，才肯罢休。

好多天以后，张伯行的手肿得还不能握笔。

（四）学童中唯一一个女孩儿，是秦先生五岁的外甥女王凤仪

私塾先生秦明弼看着满满一屋子学童，想起《论语·卫灵公》的一句话，叫“有教无类”。人不分贵贱高低，男女老幼，只要有心向学，都可以入学受教。有备则无患，有恃则无恐，有教则无类。通过教育，可以消除人原本的差别。

孔子就是根据每个人的特点，分别用不同的方法教育三千弟子，培养德行、言语、政事和文学四科学生，才使七十二圣贤脱颖而出，泽被后世。

秦明弼从儒家一以贯之的思想梳理出大致的脉络，认为人可以为神，有体现至善、上通神明、天人合一的可能。从孟子认为的“人皆可以为尧舜”，到荀子的“途之人可以为禹”，再到程朱理学“修身齐家治国平天下”的内圣外王之路，直至陆王心学的“宇宙即是吾心，吾心就是宇宙”“心即理，心外无物”，都是“有教无类”的结果，而不是前提。

与有教无类相对应的，就是因材施教、因龄施教、因性施教。而对于秦明弼来说，因材施教、因龄施教远远没有因性施教更麻烦，更费心，更劳神，也更有乐趣。因为他的众多学生中，只有一个女性。不对，应该是女孩儿，那就是他的亲外甥女、王嗣京的女儿王凤仪。

那年，那月，那天。

那年是1654年，农历甲午，马年，大清顺治十一年。

那一年的三月十八，紫禁城景仁宫，顺治皇帝的妃子佟妃生个男孩儿，起名叫爱新觉罗·玄烨，后来登基即位，年号“康熙”。

那一年的腊月十二，一个乳名叫冬郎的男孩儿出生。他的父亲是武英殿大学士、宰相明珠，他的母亲是英亲王阿济格第五女、一品诰命夫人觉罗氏。他的原名叫性德，字容若，号楞伽山人，时人都叫他纳兰容若。

也是在那一年，九月初九，前朝太子太保、官至礼部尚书、都察院左都御史、诗为“前七子”之一的王廷相的曾孙王嗣京家里紫气冲天，佛光显现。月光下，一条绛紫色的红晕落入寻常百姓家，瞬间，归林之鸟又都在天上盘旋。

那天，是九九重阳节。硝烟远去，铸剑为犁；含饴弄孙，烟火人间。暧暧远人村，依依墟里烟。不远处的开封府，菊花怒放，菊香四溢，满城尽带黄金甲。

那天，是沉沉的收获季。瓜果飘香，石榴咧嘴，红枣喜盈，玉蜀黍归囤，是个半辈子才碰到的丰收年。

那天，是人倦鸟归林。雀鹊齐鸣，百鸟朝东，祥云蛰伏于弦月之上，微风深藏在树林之中。

那天，那天，就是那天！随着一声婴儿啼哭，王家又多一位千金小姐。饱读诗书的王嗣京按照"女《诗经》、男《楚辞》"的习惯，给小姐起个文雅的名字"王凤仪"，取自《诗经·大雅·卷阿》中的"凤凰于飞，翙翙其羽。有凤来仪兮，见则天下安宁"。在他心目中，这凤，就是凤凰的凤；这仪，就是仪封的仪；这凤仪，就是"有凤栖于仪封城"。

也许冥冥之中真有一种天人合一的感应，这个叫"王凤仪"的女孩子日后真成为皇封一品诰命夫人，应验那句"有凤栖于仪封城"的传说。

王凤仪一周岁生日那天，王嗣京就在床上摆好笔墨纸砚、木秤算盘、五谷杂粮、针线刀尺、糕点食物，让他的宝贝闺女抓阄，看看她将来的志向和爱好。王嗣京想，女儿一定会抓针线刀尺，将来必是女红巧手。没想到刚满周岁的王凤仪爬到床上，看看这也新鲜，那也新鲜，却没有引起她的兴趣。算盘珠子刚拨拉几下，她就又爬到糕点食物那儿。一家人的心都吊到嗓子眼里，生怕她抓起蛋糕塞到嘴里，将来成个好吃懒做的败家媳妇儿。谁知道王凤仪到糕点食物那儿就没有停，就一直往前爬，爬到放笔墨纸砚的床头，小腿一扭，就坐起来，拿起毛笔在空中胡乱戳，一边要着一边嘟嘟囔囔地说一些谁都听不懂的话。王嗣京和夫人顿时激动起来，他们认定，这孩子将来不会是那婆婆妈妈之人。书香门第，诗书传家，这些散发着油墨香气的汉字将来一定会在这孩子身上发扬光大。

从此，他们就把王凤仪当成儿子养活，教她读书、描红、识字、习武。秦明弼的私塾一开始招生，就把五岁的王凤仪送了过来，跟男孩子一起，长揖叩首，诵读经典，临帖背书，功课愈发长进。

秦明弼这个既是舅舅又是老师还是保姆的私塾先生，做饭、洗衣、梳妆、描红，一天一天陪着王凤仪慢慢长大。

（五）私塾旁边有个池塘，是张伯行求学的常来之地

秦明弼的私塾位于仪封城东南角，门前就是仪封县城的主干道东西大街。东边隔着仰圣街就是宫保府，西边是一个大水塘，水塘后面过孔学街就是文庙和儒学。

每天一早，张伯行都按时从宫保府出来过仰圣街去私塾读书。

这私塾是个小四合院，南边是一拉溜五间房屋，中间设门，左右各两间。

张伯行穿过南房的檐廊，走进东厢房第一排中间位置，把笔墨纸砚一一放好，就出来打扫庭院。

小院东西厢房都是硬山式建筑，砖木结构，干槎瓦屋面，小瓦屋顶，迭瓦脊。

东西厢房的廊柱上分别镶嵌着秦明弼撰联并书写的两副对联。东厢房的上联是“风吹案上书千卷”，下联是“春绿庭中竹万棵”；西厢房的上联是“书读万卷乾坤大”，下联是“路行千里日月新”。

张伯行看到左右厢房的对联用笔均匀，功力考究。既有宋徽宗瘦金体的韵味，又化有柳公权玄秘塔的筋骨，似像非像，似有非有，似无非无，不拘泥于古意。就不由自主地用手指头在身上比画，临摹着先生的一笔一画。他暗暗下定决心，一定要写出来像先生这样的书法，才无愧于先生的教诲。

打扫完院子，张伯行就看到大黑、大仪他们陆陆续续来到教室。

张伯行问大黑：“这个屋子里面怎么少几个人啊？”

“学不会，都不来求学。”大黑说，“我也不想再上学，整天学得头疼。”

“那可不中啊！”张伯行说，“你不上学不就成瞪眼瞎。”

“地里面农活干不完，俺爹叫我回家帮忙干活呢！”大黑说，“再说，我也不是读书的料，不想受这个罪。”

“你不是听秦先生说过有教无类吗？谁都能通过教育改变自己。”

“先生说的对。只是俺爷俺爹都不识字，不也过得挺好啊！”

张伯行正和大黑你一句我一句地议论，只听到大仪说：“老师到，开始上课。”

只见秦先生从正房走出，灰白的长衫干净整洁，头发梳得一丝不苟，手中

戒尺沉甸甸。面部严肃,不怒自威,让大黑他们望而生畏。

学童们看到先生已到,就开始“人之初,性本善;性相近,习相远”地高声朗读起来。

那天,酉时未到,先生提前下学。张伯行和大黑、大仪一起,到私塾西边的荷塘,撒起欢来。

说是荷塘,其实是一个几亩大的水坑,比起护城河的荷塘小上许多,但这也让张伯行他们兴奋不已。

岸上,杨柳拂面,清风微微;

水中,莲蓬藏头,荷叶戏水;

水下,鱼跃龙门,虾游浅底;

远听,蝉叫三伏,蛙鸣四野;

近观,蚂蚁搬家,夏虫起舞。

张伯行只感到雷声不小心撞动玉树,一瞬间落下串串滚动的珍珠,一滴,一滴……

落在田野里,禾苗更壮了;落在树丛中,叶子更青了;落在这醉人的荷塘里,却泛起圈圈闪光的涟漪,如诗似画,如珠似玉。

雨中的荷塘,珠翠满眼,清香扑鼻。站在这里,只觉得心灵在静化,感情在升华,一切个人的忧戚、世俗的偏见,都在压缩、消失。

远眺,天地苍茫,树木村落,若实若虚,如巨幅泼墨,挥洒自如,酣畅淋漓。一片倒扣的荷叶在风的吹拂下在小路上奔跑,宛如一叶小舟在雾海中飘移。

啊,蒙蒙的细雨,高洁的荷花,温馨的荷香……

啊,故乡的山水,勤劳的父兄,浓郁的乡情……

张伯行他们几个看见荷塘,之乎者也都在脑后,琴棋书画俱随清风。剩下的,都是扬蹄撒欢般的轻松和愉悦。

大仪斜倚在柳树上,问坐在石凳上的张伯行:“在教室你总是一本正经,在这儿这么放松啊?”

“学的时候要拼命地学,玩的时候要痛快地玩。”张伯行笑着说。

“那我拼命地学也学不会,只能是痛快玩。”大黑接着说。

张伯行整整石桌上的课本,对大黑说:“玩痛快也是本事。很多人不仅仅是不会学,连玩都不会,还能干好什么事啊!”

“那以后你好好学，我好好玩。”大黑说，“等我玩出来一身好武艺，保护你和大仪吧！”

“这倒是个好主意，你习武我习文，咱们俩跟着黑孩儿哥，将来也成就一番事业。”大仪对大黑说，“只是你现在武功一般，不要说是黑孩儿哥，连我也不一定能打过。”

“这习武和习文是相通的，操守品行是第一位，德才兼备，以德为先。首要是修身养性，再强身健体，最后才是保护自己。不能以进攻为目的，更不能伤人逞强，凌弱欺小。要是那样，武功再强也不能立脚。”张伯行说。

“刚才在私塾，黑孩儿哥说有教无类。那你们学文，我习武，这也算是有教。”大黑很认真地说，“我一看书就头疼，一练武就满身是劲儿。”

“你现在练的只是花拳绣腿，回头咱正儿八经拜师学艺。”张伯行说，“北门木铎街的孔七传授子路八卦拳，是素王孔子的弟子子路所创，行如风，坐如钟，卧如弓。既强身健体，又重操守品行。徒手，器械，无所不及。还能精通医道，悬壶济世，跌打扭伤、小疼小病自己都能应付。”

“打拳还中，学医可不行。”大黑说，“我一看医生抓药的处方，就头皮发麻，一张纸认不出几个字。”

张伯行他们几个一边说，一边沿着荷塘往北走去。

荷塘的东北角是一块巨大的太湖石，黑青色，有一人多高，皱、漏、瘦、透的特点一览无余。风一刮，不同季节发出不同声音。春天干涩，夏季空灵，秋至沉郁，冬来呜咽。一从石头上渗出水来，天就要下雨，成为乡民打场晒粮的预报台。

相传，这块石头是北宋徽宗年间，从江南无锡经汴河运来的。还未到京师开封，金兵来犯，兵戈四起，无人顾暇，遂流落于此。

有心者掘地为基，以土为座，立于此，成为一景。

张伯行眼望雨过天晴，荷塘仙风四散，雾霭浸润；水面波光粼粼，红荷疏密有度；太阳西沉，月色东起；日月同辉，天人合一，忍不住诗兴大发，随口说句上联：“绿荷流韵，青蛙鸣梦，共上兰舟携皎月。”

“好联，好联。”大仪赞叹道，“只是这下联如何应对？”

“黑孩儿哥，咱几个一起上学，一起下学，一起来这个藕坑玩耍。你咋能说出这么好的词呢？我咋就想不起来啊？”大黑满脸不解地问道。

“此情，此景，让人诗兴大发。”张伯行说，“我也是随性而至，脱口而出，不成章法。”

还未等大家应声，一个稚嫩的童声从石头后面传来。

“这有何难，请君且听：红豆含情，玉鸟飞歌，独成孤影立斜阳。”

人未至，声先闻。

只见一位仙女衣袂飘飘，长发萦绕；白裙红鞋，弯眉杏目；朱唇小嘴，皓腕霜雪。

奇石，荷塘，垂柳，仙女，构成一幅绝妙的风景画，让人物我两忘，相看不厌。

张伯行他们一看，原来是秦明弼先生外甥女、他们的小师妹、私塾里唯一一个女孩子王凤仪，从石头后面飘然而至，如天女下凡。

“小师妹，你怎么在这儿啊？”张伯行问道。

“怎么，只能你们几个吟诗作赋，我就不能风花雪月啊？”王凤仪反问道。

“哪儿啊，今天下学早，我们几个想去文庙和儒学看看。”张伯行有点不自然地说，“刚信步走到这里，见风月无边，如人间仙境，便流连忘返，沉溺其中。”

“舅舅在和人谈事情，我就跑出来透透气，不承想看见你们几个。”王凤仪调皮地说，“本想吓你们几个一跳，听到黑哥哥的上联，忍不住对出下联。”

“众位兄长，我这下联对的如何啊？”王凤仪问道。

“绝妙至极，天衣无缝。”还没等张伯行吭声，大仪抢着说。

“对仗工整，用词准确，平仄协调，可谓绝对矣。”张伯行说，“由此看来，童子功不是白练的。”

“你说的黑哥哥，是伯行兄啊，还是大黑兄啊？”大仪故意逗小闺女儿王凤仪。

“当然是伯行兄，他的乳名叫黑孩儿。”不等小闺女儿回答，大黑就接着说：“这对子打死我也想不出来。”

“你别说，大黑哥哥，你跟我舅舅学这么多天，也出个联对一对吧？”小闺女儿说。

“别别别，你可别吓唬我啊，叫我出对子，还不如照我头上夯一下子呢！”大黑说。

“中,你不出是不是？我给舅舅说去,就说你逃学,故意不来上课。”小闺女儿半真半假地说。

“好好好,我出我出,你可别给先生说啊,要不先生打我的手心。”说完,大黑瞅瞅张伯行。

张伯行好像没太注意大黑说的啥,就让大黑出个对子,大家乐一乐。

大黑赶鸭子上架地说,“我可是出了啊,恁几个可别笑话。”

大黑顿口气,模仿着秦明弼上课的神态,踱着方步,捋着胡子,开口道:“这上联是:爹是爹,娘是娘,先生是先生,羊是羊。”

没等大黑说完,王凤仪就嚷嚷道:“好啊好啊,平仄对仗不说,你居然敢骂我舅舅,看我怎么收拾你。”

“你看看你,我说不出吧,你非得让出。我出吧,你又说不中。”大黑有点着急地说,“要不,改为:爹是爹,娘是娘,院子是院子,房是房。”

“这还差不多。”王凤仪高兴地说,“大仪哥,你先对吧。”

“这大黑出的联,还真是不好对呢。”大仪沉吟片刻,说:“藕扯藕,坑扯坑,柳树扯柳树,风扯风。”

“中。虽然不太工整,也能凑合。”王凤仪说,“该你啦,黑哥哥。”

“你说大黑出这对联,虽不十分工整,却接地气。要是程朱理学的语言都像这样,通俗易懂,达到妇孺皆知,那该多好啊!”张伯行感慨道。

“我觉得大黑哥说的好,一听就明白。”王凤仪赞叹道,“该你说了,黑哥哥。”

“花非花,雾非雾,朝云非朝云,露非露。”张伯行若有所思地说。

“看看,你刚说要通俗易懂,下联又高深莫测。”王凤仪噘着嘴说。

不等张伯行回答,小闺女儿王凤仪拉着张伯行的袖子,说:“黑哥哥,我也跟着你们去文庙吧?!”

“那当然好啊,只是不知道先生同意不同意。”张伯行答道。

“没事儿,回来我跟舅舅说。”王凤仪见张伯行答应带她一起走,心里别提有多高兴。

几个人呼朋引伴地向文庙走去。

(六)仪封文庙有一大牌坊,题曰"木铎名区"

这仪封城邑庙制,与他邑不同。文庙在前,儒学在后,中间隔以街衢为通邑往来孔道,曰儒学街。其初,居民错杂,后乃渐次廓清。明洪武年间,仪封知县于敬祖始建。其时,邑制初迁,规模草创,后历百年,经数令而庙学定。

到棂星门前,小闺女儿王凤仪看到对设照壁一座。左右两坊,一曰"奎壁联辉",一曰"人文捷盛"。庙前一坊,题曰"木铎名区"。

王凤仪问:"黑哥哥,这'木铎名区'是啥意思啊?"

"这出自《论语・八佾》,是说孔子周游列国来到咱们仪封,咱们的先人去见孔子,说'天下之无道也久矣,天将以夫子为木铎',所以咱这个地方就叫'木铎名区'。"张伯行答道。

"那木铎又是啥意思啊?"

"木铎是孔子的自称,孔子之后木铎就成为教师的代名词。"张伯行心里面想,幸亏专门问过秦先生,要不今天还让这个小闺女儿问住了呢!

看到庙的东南,有文笔一峰,高耸数丈。

棂星门内,第二重曰戟门。戟门以内,为大成殿五楹,上悬康熙御书"万世师表"匾额,四个金色大字在夕阳下熠熠闪光。

"黑哥哥,皇帝长的啥样子啊?"小闺女儿又问道。

"我也没见过康熙爷,只知道他在金銮殿,穿龙袍,坐龙椅,掌管着天下苍生,黎民百姓。"张伯行答道。

"那你以后能不能见着皇上啊?"小闺女儿很认真地问道。

是啊!这辈子能不能见着皇上啊?张伯行没有回答,心里面却想了许多许多。

北京城,紫禁城,皇上,这些遥远而又模糊的字眼,此刻让小闺女儿一提醒,却又清晰地浮现在眼前。读书人求取功名,无非是良相良医、出世入世,都是教化世人,"先天下之忧而忧,后天下之乐而乐"。只是庙堂之高与江湖之远,都让少年张伯行感到自信,同时隐隐约约还有一丝忧虑。这种自信、忧虑,让张伯行更加勤奋、执着、坚定,文人那种修身、齐家、治国、平天下的家国情怀也日渐成熟,成为他日后的人生基石。

仪封文庙的大成殿前，列以泮池，布以园桥，桥型如垂虹卧波。东西两庑，各构三楹，为从祀诸贤神宇。殿后为崇圣祠五楹，正中南向。只是张伯行万万没有想到，日后也能像先贤一样从祀文庙。

张伯行他们几个走向园桥拱顶，抚摸着汉白玉栏杆，看夕阳西下，落日余晖洒在大成殿顶，反射出金字般的光芒。

泮池里，一群金鱼在水中来回游荡，悠然自得。

张伯行指着水中的鱼，问小闺女儿王凤仪："你还记得先生给我们讲的《庄子·秋水》里，庄子与惠子对话的那段文字吗？"

"当然记得。"王凤仪随口背诵出来：

> 庄子与惠子游于濠梁之上。
>
> 庄子曰："鲦鱼出游从容，是鱼之乐也。"
>
> 惠子曰："子非鱼，安知鱼之乐？"
>
> 庄子曰："子非我，安知我不知鱼之乐？"
>
> 惠子曰："我非子，固不知子矣；子固非鱼也，子之不知鱼之乐，全矣。"
>
> 庄子曰："请循其本。子曰'汝安知鱼之乐'云者，既已知吾知之而问我，我知之濠上也。"

张伯行对王凤仪说，庄子是考城县青莲寺村人，村内现存有庄子泉。据说，庄子泉和咱仪封的夫子饮泉处的泉水相通。有心人曾在仪封夫子饮泉处撒下谷子，不几日就会在考城的庄子泉里见到。庄子的主张就是"无为而为"，被称为"文学的哲学，哲学的文学"。他的《齐物论》中"论知识的三种层次"，是其最高境界。

张伯行不禁感慨道，先祖留下的这块风水宝地真的是人杰地灵。仪封有夫子请见处，孔子曾过往教化；考城乃庄周故里，民风淳朴；兰阳有"送秦一椎，辞汉万户"的汉留侯张良墓地。还有葵丘会盟的堌阳镇、刘秀诞生的济阳宫、曹操的疑冢黄陵岗，无不昭示着这块土地的博大精深、厚重深沉。

张伯行抬起头仰视大成殿，又对王凤仪说："只是比起来大成殿里供奉的先师孔子，比起后世的程朱理学，这些终究是小巫见大巫矣！"

随后，张伯行一摆手，说："走，咱们进殿拜一拜先师去。"

仪封大成殿内神龛上供奉着孔子牌位，上书"大成至圣文宣王先师孔子之神位"。几个人整衣正冠，一字排开，恭恭敬敬地向孔子牌位行叩拜礼。

拜过孔子，几个人又向两侧供奉的颜回、曾子、子思、孟子四个牌位一一行礼致敬，小闺女儿王凤仪也神情庄重，充满敬畏。

出大成殿右拐，迎面看到一通乌龟驮着的石碑，碑顶有点残缺。大仪看看碑文，惊叫道："小闺女儿小闺女儿，你看上面刻着你先祖的名字呢！"

几个人趴上去仔细一看，见石碑标题是《重修仪封县学记》，出自王凤仪先祖王廷相之手，遂一字一句地读起来。

读到落款"正德二年，岁在丁卯仲冬吉日立石"时，天色已晚，暮色四起，几个人也没心思再去一路之隔的儒学，就各自回家。

张伯行沿荷塘东侧的小路，手把手扯着小闺女儿王凤仪，生怕她有个闪失。一直走到私塾门口，目送王凤仪走进私塾，张伯行才若有所失地回到宫保府。

四
青梅竹马

(一)张伯行两眼望着秦明弼,神色凝重地点点头

自从小闺女儿王凤仪与黑孩儿张伯行对上一幅绝联之后,两个人之间都产生一种说不清道不明的情愫。每天都有说不完的话,你一言我一语,从"四书五经"到"两仪四象",从程门立雪到嵩阳书院。一向不爱多说话的张伯行就像是换个人似的,经常耐心细致地给王凤仪辅导作业,释难解惑。

小闺女儿王凤仪也好像是一夜之间突然长大似的。以前那个爱说爱笑的小闺女儿逐渐遥远,一个腼腆、稳重、成熟的少女一步步向人们走来。

那天上午,她刚坐到书桌前,突然间感觉到身体不适。腰酸腿疼,疲劳乏力,脸色苍白,头上一直冒虚汗。紧张、害怕,像是做错什么事一样,心里面有一头小鹿在怦怦直跳。

舅舅秦明弼看到这种景象,心里面明白八九分。他给王凤仪冲上一杯红糖水,让她趁热喝下去,躺下休息。课是习字描红,暂时不用上。宛如大病一场的王凤仪一直睡到下午,直到舅舅端来一碗葱花面条,才如梦初醒。

王凤仪最喜欢吃的就是舅舅做的手擀葱花面条。汤,稀稀的;面,软软的。青的葱叶,白的葱白,三三两两飘在上面。偶尔还有几点香油,星星一样散落在面汤上。满满一碗色、香、味俱全的面条,让人食欲大增。

平时吃两碗还不够的王凤仪,那天却一点也提不起精神,觉得面条看一眼就饱了。在舅舅的一再劝说下,才勉强吃小半碗。碗一推,就接着睡觉。

满人入关后,虽然继承汉族科举选拔和宋明理学的一整套理论,但由于民族习惯和迁徙转移,再加上马背民族的简单、开放、包容,对女子的禁锢远没有宋明王朝那么严厉,更没有达到男女授受不亲的地步。

在这种自信宽松的环境中，小闺女儿王凤仪一天天长大，如出水芙蓉，似荷花仙子，给黄河故道的豫东平原涂抹一点亮色，温润如玉，如沐春风。

张伯行几天没有见到王凤仪，就和大仪、大黑一起，到秦明弼的书斋里问候。看看王凤仪的身体康复得如何，什么时候能去上学。

秦明弼见张伯行他们几个过来，就说："我正想找你们几个呢。"

"先生找我们有什么事吗？"张伯行问。

"密县新任知县衷鹏化是新科进士，热心教育。密县乃溱水洧水交汇之地，《诗经》源头，多天资聪颖之士。能读书之才则蕴蓄于前，安知不发越于后？况嵩麓灵秘所结，磅礴郁积，意必有特立奇伟非常之人出。而振川岳之光者，此亦有司之职。"

秦明弼稍微停顿，又说："衷鹏化在私塾基础上，多方筹资，改建义学，兴办桧阳书院。书院山人周访礼是密县举人，原在归德府训导，曾任职于应天书院，秉承'二程'遗风，声名鹊起。这次连降三级，掌门桧阳书院，就是为回报桑梓，重兴义学。周先生一直邀我去讲学，课程年初都已排好。我也想目睹书院真容，看看他们的办学理念、书院管理、先生聘用、学生招录，以期对我们有所启迪。他山之石，可以攻玉。将来有朝一日，咱们如能在仪封办一所请见书院，以教化众人，则此生无憾矣！"

"这再好不过。"张伯行兴奋地说，"书院兴，则文风起；教育昌，则人才出。咱们仪封乃素王过化之地，自当兴教在先，育人为本。如能兴办请见书院，则善莫大焉！"

"密县距此数百里，官道年久失修，车马不便，来回需月余。"秦明弼回头看看躺在里间的王凤仪，接着说，"丫头身体刚刚恢复，还需静养。我这一去数日，恐难照料，心中不安啊。"

"先生不必忧虑，尽管放心。我们几个都在，定会尽心尽力照顾好妹子。"张伯行说，"回家我就禀报父母，让母亲过来照看。好在私塾与我家一墙之隔，往来十分方便。"

"那就有劳大家。令尊为人宽厚，令堂心地善良，有他们照看，我也放心。"秦明弼说，"这功课就由你代劳，大仪他们的课程不要耽误，按课表往前走。"

"先生，我牢记于心！"张伯行两眼望着先生，神色凝重地点点头，感到肩上担子沉甸甸的,一种从未有过的责任感涌上心头。私塾、功课、小闺女儿,这些字眼都化作一件件具体行动,排满张伯行的日程表。

(二)王凤仪忍不住放声大哭起来

宫保府的厨屋在头进院东厢房。进门左拐,是一个砖头砌的地锅,用高粱秆纳的锅排上,放着一个瓦盆,里面的水冒着热气。李馍头的大儿子李结实正呱嗒呱嗒拉着风扇,火苗不停地向外蹿。

很长时间没有下过厨屋的耿小俊手头多少有点生,煎、炒、炸、烹、煮,就像昨天的事情一样,遥远而又亲近,熟悉而又陌生。

好在是烹饪业的鼻祖伊尹就是与仪封县相邻的杞县人。方圆十里八里,不论是男人女人,大人小孩,或多或少都在做饭上有两把刷子。

好在是耿小俊是丫鬟出身,洗衣做饭是自己的本分,虽谈不上色香味俱全,但一般的家常便饭还是绰绰有余。

好在是耿小俊成为张家少奶奶以后,仍然下厨屋蒸馍炒菜。尤其是张伯行的饭,一般都要她亲手做,怕仆人做的不合他口味,委屈自己的宝贝儿子。

可这次耿小俊又亲自下厨,蒸馍、炒菜、炖老母鸡汤,就是为私塾先生秦明弼的外甥女王凤仪,让她吃得可口,睡得香甜。

要按秦先生的想法,不能这样麻烦人。可耿小俊觉得,先生是儿子的老师,有一句老话叫"一日为师,终身为父",老师的事就是自己家的事,老师的话就是金口玉言。况且王凤仪又是先生的亲外甥女,秦先生一个大男人家带个女孩儿,还是不方便。就趁秦明弼去密县桧阳书院的空当,自作主张把王凤仪接到宫保府,一日三餐,悉心照料她。

那天,小闺女儿王凤仪无意中说想吃桶子鸡,把耿小俊慌得脚后跟朝前,赶紧打发张正保去开封府马道街买正宗的马豫兴桶子鸡。

说起马豫兴的桶子鸡,来头可不小。马家原是云南回民,声势显赫。顺治年间吴三桂拥兵入滇时,马家从昆明经金陵辗转来到开封。他们见中原家家户户都喂鸡养鸭,就借鉴南京盐水鸭的做工,以母鸡为原料,不开膛,不破肚,从鸡翅膀下切个小口,取出内脏,使鸡成为桶状,故名"桶子鸡",以其色泽鲜黄、咸香嫩脆、形体丰满、造型独特、肥而不腻、越嚼越香而出名。桶子鸡本身特点就是一个“脆”字，并非是用刀剁成几块，啃来啃去；也不是撕成几瓣，大口去咬。它讲究的是先剔骨，再切片，吃的时候夹起无骨的肉片，细细嚼来，越嚼越香。

王凤仪看着盘子里的桶子鸡，一下子哭成泪人。这吓得耿小俊“乖啊”“儿啊”叫个不停，不知道是咋回事儿，让孩子这么伤心。

小闺女儿王凤仪这么多年一直跟着舅舅。虽然舅舅待她很好，照顾她吃，照顾她穿；教她识字描红，知书达理。可舅舅毕竟是舅舅，不是娘。她无数次梦到娘，梦到娘一针一线地给她纳绣花鞋，给她做红兜兜棉袄，给她扎红头绳、编麻花辫子，教她跳皮筋、唱儿歌……可一觉醒来，还是梦一场。

多少个夜晚，她独自一人咬着被子角偷偷哭，不敢出声，怕舅舅听到。她从来没有问过舅舅，也不敢问，不敢问娘去哪儿了。人家都是娘带着，自己咋就没见过娘呢？

而今，看着给她端吃端喝的耿小俊，觉得这就是娘，娘就是这个模样。

再也忍不住的王凤仪大声哭叫一声，“娘——”，一下子扑到耿小俊怀里。

耿小俊这才明白过来小闺女儿为啥不停地哭。

耿小俊想到自己一小点儿就没娘，想到张伯行生下来就没娘，想到眼前这个小闺女儿也没娘，心如刀割。

她觉得，这就是命，是命把他们三个系到了一起。她不知道“同病相怜”这个词，只知道没娘的孩子挺苦。

她把王凤仪紧紧抱到怀里，泪水簌簌往下流。

流给让黄河水冲走的爹娘，流给难产的少奶奶梁玉荣，流给一落地就没娘的张伯行，流给小闺女儿王凤仪……流到土山寨流到小宋集流到黑里河流到铜瓦厢，一直流到黄河流到大海流到天上流成满天繁星。

这些年的委屈，这些年的感动，这些年的付出，这些年的期望……都从双眸中扑簌簌地流出来，化作一串晶莹剔透的珍珠，挂在小闺女儿王凤仪的脖子上，铭刻在耿小俊的心里面！

(三)耿小俊看到王凤仪十个指头全是簸箕,想起张伯行十个指头十个斗

少奶奶张梁氏怀孕时,耿小俊时常给少奶奶炖鸡汤,这也是她的拿手好戏。多年不用,这一回在王凤仪身上派上用场。

耿小俊叫上张正保、李馍头一起,亲自到鸡窝里找一只鸡龄三年左右、正在下蛋的老母鸡。因为鸡龄太长,肉煮不烂;鸡龄太短,肉太嫩,汤不香。

李馍头下手给老母鸡煺毛,收拾干净,凉水入锅。儿子李结实还是干老活儿,风扇拉得啪啪响。水开后,李馍头用筷子扎了扎,看老母鸡煮得火候正好,就用清水冲净浮沫,控干水分,放到砂锅里面炖。

耿小俊拿出在私塾旁边荷塘里新采的莲子,用清水浸泡一个时辰,摘去莲心,把宫保府的枣树上刚摘下来的红枣去核,怀庆府的山药片洗净,银耳用冷水泡涨,去根蒂,撕成小朵。舀几瓢刚从后花园老井里打出的井冰凉水,放入莲子、山药、红枣、银耳、姜片,调好口味,净锅上旺火。

拉风扇的李结实看到耿小俊把烧开的水倒到砂锅内,加盖,上笼用火蒸。一个时辰之后,满屋子都是香气袭人的鸡汤味。

李结实说:"大大,叫我尝尝吧。"

李馍头劈头一巴掌说:"你尝个啥啊,这是妹妹有病才吃的。"打得李结实直咧嘴。

细心的耿小俊把鸡汤盛好,对李馍头说:"鸡汤我专门多做了点,小闺女儿也喝不完。锅里这些你让结实尝尝吧,他还是个孩子呢!"

说完,两手端着砂锅朝后院走去。

快走到王凤仪住的房间,耿小俊听到李结实喊一句:"大大,这鸡汤好喝死了,真解馋啊!"

王凤仪听到脚步声,连忙从床上下来,迎上去说:"婶儿,看把恁麻烦哩!"

耿小俊把砂锅放到桌子上,吹吹手,说:"不麻烦,不麻烦,赶紧趁热喝吧!"

说着,把砂锅盖打开,把小勺子递给王凤仪。

趁着王凤仪一口一口喝着鸡汤,耿小俊仔细端详着小闺女儿。

个把月的调养,小闺女儿王凤仪原来苍白的脸逐渐红润,胸脯也鼓囊囊的,声音也没有原来那么尖。以前那个稚嫩可爱的小公主逐渐遥远而模糊,一个成熟而又羞涩的少女逐渐清晰起来。耿小俊感到,当时随着小姐嫁到张家时,也是这么大年龄。一晃好几年过去,儿子张伯行也长大成人了。

想起儿子张伯行,看着眼前的小闺女儿王凤仪,耿小俊心里面突然冒出来个念头。这念头就像是刚收过麦子的田野,遇到一两点火星,越是躲着、压着、藏着,越是一个劲儿往上拱。

刚开始星星点点,不大一会儿,就冒出来青烟。之后,就越烧越旺,越烧越有劲儿。再加上豫东平原上四处游荡的风,把麦茬地烧了个天昏地暗、风起云涌。

小闺女儿王凤仪喝完热腾腾的鸡汤,额头上渗出一点点细汗。脸红扑扑的,就像宫保府里盛开的石榴花一样淳朴、娇艳。湿漉漉的刘海儿紧贴着脸庞,像是荷叶上晶莹剔透的水珠。

王凤仪用手擦一把汗,就站起来收拾碗筷,准备去厨屋洗刷。

耿小俊连忙接过来叫人拿走。

在接过砂锅的那一刻,耿小俊看见小闺女儿的手细皮嫩肉,手指细长,中间没有缝隙。凤仙花染过的红指甲就像是荷塘刚出水的莲花,粉中透红,红中泛紫。

耿小俊把小闺女儿的左手托起来仔细看,一个,两个,三个,四个,五个……她顿时惊得目瞪口呆。

她连忙拿起来小闺女儿的右手,掰起手指头一个一个地看,大拇指,食指,中指,无名指,小拇指,又是五个簸箕。

五个指头,十个指头,小闺女儿的十个指头全部都是簸箕。

耿小俊想起儿子张伯行,想起张伯行的十个手指头,想起张伯行十个指头十个斗,刚才冒出来的念头更加强烈、更加坚定。

就是这个孩子,就是小闺女儿王凤仪,就是十个簸箕十个斗。老天爷在五百年前已经安排好,这就是俺张家的媳妇!

想到这,耿小俊不由自主地流出眼泪。

小闺女儿王凤仪看着耿小俊流泪,以为自己做错了什么,吓得连忙把手缩回来。她瞪着大眼睛,茫然无措地看着耿小俊,一时间不知道说什么好。

（四）封人请见孔子，留下“天将以夫子为木铎”的千古绝唱

已经康复的王凤仪又回到私塾，她那银铃般的笑声又飘荡在东西厢房里，大家的情绪顿时高涨起来。

张伯行看到小闺女儿王凤仪在教室里描红，心情十分愉悦。他走到王凤仪课桌前，用手扶着王凤仪的悬腕，手把手教她撅、压、钩、格、抵五字执笔法。如何单钩双钩，如何运笔提腕；侧锋如何转换为边锋，提笔如何绵里藏针；隶书如何燕不双飞，临帖如何做到“眼到”“手到”“心到”。

“书法要先从楷书练起，一笔一画，都要有出处。”张伯行耐心地对王凤仪说，“你可以先临欧阳询的《九成宫醴泉铭》，褚遂良的《大字阴符经》《雁塔圣教序》，柳公权的《玄秘塔碑》，这些都是基本功。”

“临帖不能贪多求全，一本柳公权《玄秘塔碑》我临了三年，到现在还时不时地指临、心临、意临。”

“熟读《三字经》《百家姓》《千字文》之后，都要背诵‘四书五经’。”说过书法，张伯行又给王凤仪补习文化课，“这些课我回头给你慢慢补，不要着急，一步一步来。学习就是一个循序渐进的过程。”

“不要说‘四书五经’倒背如流，就连朱子注解也要熟稔于心，信手拈来，才能化为己有，做到知行合一。”张伯行像是说给王凤仪，又像是说给全班同学，大家都静心听讲，生怕漏掉一句话。

“仪封乃素王过化之地，木铎之声源远流长，封人请见流传甚远。”张伯行说，“千古礼乐朝东鲁，万古衣冠拜素王。我们尚幼，不能涉足远行，朝圣东鲁。但仪封城西一里之遥，有素王饮水之泉，封人请见之处，明日一起皆往朝拜，也算我们郊游一回。”

众皆欢悦不已。

次日天明，众生员早早到校，生怕耽误出发时间。大家沐浴更衣，穿戴整齐，就像是过年一样，既兴奋又紧张。

张伯行在水葫芦里灌满热水，以备不时之需。大黑临出门还在布衫兜里塞个生红薯。大仪的娘在书包里装一兜花生。

大家排成两队，一队王凤仪打头，一队大仪打头。大家迈着整齐的步伐，

喊着口号，齐步向饮泉书院走去。这一场景，惹得四邻八舍都出来观看，不知道这一帮学生娃要去干啥。

队伍经过文庙后的儒学街，张伯行看见那天他们几个想去没去的儒学，头门仪门，冷落萧条；正殿旁庑，渐就剥落；明伦堂倾圮过半，破瓦颓垣，几沦茅草。

过儒学街、察院街、孔家巷，出东门街巷，就是仪封县城最中心、最繁华、最热闹的十字街。十字街往西，是西门街巷十一条主街道。县衙就在十字街的西北角，东面、南面临着大街。

张伯行他们看到县衙巍峨雄伟，钟鼓二楼并列左右，与刚见到的儒学形成强烈的反差，心中顿时感伤不已。

书院、文庙、儒学、私塾，这些传道受业解惑之地，却破败不堪、门庭冷落；而县治、府衙，却金碧辉煌、蔚为大观。

"自古圣贤尽贫贱，何况吾辈孤且直。"难道真的百无一用是书生吗？

正当张伯行漫无边际地思着想着，队伍走到兴贤门。走出兴贤门就出仪封县城，大家嚷嚷着要登上兴贤门看看。张伯行见众人走得有点劳累，队形有点散，王凤仪也有点疲惫不堪，就和大家一起上兴贤门憩息片刻。

兴贤门是单孔门洞，二层门楼。张伯行和大黑扯着王凤仪，沿斜坡马道缓慢向上，见城墙挂满《论语》摘录。有"见贤思齐焉，见不贤而内自省也"，有"学而时习之，不亦说乎"，有"温故而知新，可以为师矣"，有"学而不思则罔，思而不学则殆"，有"知之者不如好之者，好之者不如乐之者"……一时间大家沉浸在"子曰诗云"的海洋中，刚才的不快瞬间消失得无影无踪。儒学的破败，县衙的巍峨，在这晶莹剔透、璀璨夺目的汉字面前，显得格外渺小与苍白。

登上城门楼，俯瞰仪封城。见街巷纵连横通，房舍错落有致，以往高大的树木、耸立的钟鼓楼、令人肃敬的县衙，还有读书的私塾、温馨的家园，都一览无余，尽收眼底，众学子顿时有一种浩然之气在胸中荡漾。仪邑乃孔子过辙处，木铎之声声声入耳，尊师重教深入人心，圣贤辈出，人杰地灵。而今，吾辈自当薪火相传，自信，自立，自强。

走下城门楼，大家的疲倦一下子消失。不远处，隐约可见的饮泉书院在向众人频频招手。

西出兴贤门一箭之遥，就是请见亭。

春秋时期，孔子适卫，封人请见，留下“天下之无道也久矣，天将以夫子为木铎”的千古绝唱。

之后，木铎金声，耳濡目染，一代一代渗透到血液里，融化到骨子里，成为仪封、成为豫东、成为中原大地上的洙泗之巅！

亭中立有石碑一通，上刻“夫子请见处”五个大字，魏碑，朴拙险峻，舒畅流丽，上可窥秦汉旧范，下能察隋唐习风。

张伯行静心一看，对王凤仪说，“这通石碑和文庙那通碑同根同源，一脉相承，都是出自恁先祖王公讳廷相之手，真是让吾辈高山仰止啊！”

“高山仰止，景行行止；虽不能至，然心向往之。”大仪说，“此情此景，言为心声。”

“是啊，儒家前辈，大德先贤，永远是吾辈的楷模与标杆。”王凤仪接着说道。

“你们看，这后面还有字呢。”大黑惊叫道。

大家走到碑的后面，见上面刻着当朝进士张廷玉撰写的《请见亭碑记》：

邑之中，凡城郭、沟隍、学宫、廪库、郊关、候望之馆，以及废沼、颓榭、荒堤、断障之址，其灿陈于目之所寓者，若俱不足以为称，必求其得乎古人之遗迹以为快。是何也？譬之世有人焉，其居则环堵萧然，而入其室者，有图书千百卷。其所晤对者，皆古人。其所言者，皆古人之事，其不流连感叹者，寡矣！非是者，虽珠玉锦绣之盈于前，徒见其可鄙而已。然则一室之间如是，而况天地之大乎？众人且然，而况天地间之一人乎？而又且为天地间之一事乎？维吾夫子万古天地间之一人也，传记封人请见一事，亦万古天地间之一事也。是岂可概等于古人之陈迹，亦岂可概等于一方一事之迹乎？乃吾仪竟适得而有之。呜呼！其亦幸矣乎！西郭外旧有亭，相传为封人请见之地，今荡然矣。广文张先生步于郊，求之不得，悄然以恐，凄然以悲，曰：“繄谁之责耶？而澌灭至此！”于是，商诸邑人，拮据经营，苦于力未给，而邑刘侯适至，先生请之。侯慨然捐俸以倡众，得若干贯，为亭三楹于郭西之塘中，前为桥，桥前为门以达，阅数月工竣。将勒之石以贻后，而属记于予。予曰：“是役也，非独为我邑为之，实为终古之天地为之，当与天地同其志也。而两先生之志则远矣，然则士之过其下者，岂仅为徘徊凭吊而等于故宫，荒丘之迹，以为流连腾迹云尔乎！”两先生曰：“善。”遂勒之石。

“这请见亭屡毁屡建，就像是儒家思想屡废屡兴。从两千多年前素王布经传道，封人请见，至今已数朝数代，历经沧桑。但有一个规律，那就是凡尊孔兴儒者，则国祚绵长，繁荣昌盛，如汉武，如宋祖；凡贬孔灭儒者，则国运短暂，政息人亡，如秦，如元，莫不如此。”张伯行说道，“而今，政通人和，百废俱兴，请见亭又建，程朱理学再起，则我大清江山永固，万古长青。”

“我读过明嘉靖年间，监察御史、仪封人士刘大谟曾赋的一首诗《题封人请见亭》”，大仪说着，随口背出：

天谴宣尼振铎行，文旌故向陋邦征。
已荒千古瞻依地，犹想当年感慨情。
齐鲁遗书山斗在，乾坤吾道日星明。
喜看新讲多输奂，强和阳春附姓名。

“这首诗我也读过，写的就是这个亭子。我这还有一篇当朝名士、曾任我们仪封知县纪黄中先生《重修请见亭文》，文章不长，诸兄不妨一听。”张伯行从衣兜里面掏出一个密密麻麻地写满文字的小本，翻到中间，高声朗读起来：

窃尝闻之，创复名胜者，有位之责，而修补匡赞者，学士之功。考阳以仪名，由来久矣，而见称于今古者，是赖宣圣之过化，封人之请见。故木铎一语，炳若千古，煌煌典册垂不朽焉……

“是啊，岂知立亭之本意也？”张伯行一挥手，“走，咱们拜谒拜谒圣井，瞻仰瞻仰素王。”

大家都往琉璃圣井拥去。

（五）张伯行慨然曰：他日吾必读书于此！让万物得其本，百事得其道

天热，路遥；人困，马乏。

六十而耳顺的孔子，与弟子在陈蔡之间被困绝粮，许多弟子因困饿而病，后被楚人相救。

由楚返卫，行至仪邑，见一甘泉，汩汩直淌。水从井底溢出，井口云雾缭绕，冷风袭人。

遂命子路取其水，饮之，微甘，稍甜，清凉，静气。

和以醴泉，润以元气，乃暑燥顿消，心劲始平。

所谓古来名泉亦不一，醴泉多为圣人出。圣如孔子亘万古，泉亦随同经天日。

而今，井不假造，其壁历数千年如新。清顺治初年，驿传道杨时荐于井上建亭、井前立碑，曰："夫子饮泉处。"

碑后有杨时诗云：

> 远树寒沙抱浚城，梁园东眺野林横。
> 百年不改封人邑，此地犹悬圣井名。
> 苔篆拂题摹碧窍，泉心探底叩泓清。
> 轩栏到处低回意，仰止岂无感慨情？

众生员围井俯视，但见井水清澈，人影倒悬。偶有波澜，从水井中间向四处扩散，一圈一圈，越来越大，直至消融到井壁。

大黑把井绳续到井底，左右摇摆，"扑通"一声，瓦罐沉入水面之下。众生用力拉起井绳，一罐甘冽清泉从琉璃圣井打出，众皆感奋，欢呼雀跃。

大仪打趣道："古有子路于此泉取圣水，今有大黑在圣井取圣泉。大黑虽赶不上子路睿智，但子路八卦拳却练得虎虎生风。"

大家顾不上听大仪言语，你一口我一捧地都喝上圣井之水。一股透心的清凉顺流而下，直抵心扉。

大仪和大黑拿出花生、红薯，王凤仪掏出一大包红枣，众人共享，热闹非凡，其乐融融。

“饮圣泉水，读圣贤书，做圣贤人。”张伯行对大家说，“仪邑乃素王过化之地，谆谆教诲犹在耳边。古人曰‘半部论语治天下’，我们要熟读经书，敬慕先人，见贤思齐，当个明白之人。”

圣井边就是书院，取“孔子饮泉处”之意，曰“饮泉书院”。

推开书院大门，吱吱呀呀，锈迹斑斑。

院存，人散。院内芳草萋萋，荒径徘徊。

几只乌鸦扑棱棱飞过来，又直不棱登飞过去，一直飞到很远的地方，还“嘎嘎嘎”叫个不停，有点瘆人。

麻雀时不时从厢房里出出进进，见人过来，也不回避。

小闺女儿王凤仪胆怯地握着张伯行的手，没有吭声。

数百年的世风推移，饮泉书院早已倾颓破败。

先师孔子的牌位前，香炉空空，香案上落满尘土。不用问，肯定很久没人来过。

中轴线上，斋舍的门窗尚齐全，只是破旧不堪，上面结满蜘蛛网。

讲堂里，先生的讲桌少一根腿，斜歪在讲台边。

东西配房空空荡荡，几只蚂蚁在坚定地向前爬。

廊庑里，堆满残缺不全的桌椅板凳，还有几本讲义三三两两散落地板之上。

只有残存的石碑上，文字依稀可辨：“学院讲堂、斋房、廊庑、庖俱备，为学子肄业之地；又置田，岁收租入以充延师膏火之资。”

由此可见饮泉书院曾经的繁盛。

山门是书院的象征。门楼上，几块砖雕活灵活现，技艺极为讲究。张伯行他们站在那里，感受到当年的壮观景象。穿过这座三进院落，那脆生生的诵读声仿佛回响在耳畔。

可以想象，长袍马褂，子曰诗云，仪邑历朝历代的莘莘学子，是怎样在这里寒窗苦读，皓首穷经，孤灯夜战，悬梁刺股，一步步走上诗书之路的！

重诗书，明教化；崇儒学，尊师长，才使仪封圣贤辈出，人才济济。前朝礼部尚书、明代“前七子”之一王廷相，前朝监察御史刘大谟，都是从饮泉书院走出,走向全国。

张伯行和同学们一起在憧憬着,学子们布衣芒鞋,呼朋引伴;携笔墨纸砚,闻书香墨韵;穿文庙,过儒学,从兴贤门鱼贯而出,到饮泉书院,习圣人之礼,读圣贤之书,这该是一幅多么美好的图画啊!

"谈笑有鸿儒,往来无白丁。"平日,诗人名士乘兴而来,鸿学大儒高谈阔论。他们与学生围坐一堂,谈经讲学,传承文脉。仪封一个又一个晚生后辈脱颖而出,"为天地立心,为生民立命,为往圣继绝学,为万世开太平",成为国家的栋梁之才。

张伯行仿佛看到一幅画卷:

饮泉书院内书声琅琅,先生用苍老的声音说道:"孔子有云,'君子有九思,视思明,听思聪,色思温,貌思恭,言思忠,事思敬,疑思问,忿思难,见得思义'。"

学子亦随之朗诵。

这时,有一人,身材瘦削,面目隽秀,身着一袭天蓝色长衫,举手投足之间,自然而然地流露出了书生之气息。

那人来至张伯行身旁,眼神之中有着一抹好奇之色,对着张伯行说道:"你这孩童为何驻足于此?"

张伯行心神原本便被先生讲学之声吸引,双眸之中再无其他,一时之间,不曾察觉身旁之人。待闻听身旁之人问话,不禁骇然,瞳孔紧缩,看向来人。

张伯行上下打量一番,方说道:"我在此驻足,乃是被琅琅书声吸引。"

那人闻听张伯行之言,不由得诧异不已,说道:"先生一番言语,你可知晓其中?"

张伯行略微一摇首,面庞之上,有着愧疚之色。

那人不禁松口气,说道:"不知并无不妥之处。"

张伯行说道:"一知半解而已,并未全权领会。"

那人闻听此言,似觉遭五雷轰顶一般。他不曾想到张伯行小小年纪,便可领会其中之意。

还未等那人再言语,张伯行略微有些犹豫,继续说道:"先生,为何在此?"

那人方回过神来,说道:"吾亦然。"

张伯行略微一颔首,将目光落于书院之上,说道:"敢问先生此乃何地?"

那人傲然而立,说道:“此乃读书人讲道论德之所也。”

张伯行闻听此言,眼神之中,露出坚定之神色。年少的张伯行慨然曰:“他日吾必读书于此!让万物得其本,百事得其道;兴书院,扬理学;传文脉,崇儒道;教化苍生,造福黎民,也不枉此生!”

而后,便深沉着遥望那书院一眼,转身离去。

那人望着张伯行离去时,其背影坚定而又笔直,不禁呆愣在原地,眼眸之中,有着讶异之色,久久未能回神。

(六)时光荏苒,岁月如梭,张伯行已然成为梦中的东京少年

正所谓“勤学如春起之苗,不见其增,只有所长。辍学如磨刀之石,不见其增,日有所亏”,自此,张伯行愈发好学不倦,不曾有一丝懈怠之心。他深知“业精于勤,荒于嬉;行成于思,毁于随”之理。

白昼时分,张伯行总是手持书卷,正襟危坐。时不时,不由自主地朗声诵读,书声传至远处。

张伯行每逢读至会意之处,便会欣然忘食,难以自持。

逢人闻之,皆言:“此子日后必有出息。”

每至深夜,张伯行屋内皆是烛光摇曳,不忍释卷。

一日,张伯行复手持书卷,然则,书卷之上所述:“天命之谓性,率性之谓道,修道之谓教。”

张伯行反复诵读,却未曾能领会其中之意,不禁翻阅其余书卷,查阅此言何意。

陡然,张伯行阅览到其中之意,不禁朗声诵读而出:“上天赋予人之品德乃为‘性’,遵循事物本性乃为‘道’,使人修养遵循道乃为‘教’。”

而后,张伯行放下书卷,在脑海之中,不断反复体会,不禁豁然开朗。

这时,书案上,一黄皮书卷映入张伯行眼帘。那书卷之上,宛如藏着一股魔力,吸引着他的眼球。

那书卷之上书写着斗大的书名《四书章句集注》,张伯行在书卷之上停留数眼,方瞧见作者,乃知此书是朱熹所著。

而后,张伯行翻开泛黄的书页,一番阅览,一目十行,良久,便知其中大意。

一番粗略通读，张伯行只觉意犹未尽，情不自禁地欲要详细阅读。

然而，张伯行却暂且控制住内心欲望，在脑海之中，不断回忆着此书内容。

张伯行知晓朱熹所阐述的乃是“格物致知”。他曾言：“上而无极、太极，下而至于一草、一木、一昆虫之微，亦各有理。一书不读，则阙了一书道理；一事不穷，则阙了一事道理；一物不格，则阙了一物道理。须著逐一件与他理会过。”

朱熹又有云：“天地中间，上是天，下是地，中间有许多日月星辰，山川草木，人物禽兽，此皆形而下之器也。然这形而下之器之中，便各自有个道理，此便是形而上之道。所谓格物，便是要就这形而下之器，穷得那形而上之道理而已。”

张伯行不禁心生震撼之意，说道：“欲诚其意者，先致其知，致知在格物。”

良久，张伯行眼神有着别样风采，喃喃自语着，继续说道：“格，来也；物，犹事也。其知于善深，则来善物；其知于恶深，则来恶物；言事缘人所好来也，此致或为至。”

一时之间，只觉得妙哉，张伯行复将《四书章句集注》详细通读一番。

张伯行深觉朱子之言，受益匪浅，自此以后，时常以朱子所言“居敬以立其本，穷理以致其知，返躬以践其实”作为自己的为学准则。

杨柳青青，轻拂河面，漾出一道道波纹，阳光洒下，光辉闪烁，一片岁月静好。

时光荏苒，岁月如梭，转眼间，张伯行已然成为梦中的东京少年！

沧海桑田，物是人非，而嗜读书，乃为张伯行唯一未曾发生改变之处。

张伯行手不释卷，观览群书，深觉朱熹所语言之有理。

朱子读书之法有六，即循序渐进、熟读精思、虚心涵泳、切己体察、着紧用力、居敬持志。

正所谓“读书之法，在于循序而渐进，熟读而精思”，此言乃为，读书之法在于循序渐进，不可囫囵吞枣，急于求成，要“量力所至而谨守之”，熟读成诵，精心思考。

“虚心涵泳”寓意为读书之时，要反复咀嚼，细心玩味。“切己体察”则需见诸实际行动，要身体力行。而“着紧用力”则为读书需抓紧时间，发奋忘食，反对悠悠然；亦需精神抖擞，勇猛奋发，切记懒散。

张伯行将朱子读书之法铭记于心,时刻遵从。

然则,书卷不可计数,宛如牛毛一般,张伯行时常因苦不能记而烦恼不已。

一日,张伯行双眸略有疲惫,不禁抬首仰望长空,青空之上,浮云曼曼,一时之间,顿觉心胸开阔,心中亦有一番计较。

张伯行自此便下定决心,如若书卷之中,诸多内容,时常难以铭记于心,便随时所阅。

曾子有云:“吾日三省吾身,为人谋而不忠乎?与朋友交而不信乎?传而不习乎?”

因而,张伯行在翻阅书卷之时,不断反省着自己。

五 天作之合

(一)秦明弼见张伯行恂恂专志诵习,甚器之,以甥女许字焉

出访密县桧阳书院一月有余的秦明弼终于回到仪封,回到私塾,回到他日思夜想的学生身边。

这些天,他讲学,读书,切磋,交流,忙得连吃饭的空都没有。

归来之前,桧阳书院的山人周访礼送给他一套书院编写、刻板、印刷的教材,共九卷六十余册,囊括书院各个年级的课本。再加上采买的几大捆书籍,压得毛驴东倒西歪。

秦明弼心疼毛驴,不忍心再坐上,就陪着毛驴一路从密县经洧川县过开封府步行回来,耽误些时日。

说不着急是假。从私塾开馆到现在,除去麦假、暑假、秋忙假、寒假,一年四个假期,短则一周,和学生分开最长也不过半月。像这样离开学生一个多月,还从来没有过。

他惦念他的二十多个学生,惦念着一根筋的大黑听不听话,惦念着勤奋好学的大仪能不能吃上饭,惦念着张伯行能不能把同学们带好管好,他更惦念着外甥女王凤仪身体恢复得如何。

越是惦念就越着急,越是着急就越用鞭子赶毛驴。

这样,一路走,一路赶,到兰阳县青陵岗的沙土堆上,看到毛驴实在是走不动了,文弱书生秦明弼索性自己扛两捆书,以减轻毛驴的负担。

饮泉书院过了,请见亭过了,兴贤门过了。

县衙过了,儒学过了,荷塘过了。

走进私塾的一刹那,秦明弼瘫坐在门槛上,大口大口喘着粗气,脸色苍

白，把正在上课的同学们吓得惊慌失措，一个个嗷嗷大叫。

大黑连忙把秦先生扶到椅子上，小闺女儿王凤仪端过来一碗温水给舅舅喝，张伯行用热毛巾给先生一下一下擦着汗。孩子们全都围在他身边，眼巴巴望着他。停上半个时辰，秦明弼才缓过气来。

看到大黑长高，大仪精神头更足，王凤仪明显红润，尤其是看到张伯行更加稳健成熟，秦明弼会心地笑了。他觉得，这些孩子们真的长大了！

当听到他们组织集体活动到饮泉书院郊游，不免又有些后怕。大人对孩子们一个比一个娇贵，惯他们吃、惯他们喝，叫他们上学、陪他们长大，唯独怕他们出事。

家长怕，老师更怕！

因为怕出事，就取消体育课，取消郊游，取消课外活动，取消各种各样的比赛，让孩子们待在教室里，失去应有的天性。

可孩子们自己愿意亲近泥土，自己愿意回归自然。秦明弼想起自己小时候，几个孩子下地剜草、拾柴火、偷瓜、摸瞎、杀羊羔、藏老猫、摸爬叉，整天疯得不着家。有时候时间不晚，就在小伙伴家住一夜，第二天再一同上学去。

大人也都由着孩子们的性情自由挥洒，尽情释放。那时候的孩子都是散养。他们觉得，孩子就是泥人，就是从泥土里长出来的，就是女娲娘娘用泥土捏的，就应该泥里滚、草里爬。不小心割个口子，血流不止，也是抓把黄土一捂，过两天就完好无损。

从内心深处，秦明弼是赞成他们去郊游的，尤其是对张伯行的组织能力暗暗赞赏。当他知道王凤仪这些天吃住都是在宫保府，心中更是充满感激之情。他觉得，张家是书香门第，道德传家，心地善良，值得尊重！

当天晚上，秦明弼带上两提花生糕，专程去宫保府致谢。

那一日，也是个中秋月圆夜。皎洁的月光洒满辽阔的豫东平原。仪封城内，过节的氛围浓浓的、厚厚的，就像脚下这块土地一样坚实厚重。

那一月，也是个瓜果飘香时。宫保府的石榴树挂的果格外丰硕，就像是宫保府的上上下下一样，精神头格外足。

那一年，也是个囤满仓实季。花生棵大，籽饱，油多；芝麻开花，节节高；玉蜀黍棒子像胳膊一样粗，籽像指头肚一样大；高粱穗直冲冲刺破天穹，红红地，任性地，什么都不顾地，在湛蓝的天空中，肆无忌惮地熊熊燃烧。

宫保府的男主人张岩，听说秦先生要来家拜访，就换上过节时穿的长袍马褂，早早站在头门外的石狮子旁，静候先生光临。

月上柳梢头。

暗香月黄昏。

先生秦明弼带着外甥女王凤仪刚拐弯走进宫保府门口那道街，张岩和张正保带着张伯行，三个人就紧赶几步，迎接上来，双手抱拳施礼，连声说道："让先生破费，岂敢岂敢！"

秦明弼递过礼品，一边还礼一边说："带孩子致谢，应该应该。"

张岩接过花生糕递给张正保，就拉着秦明弼走进正门。

张正保、张伯行、王凤仪也跟进宫保府。

"花径不曾缘客扫，蓬门今始为君开。"张岩笑着说，"我也班门弄斧一回，借杜少陵的诗欢迎先生光临寒舍。"

"到门不敢题凡鸟，看竹何须问主人。"秦明弼也笑着答道，"东家学识渊博，佩服佩服。我也借王摩诘的一句诗，感谢东家对小女的照料。"

"贵客驾到，蓬荜生辉。"张岩恭敬地说，"鄙人略备薄酒，一来为先生接风洗尘，二来还有一事相求。"

"东家客气。"秦明弼不安地说，"明弼乃一介书生，怎敢有劳东家费神？"

"先生饱读诗书，桃李天下。今又教诲小儿，精心栽培。黑孩儿学问大长，让我感激不尽。"张岩说完，就打发张正保他们几个去斋房用餐，自己把秦明弼请入正厅。

主客落座，二人对饮。

酒过三巡，菜过五味。张岩离座，向秦明弼深施一礼，说道："东冈有一事相求，请先生应允。"

"东家万万不可如此。"秦明弼也慌忙离席还礼，说道，"东家有事尽管吩咐。"

"孺子伯行，乳名黑孩儿；自幼丧母，备受艰辛；懵懂少年，不谙世事。经您调教，始有儒者气象。而今日渐成人，吾心甚慰。"张岩神情庄重地说，"日前，贤甥女在寒舍居住，深得内人喜欢，每日疼爱有加。吾观其品行端正，秀外慧中，又是名门之后，大家闺秀。张王两家如能结为秦晋之好，则张门之幸矣。诚望先生成全，东冈再谢！"

张岩起身又是一礼。

“正合吾意。这两个孩子都是我看着长大的,手心手背都是肉啊!”秦明弼说,“你且取来生辰八字,待我明日去王家见过妹夫嗣京。”

“那你就是吃大鲤鱼的人!”

“这个媒人我当定了!”

屋内,酒,正酣;

窗外,月,正圆!

(二)许多年过去了,太子太保王廷相的话仍在仪封大地回荡

提起王家,方圆几百里无人不知,哪个不晓!

仪封、考城、兰阳、东明、曹州,甚至归德府、开封府、怀庆府,上至官宦人家,下至寻常百姓,只要说起仪封王家,都伸出大拇指头,点赞不已。众人从门前经过,则“文官下轿,武官下马”。

王家的祖上王廷相,《明史》上有文:

> 王廷相,字子衡,仪封人。幼有文名。登弘治十五年进士,选庶吉士,授兵科给事中。……谪亳州判官,量移高淳知县。……召为御史。屡迁四川佥事,山东副使,皆提督学校。嘉靖二年,举治行卓异,再迁山东右布政使。以右副都御史巡抚四川。……历兵部左、右侍郎,迁南京兵部尚书,参赞机务。……加兵部尚书兼前官,提督团营,仍理院事。两考满,加太子少保。……以九年满,加太子太保。……廷相掌内台最久,有威重。……廷相博学好议论,以经术称。于星历、舆图、乐律、河图、洛书及周、邵、程、张之书,皆有所论驳。然其说颇乖僻。隆庆初,复官,赠少保,谥肃敏。

从嘉靖二十年(1541年)告老还乡,到嘉靖二十三年(1544年)驾鹤西去,王廷相生命的最后三年时间,大多是在仪封老家度过的。死后,他就葬在仪封县西北二里许的老君营村南一片槐树林里。

许多年过去了,太子太保王廷相的话仍在仪封大地回荡。

做人要“以身作则，正己安人”，做官要“惟公、惟明、惟慎，变而通之，推而行之”，读书要“当以经国济世为务”。

最为重要的是，王廷相认为：实践是检验一切的标准。

这些所感、所悟，所思、所想，所言、所行，都让仪封县的晚生后学耳濡目染，春风化雨。

家人遵照王廷相的嘱托，耕读传家，本分做人；睦乡邻，敬先贤；读诗书，重操守，此被传为佳话。

至曾孙王嗣京这一代，更是遵循家风家训，责己敬人。

说是舅婿，秦明弼和王嗣京更像弟兄，两个人无话不谈。尤其是秦明弼的妹妹也就是王嗣京的妻子去世以后，两人关系更为密切。一听大舅哥秦明弼亲自做媒提亲，王嗣京二话没说，就让秦明弼一手托两家。

“男大当婚，女大当嫁。小闺女儿是跟着你长大的，一切由你做主。”王嗣京说，“这宫保府几世从教，儒雅敦厚，为文为人，让人尊重。”

“不仅是两家门当户对，更重要的是张伯行这孩子品行端正，为人正派，博学不穷，笃行不倦。”秦明弼对王嗣京说，“两个孩子青梅竹马，两小无猜，真是天生一对、地配一双。”

“听说张伯行是十个斗，与小闺女儿的十个簸箕倒是绝配。”王嗣京说。

“他们俩不仅是十个斗和十个簸箕，黑孩儿还比小闺女儿大三岁。俗话说：女大三，抱金砖；男大三，居高官。我又查过他们两个的生辰八字，男属兔，女属马，合在一起就是赤兔马。所谓：人中吕布，马中赤兔，自古就是世间极品。”秦明弼说，“乾道成男，坤道成女。用周濂溪的太极图正推倒推，他们两个都是绝配，真是珠联璧合、桂馥兰馨。”

王嗣京说：“咱王家的孩子礼数传统，恪守妇道，三从四德，相夫教子，都是规矩之人。”

“古人曰：相由心生。我观张伯行面相和善，眉清目秀，鼻直口方，双耳垂肩，将来定是人上之人，出将入相也未可知。”秦明弼说，“从先祖出仕至今已百年有余，仪封县又该有麒麟再世、瑞兽重生。”

“若如此，亦可告慰先祖，昭示后人。”王嗣京充满期待地说。

舅婿两人越说越近，不觉已是日头偏西。

“饭就不吃了，张家还在等我回音，我这就回宫保府复命。”秦明弼说完，就要离开。

“那就这么定,我也不留你。”王嗣京说,“刚我让人去红庙集上,买俩烧饼夹牛肉,都是你最喜欢吃的,带着吧!”

秦明弼也不客气,拿起烧饼夹牛肉,边走边吃,几里地路程用一双布鞋丈量个来回。

(三)张岩在家坐卧不宁,心神不安,干什么都没心思

不知什么时候,宫保府正厅东山上坐个鹁鸽窝,棍棍棒棒地纵横交错。看似乱,却也是有序排列,一茬咬着一茬。

刚开始张正保想把它戳掉,被张岩拦住。这对鹁鸽好像是通人性,一大早出去觅食,傍晚归来。遇到主人,就“咕咕”地叫几声,打个招呼。

也许是心里面没着落,正厅里的张岩站起来坐下去,坐下去站起来,大拇指一直和中指来回搓揉。

平时一大早就出去觅食的鹁鸽,今天却待在家里面,陪着张岩大眼瞪小眼。

此时此刻,张正保一直站在仰圣门,一会儿门里,一会儿门外,好像要查清楚这仰圣门内,究竟有多少只蚂蚁在为生活忙碌。

黄昏时分,那对鹁鸽扑棱棱从屋脊上飞下来,向着张岩“咕咕”叫个不停。

还没等张岩弄个明白,张正保和秦明弼满面笑容地迈步过来。

张正保抑制不住内心的激动,脚不连地跑过来说:“老爷,成了。老爷,成了成了!”

平时不急不躁的张岩此时也一连二声地问道:“秦先生,说说看!秦先生,说说看!”

秦明弼抹一把汗,对着张岩笑着说:“东家,王家应允,秦晋百年,孩子的终身大事已经定下。”

“刚才鹁鸽一直在叫,我就想着是好事。”张岩悬着的一颗心终于落地,说道,“快打盆洗脸水,让秦先生消消汗。”

秦明弼把半个烧饼夹肉放到一边,喘了口气,把事情的前前后后说了一遍。

“我就想着,这么好的闺女儿咋着咱也得娶过来啊!”张岩高兴得有点语

无伦次，说道，“那啥时候送好儿啊？”

“我也正想和东家商议此事。”秦明弼说，“路得一步一步走。先定亲，再送好儿，如何啊？”

“孩子一天一天长大。既然天作之合，不如尽快把婚事办好，我们也早点抱孙子。”张岩有点不好意思地说。

“那就放在今年九月九重阳节换帖。”秦明弼像是在征求意见，又像是在宣布自己的决定，“咱们现在就开始写帖。”

“中。”张岩高兴地说，“后天是十九，好日子，咱去准备聘礼，顺便也到开封府好好转转，好几年没看过东京汴梁城了。”

张岩取出珍藏多年的，产自端州麻子坑的一方上品端砚，倒上专门在徽州定制的“云海归来”文人自制墨，用湖州南浔产的“狼毫”，亲自书写“庚帖”，也就是龙凤大启。

张正保用大红纸做成一尺长、半尺宽的封套，上印龙凤交舞的金色花纹，正中套印“庚书”二字，内装用同样大红纸折成的十幅帖子。

首页和封套上的图案大差不差，也有“龙凤交舞”和“庚书”二字；第二幅正中写下“乾造”；第三、四、五、六幅依上述格式，写下张伯行出生时的辛卯年、腊月、初五、辰时所值八字；第七幅先写下“时届”两字，又在抬头正中写下“拟于康熙六年明年丁未二月二定亲”，接着写下了“喜庆吉祥”的词语；第八幅是“长命富贵”；第九幅是“金玉满堂”；第十幅是“福寿绵长”。

写上一遍，张岩看看不太满意，就对秦明弼说：“你的瘦金体是拿手好戏，还是换你来写吧。”

“那不合适。瘦金体阴气太重，不适合写庚帖，还是你写吧。”秦明弼说，“就用楷书，放开写，别拿劲儿。”

随后，张岩又写下“拜帖”，也是用大红纸折成六幅帖子。在第一幅右上款写上“王公嗣京姻兄哂纳”，中间四幅即第二、三、四、五幅每幅各写一字共四字，“敬”“求”“金”“诺”，在最后一幅下款毕恭毕敬地写下“姻弟张岩拜”。

写完，晾干，密封，用红绸布里三层外三层地包好，放到正厅西间的柜子里。

(四)张伯行一行沿官道径西向开封走去,看见汴河不再,隋堤犹存

十九那天,鸡叫头遍,张正保就叫李馍头套好马车,和张岩、耿夫人、张伯行一起,请上秦明弼,加上闹着也要去的李结实,几个人从兴贤门向西,直奔开封府。

晨风,用那粗犷的手掌拨开黑夜的帷幕,抖落大地身上的尘土。

朝阳,带着少女的羞涩,摇醒辽阔的平原,大美的黄河,叮咚的小溪,滚动的露珠。

大地,以千年古松作笔,蘸万里黄河为墨,绘出一幅明快的山水画,欢快的老牛,微笑的锄头,湛蓝的天空,飘动的白云和那荡漾在乡村上空的炊烟。

阳光下,路更宽了,水更碧了。

晨风中,歌更甜了,人更勤了。

踏着铿锵的节奏,迈着坚实的步子,融着生活的浓香,豫东平原的早晨啊,更美了!

人逢喜事精神爽。虽然起个大早,但大家精神头十足。他们对开封充满想象和憧憬。

李结实说:"很小的时候,就听说书人说起开封,说五鼠闹东京、老包铡美案、骑马上金殿。就是不知道开封城到底是什么样。"

秦明弼说:"大家都知道有个金戈铁马的开封。其实,还有一个柔情似水、佳期如梦的开封,还有一个凤箫声动、玉壶光转的开封,还有一个汴水流、泗水流的开封。"

是的,还有一个"汴水流、泗水流、流到瓜洲古渡头"的开封。

"哪个开封是更真实的开封?"张伯行抬头遥望远方,饱含深情地说。那余晖脉脉、斜倚栏杆、"过尽千帆皆不是"的惆怅,那"思悠悠、恨悠悠,恨到归时方始休"的决绝,那"今宵酒醒何处? 杨柳岸,晓风残月"的浪漫,那"忍把浮名,换了浅斟低唱"的无奈,都装满清澈的少年心事。故此,他尤以开封府为傲,更对故土怀着热切的希冀。

"可惜啊,那深埋地下的悠悠汴河,如今只能在古籍里静静流淌。"秦明弼

慨叹。年轻时，他的一个理想就是与士子学人同乘舟楫，拿本闲书，听着汴河边的串串驼铃，从利泽水门和大通水门进入里城，沿着后河街、州桥街、袁宅街、胭脂河，折而东南经上善水门，穿过千年梦华的大宋王朝，向虹桥慢慢划去。之后，航出外城，过兰阳，经仪封，到泗水，入淮河。

“听说仪封县去开封府的官道，就是原来的汴河之堤。”张正保说。

“没错，我们现在就走在古汴河河堤上。因是隋朝沿河筑堤，故名隋堤。”张岩说，“隋炀帝杨广从大业元年挖掘大运河，不到六年便完成这个大工程，让海河、黄河、淮河、长江、钱塘江五大河流得以贯通。它以洛阳为中心，西通关中沃野，东至淮海大地，北抵涿郡，南达余杭，全长两千多公里，成为连接南北的大动脉。”

秦明弼问一直处于兴奋状态的李结实：“以前学过的那首唐诗《汴河怀古》，你还会不会背诵啊？”

“记得，先生，是唐朝诗人皮日休的。”一向不太喜欢读诗说赋的李结实随口背出来，让李馍头着实长回面子。“尽道隋亡为此河，至今千里赖通波。若无水殿龙舟事，共禹论功不较多。”

“小时候听父亲说，当年汴河漕运空前繁荣，舟船如织，日夜不停。两岸土地肥沃，物产富饶，城镇林立。”在少年张伯行的想象中，每当秋天，汴水猛涨，碧波千顷，宛如银链。阵阵秋风吹来，波涌浪卷，芦花似雪，水声清越。水面上的波纹，宛如银镜上的雕花，分外妖娆。

“那时候你还小，看到家里面珍藏的张择端的《清明上河图》摹本，就不停地问这问那。”张岩说，“那幅画描绘当年汴水清悠迷人、舟楫连樯的景象，一句‘一苏二杭三汴州’，道尽东京开封的盛世繁华。”

马车沿着官道向西行驶，但见隋堤之上，盛植杨柳，叠翠成行。遥望前方，晓雾蒙蒙，翠柳含烟，仿佛半含烟雾半含愁。

秦明弼说，这就是“汴京八景”之一的“隋堤烟柳”。

白居易曾在《隋堤柳》中写道：“西至黄河东至淮，绿影一千三百里。大业末年春暮月，柳色如烟絮如雪。”

而今，汴河不再，隋堤犹存。只剩下这舟楫，掩映在历史深处；只剩下这车马，行走在官道之上；只剩下这人烟，消融在田野之间。张伯行心中一时间充满伤感。

满眼的青翠欲滴，满眼的弱柳摇曳；满眼的车轮匆匆，满眼的往事悠悠……让人想起那个曾在汴河浣纱的白衣女子，手弹琵琶轻启朱唇，唱着那首叫人回首凝望的豫东小调：

> 黄河流，汴河流，河水向东没有头；黑哥哥，你再回首，小闺女儿跟你手拉手。
>
> 黄河流，汴河流，河水向东没回头；黑哥哥，你再回首，小闺女儿等你在家门口。

六
古都开封

（一）古都开封依然耸立在中原大地，黄河岸边，铅华洗尽，浴火重生

张岩一行沿汴河故堤，出仪封，过兰阳，经祥符，于黄昏时分进入开封城。

张岩、张伯行等人抬头仰望，见巍峨的曹门高耸云天。曹门城门基石采用青砖结构，设拱形门洞三个，城楼采用重檐歇山式建筑风格，雕梁彩绘，古朴典雅，雄伟壮观。

一行人沿着曹门城门北侧的古城马道，斜斜前行。夕阳的余晖温润而不柔软，明亮而不刺眼，不分字眼地砸在厚厚的城墙上，砸在城墙上的城垛、炮眼和马面上，砸在斜斜的古马道上，让张岩一行几人，沿着千年以前的日月星辰，沿着千年以后的漫漫古道，与夕阳中的开封城静静对视。

对视开封城的岁月沧桑，对视开封城的得失荣辱，对视开封城的大起大落，对视开封城的愈挫愈勇。

张岩、张伯行他们用虔诚的心灵，小心翼翼地拂去岁月的尘土，轻轻拨动那根最敏感的弦，生怕不小心惊动千年的梦华东京。

千锤百炼，浴后重生。那块北魏墓砖正反两面八十个文字里两处出现的“开封”字样，把开封城的历史重重地铭刻在春秋郑庄公时期的启封城。这青灰色的大砖，这燃烧过的黄土，一笔一画，一撇一捺，刀凿斧刻，古朴凝重。“我的开封我的家”，祖先把“开封”放在窑里烧制的日日夜夜，该经历了多少涅槃多少阵痛，才把“开封”这两个璀璨夺目的中国汉字打磨得如此厚重、如此纯净？

“开封城，城摞城，城下埋着几座城。”启拓封疆，梁晋汉周，城头不停变幻

的大王旗,在你的脚下轮番上演。你的城郭,你的人民,都在每一块青砖白灰里留下深深的印记！直到那个乳名叫香孩儿的殿前都点检赵匡胤“学骑射,辄出人上,尝试恶马,不施衔勒,马逸上城斜道”,跑马圈地,神牛屈卧,才成就了大宋一百六十八年的基业,成就了开封历史上的辉煌。古马道,你可知道,那个骑马跃上城斜道,用马蹄一声声敲打你身躯的马背将军,日后会让你在线装古书中留下浓墨重彩的华丽乐章!

自此,开封迎来了富甲天下、人逾百万的鼎盛时期。坊墙倒塌,城市形成;勾栏瓦子遍地,酒楼夜市盛行,开封成为“八荒争辏,万国咸通,集四海之奇珍”的国际大都会。一句“琪树明霞五凤楼,夷门自古帝王州”,把开封的王者风范刻画得淋漓尽致。

夕阳渐渐西沉,余晖映照天际,苍茫的暮色笼罩着豫东平原,笼罩着开封古城。漫长的古马道上,只有张岩他们几人在慢慢行走,在静静地与古马道对话。马道的每一块砖,每一块瓦,都有灵性地向他们倾诉,诉说着古都开封的沧海桑田。说秦将王贲引水毁梁,说徽钦二帝北方狩猎,说宣宗迁都“再筑子城”,说闯王围汴黄河水灌,说三山不显五门不直,一直说到清康熙元年(1662 年),初夏的一缕清风吹散了开封城墙曹门北侧厚厚的黄土,吹开了历史尘封的记忆。

那是一个让开封人都激动的时刻。谁也没想到,祖祖辈辈一直流传的“城摞城”的传说居然在皇城根下一层又一层地显现。保存较为完好的早期古马道遗址露出了她的真容。三层古马道摞在一起,成为世界城市史上独一无二的景观。

第一层马道距地表不到一米,青砖南北立砌,错缝平铺。那是清康熙元年,河南巡抚张自德倡导属官捐俸,在明代城墙基础上重建开封城,“筑城浚濠,里隍亦和灰土培筑,高厚有加于前”。其实,这层马道平时上城墙时还经常使用,磨得光滑的砖缝里长出一丛又一丛的青草,透出一股勃勃生机,让古老和新生在这里交相辉映,让开封这个古城在历尽沧桑之后仍然充满绿色、充满希望。

岁月轻轻掀开一页册封的线装古书,露出明初朱元璋升开封为京城时修建的第二层马道。深两米左右的马道西部与城墙墙体结合处,平铺的青砖清晰可见。马道中间,东西立砌的踏步用砖仍棱角分明,几乎看不到磨损的痕迹。加固马道的两排青砖在马道最北端东西错缝竖砌,这么多年过去了,它依然在这儿坚守着。就像开封人对这座城市的感情一样,历尽劫难却舍不得离开家园半步。

最沧桑的就是深埋在地下十丈有余的北宋年间修建的第三层马道。第三层马道形成时,由外城、内城、皇城三座城池相套的宏大城郭,其规模壮阔,气势雄伟。它就像一位曾经沧海的老者,一块块棱角圆滑、磨损严重的青砖经过时空的风化已风采不再,剩下的,只是一圈又一圈年轮,在默默收拾着古城的记忆。那陪伴它身边的雕刻着精美花草图案的瓦当,那掩埋在地下的两个均匀对称的砖墩,都铭刻着曾经的辉煌。

魏大梁城,唐汴州城,宋东京城,金、元汴京城以及现在的开封城,置身其间,仿佛时光倒流,感慨历史的沧桑变迁。

顺着斜斜的古马道走上去,就是开封城墙的曹门。历尽沧桑的古城墙和巍峨挺拔的曹门把开封人紧紧地凝聚在一起。就是因为有无数这样的开封人,怀着对这块土地的深深眷恋,在经历一次又一次的灾难和毁灭之后,从四面八方不顾一切地回到这块祖祖辈辈生息繁衍的故土,一块砖一块瓦地重新建起自己的家园。因此,古都开封依然耸立在中原大地,黄河岸边,铅华洗尽,浴火重生!

(二)《东京梦华录》的文字渐渐显现,《清明上河图》的长卷徐徐打开

落日余晖,暖风醉人,《东京梦华录》的文字渐渐显现,《清明上河图》的长卷徐徐打开,古老的开封城依次融入暮色之中。张岩他们走进开封城,走到鼓楼大街大金台旅馆,先安顿下来。

趁着张正保去柜上办理入住手续的空当,张伯行细细打量这座豫东有名的旅馆。大金台旅馆是个五进院落,大门居中,五个汉隶大字"大金台旅馆"镶嵌在门脸之上,笔力苍劲,落款独特,一看就知道出自清初四王之首的王时敏之手。院落大小不一,地势各异;巧妙布局,设计独特;江南园林和中原特色融为一体,给人以曲径通幽之感。

店家一边领着张岩等人走进客房,安顿好住处,一边对张正保说:"隔壁

‘又一新’饭店与咱们大金台旅馆是一家,以经典豫菜、开封名肴、汴梁风味名吃为经营重点,兼以其他菜系为辅。它继承宋菜传统风格,名家高手荟萃,烹调技艺精湛,以盐定味,以汤提鲜;五味调和,追求时鲜;菜式规范,四方皆宜,是正宗豫菜,客官不妨去品尝品尝。”

张正保征询地看张岩一眼,见老爷面露喜色,就对秦明弼说:“秦先生教书育人,劳苦功高;千里姻缘,传书递简。今日又不辞辛苦,鞍马劳顿。老爷今日就在‘又一新’设宴款待,感谢先生。”

“东家千万别客气,我们现在是一家人。”秦明弼说。

“客官六位,包房一间;丰俭由己,茶水免单。”店家两手一捂,长音一拖,高兴地向外喊道。

一个人接一个人,一声接一声,一波接一波。众人还没有走出大金台头门,伙计的声音已经传到“又一新”饭店。

刚进包间,店小二就倒好茶水,奉上菜单。

张岩让秦明弼坐正位,秦明弼坚辞不就。

推让一番,张岩落座,秦明弼坐在张岩的右手。

“咋没看见孩子过来吃饭啊?”张岩问张正保。

“今天场合正式,孩子不懂规矩,叫在旅馆里待着,一会儿带点吃的就中了。”没等张正保说话,李馍头就答道。

“叫过来,赶紧去把孩子叫过来。”张岩对张伯行说,“今天是家宴,秦先生是亲戚,以后都是一家人了。”

李馍头感动地说:“那我去叫吧。”

张正保让秦明弼点菜,秦明弼推让道:“客随主便,客随主便。”

张正保笑着说:“秦先生刚还说咱们是一家人,怎么现在又把自己当成客啦!”

“秦先生劳苦功高,我给先生点个糖醋软熘鲤鱼焙面,正宗的黄河鲤鱼,感谢先生玉成!”张岩说,“秦先生也点个可口的饭菜吧。”

“那我就点个扒广肚吧,这个也是豫菜的代表。”秦明弼说,“只是我有点不明白,开封不临大江大海,这鱼肚从何而来啊?”

“广肚,自古被列为‘海八珍’之一,最早记载于北魏时的《齐民要术》。到唐宋时期,广肚已被列为贡品。宋代许多书籍都有广肚的记载及菜品介绍。

至于鱼肚怎么来的，一会儿问问店家。”张岩对张正保说，“剩下的你点吧，六凉六热，六荤六素，吃好，吃饱，别浪费。”

“好哩。”张正保说，“凉菜是马豫兴桶子鸡、沙家酱牛肉、五香板肚、麻辣花生、荆芥拌黄瓜、糯米红枣；热菜是西芹百合、炒凉粉、红薯泥、炸八块，再加上扒广肚和鲤鱼焙面；两个汤，酸辣乌鱼蛋汤和番茄鸡蛋汤；主食是灌汤小笼包和芝麻叶面条。”

“中！咱今天就尝尝这正宗豫菜。”张岩说，“人逢喜事精神爽。今天咱们几个喝几杯，叫店家上两瓶‘咸平王’酒。”

话音未落，凉菜已经压上桌。

张伯行看见两瓶包装精美的“咸平王”酒，禁不住诗兴大发，随口而出：

仲秋驿路长，花落叶欲黄。
年少群芳妒，枝枯天自凉。
翩翩蝶一双，匆匆雁两行。
只笑仪封客，不见咸平王。

“好诗，好诗。古有曹子建七步成诗，今有张伯行随口吟诵。”秦明弼说道，“伯行诗中说的咸平，就是曹植七步成诗的地方，古称咸平，现叫通许。他的墓冢犹存，香火尚在。”

说话间，张岩举起酒杯，说：“秦先生是黑孩儿和小闺女儿的老师，又是他们两个的媒人，还是女方的舅舅。俗话说：娘舅大如天，这第一杯酒我敬秦先生！”

说完，一饮而尽。

秦明弼连忙说：“不敢当，不敢当。”

说着，也和大家一饮而尽。

“这第二杯酒，我敬大管家。家里的事全靠正保跑前跑后，辛苦至极。”说完，又一饮而尽。

“应该应该。”张正保说，“宫保府是张家兴旺发达的旗帜，能在咱自己家做事，我深感荣耀。”

“这第三杯，我敬馍头兄弟。这么多年你跟着我鞍前马后，从来不叫苦叫怨,成为俺张家的一口人。”张岩对着李结实说:“来,孩子,你也端起水杯,咱们共同干。”

李结实二话没说,端起水杯“咕嘟咕嘟”一口气喝下去,惹得大家哈哈大笑。

酒过三巡,第一道热菜扒广肚被端上。只见广肚柔、嫩、醇、美,汤汁白、亮、光、润。

张正保问店家:“这鱼肚离开封十万八千里,怎么会成为豫菜代表呢?”

“这位客官有所不知。这广肚虽是海鲜,唐代已成贡品,但到宋代渐入酒肆。广肚千百年来均属珍品之列,就在于取材遥远。”店小二说,“咱‘又一新’的扒广肚,都是大海里的鲨鱼肚,经过四四一十六道工序,晾晒,风干,长途贩运而来。”

“广肚入馔,七分在发,三分在烹。涨发技艺要求极高,而涨发广肚的难度更高。没有十年灶上功夫,很难准确掌握。”店小二接着说,“一般油发至膨松内透,松泡状似海绵,经水反复漂洗至净白,无异味。这时广肚蓬松软脆,洁白中透出浅黄,才做出来今天这道头菜。”

“小二,过来端菜。”还没等店小二说完,灶间那边又催着端菜。

张岩用公筷给秦明弼叨一块广肚,见洁白柔软的广肚在筷间跳跃式翻动,使人想起“秀色可餐”的意境。

秦明弼慢慢咀嚼,感到广肚柔软中夹带软脆,润滑中又有绵糯的独特质感。醇浓鲜香的滋味缭绕舌间,刺激味蕾,浓香久久不肯散去。顿时食欲大增,连声称赞。

美味接连不断,席间推杯换盏;窗外灯火辉煌,屋内其乐融融。

张岩说,华灯初上,秋意浓浓,门口就是鼓楼夜市。不如咱们大家移步前行,看看《东京梦华录》中的东京夜,看看《歧路灯》里面的汴梁城。

(三)鼓楼夜市历史悠久,绵延千年,成为古都开封的地标

北宋孟元老在《东京梦华录》中,对当时分布在东京城内的州桥夜市、东角楼街巷、马道街店铺、大相国寺万姓交易市场等,都有详细记载:“夜市直到三更尽,才五更又复开张。如要闹去处,通宵不绝。”

开封最大的夜市——鼓楼夜市，就在“又一新”西侧，踮脚即到。

张岩他们几个人见巍峨的鼓楼下面，灯火通明。气死风灯、灯笼张的灯、花鸟鱼虫灯，五花八门，数不胜数。

刚走出“又一新”大门，李结实就听见卖黄焖鱼的长一声短一声吆喝。那声音抑扬顿挫，沉郁悠长，富有磁性，拖着长音在鼓楼夜市上空荡漾。

“黄焖——鱼——儿——”，“黄焖——鱼——儿——”。

尾音上挑，穿透力极强，一口标准的中州官话，让听到的想过去看看，看到的想到跟前尝尝，尝罢的想坐下来再吃一碗。

李结实咂咂嘴，口水湿漉漉地想往外流，可肚子里鼓囊囊的实在是没有地方。

张正保逗李结实说：“小家伙，再给你弄一碗尝尝吧！”

“真想吃。”李结实拍拍肚子，说，“大大，我的肚子像鼓一样。”

李馍头看着儿子那可爱的憨样，心中洋溢着幸福与满足。

“夜市小吃这么多，三天三夜也吃不完啊。”耿小俊说，“有上岁数的老年人喜欢的馄饨、油茶、豆沫、胡辣汤，也有年轻人喜爱的杏仁茶、八宝粥、冰糖红梨、花生糕等。这比仪封县的集市上多得多啊！”

“叫我数数，看能不能数过来啊！第一楼小笼包子、马豫兴桶子鸡、陈家套四宝、席苏辣子鸡、杞县红薯泥、寺门花生糕、沙家牛肉、邢家锅贴、三胜街羊肉炕馍、二虎凉粉、赵家四味菜、张老五羊肉汤……”张正保掰着指头一家一家地数着，“这边多着哩！还有兰阳豆腐乳、考城渣饼。你看，还有咱们仪封的素胡辣汤呢！”

穿过鼓楼往西一看，黑压压的密不透风。人挨人，摊挨摊，桌挨桌，不分字眼，两个摊桌的缝隙间也都站满吃小吃的人。

男男女女，老老少少，或端着胡辣汤碗在喝，或拿着烧饼夹凉粉在吃；或看着羊肉串，或举着冰糖葫芦；或饹馍麻叶，或窝窝头蘸酱；或杞县烧饼，或尉氏烩面；或兰阳小磨油，或考城大盘鸡。

这个叫盛碗馄饨，那个叫端碗鸡血汤；这边让上个砂锅豆腐，那边让再来碗江米甜酒；东头喊着赵家四味菜，西头喊着王家杏仁茶；南边说刚出锅的热羊蹄，北边说热腾腾的焖罐肉；左边是一碗一碗的豆腐脑，右边是一份一份的手擀面。上面是香气缭绕，叫卖声荡漾；下面是青砖铺地，绣花鞋、猫头鞋、布鞋、皮鞋眼花缭乱，生生把张择端的《清明上河图》搬到了鼓楼夜市。

还有说书的，卖艺的，玩把戏的，说快板的，耍猴的，要饭的，乞讨的，边走边唱的，用个棍画个圈就收钱的……凡所应有，无所不有。

更让张正保忍俊不禁的是，一个壮汉，左手拿个羊头，右手拿瓶“咸平王”酒。喝一口酒，抱着羊头啃一阵子；啃一阵子，接着又喝一口酒。

张正保顾不上数多少种小吃，一个劲儿地看着壮汉喝酒吃肉、吃肉喝酒，一副羡慕嫉妒恨的样子。

看到这些，张伯行想起孔子在《礼记》说：“饮食男女，人之大欲存焉！”想起《孟子·告子上》，孟子与告子辩论，告子曰：“食色性也。仁，内也，非外也。义，外也，非内也。”想起朱熹的“存天理、灭人欲”。

只是，凡事皆有度！

张伯行觉得：孔孟之道与程朱理学，都是一脉相承。食与色，性与欲，善与恶，明与灭，都是合理存在。只是过犹不及，不能超过一定限度。

想着走着，不知不觉，张伯行走到鼓楼。

其实，现在的鼓楼是以前的钟楼。明代后期，河南巡抚认为钟楼、鼓楼妨碍巡抚衙门的风水，下令将钟、鼓二楼上的钟与鼓互相调换，将钟楼改为鼓楼，鼓楼改为钟楼。在卸钟进行互换时，钟纽断裂，钟从楼上掉下来，摔个粉碎。后来将碎铁片熔化后重新铸造新钟，但新钟发音远不如老钟响亮。巡抚十分气恼，但也无可奈何，只好作罢。但从此对钟楼不管不问，任其破损、坍塌也不加修缮。后来官府下令将钟楼拆掉，从此开封就只有鼓楼没有钟楼。拆下来的砖瓦、木料在大相国寺内修建藏经楼。

大清立国，河南巡抚阎兴邦到任开封不久，见鼓楼年久失修，便亲自组织募捐，费时六个月将鼓楼翻修一新。建有三层宫殿式楼阁，飞檐斗拱、雕栏玉砌，一楼供文人聚会，谈古论今；二楼供游人远眺，怀古思幽；三楼悬架一面牛皮大鼓，击鼓报时。高台门洞，车马通行无阻，成为开封商业、文化、交通的中枢地带，繁华一时。

鼓楼修好之后，阎兴邦在楼的东西两面，各悬挂“无远弗届”和“声震天中”匾额一块，每字三尺见方，皆为楷书，甚见书法功力。

张伯行看到几丈高的台基上，三层楼阁拔地而起。雕栏玉砌，飞檐斗拱，就想登上这座“声震天中”的高楼，看看夜幕下的开封城，看看“琪树明霞五凤楼,夷门自古帝王州”,看看“忆得少年多乐事,夜深灯火上樊楼”,看看这个千年帝都是怎样把杭州当作汴州的!

只是天色已晚,夜色阑珊。加上一天路途奔波,大家都感到有点疲惫。李结实早就趴在父亲背上熟睡,于是大家信步回到大金台旅馆。

从鼓楼回去的路上,张伯行想起一副在开封市井坊间流传已久却至今无人对上的对联。

这上联是开封的方位和地名:西大街,向东走,北边有个南京巷。

张伯行看看前面的“又一新”饭店,回头望望鼓楼,觉得勉强一对:上鼓楼,朝下看,左边有个又(右)一新。

(四)清脆的鸟鸣穿透薄雾落到相国寺的山门上

《汴宋竹枝词》有诗云:

绿道金明水不流,青城斜日照谯楼。
当年艮岳归何处,欲遣生公问石头。

仲秋时节,天气渐凉。大地还黑魆魆一片,相国寺的钟声已经响起。这声音沉郁,悠远,浑厚,把人们从睡梦中叫醒。

只是,叫醒你的不是钟声,是梦想。

此刻,怀揣梦想的张伯行已经在房间里皓首穷经孤灯苦读很久。对张伯行来说,三更灯火五更鸡也是每天必修课。

伴着钟声,张伯行按按太阳穴,起身披件衣服,向外走去。

古老的开封城慢慢在晨钟暮鼓中醒来。鼓楼广场的早市上,小摊小贩已经开张。

一个担条的羊霜肠摊前,三三两两的人们正在喝汤,热气一直往外冒。羊外腰、羊衣胞、大肠、小肠、巴豆,盛得满满一碗。上面飘着一层厚厚的羊油,就像是下过霜一样。拉车的,扫地的,赶路的,上学的,帮工的,运水的,大碗小碗添汤加肉。

这钟叫霜钟,肠叫霜肠,天叫霜天,中国文字真的很美!张伯行想着走着,抬头一看,大相国寺的山门映入眼帘。

你看那"大相国寺"四个字,一个比一个大,其中暗含玄机。"大"拆开是"一人",代表百姓;"相"代表将相;"国"代表皇帝社稷;"寺"代表佛祖。意思是,百姓没有将相大,将相没有皇帝大,皇帝没有佛祖大。可见在皇帝心中,佛祖高于一切。

据说,这个山门是后来建的,真正的山门在千里之外的潼关。大唐时期,尉迟恭奉唐太宗之命建造相国寺,寺没建完就想媳妇,于是提前打道回府。唐太宗派程咬金来监工验收,程咬金到开封后却整天喝得烂醉如泥。尉迟恭走后,程咬金才发现他没建山门,就急急忙忙追赶尉迟恭,一直到潼关才追上。两人都觉得再回到开封建山门太麻烦,就顺势在潼关建了一座气势恢宏的山门,这个山门至今仍存。

张伯行看见一个僧人从山门飘了出来,轻轻擦洗过石狮子,又拿起扫帚从空中到地上来回比画。

那动作宛如子路八卦拳,动静互根,刚柔相济,起落有度,进退伶俐。

仔细一看,他的扫帚画出一个个太极图。

张伯行想到朱熹说的"总天地万物之理,便是太极","人人有一太极,物物有一太极",果不其然。

扫地僧走过,两行脚印如行云流水,快而不乱。

张伯行暗自叹服,这开封城果然是藏龙卧虎之地,名不虚传。一个扫地僧居然能把动与静、阴与阳、"大、顺、拗、小、败"五热与"金、木、水、火、土"五行一一对应,化有形于无形,变有招于无招,可见其博大精深、海纳百川。

张伯行遂上前深施一礼,说:"大师请留步。我乃仪封后学张伯行,想请大师行个方便,去寺内一观。"

"施主免礼,可自行前往。只是众僧正在早课,施主可在院内观看,不可进入大殿之内。"

张伯行道谢,便走过山门,见钟楼、鼓楼左右对称。想着刚才的钟声从此处而发,就沿阶而上,登上钟楼。楼内悬一铜钟,重达五吨,上铸"法轮常转,皇图永固,帝道暇昌,佛日增辉"十六字铭。张伯行轻轻叩击,钟声颤巍巍地沿指尖直抵灵魂深处,让人心悸。

孰不知扫地僧什么时候已站在身后,向张伯行娓娓道来这口钟的前世今生。

唐朝末年，汴州瘟疫流行，整个城市成一座死城。大相国寺方丈看到芸芸众生遭受苦难，心急如焚，便决定募捐铸造一口巨钟，镇妖压邪。

消息传开，全城百姓争先恐后地到寺内进香，布施捐助。东到招讨营，西到杏花营，南到朱仙镇，北到陈桥驿，方圆百里的百姓也都从四面八方赶来，倾囊相助。

汴州以北四十五里的陈桥驿有一年轻寡妇，孤身一人带着孩子艰难度日。幼子也没躲过这场瘟疫，气息奄奄，危在旦夕。经僧人点化，年轻寡妇把头上仅有的铜钗也捐出去，求佛祖保佑儿子躲过此劫。

汴州城南四十五里的朱仙镇有一丐头，平时身无分文，走哪吃哪。那天乞讨到相国寺，见众人纷纷捐资，也想积点功德。可他翻遍全身上下，仅摸出一文铜钱，也抛入银堆。

僧人清点银两时，发现一支铜钗和一文铜钱，就顺手扔掉。

方丈把布施得来的银两全部用来造钟。可钟铸成，两侧却有两个透明的窟窿，长的像钗，圆的像钱，声音像破锣一样难听，连击三次都是这样。

方丈暗自揣摩，觉得事出蹊跷，就逐一盘问，才查出事因。遂仔细寻找，才找到被抛弃的铜钗和铜钱。

大雄宝殿前的广场上，高炉耸立，人声鼎沸。方丈亲自把铜钗和铜钱放入炉中，持咒诵经，重新开炉。

仿佛真有神明相助，大钟一铸即成，工艺精美。不仅没有铜钗、铜钱一样的窟窿，整个钟身浑然一体，凝重古朴。冷却之后，白中泛紫，灵光闪闪，上面结层薄霜。

老方丈亲自击钟试音，果然钟声浑远，响彻云霄。方圆百里，无不感受到静穆、凝重、肃远、沉郁。

瘟疫渐退，百姓安康，百业兴旺。

从此，相国寺的钟声一直都在开封城上空萦绕，回荡。

这“相国霜钟”与“铁塔行云”“金池夜雨”“州桥明月”“梁园雪霁”“繁台春色”“汴水秋声”“隋堤烟柳”一起，合称“汴京八景”。

张伯行想起“仪封八景”，想起自作主张给“仪封八景”加上一景成为“仪封九景”，心中感到少年轻狂，不知敬畏；顿觉汗颜至极，羞愧难当。

不知不觉,两个人走到大雄宝殿,见众僧人都在早课。张伯行仔细一听,感觉念的是楞严咒。这楞严咒是佛教最重要的一部咒,可以说是包括了佛教的所有教义。

张伯行向扫地僧摆摆手,两个人往罗汉殿走去。

罗汉殿的八角亭内,一尊千手千眼观音眉如弯月,眼透灵光,充满慈祥地看着张伯行和扫地僧。这尊佛是由一位终生未嫁的姑娘,花七七四十九年工夫,用一整株银杏树精雕细琢而成。每面有六只大手,两百余只小手,每个手心有一只慧眼,总共一千零四十八只手,故名千手千眼佛。

两人走到大相国寺最后面,看到"藏经楼"三字篆书,精妙圆润,工稳遒劲,有一种毛笔去尖、万毫平铺的直感。屋脊上装饰琉璃狮子,楼角下吊挂风铃。微风吹拂,叮叮咚咚,宛若一曲相国梵乐。

扫地僧邀请张伯行到楼上一阅。张伯行一看天色大亮,想着父母一定在等着自己吃早饭,就连声告辞。

穿过马道街、铁佛寺街,张伯行从鹁鸽市一直往北,沿着鼓楼街向东,朝大金台旅馆走去。

(五)王大昌的茶叶、万福楼的银器,成为开封城内温馨的汉字

张岩起来洗漱完毕,没有看见张伯行,就知道他又去走街串巷。

这么多年,他太了解自己的儿子了。

每到一个地方,张伯行就喜欢看老街道,老门楼,老胡同,老井,老宅,老屋。大自然的一砖一瓦、一草一木,都渗透到他的骨子里,融化到他的血液里,都会给他以灵性,以智慧,以启迪。

张岩看见对面的王大昌茶叶店已经开门,就招呼张正保一起过去看看。张岩看到,茶叶店迎面墙垛上的瘦金体,书有"各种名茶、直接采购、加工熏制、鲜香无比""自在福杭、专门设厂"字样,运笔灵动快捷,笔迹瘦劲,至瘦而不失其肉,其大字尤可见风姿绰约处。

头戴瓜皮帽、身着灰色长袍的掌柜一看有人,就高声喊道:"喜鹊喳喳叫,开门贵客到。二位楼上请,小伙泡茶!"

张正保连忙说:"掌柜的,不忙不忙,我们过来看看。"

“来的都是客。王大昌多年规矩，每天开门迎来的第一位客人，一定要免费送上一壶上等好茶。”掌柜一抱拳，说，“鄙人是本店掌柜王增伟，王大昌第三代传人。”

“王掌柜，久仰久仰。”张岩说，“我年轻的时候，常来王大昌买茶，品茶，斗茶。王大昌的茉莉花茶清汤白面，香气袭人，让人回味无穷。”

张岩、张正保走到三丈六尺有余的大柜台前。

台面大漆涂饰，光亮照人。外侧有以图钉嵌成的“王大昌茶庄”字样，古朴典雅，气派非凡。

柜台上，放着几个雕花泥金茶箱，上面写着“黄山云雾”“西湖春茶”“狮峰龙井”“洞庭碧螺”的字样。

东墙上，两侧书有“菊露”“松风”。中间有一个特大无比的“茶”字，魏碑，古朴，厚重，与北面墙垛上的瘦金体遥相呼应。

张岩买几包“茉莉花茶”和“信阳毛尖”，正准备离去，王增伟连忙说：“两位稍等，茶已泡好，请客官品尝。”遂奉上两碗上好红茶。

“这茶是我们刚刚研制的茉莉红茶，采用红茶工艺生产，保持传统茉莉花茶窨花工艺。请两位多提意见，我们好改进。”王增伟说。

张岩、张正保看到两个烧制精美的瓷碗里面，茉莉花茶在保留原有茶品鲜香的同时，还呈现出红茶的醇和特色。闻其茶香，领略茉莉清香，鲜灵、悠久；品其茶韵，感受红茶甘醇，爽口、顺滑。遂又买几包茉莉红茶，才与王掌柜道别。

那边，张伯行刚从鹁鸽市街拐到鼓楼街，看见父母和张正保他们，就紧赶几步跑过去。

大金台的早餐是油丝卷、咸菜、酸辣豆芽、炒萝卜丝、咸鸭蛋、小米稀饭。虽然简单，但也可口。

此刻，天已大亮，沉睡一夜的开封城又热闹起来。太平车，独轮车，车来车往；担挑的，挖篮的，川流不息；卖包子的，炸油馍的，香气诱人；喝胡辣汤的，吃豆腐脑的，食客盈门。

鼓楼四周，马豫兴烧鸡店、长春轩酱肉店、老宝泰酱园、同仁堂大药房、正阳永金店、永厚布店、华丰泰百货店、尚家皮箱店……众多店家，也都开门营业，人来人往。

张岩他们几人一起走进鼓楼街西头路北的万福楼金店，准备给小闺女儿买几件金银首饰。

万福楼是一座风格独特的三层楼房，地基宽七尺深八尺，老砖三七墙，沙浆灌缝，铁拉门，彩砖铺地。三层楼房加有影墙，楼后四进院六十多间房。营业厅后是转楼加天井院，柜房有地下室。

还没走到万福楼门口，伙计已经出门迎接。先上烟，再敬茶，笑脸相迎，嘘寒问暖，反倒弄得张岩他们几个不好意思。

柜台里面，张岩他们看到金银首饰货色齐全，花样新、多、巧、精。不仅有各种各样的项链、项圈、手镯、戒指，还有小孩儿风帽上的全套饰物。贵族化的头饰金钗，结婚用的凤冠霞帔，大众化的银质饰物品种更多，应有尽有。

张岩给耿小俊买个珐琅点翠的插针和长簪，给秦明弼买个银烟缸，给张正保买个皮带扣，给李结实买个挂锁，给自己和张伯行买个金银怀表链。

"老爷，你买这么多，可正事一点也没办啊！"张正保说，"还是给小闺女儿买点成亲用的饰物吧！"

"王家乃名门望族，下嫁张家，是我们的福分。我看这凤冠霞帔制作精美，成色足赤，上镶夜明珠一枚，凤凰展翅欲飞，活灵活现。"张岩说，"小闺女儿叫凤仪，和这凤冠十分般配。只是这犯不犯忌讳，我拿不准。"

"老爷，按《大清律例》，民间重大庆典可以酌情处理，只要不是谋反之用。要不，唱戏还怎么扮演皇上啊！"张正保说。

"东家这个倒是多虑。"秦明弼说，"皇上圣明，与民同乐。入关以来，虽强制留发扎辫，但对服饰衣着倒没强求。"

"大清满汉一家，风俗渐融，衣着渐同。汉人尚有胡服骑射，满族亦有之乎者也。"张伯行说。

"那就订一套凤冠霞帔，发饰、颈饰、耳饰、手饰、佩饰再各选一两件。"张岩说。

"咱家店里的金银首饰都用錾刻、镂空、镏金、掐丝、镶嵌等工艺制成。先将银锤薄，再用錾子錾镂出浮雕的效果，或錾上丰富多彩的纹饰。"掌柜说，"凤冠上的掐丝饰品都是万福楼掌门老工匠亲手打造，以牡丹、玫瑰、紫荆、月季等花纹图案为主，制作工序精细，繁复，历时长久，是我们的镇店之宝。"

"恁老放心，咱万福楼不掺假，不冒真，银要足银，金是真金。"见是个大户，大掌柜亲自出来接待，满脸真诚地说，“凡万福楼出售的饰品，按价回收旧货，或以旧翻新。货品标志的‘萬’字有缺笔，草字头下少一短横。”

“夫人，恁看如何啊？”张正保问耿小俊。

“咱张家媳妇绝对配得上这凤冠霞帔，绫罗绸缎。只是，除了这些，我想买这个玉镯，给小闺女儿戴上。”一直没有吭声的耿小俊十分坚定地说，“一进店，我就看上这个羊脂白的玉镯，跟小姐当年成亲时戴的那个一模一样。”

“中。”张伯行说，“娘，我也看好这个玉镯。”

“夫人和少爷果然是好眼力。”大掌柜赞不绝口地说，“这对玉镯是我前年去新疆亲自购得，总共带来三副。本来是给我家夫人和闺女带的礼物，金店开业，作为展物，并不外售。夫人真是想要，在下只好忍痛割爱。”

张岩看见这个玉镯，眼睛一亮。

这副玉镯状如凝脂，缜密而栗，质地细腻，温润而泽，是昆仑玉中的羊脂白玉，乃玉中极品，仅新疆和田出产。在古代，人们就认为“于阗玉有五色，白玉其色如酥者最贵”。

大掌柜说：“和田玉制成的玉镯，敲击时发出的声音清越绵长，如金磬之余响，绝而复起，残音沉远，徐徐方尽。这就是玉德中所说的‘叩之，其声清越以长，其终诎然’。”

张伯行说：“古人之间，凡甚美者则以玉言之。《尚书》之‘玉食’，《礼记》之‘玉女’，《仪礼》之‘玉锦’，皆是也。”

“人养玉，玉养人。人养玉三年，玉养人一生。”秦明弼说，“东家，这件事就依夫人。小闺女儿戴上这副昆仑玉镯，顺境中能玉软香温、温润如玉，逆境中能化干戈为玉帛，他们俩的日子会越来越好。”

“既然秦先生都这么说，咱就要下。”张岩说，“也只有咱家小闺女儿配得上这么好的玉镯。”

众人皆喜。

“这副玉镯遇到夫人，也是有缘。我按新疆买的价格不加一文钱给你，算是给玉镯找个好人家。”大掌柜说，“将来少奶奶来开封，单凭这副玉镯，万福楼的所有商品全部八折。”

宾主互谢，其乐融融。张正保到柜台付过银子，众人与大掌柜一一道别。

（六）张伯行到京古斋偶遇王原祁，遂结为金兰之好

走出万福楼，张岩他们准备到马道街路西的元隆绸布店，购买新郎新娘结婚用的面料。

张伯行一抬头，看见鼓楼广场西北角，书店街和寺后街交叉口，有一个三层阁楼。楼外竖着一个白底黑字的牌匾“京古斋”，旁边还有一行小字，“专营笔墨纸砚文房四宝”，落款也是著名书法家王时敏先生，顿时兴致盎然。

张伯行让父亲他们先去元隆绸布店，独自一人走进京古斋。

开封“京古斋”与北京“荣宝斋”、天津“杨柳青”等并称中国书画经营的名斋，而历史最久、规模最大的当属“京古斋”。

北宋真宗咸平年间，都城东京皇宫右掖门外，即有“京古斋”，经营文房四宝和书画生意。其规模“五间五开，雕梁画栋，朱栏彩溢，玲珑剔透”。

张伯行走进这座有着浓郁豫东特色的古式建筑，见洁净优雅，格调高古，经营的品种有一千多种。仅书画用笔就有三百多种，笔管上都刻有“京古斋鉴别”的字样。

张伯行细细数数这三百多种毛笔，顿时有一种望洋兴叹之感。从笔毫原料上来分，就有兔毛、麝毛、胎发、人须等；从笔毫的性能上分，则有硬毫、软毫、兼毫；从笔管的质地上来分，又有棕竹、楠木、象牙等，皆属珍贵材料。

更让张伯行惊讶的是，湖南长沙左家公山的战国笔、甘肃天水放马滩的秦笔、湖北江陵凤凰山的汉笔、湖北云梦睡虎地的古笔、内蒙古居延的西晋笔，这些稀世珍宝，“京古斋”居然都有。

除笔、墨、纸、砚“文房四宝”外，“京古斋”还有笔筒、笔架、墨床、墨盒、臂搁、笔洗、书镇、水丞、水勺、砚滴、砚匣、印泥、印盒、裁刀、图章、卷筒等，都是书房中必备之品。

张伯行走到砚台专柜前，店家滔滔不绝地介绍道，“京古斋”的砚台都是店家直销。广东肇庆的端砚、安徽歙县的歙砚、甘肃卓泥的洮砚、山西绛州的澄泥砚，都是从当地老坑里面挖掘，经过数百道工艺打磨出来的精品。

“听人说，京古斋的掌门人都是儒商，琴棋书画无所不精，笔墨纸砚如数家珍，可否让鄙人一见？”张伯行问道。

“我看你儒雅端庄，气度不凡，定是腹有诗书的饱学之士。”店小二说，“你从这儿上二楼，楼上几个人都在忙着揭裱字画。掌柜就在其中，就看你自己的眼力头。”

张伯行扶着狭窄的木质楼梯拐上二楼，果然见到几个人在忙着装裱字画。仔细一看，是王时敏的《仿梅道人溪山图》，绢本设色，对开横幅，为顺治九年（1652 年）王时敏六十岁时候创作的精品佳作。王时敏主张摹古，笔墨含蓄，苍润松秀，浑厚清逸，构图变化较少。而这一幅作品笔法纯熟、气势壮丽、意境深远，体现出花甲之年的王时敏炉火纯青的艺术造诣。

张伯行想，这“京古斋”果然是名不虚传，随便拿出一幅作品都是书画精品、稀世珍宝，让人不得不口服心服。遂向一位长者深施一礼，说：“在下乃仪封后学张伯行，知大掌柜均为儒商，今得一见，三生有幸。”

长者笑而不语。

张伯行又深施一礼，说道：“仪封后学张伯行拜见先生。”

长者向身边的一个伙计模样的人努努嘴，笑着说：“你是拜错佛、上错香，这才是我们大掌柜。”

张伯行定神一看，见一翩翩少年，年方二八，眉清目秀，齿白唇红。身着粗布短袖，脚蹬圆口布鞋，正在上浆托纸。只见他先调试好浆水，配好托纸，润画心，刷浆口，最后上墙绷平。整个工序手艺娴熟，忙而不乱，有一种和他年龄不般配的成熟。

“请问先生有何赐教？”少年一边忙着手中的活，一边问张伯行。

张伯行见“京古斋”掌门果真是这个年轻人，更是惊讶不已。他一直想着是个须髯飘飘的长者，不期如此年轻，真是“自古英雄出少年”啊！

见张伯行一时无语，少年又说：“在下王原祁，南直隶苏州府太仓人。书卷之余，游历至此。今与先生不期而遇，也是缘分。”

“敢问小哥可是娄东画派的开山始祖王时敏先生之孙王原祁？”张伯行问道。

“正是在下。”

张伯行一抱拳，说：“久仰，久仰。”

“岂敢，岂敢。”

“家中珍藏一幅《南山积翠图》，是我家曾祖八十大寿时，专门请王公西庐老人所画。老人绘高山逶迤、苍松秀健，以此祝寿，有寿比南山之意。画面重峦叠嶂，烟岚浮绕，林木葱茏，瀑布飞流。近景山坡上，苍松挺立，大概也隐喻高寿。"张伯行说，"每日课余，吾必读之，时常临摹默诵，技艺渐长。今与茂京兄不期而遇，真乃苍天有眼，三生有幸。"

遂又施一礼。

"《南山积翠图》为我祖父晚年所作。画面布置有序，层次井然，笔墨清隽秀润，沉静淡雅。"王原祁忙完手中的活，拍拍手，打打身上的白灰，笑着对张伯行说，"祖父画这幅画的时候，我就在旁边玩耍。时不时给他洗笔、研墨、铺纸，尽书童之责。今日偶遇，你我还真是有缘分啊！"

"兄台在苏州府，京古斋在开封城，相隔千里之遥，你怎么成京古斋的掌柜呢？"张伯行问道。

"苏州、开封同为古城，底蕴深厚，人才众多。书画之风浓郁，两城多有来往。京古斋的掌柜常去苏州，求祖父书画一二。祖父偶有新作，也时存于此。不为待价而沽，只是一种情愫。"王原祁说，"祖父珍藏一幅长卷，名曰《关山雪霁图》，是其师董其昌的得意之作，平时秘不示人。那天京古斋的掌柜去到寒舍，见祖父正在打理那幅长卷，就百般央求想带回京古斋展出，以扩大声誉。"

"这是双赢啊，祖上应允吗？"张伯行问道。

"董公有言，非弟子不得藏之、展之。无奈之下，掌柜想此妙计，聘祖父为京古斋名誉大掌柜，既不违师命，又能将画展出。这掌柜名分从我祖父到我父亲，以至今日。"王原祁莞尔一笑说，"我这个大掌柜只是名分，不取分文。"

张伯行这才明白过来，说："都说京古斋非上品不采，非真品不进，非名牌不售，非名家不藏，果然是名不虚传啊！"

长者见二人越说越近，越说越投机，就撺掇着说："干脆你们俩结为金兰之好吧！"

二人也都有此意，遂祭天告地，焚香再拜，结为异姓兄弟。

王原祁出生于前朝崇祯十五年（1642 年），为兄；

张伯行出生于大清顺治八年（1651 年），为弟。

这一拜，让画家王原祁，让书生张伯行，都在彼此生命中留下一抹暖色。

只是，张伯行不会想到，眼前这位刚刚结拜的兄长，也就是画家王原祁，和诗人纳兰性德，日后都是康熙皇帝的掌上明珠，饱受龙恩。

（七）诗云书社的《太极图说》《近思录》，让张伯行激动不已

张伯行送给王原祁一支湖笔作为留念，王原祁回赠张伯行一方端砚，两人都在上面刻下赠给仁兄贤弟的字样，遂依依惜别。

走出京古斋，张伯行左拐进入书店街。

开封书店街的历史可追溯到北宋。据《东京梦华录》记载，书店街一带是东京城里最繁华的街市，“屋宇雄壮，门面广阔，望之森然。每一交易，动即千万，骇人闻见”。书籍、字画、古玩、中药、瓷器、笔墨纸砚，都能在书店街里找到归宿。

清代，开封是中原文化中心，文化产业极为兴盛。张伯行看到书店街经营书籍字画、文房四宝的名店，除“京古斋”，还有“博雅斋”“环文阁”“作家书店”“陆房山馆”等十几家。书店鳞次栉比，碑帖字画充盈市面，“书店街”这个名字随着墨香飘逸而出。

书店街除了有阁楼、风铃、书香、墨韵，一棵又一棵古槐也是书店街一道亮丽的风景。

每到春天，槐树吐青，古树新芽，鹅黄嫩绿，书店街便充满春的气息。

夏天，烈日当空，艳阳高照。人们在槐树下纳凉，聊天，品茶，吃午餐。

秋日，秋高气爽，天蓝树绿。棉花团一样的云朵落在槐树上，古朴宁静的书店街顿时洋溢着秋的韵律、秋的收成。

冬季，北风怒号，大雪纷飞。槐树手扯手地站在书店街的两边，与狂风搏斗，与寒冷抗争，用一己之力装饰古城的天空。

张伯行见街道两旁多为两层阁楼式建筑，雕梁画栋，美轮美奂；青砖白缝，小瓦盖顶，飞檐挑角，坡顶花脊，风格古朴典雅。

门面多为雕花木门，格窗雕刻精巧。门店上横额牌匾，或红底黑字，或黑底黄字，或棕底绿字；或魏碑，或楷书，或汉隶；或潇洒飘逸，或庄重古朴，或瘦削挺拔……各具特色，引人入胜。

楹联对仗工整，雅俗共赏，或自撰，或引用，或题写。店的主营，店的品位，店的历史，了了几笔，道尽风流。

这家是“放眼橱窗尽是文房四宝，俱怀风雅广交学海众儒”，那家是“薄纸

千张请试妙手,秀管一支精绘花容”;抬头看“遍求海内单行本,快读人间未见书”,低头是“雪水烹茶天上味,桂花做酒月中香”。

张伯行走到书店街和徐府街的十字口东北角,见一棵千年古槐下的二层小楼悬挂着“皇茶苑”三个大字,蓝底金字,遒劲有力。匾额正中间顶上,“康熙御笔之宝”的印章赫然其上,红色,方形,篆文,雍容华贵,不怒自威。

张伯行百思不得其解。这么小的门面,这么偏的地方,居然是当今圣上亲笔御书,开封城真是虎踞龙盘、深不可测啊!

还没等问个究竟,张伯行就走到寻觅已久的诗云书社。

诗云书社是一座临街二层小楼,大门朝西,青色砖墙,布瓦屋面,叠瓦花脊。楼上出厦,木围栏杆。红酸枝的横匾上,深绿色的“诗云书社”四个大字深镶其中,隶书横向取势,结体开阖包容,中庸而仁厚,尘世间的磨砺参悟均在字里行间。

一副楹联分列于门两侧的圆柱上。上联是“诗览凌云,励志当知千古事”,下联是“风翻长卷,成才需读五车书”,落款“江南迦陵”,和匾额上的变隶遥相呼应,浑然一体。

张伯行知道,这底蕴深厚的楹联、这功力老道的书法,肯定是出自书店主人、阳羡词派领袖陈维崧之手。

之所以一直寻觅诗云书社,就是因为张伯行仰慕书社主人陈维崧很久。

史载:陈维崧,字其年,号迦陵,明末四公之一陈贞慧之子。十七岁应童子试,被拔童子试第一,誉为“江左三凤”“骈体三家”。

陈维崧的弟弟陈宗石入赘于商丘侯方域家,陈维崧亦一同前往。后侯方域因思念秦淮名妓李香君郁郁而终,陈维崧就和弟弟一家来到开封,租下这座小楼,开家书店名曰“诗云书社”。

清《河南通志·卷六十九》载:

皇清,陈维崧,字其年,宜兴人,祖于庭,前明左都御史。父贞慧与商丘侯方域交善,同罹阮大铖之祸。方域避乱阳羡以女许维崧弟宗石后,宗石入赘,遂为宋人。维崧亦寓宋,与弟同居。维崧为文长于排偶。长洲汪琬称为七百年一人，后以博学宏词徵除翰林检讨，纂修《明史》，卒于官。

张伯行走进诗云书社，一楼门面，间或有些书画作品，或展或售，随性而为。上二楼楼梯拐角墙上，挂一幅斗方，上书“子曰诗云”，隶书有变，严谨中透出散淡。

书架上，整整齐齐分列着排排书籍，密密麻麻，一直摞到屋顶。书架上面，分门别类地写着诗、词、歌、赋。最里面册页上面，居然有几片竹简，品相完好，字迹清晰；长约尺余，短约数寸；像是出售，又像是收藏。

“这位兄台，敢问你就是‘江左凤凰’陈迦陵？”张伯行问道。

“陈迦陵是我的兄长，我是他的弟弟陈宗石。”一位店主模样的人答道，“兄长外出，数日才归。请问兄台有何见教？”

“吾乃仪封后学张伯行，慕迦陵兄大名已久，无缘相见。今日特来诗云书社，拜见兄长，求教一二。不期先生外出，遗憾不已。”张伯行看看陈宗石，谦谦君子，温文尔雅，不骄不躁。

没有名满天下的《桃花扇》，没有“壮悔堂”的侯方域，没有风情万种的李香君。只有海阔天空之后的低调，只有大风大浪之后的谦和。

让座，温水，洗茶，泡茶，敬茶，一时无语。

抬头瞬间，张伯行看见书架上，朱熹与吕祖谦合辑的《朱子近思录》，周敦颐的《太极图说》，程颐的《易传》，陆九渊的《象山语录》，顿时眼睛一亮。遂轻轻拂去上面的尘土，一本一本包好，尽收囊中。

没有见到陈维崧，张伯行一点也不感到沮丧。他觉得，陈维崧的气质、形象、爱好、性格，都深深融入诗云书社，融入书店街，融入开封城，成为这座城市不可或缺的一部分。

文人、文化、文脉，已经化作延续这座城市的根基与家园，化作这座城市的内在气质与精神，潜移默化，无声无息，却无处不在，无坚不摧。

走出诗云书社，张伯行想起书社主人陈维崧的《满江红·汴京怀古》里的一首词：

汴水分藩，忆帝子、金床玉册。人都羡、宪王才调，孝王俦匹。椒殿丁年喧鼓吹，桂宫甲帐翻图籍。唱诚斋、乐府夜深时，筝琶急。

蔡河涨，兰桡织。雁池汎，龙舟疾。记牡丹时节，排当宿直。一夜黄河鏉子决，满城红袖梨花湿。痛波飘、菰米入宫墙，沈云黑。

（八）李白在开封生活十年，写下"一朝去京阙，十载客梁园"的名篇

张伯行从诗云书社回到"大金台"，余兴未已，随手翻出一本宋代严羽评点的《李太白诗集》，沉浸其中。一阕《梁园吟》深深打动了他：

我浮黄河去京阙，挂席欲进波连山。
天长水阔厌远涉，访古始及平台间。
平台为客忧思多，对酒遂作梁园歌。
却忆蓬池阮公咏，因吟渌水扬洪波。

张伯行恍然大悟，暗自思忖：岂不闻壮游兴才乎！如今人在开封，不如前去梁园，寻访先贤古迹，思承千载文脉，拜谒禹王之位，重走三贤之路！

次日早餐，没等张伯行说话，张岩道："我儿，今日去马道街买些尺绢布匹如何？"

张伯行沉稳应道："父亲，我今天欲往禹王台访古！"

张岩见他说得坚决，便道："看看也好，确实是个好去处，里面有古吹台、三贤祠，还有千金买壁……"

谁知，旁边的李结实听见，嚷嚷着非要一道去看"千金壁"不可。这边李馍头赶忙阻拦，耿小俊看见了，忙说道："孩子想出门看个景，有啥不可的。况且，来一趟开封也不容易，不如你爷俩就陪伯行一起去吧！"

张伯行看到母亲应允，内心愉悦。

路上，张伯行问道："我说小结实，你要到禹王台做甚？"

李结实道："看千金壁呀！"

张伯行打趣道："看千金壁又做甚呢？"

李结实道："我，我摸摸！"

一句话让张伯行和李馍头哈哈大笑起来。

约摸半个多时辰，他们便来到禹王台。只见禹王台四面环水，一片起伏的土山被绿荫环绕，像一只头南尾北的巨龟静卧在水中央。小河流水穿园而过，满园桂花香气扑鼻而来，“如竹苞矣，如松茂矣”，煞是沁人心脾，真是个“山明水净夜来霜，数树深红出浅黄”。

张伯行见一银髯老者晨练于溪旁林中，举手投足，进退腾挪，均是子路八卦拳的招式，遂向前一拜。老者抱拳还礼，几人就从子路八卦拳说到脚下厚重的禹王台。这禹王台始建于春秋时期，“乐圣”师旷在此创制古典雅乐《阳春》《白雪》，司马迁记述他抚琴弹奏能使仙鹤“延颈而鸣，舒翼而舞”，故名“古吹台”。

明嘉靖二年（1523 年）在台上建禹王庙，改称为禹王台。前面立有木制牌坊一座，为四檐三楼悬空式，青瓦重檐五斗拱，正中门楣上题有“古吹台”三个大字。台后为禹王庙，殿有东西两院，东为“三贤祠”，西为“水德祠”。

漫步在古吹台上，只见御书楼飞檐高翘，颇为壮观。此楼是专为悬挂康熙皇帝为禹王庙所题“功存河洛”的巨匾而建造的。康熙皇帝不仅在开封古吹台上为大禹治水御笔亲题“功存河洛”，还挥毫写有“嵩高峻极”“灵渎安澜”“昌明仁义”三个匾额，分别赐予河南各地。

看那天上的白云、台上的亭阁、岸边的垂柳、河上的小桥，一起倒映在环绕着古吹台的绿色溪水里，好像一幅色彩艳丽的风景画。台上的各种花木，姹紫嫣红；松柏苍翠，郁郁葱葱；强杨弱柳，枝叶繁盛。置身于此，犹如走进盛唐诗人高适的《古大梁行》：

……

忆昨雄都旧朝市，轩车照耀歌钟起，军容带甲三十万，国步连营一千里。

……

暮天摇落伤怀抱，抚剑悲歌对秋草，侠客犹传朱亥名，行人尚识夷门道。

……

张伯行等三人信步来到禹王庙，见殿内禹王像双手执圭，身穿龙袍，魁伟端庄。塑像两侧有两副对联,一副是“江淮河汉思明德,精一危微见道心”;另一副是“而耕而粒去巢就庐万代永颂王功德,斯世斯民饮水知源高台重铸禹金容”。东西山墙正中,各嵌有壁画:东边一幅是《治水图》,取材于大禹治水“三过家门而不入”的佳话;西边一幅是治水后的《行赏图》。看着大禹治水不辞艰辛和人民对他爱戴的情景,张伯行禁不住双眸湿润。他想起《史记·夏本纪》记载:“禹伤先人父鲧功之不成受诛,乃劳身焦思,居外十三年,过家门不敢入。”之后,大禹左手拿着准绳,右手拿着规矩,走到哪里就量到哪里。“欲知平直,则必准绳;欲知方圆,则必规矩。”大禹疏通水道,截弯取直,使得洪水东流入海。

正当张伯行全神贯注地观大禹《治水图》的时候,突然身后一声轻唤,扭头一看,原来正是刚刚别过的王原祁。

这王原祁乃是好学上进之人,欲“笼天地于形内,挫万物于笔端”。可这几日感觉创作灵感枯竭,颇有些“江郎才尽”之感,就想和李白、杜甫、高适三人一起,神游禹王台,“愁眼看霜露,寒城菊自花。天风随断柳,客泪堕清笳”。也许是英雄所见略同,这次又与张伯行不期而遇,真是冥冥之中的机缘巧合。

张伯行仔细观瞧,名震天下的“清初四王”之一的王原祁,居然茕茕独立,孑然一身。这王原祁今天着一身青色书生小长衫,刚刚剃过的脑门上泛着青光,显得更加精明干练。这时李馍头似乎明白什么,忙对张伯行道:“少爷,我领着结实随便逛逛,一会儿就在附近等你。”张伯行笑着点头称好,就与王原祁边走边说朝水德祠走去。

水德祠位于禹王殿西侧,是全国唯一一座以纪念中国历代治水功臣而营建的祠堂。对历代兴修水利、治理黄河有贡献的人,在水德祠内奉祀有牌位。祠建初期原祀有二十九人,其中战国时期的魏邺令史起、秦水工郑国;宋代的陈尧佐、司马光;元代的贾鲁、郭守敬;明代的于谦、宋礼;本朝的靳辅;等等。尤其是元代的贾鲁,按真人尺寸雕塑。元朝后期,黄河失修,当时正值伏秋大汛,河水暴涨,把开封黄河河堤冲开一个很宽的缺口,眼看就要出现塌天大祸。这时,贾鲁迅速调动民工十五万人,用铁索链子把二十七条大船连在一起,固定在缺口。再将船里装满石头,然后凿透船底,沉船堵口,顿时降住企图兴妖作怪的“孽龙”。从此,“石船堤”堵口法成为治理黄河史上的成功创举。之后,贾鲁采取疏、浚、塞并举的方略,以开封为中心,在三百余里的治黄工地上指挥治理黄河,使黄河复归故道,南流合淮入海,治河大功告成。时至今日,河南、山东还有两条河均命名为贾鲁河。

拜谒先贤,思接千古,张伯行和王原祁陷入沉思之中。“观古今于须臾,抚四海于一瞬。”这些大德先贤,前辈楷模,为什么能代代相传、家喻户晓、妇孺皆知,就是因为他们“随时以举事,因资而立功;用万物之能,而获利其上”。自己以后如若出仕,定当以其为榜样,不夸夸其谈,不坐而论道,不怨天尤人,不眼高手低。而是脚踏实地,一步一个脚印儿,走得坚实,走得自信,走得正派,真正做到“其作始也简,其将毕也必巨”。

生于烟雨江南、长于鱼米之乡的王原祁不会想到,开封身边这条黄河让开封人在饱受恩赐的同时又饱经多少磨难。历史上,黄河在开封境内有过六次大的变迁,前后决口三百三十九次,开封城多次被洪水围困,五次遭受灭顶之灾。黄河长期泛滥、频繁决溢、多次改道,给开封带来一次又一次的人祸天灾。破坏巨大、影响深远的还是开封历史上五次“以水代军”的人为决堤:秦将王贲的水灌大梁、宋将杜充的自决黄河、金将白撒的决河水卫京城、元将防古的寸金淀决口、明末李自成的水漫开封城。有一首民谣这样传唱道:“开封城,城摞城,地下埋着几座城;龙亭宫,宫摞宫,湖底埋着几座宫!”

“孝先,孝先,不如我们到三贤祠去看看!”王原祁的两声轻唤,把张伯行从沉思中拉了过来。很快他们来到三贤祠,只见一面墙上题有一些诗文,待仔细看去,只是三首诗:高适的《古大梁行》,杜甫的《遣怀》,还有就是李白的《梁园吟》:

……

梁王宫阙今安在?枚马先归不相待。

舞影歌声散绿池,空余汴水东流海。

沉吟此事泪满衣,黄金买醉未能归。

连呼五白行六博,分曹赌酒酣驰晖。

歌且谣,意方远。

东山高卧时起来,欲济苍生未应晚。

而后,张伯行问王原祁道:“兄长可知千金买壁否?”

王原祁道:“这个倒不知晓,请讲与我听!”

于是,张伯行便凝心聚神,娓娓道来。

却说唐天宝三年(744 年),李白按唐玄宗的旨意“赐金放还”,离开京兆,寄情于山水。他东游至洛阳,和暂住此地的大诗人杜甫,相携来到汴州,又巧遇寄居于汴州的边塞诗人高适。三人来到梁园古吹台之上,怀古思今,感慨万端。远处不知何人抚琴,不时传来琴瑟和鸣,更惹游子情思。

高适笑着说:“平吊怀古,不可无酒。”杜甫也说:“无酒不可,无诗更不可。”李白拊掌大笑道:“梁园美景,琴音绝妙,有酒有诗,快哉快哉!”

三人请人置办酒菜及笔墨纸砚,借刚修缮一新的厢房,觥筹交错,开怀畅饮。高适首先提笔在墙上写下《古大梁行》;杜甫也有感而发,乘着酒性,挥毫泼墨,写下《遣怀》;此时的李白,回想自己漂泊半生,百感交集。只见李白醉眼惺忪,抓起如椽妙笔,如江河奔腾,一泻千里,伴随琴声,笔走龙蛇,一气呵成,在纯白的墙壁上写下著名的《梁园吟》。写罢,掷笔于地,仰天大笑,那笑声惊天动地,回荡不已。

李白的笑声惊扰了抚琴的女子。这女子乃是大唐武则天三次拜相的宗楚客的孙女宗煜。宗煜非常认真地端详品评白壁上的题诗,且看且不住称赞。当看到落款时,更是激动万分。她对李白非常崇拜,早就仰慕李白的诗才,仰慕他“仰天大笑出门去,我辈岂是蓬蒿人”的挥斥方遒;仰慕他“天生我材必有用,千金散尽还复来”的潇洒傲岸;仰慕他“千秋二壮士,烜赫大梁城”的侠骨义胆。于是就出千金,连墙带诗一并买下。

宗煜“千金买壁”之事不胫而走,传遍开封,人们争相前来欣赏李白的诗书。后来在杜甫和高适的撮合下,李白娶宗煜为妻。自此,李白在开封生活十年,写下“一朝去京阙,十载客梁园”的名篇。

王原祁听得如痴如醉,不忍与张伯行惜别,二人遂携手前行,见李馍头带着李结实,在禹王庙院中央的荷花石墩上,细细观瞧一块海底化石。传说,该化石是禹王治水时从水底挖出的石头,石头上有很多螺壳化石,形成鸟眼状的图案,所以也称为鸟眼石。几人看过,顿感白云苍狗,沧海桑田。

(九)连小店都这么有文化,开封真不愧是文化古城啊

而今,已时至中午,仲秋时节的开封仍然燥热不已。张伯行、王原祁他们几个从禹王台出来,沿州桥一路前行,按约定走到“陆稿荐”熟肉店,见张岩他们坐在一个圆桌旁,桌子上已经点好特色菜。

这远近闻名的“陆稿荐”,释其意,陆者,姓也;稿荐者,草席也。陆稿荐汇集四方美味,烹制技艺精湛,传统风味独特。酱汁肉,皮糯肉烂,肥而不腻,老少皆宜;香肠,配料考究,肉质细密;板肚,咸甜适中,鲜香味醇;酱牛肉,色泽光亮,骨酥肉烂。

说起“陆稿荐”熟肉店的来历,颇有一抹神话色彩。大清顺治年间,开封有家烹制酱肉的小店,店主姓陆,门庭冷落,生意萧条。

一天,有个衣衫褴褛、背条破草荐、手捧两只叠在一起的旧陶钵的乞丐,走进肉店求宿。陆老板见其可怜,遂发善心允他在灶门空地上蜷宿一宵。那乞丐把草荐铺在地上,两只陶钵合叠当枕,呼呼入睡。次日凌晨,乞丐不辞而别。等到伙计烧肉时发现,灶前有条破草荐,于是随手撕碎往灶膛一塞,付之一炬。不料这锅肉酥润浓郁,异香四溢,惹得路人纷至沓来,争相购买。

陆老板知后觉得奇怪,暗忖那乞丐莫非是仙人化身,细想这钵盂一双两口相对,即一吕字。原来吕洞宾同众仙一行八人横渡东海,赴王母瑶池蟠桃盛宴归来。农历三月三,恰是吕洞宾诞日,念其店主心诚,遂使仙火助燃。

悟到此,陆老板连忙把未曾烧掉的破草荐留下,每天抽出一根放在灶内,烧出来的肉果然异香扑鼻。附近河道街、徐府街甚至鹁鸽市、铁佛寺街,都能闻到阵阵肉香。一传十、十传百,顿时生意兴隆。陆老板灵机一动,干脆将肉店牌号改名为“陆稿荐”。

张伯行看见“陆稿荐”墙上有一书法长卷,记录吕洞宾化身乞丐借宿留草荐的事,由一品带刀侍卫、诗人纳兰性德撰文,当朝名士高士奇书写。张伯行连连惊叹:连一个小店都这么有文化,开封真不愧是文化古城啊!

王原祁看到高士奇的真迹,也禁不住大吃一惊。只见高士奇这幅书法,一改其媚俗之态,显得筋骨挺拔,也是暗自佩服。

张伯行看到地上大包小包的东西,正想问衣服买得怎么样,张正保倒先

说起来。

原来,张岩他们几个一大早从大金台旅馆出来,沿鼓楼往南,前往义丰厚丝绸店。店在马道街路西,前后二层楼房。北面与相国寺东角门紧紧相连,南边与“稻香居”饭店一墙之隔。

张岩他们几个走进布庄,只见院门仿凯旋门,为屋宇式门楼。院落南北向,长方形的三道花园式庭院,建有北楼、中楼和南楼三幢相连楼房,均为砖木结构。大筒瓦屋顶,局部平顶,红机砖清水墙,局部混水墙,木楼板。看到中楼正面的玻璃钢窗,里面倒映着自己的人影,怯怯得不敢动弹。

布店是张岩的同学、柘城富商吴博孺所开,专营呢绒绸,经营的棉布和绸缎分有大路商品和陪衬商品两种。各地名优产品汇集一堂,各色呢绒绸缎皆萃其中。华光满店,金翠夺目,人流如潮,争先选购如意衣料的顾客络绎不绝。

耿小俊走到柜台前,一拉溜十二个货架上,名优产品琳琅满目。有杭州、苏州等地的真丝花绸、素绸软缎,济南、绍兴等地七子青方、大小花哔叽、花平素布等品种二百多种。看得耿小俊眼花缭乱,目不暇接,觉得十个仪封县的绫罗绸缎也装不满这元隆布庄。

店小二见是掌柜的旧友,就热情地招呼他们几个先坐在店里面的竹藤椅上,泡上几杯茉莉花茶,拿出一本薄薄的册页,一种一种地介绍起来。

不知不觉,耿小俊给王凤仪买七八身衣料,给张伯行买三四身,也给大家都扯身新衣裳。店家又送几个秀花瓣、锦旗穗,鼓鼓囊囊几大包。

得悉张伯行新婚大喜,王原祁自是高兴万分,遂表示要精心创作一幅画,祝贺义弟百年好合。

回到仪封县,张正保连夜请秦明弼把礼品清点登记。绸缎衣料、玉手镯、金簪钗,对照礼单,一一装入红漆猫金圆形木盒,外裹大红布单,连同大启和拜帖,一并请秦明弼先生送至王家。

王家收到礼盒,甚为满意。专门设宴招待秦明弼和张正保,并将衣料鞋帽、文房四宝、“四书五经”等回送之礼,装入原盒,请秦明弼和张正保带回。

至此,瓜熟蒂落,水到渠成。张伯行、王凤仪这对青梅竹马、两小无猜的恋人,十指相扣、手手相牵走到一起,一直走到白发苍苍,一直走到海枯石烂,一直走进那首汉乐府民歌《上邪》:

上邪！我欲与君相知，长命无绝衰。山无陵，江水为竭。冬雷震震，夏雨雪。天地合，乃敢与君绝。

史载：公德配王夫人前明少保兵部尚书讳廷相公元孙女。处士讳嗣京公长女。初敕封孺人，加封宜人，晋封一品夫人。与公相敬如宾。公居外任，素尝携家，留夫人供养耿太夫人。每岁输金输粟并家园瓜果、衣服器皿，于任，已给日用，二十余年循如一日。

七
结婚前夜

(一)一声响雷,把张伯行从回忆中惊醒

我走到时平原正下着雨,平原人用雨滴讲述平原的一切。我看见河流,看见一条黄色的河流,从平原深处走来,和父亲对话。父亲把蓑衣和粗布马褂放在村口,匆忙地迎着河流走走。看见童年正在河流的那头,河流的那头没有避雨工具。小路们作为河流的分支,正在作出种种努力。我站在雨中注视平原,心中在想,为什么这么多年过去了,平原的雨依然会使我潸然泪下。

——《我走到时平原正下着雨》

天空逐渐暗淡下来。

乌云一片,两片,三片,不大一会儿就把天空遮得严严实实。刚才还明净的月亮,此刻不知道躲到哪儿了。偶尔有一两点光亮从云彩缝隙中透出,瞬间又消失得无影无踪。

风从荷塘深处来。

先是一丝凉意,接着就平地而起,掠地而过。风卷着树叶、残荷、杂草,升到半空中,又重重落下。

“咕噜噜噜——咚——”。随着一声巨响,天空好像炸开一样,豌豆大的雨点不分字眼地砸下,沉浸在记忆之中的张伯行从漫长的镜头中逐渐走出,重新走到这烟火人间。

他环视大雨中的仪封城,荷塘、城墙、仰圣门,都淹没在沉沉夜幕之中。从秦始皇泰山封禅东巡,命此地为东昏,至今已有一千八百年。无数帝王将

相、仁人志士,都在大雨中洗刷,融化,荡涤。而孔子过化之地的木铎金声,却一代又一代传下来,无声无息却无处不在。

张伯行想,很多时候,文化的软实力远远胜于战争的硬刀子。那些金戈铁马、刀枪剑戟,最终消融在字里行间。线装古书记载的,丹青史册铭刻的,不是杀伐、征掳、残暴、戮害,而是孔孟之道,是子曰诗云,是程朱理学。

“咚——咚——”一声又一声连环雷,把张伯行一直往家撵。浑身上下湿透的张伯行索性在大雨中放纵起来。他放开盘在头上的辫子,脱下长衫,在倾盆大雨中叫着,喊着,跑着。一任头上的雨滴,脚下的雨水,在身上溶化,穿透,滋润。

此时的张伯行,完全是一个天地之间的精灵,天人合一,物我两忘。五经四书,篆隶楷草;铁肩道义,妙手文章;大黑大仪,荷塘书屋;父母高堂,仪封兰阳;还有秦先生,还有明天就要成亲的小闺女儿王凤仪……都在风中,都在雨中;一个个显现,一个个消失。化成这风,化成这雨;化成九曲黄河,化成豫东平原。

“八月雷,遍地贼。”

这八月的雷一响,马上都是倾盆大雨,庄稼减产甚至绝收。靠天吃饭的农民就会无地可种,无粮度日。饥馑之下,盗贼四起,礼崩乐坏,教化之功将会荡然无存。

如何避免这种现象发生,暴雨中的张伯行在苦苦思索。《管子·牧民》中说的好,“仓廪实而知礼节,衣食足而知荣辱”。是啊,只有百姓的粮仓充裕,丰衣足食,才能知书达礼,遵纪守法。

只是,“仓廪实、衣食足”是“知礼节、知荣辱”的前提和基础,是必要条件,而不是充分条件。属于精神层面的信仰问题,就如同任何时期任何年代都有“无私者”和“自私者”一样。

可又如何理解《二程全书》里面程颐所说的“饿死事小,失节事大”呢?人的生命都不存在,贞操又有什么价值和意义呢?

那屈原“长太息掩涕兮,哀民生之多艰”;苏武仗汉节牧羊,卧起操持,节旄尽落。又该如何解释呢?

“大我”与“小我”,“家”与“国”,“正”与“反”,“生”与“死”,该如何融为一体共荣共生呢?

暴雨中的张伯行正深一脚浅一脚地往家赶，忽然听到前面有人在大声喊："少爷——，黑孩儿哥——；黑孩儿哥——，少爷——"

张伯行一听，是大仪的声音，就连忙答应："哎，我在这里！大仪，我在这里啊——"

两个人在雨中相拥而抱，高兴万分。

大仪说："我刚从王家回来，老爷叫我找你。不用猜，我就想着你会来这。"

"快说说，去王家的情况怎么样？"张伯行迫不及待地问道。

"先别急，下这么大雨，咱俩赶紧回家吧。老爷还在等着咱们呢！"大仪说。

"你说吧，不耽误咱俩走路。"张伯行催着说。

"今儿个一大早，我跟着秦先生一块去王家过大礼。张管家带着给小闺女儿缝制的四季新衣裳，还有你们去开封买的凤冠霞帔，两只鹅、两只鸡和两尾活鲤鱼。"大雨中的大仪断断续续地说，"由秦先生手执礼单，带着礼桌队伍，沿途掷放鞭炮，送至王家。"

还没说完，大仪"扑哧"一下摔倒在地，把张伯行顺势也带倒。两个人成为泥人，在雨中狼狈不堪。

你拉我扯站起来后，张伯行顾不上身上的水和泥，连声问："那之后呢？"

"我们到王家，看见很多人在忙活。王家留下几样，还给我们几人封个红包。"大仪抹把脸上的雨水，接着说道，"王家到底是大户人家，陪送的嫁妆真是多。"

"哎呀，还有呢？"张伯行问道。

"我知道你想问啥。"大仪笑嘻嘻地说，"我还看见小闺女儿王凤仪，打扮得真漂亮，她不叫我，我差一点认不出来。她一直在问你，还叫我给你带个香囊。"

大仪一摸兜，叫道："香囊，香囊，叫我带的香囊咋找不着啦？"

"应该是掉到刚才摔跤那个地方了。"张伯行说。

"你先回家，我回去找找。"大仪说。

"不用，下这么大雨，明天再去找吧。"张伯行说。

"那不中。受人之托，岂能言而无信？"大仪说，"况且这不是一般的东西，是新娘子让我带给你的信物。我一定把它找到,完完整整交给你。不然,我没法交代!"

"走,咱俩一起去找吧!"

张伯行和大仪深一脚浅一脚赶到刚跌倒的地方,连摸带找地折腾起来。

仪封城像个倒扣的大锅,把两个人结结实实罩起来。

天,地;风,雨;黄河水,铜瓦厢;黑里河,仪封城;仰圣门,宫保府;婚礼,香囊;千秋万岁名,寂寞身后事……

大雨中,张伯行紧紧握住大仪的手,说:"以后我们就是生死弟兄。"

"是的,我们是生死弟兄!"雨水和着泪水一个劲儿地往下淌。

"咔嚓"一声,闪电划破夜空,映照着两双紧紧握住的手!

(二)院子里盖满苇席、蓑衣和黄油伞

暴雨渐小,可夜更黑,伸手不见五指。张伯行和大仪看到前面现出微弱的光芒,心中顿时欣喜不已。两人相互拉扯着一身泥水回到宫保府,见纸糊的红灯笼都随雨打风吹去。只有玻璃做的千手千眼佛灯笼,在风雨中无畏地闪耀。

头进院的廊檐下堆满物品,十几座木笼摞一人多高,里面装满明天待客用的扣碗。一长溜筐箩里堆满白面馒头,盖得严严实实。张岩、耿小俊、张正保、李馍头、大黑他们把能搬动的物品都挪到屋檐下,搬不动的都盖上苇子席、蓑衣。张岩一直舍不得用的黄油伞也拿出来,罩在锅台上,宛如雨中盛开的莲花。

张岩一看张伯行和大仪回来,连忙说:"你们俩赶快回去换衣裳吧。"

"没事儿,我们一起收拾东西。"张伯行说。

耿小俊小心翼翼擦拂着黄油伞,像是呵护一件精美的瓷器。这把黄油伞是彦实公从山西迁居仪封时带来的传家宝,一代一代,传续至今。

明洪武五年,天下初定。朝廷广纳贤士,开科取材,学子无不趋之若鹜,过江北上。明太祖朱元璋有感于科举之弊,下决心改变科举取士的办法。他没有实行会考,而是对各地举荐的学子进行一场类似殿试的策问,之后发榜授官。

就在那年,彦实公进京赶考,也是遇到这样一场罕见的大雨。主考官刘伯温命考务给每位生员发一把伞,才使考试得以顺利进行。

那场类似制举的殿试中,彦实公中第八十九名,同进士出身。怎奈彦实公只想传道受业解惑,不想出将入相。于是高职低配,带着那把黄油伞,来到仪封任督学,遂了他平生意愿。

耿小俊觉得,这把黄油伞如同彦实公在老井边发现的那本《周子太极图说》一样,就是保佑张家一代一代耕读传家的圣物,让张家人丁兴旺,书香满门。

耿小俊正在发愣,只听"啪嚓"一声,大黑一脚踩到菜叶上,摔个四仰八叉。瓦盆被摔得稀烂,端的一盆菜也撒的到处都是。

张正保一边说着"岁岁(碎碎)平安,岁岁(碎碎)平安",一边赶过去搀扶大黑。

大黑一骨碌爬起来,不好意思地说:"你看看,你看看,明儿个是少爷的大喜日子,这多不得劲儿啊!"

"你这是给少爷放的鞭炮啊! 看看,多喜庆,还带表演,拿钱买不来啊。"大仪笑着说道,"你看,这么好的菜都要给猪吃,猪也得谢谢你啊!"

说得大家都哈哈大笑起来。

张正保连忙拿扫帚去清理碎片,先把瓦片收拾成堆,用篮子装起来。再把地上的蒸菜一点一点捧到木桶里,准备喂猪。看看天太晚,就催着张岩他们早点睡去。

也许是年纪大,瞌睡本来就少,再加上刚才一折腾,张岩睡意全无。他叫张伯行先去睡,自己和耿小俊回到后进院。

走到后进院的正厅,张岩把外套放到衣帽架上,扭头看见张伯行换过衣服脚跟脚进来,就叫他坐在一旁。耿小俊沏好两杯热茶,端给相公和儿子,也搬个凳子坐在一边。

耿小俊看着这两个生命中最重要的男人,心中感慨万端。这么多年,这两个男人就是她的一切。他们的一言一行,一举一动,都深深铭刻在她的心里面,融入她的生命里。

他们咳嗽,耿小俊就连忙抓点中草药,煮点双黄连,烧开姜汤水,端到跟前。他们念书,耿小俊就会端起一杯茶,放到书案,再轻轻关上门,一个人在卧室做针线活。啥时候他们念完书，耿小俊才吹灯睡觉。

上车饺子下车面。他们出门，不管多早，耿小俊做好一碗热腾腾的饺子，让吃过再走。之后，就到祠堂里焚香而拜，祷告祈福，让老天爷保佑他们平安归来。不管他们多晚到家，耿小俊都会做一碗面条，热汤热水，暖心暖胃。

而今，乳名叫黑孩儿的儿子张伯行明天就要结婚成人，她的心里面既高兴，又觉得空落落的。

“男大当婚，女大当嫁。”这些俗话一直在撞击着耿小俊，让不识字的她早晚盼着这一天。

结婚成人！不管大小，只要结婚就算成人。这个一落地就没娘的孩子还会待在家里面吗？

听着他们爷儿俩你一句我一句地说着，耿小俊知道，他们说的都是一代一代传下来的家风、家规、家训！

（三）张家祠堂门口立的三根“功名柱”，依然耸立在豫东平原

张岩说，明天你就要大婚。婚姻大事，既是父母之命，媒妁之言，也是你姻缘使然。

咱们张家，从彦实公至今，已历十世，到你是第十一世，一直是耕读传家。说不上名门望族，也算是书香门第。

咱们这十世出三位进士，被称为“一门三进士”，正史里面都有记载。张家祠堂门口立的三根“功名柱”，历尽沧桑，依然耸立在豫东平原，彰显着张家先祖功业，昭示着张家后来子孙。让你们记住，张家是以德传人，以文传世。

“古之欲明明德于天下者，先治其国；欲治其国者，先齐其家；欲齐其家者，先修其身；欲修其身者，先正其心；欲正其心者，先诚其意；欲诚其意者，先致其知；致知在格物。物格而后知至，知至而后意诚，意诚而后心正，心正而后身修，身修而后家齐，家齐而后国治，国治而后天下平。”“二程”、朱熹之所以推崇《礼记・大学》，把它与《论语》《中庸》《易经》相提并论，就是因为它既能修身齐家，又能治国平天下，可以作为你以后的行动准则。

张岩又说，现天下大定，四海莫安。当今圣上，攻无不克，战无不胜。回望历史，如秦皇，如汉武，如唐宗，如宋祖，威加海内，囊括四方，莫不如此。

"普天之下,莫非王土;率土之滨,莫非王臣。"大清虽为满族,但与元朝不同。朝廷重汉学,用汉人,说汉话,入汉俗。弘扬程朱理学,尊崇孔孟之道,自当江山永固,万世清明。

你看看皇上去曲阜拜孔子庙,到凤阳谒明祖陵。兴科举而选贤士,天下学子无不欢欣鼓舞;重农耕而安百姓,亿万黎民自当安居乐业。这两策着实是安邦定国之举,意义重大,影响渐现。兴科举则仕子归心,重农耕则百姓安宁。这一招一式,无不透出当今圣上的雄才大略,高屋建瓴。

蒙古人就是因为没有安抚住这两个庞大的阶层,不断爆发群体性事件,民族矛盾日益尖锐,社会阶层严重对立。最后读书人和老百姓结合在一起,有理论又有实践,横扫天下。

秦末,陈胜、吴广农民起义,就是几个读书人在鱼肚子里面放一条布帛,上写"大楚兴陈胜王"。之后在兵卒里不停地制造舆论,最后揭竿而起,遂成气候。

元朝的统治者不读书,不知史,不尊孔。马背上得天下,还在马背上治天下,焉有不败之理? 其实,元末农民起义也是和陈胜吴广用的是同样招数。先是在咱仪封往北十几里路的宋庄黄陵岗的黄河滩里,埋个一只眼的石人。之后就在挖河民工里口口相传,说"石人一只眼,挑动黄河天下反"。没有什么学问的民工见真的在黄河滩挖出一个石人,认为是天意。干柴烈火,一点就着,遂振臂一挥,应者云集。

你再去宋庄,可以到黄陵岗看看。那里有一通碑,是前明弘治六年所立,说的就是这个事。

张岩又说,而河工不治,漕运阻塞,就如同人体血脉不畅,气息不足,必是圣上心腹之痛。仪封有黑里河横穿全境,黄河又近在咫尺,水患始终是百姓之苦。每至汛期,头上如同长剑高悬,朝夕难保。

一条黑里河都让仪封人寝食难安,黄河更是心头之患。不大一个仪封县,大堤、二堤、内堤、外堤都有,五条黄河故道纵横交错,沟壑相连。

仪封县这一溜十八岗上的村村寨寨,都是从洼地迁徙而至。良田不再,房屋倒塌,牲畜死伤无数,人丁流离失所。你以后要好好学学治河之道,上可以报朝廷,下可以安黎民,也不失人生一场。

张岩还说,自古道:不为良相,便为良医。离仪封几十里地的兰阳有一白云山，山不在高，名气特大。那里葬着“汉初三杰”之一的留侯张良，就是千古良相。他临终告诫张家子孙，耕读传家，以德服人。之后，张家子孙或耕或读，或教或学，莫不如此。汉朝张仲景，前朝张景岳，悬壶济世，医者仁心。

从先祖彦实公至仪邑，一直是木铎金声，教书育人；家财散尽，教化众生。张家虽一门三进士，都一介书生，言传身教，已历十世。你要秉承先祖之志，苦读经书，求取功名；入圣人门庭，览先贤典籍；尽一己之力，传耕读之风。

张岩说，你性格太硬，脾气太直，又认死理。不知道通融，不知道妥协，这样将来会吃大亏的。你想想，黑里河，黄河，哪一条河流是笔直的？都是历尽磨难，九曲回肠，迂回穿插，才终归入海。

凡事，不可逞一时之强，斗一时之气，显一时之勇。要学会隐忍，学会放弃，学会舍得。记住，狭路相逢，勇者胜；勇者相逢，智者胜；智者相逢，仁者胜。仁者无敌！

书本的知识要学，社会的知识更要学。你要把书本的知识和社会的知识融合起来，融会贯通，不能成为书呆子，更不能逆势而动。要顺势而为，乘势而上。

张岩最后说，小胜靠术，中胜靠智，大胜靠德，完胜靠道。你要成为一个仁者，大而化之，傲睨万物，靠道取胜。不能患得患失、斤斤计较，不能在乎一城一地之得失。只有这样，你才能走远！

耿小俊说，凤仪是咱看着长大的，人品、模样，都是没得说。不说是万里挑一，那也是方圆圈数得着哩。人家嫁到咱家，是下嫁，咱得对得起人家！

小闺女儿的娘家绝对受哩打听。人家祖上都是高官，不贪不占，名声多好啊！

她的祖上回家探亲，不到仪封县城都下轿步行，没有一点官架子。

一到老君营南门，人家见人都有礼，说话还是咱仪封口音，听着味近。不像是谁谁谁，出去没有两天，说话都翘舌。

听说人家在京城，是跟着皇上，圣旨都是他写。

都说婆媳难搁，咱不是娶媳妇，是娶闺女。富养闺女穷养儿，咱把儿媳妇当闺女养活，看难搁不难搁。

有啥事你要让着她。她年龄小，从小娇生惯养，捧在手里怕飞，含在嘴里怕化。

我早已想好,她一过门,我都把钥匙交给她,叫她操持这个家。

明儿个你就成人,我跟你爹年纪大了,啥事也该你们操心。

不过,有一条得依着我,那就是早点给我生个胖孙子,我和你爹就这点念想。

天也不早,你回去歇吧。你兄弟早就睡着了吧!

张伯行回到房内,已是三更时分。

夜,已深;风,已停;雨,已住。张伯行看着躺在大床上熟睡的张仲行,禁不住开心大笑。

按照豫东风俗,结婚头一天晚上,要让一个小男孩儿睡到新郎新娘大床上,叫作"压床"。可以是新郎的弟弟,也可以是侄子,但一定是婆家的男孩儿,以祈求一对新人早生贵子,多子多福。

大概是瞌睡,还没有等叫,张仲行不知道啥时候已经钻到被窝里面。里表全新的被子被他蹬到地上,自己七仰八叉横躺在婚床上,嘴里面还不停地流着口水。

张伯行弯腰拾起被子,打打上面的土,轻轻盖在张仲行身上。说实话,张伯行打心眼里喜欢这个同父异母的亲兄弟。他聪明,机灵,顽皮,淘气,惹人喜爱。不管是大人小孩,都喜欢逗他。张仲行的出现也给家庭带来无穷乐趣,连一向不苟言笑的父亲看见他,脸上也都挂满笑容。

有时候,碰见解不开的疙瘩,张伯行还专门去找这个还不太懂事的弟弟解闷。听他嘻嘻哈哈东拉西扯,反而让张伯行换个角度,许多棘手的问题便迎刃而解。不管是遇到什么难事,只要是一见到弟弟,张伯行的一切烦恼都烟消云散。

此刻,张伯行睡意全无。他看着这新房、新床、新被子、新家具,想着十几里地之外的王府里,小闺女儿王凤仪是不是已经安然入眠?!

(四)老天爷定会保佑他们二人琴瑟和鸣,秦晋百年

大雨停歇片刻,但天空并没有放晴,仍然阴云密布。风使劲吹,树枝被刮得咔嚓咔嚓作响。瞬间,闪电又不邀而至,响雷一个接着一个,倾盆大雨再次从天而降。

张伯行看着床上熟睡的弟弟张仲行，听着屋外哗哗的雨声，蓦然想起黄河与黑里河。黄河与仪封县城近在咫尺，随时会给仪封百姓带来灭顶之灾。张伯行知道，这两日雨虽大虽暴，但好在黄河河道较宽，且下游畅通无阻。只要中、上游地区不连降大雨，这里的黄河大堤应该稳如磐石，安然无恙。

相比之下，黑里河危险更大一些。仪封地处平原，境内没有大湖容纳雨水，只有一条黑里河贯穿全县东西，有排涝作用，但实际效果却很有限。黑里河发源于白楼东边的黑龙潭，从马店桥一路向东，流过仪封县内的王庄、葡萄架、贺村、张君墓等地，沿黄河古道向东流入考城县李馆村。最后在山东曹州汇入赵王河。因为主河道是从仪封县的贺村到考城县的李馆，被称之为贺李河。黑里河这个名字就是仪封人由贺李河以讹传讹约定俗成而来的。

黑里河河道较窄，排水量极其有限。如果马店桥以上连日暴雨，这里就容易决口，给仪封带来很大危害。

“这可怎么办呢？一定要想个办法才好。”张伯行在新房里来回走动，双手互搓。

另一个房间里，张岩夫妇也在面对面相互叹气。

耿小俊作为女人，心思较细腻一些，怕说多惹张岩心烦。但听着屋外刮风下雨的声音，她隐忍片刻之后又唠叨起来。

“老爷，你听听这雨，一直下，一直下，停停不中吗？下个什么劲啊？黑孩儿终身大事，一场大喜，老天爷你就不会行行善，给个晴天大日头？”

张岩闭着眼不说话。

“这可咋办啊老爷，雨还不停，路上都是泥，我们娶亲去的人又多，这路能走吗？”

“不用怕，斗笠和蓑衣都已备好，油布也齐全。明天早点出发，慢慢行走，把礼品都盖好裹严实，应该没事儿。”张岩翻翻身子，“甭再操心，说不定明天天就放晴。”

“天就是放晴，也得带上油布雨具。万一半路再下雨呢，万一回来时再下呢？”耿小俊说。

张岩随口“嗯”一声。

“其他人倒还好办，抬的东西轻点，可就苦住那四个轿夫大哥。抬着新娘子，路又远又滑，唉，愁死人！”耿小俊一脸愁容。

“对,夫人提醒得对。明天再加四名抬轿的,回来时轮换抬,就好一些。路不好就走慢点,多加点钱,好酒好肉好招待。”张岩说。

“老爷,还有王家的人呢!人家送客也不会少,还有那么多嫁妆,还是再备带些雨具油布吧。到时候给他们都用上,千万不能把嫁妆淋湿。”耿小俊又想起一件事。

“夫人多虑。王家也是名门望族,家大业大,能不给送客备好斗笠和蓑衣?能看着那么好的绫罗绸缎叫雨淋湿?”张岩说。

耿小俊扑哧笑起来,说道:“也是啊老爷,小凤仪家肯定会想到。”

耿小俊闭着眼睛,刚笑一阵,脸上又愁起来:“苦妮出嫁,不刮就下!老爷,你看这天又刮风又下雨,小闺女儿的命当真这么苦吗?”

“可不是嘛,小凤仪从小没娘,黑孩儿也是,一对苦孩子。”张岩长叹一声,又挠挠头。

耿小俊眼泪簌簌流下,说道:“我苦命的黑孩儿啊,我苦命的小闺女儿啊!”突然,觉得不吉利,就双手合十,在被窝里向老天爷低声祷告起来。

“老天爷一定要保佑两个苦孩子,叫他们长命百岁,子孙满堂,琴瑟和鸣,秦晋百年,白头偕老……”

张岩闭着眼睛,静心思考,猛地掀开被子坐起来:“唉,还是别操这心,事都备好!倒是东边笼头哥、抓钩哥、泥鳅兄弟他们几家,这么大的雨,他们的屋子肯定要漏,一家不知一家难啊。”

耿小俊也坐起来:“怎么办老爷,咱是大瓦房还好办,东边几家是茅草房,肯定外面下大雨,屋里下小雨。怎么办,老爷?”

“怎么办啊,光在床上是想不来办法。”张岩下床穿衣穿鞋,“你睡吧,我去看看。”

“我也睡不着。”耿小俊也慌着下床穿衣。

(五)张岩等人冒雨赶到左邻右舍,修缮房屋

暴雨喘口气,又凶猛压下来。豆大的雨滴如脱缰之马,从低沉的空中冲向地面,像是在寻找什么东西似的,东一拳西一棒地乱撞;又像从天空降下的巨龙,横扫世间万物,仿佛要吞噬掉所有生灵。

大仪正躺床上迷迷瞪瞪，恍惚间，听见院墙外面有人喊他爹的名字：“抓钩哥，抓钩哥。”

见喊两声没人应，那声音越来越大。接着，又听见另一个人粗门大嗓喊道：“张聋子，张聋子。”

大仪听着，一个像黑孩儿哥他爹张岩叔的声音，一个像李馍头的声音。他知道爹的耳朵不好使，就下床准备出去开门。这时候，大仪娘答应道：“谁呀，是张岩兄弟吗？”

“不是你张岩兄弟，是馍头兄弟。知道嫂子你被窝里冷，我给你暖被窝来啦。”随后，听到李馍头一阵粗鲁的笑声。

大仪怕娘出来黑灯瞎火走不好路，再摔坏身子，就赶紧下床去开门。

院里的水闷脚脖儿深，让人深一脚浅一脚。大仪家土墙怪高，门却是木栅栏门，而且也没有锁，只用根麻绳系成捆，挂在墙边的门鼻儿上，再用一根下细上粗的木棍别进去，人从门外就能把手伸进栅栏门打开门。好在世道太平，盗贼很少。事实上他们穷得家徒四壁，片瓦根椽，也没什么可偷。

大仪一看，果然是张岩叔和李馍头叔，就赶紧拔下门鼻儿上的木棍，取下门环，开门喊道：“叔，叔。”

门外站着三个人，除张岩、李馍头之外，还有张正保，三个人都戴着斗笠，披着蓑衣。张正保左手提着气死风灯笼，右手还打着大黄油布伞护着。张岩肩膀上扛着一捆油布，李馍头肩膀上扛着一捆粗绳。

张岩见大仪也没打伞，忙说：“雨太大，贤侄进屋说话，进屋说话。”

这时候，大仪爹娘已经起床，堂屋也亮起灯。

几个人蹚水进到堂屋里。李馍头看见大仪娘还开玩笑，戏谑说：“聋子嫂，聋子嫂，我们嗓子都喊破了，你们也不应声。你和俺聋子哥干啥哩？”

大仪忙低下头，不便说话。大仪娘白李馍头一眼，笑道：“李馍头，你吃东家的白面馒头是不是吃撑了，到处胡吣？我们两口子干啥还要你管？”

张岩笑道：“孩子长大成人，不能再胡说。”

李馍头嘻嘻笑着说：“对对，大仪这孩子都大了，立门立户的大小伙儿。以后不打渣子，不打渣子，哈哈。”

大仪爹听的囫囵半片，插上一句：“不吃了，不吃了，白天在张岩兄弟家里吃过馒头。”

大仪家三间草房。堂屋与大仪父母住的东屋是通着的,大仪住的西屋由高粱秆织成的簸篱儿隔开,算是独立一间。

张岩打着灯笼领着众人看一圈,叹气说:“还是漏啊,上次修得不彻底。”

张正保说:“东家,修得再彻底也不中。这么大的雨,连下几天。”

李馍头说:“聋子哥家漏的是西屋,跟笼头哥家不一样,笼头哥家漏的是堂屋。”

这一次大仪爹听得清楚,呵呵笑着说:“不要紧,不要紧,西屋的东西都搬到东屋,淋不湿,淋不湿。”

大仪娘也弯弯腰点头笑着说:“不要紧,不要紧,不用操心。”

张岩皱眉说:“还是先搭住吧,不然那窟窿越漏越大,再下几天把椽子都弄糟就更麻烦。”

一伙人冒着雨架起木梯子爬到屋顶,把油布展开,搭在西屋屋脊上,向下伸展,正好盖到两边屋沿儿。

张岩、张正保、李馍头和大仪爹,这几个大人虽然力气大,但爬高上低都比较笨。见此状况,大仪就麻利地爬到屋脊上,一会儿上,一会儿下,递东西,系绳子,身子敏捷,手脚并用。众人都夸大仪功夫好,大仪爹娘笑吟吟看着儿子,目光中充溢着欢喜和满足。

屋内水滴渐慢,勉强算是不漏。

为防止狂风把油布刮跑,他们又用粗绳搭在屋脊上,两头绑上粗木棍坠着,使绳子紧紧压在油布上。一道,两道,总共压上三道绳子,油布的边边角角都紧贴在茅草上,风刮不动,众人才放心。

大仪心里充满感激。他们家和东边笼头家、西边的泥鳅家,三年前下大雨就漏,被子、衣服和粮食都淋得一塌糊涂。雨后,张岩带人给重新提浆上草,修补停当,才维持这三年。

今年又遇大雨,张岩还能想着四邻八舍,让大仪很是感动。在黑孩儿哥大婚前夜,张岩一家如此乐善好施,宅心仁厚,非常人所能比。

张岩、张正保和李馍头三人要去泥鳅家查看,大仪爹和大仪提出要一同去帮忙。张岩看看,就让大仪跟着,让大仪爹在家收拾收拾。大仪没有雨具,张岩就把自己的斗笠和蓑衣让给他,自己打着大黄油伞。

泥鳅家的草屋也是雨水顺墙流。他们就爬高上低,盖上油布,又用绳子和木棍压好。张岩在下面看着大仪蹿上蹿下，忙个不停，心里欢喜，连连夸赞，说长江后浪推前浪，一浪更比一浪强。

在返回的路上，张岩突然想起儿子，就问大仪："大仪贤侄，你见你黑孩儿哥没有？

大仪本想实言相告，但想起张伯行的交代，就摇摇头。

大仪说："黑孩哥没跟我在一块儿，没见他。"

张伯行与大黑几个人出发前，要大仪一定守口如瓶，不要给父母亲说，免得他们挂念不放心。张伯行说他们去查看查看，黑里河没事他们就回来。

李馍头说："明天就该大婚，今儿个不见人，少东家不要出什么意外啊！"

张正保瞪他一眼，说："李馍头你说的什么话？少东家吉人天相，肯定没事，说不定回家就能见到他。"

张岩面色凝重道："回去赶紧找，这个孩子！"

八
代兄娶亲

（一）开封盘鼓有排山倒海之势，惊天动地之威

唢呐吹奏出很长很长的路。娶亲的队伍在平原上蜿蜒。八月是一朵花，坐在古朴的花轿上，从村庄的炊烟里长出，又插进另一个村庄。豫东女人的苦涩岁月，便叫铜唢呐吹得珠光四溅。平原，八月的平原，许多朴素的生命都在这时拔节。

——《娶亲的日子》

“咚咚咵，咵咚咚，咵咚咵咚咵咚咚！”

天刚蒙蒙亮，老君营的大街上就响起震天鼓镲声。村民们知道，仪封宫保府迎亲的队伍来到，纷纷走上街头看热闹。

只见那盘鼓队一行四十人，排成四路纵队，中间两路是鼓，两边两路是镲。领队的在最前面，面向鼓队，退步行进。

四十名鼓手和镲手都是一身黄衣，紧身束腰，黄布裹头，用一根丝带扎着，显得英姿飒爽。领队浓眉大眼，络腮胡子，一身红衣，间或挥舞着令旗。令旗上下左右摆动，鼓声随之强弱起止，轻重疾徐。有时见围观者众多，一时兴起，领队会高高跳起来，或者连翻十多个跟头，口中呐喊，引起众人一片喝彩。

鼓手们将木框扁鼓的背带斜挎在左肩，大盘鼓置于腰前，鼓面向上，双手执双鼓槌击奏。他们一会儿击鼓面，一会儿击鼓边，一会儿击鼓框，一会儿双槌互击，盘鼓声震中天，震耳欲聋。

“老德胜”“头道花”“二道花”“三道花”“羊抵头”“双嘟噜”……四十人

随着令旗的指挥，镲鼓互动，手击打，脚舞动，节奏鲜明，表情热烈，粗犷豪放，震撼人心。远听如惊雷响起，近听如万炮轰鸣，有排山倒海之势、惊天动地之威。

不怪乎人们都喜欢开封盘鼓，说它敲出老百姓对美好生活的无限向往，舞出劳动人民简单朴素的审美情趣。历代皇帝每逢重大节日，都命开封盘鼓进京表演，烘托喜庆，弘扬国威。文人有言："放烟火，烘烘接太微；舞讶鼓，欢声恰似雷。"

从祥符县请来的盘鼓队，没想到竟有这么好的表演机会，没想到竟有这么多懂行的观众。迎亲队伍出发时还是瓢泼大雨，大家伙五更天就起床，穿戴完毕。伙食班李馍头他们备好早餐，盘鼓队吃过饭就披上蓑衣，戴上斗笠，出发赶往老君营。路上走得很慢，顶风冒雨，蹚着水，踩着泥，一步一滑，磕磕绊绊。很多人的鞋都被粘掉，鼓手干脆把鞋子别在腰里赤脚行走。

扛着令旗指挥的领队心想：这一次活儿没接好，英雄无用武之地。这么大的雨怎么表演？你就是再卖力，也没人出来看哪！

鼓队走得无精打采，少气无力。遇见村庄时，鞭炮手燃放鞭炮，他们就漫不经心地敲打一阵子。

哎，谁也没想到，快到老君营时，雨竟然越下越小。走进老君营村子南门，雨住天晴。大家伙都感谢天公作美，都说这对新人有福。领队心中大喜，赶紧选块儿地势比较高、泥水比较少的地方，整队表演。他把大令旗舞动生风，一蹦腰高，口中喝喝有声。队员们也呐喊着，脚下踩着节奏和泥巴，每一个鼓点都敲得力气饱满，韵味十足。他们心里都憋着股劲儿，要敲出他们祥符盘鼓的气势和威风，觉得不能倒自己的旗帜，砸自己的牌子，坏自己的名声。主人给他们那么多的银钱，不卖力敲一阵子，也心里有愧啊。再说，他们也渴望更多的人出门来观看喝彩，期望更多的人能记住他们，期望他们家里有喜事儿的时候去请他们呢！

盘鼓队走在最前面，后面是骑着高头大马的新郎官。

新郎官后面是庞大的迎亲队伍，蓑衣下面都穿着新衣服，满脸是汗，却喜气洋洋。前面是男宾，后面是女宾，张家的远近亲戚，七大妗子八大姨，张岩的知己朋友，都来娶亲迎新。出发前张岩数数，一百零七人，是单数，嫌不吉利，想去掉一个。张正保说："加上我不正好是一百单八将吗？双数，大吉大利，天作之合！”

迎亲队伍后面是一顶喜轿，给新娘王凤仪准备的，还跟着四个人，轮换着抬。喜轿为软衣式，轿框四周罩上红色的轿帏，都是绫罗绸缎裁成。轿帏前面的轿帘上，绣着一个大大的“囍”字，左边是富贵牡丹，右边是丹凤朝阳，后面是金鱼闹荷花。“图必有意，意必吉祥”，织绣工艺也极为精湛，画面丰满而充实，生动而细腻。轿帏的材料与图案的颜色搭配鲜艳而热烈，与婚礼喜庆热闹的气氛相称。

喜轿选材是香樟木，又轻又耐力，有一股幽幽香气。前后轿杆上雕刻着“麒麟送子”“和合二仙”“金龙彩凤”“喜上眉梢”等图案，工艺复杂，有浮雕，有透雕，又佩以贴金、涂银和朱漆等方法，把喜轿装饰得精美华丽，犹如一座黄金造就的佛龛。

花轿里站着一个小男孩，叫作“压轿孩儿”。压轿孩儿本来应该由弟弟张仲行来担任，但哥哥张伯行的缘故，只好让弟弟代哥哥来娶亲，另选张岩弟弟家的小儿子宝儿来当压轿孩儿。宝儿才四岁多，脸胖乎乎的，脑后扎一小辫儿，赤身穿一红裹肚儿，光着脚，胸前挂个小布袋儿，里面装着开封兴盛德的麻辣花生。此时，宝儿正右手掏一粒花生撂嘴里咀嚼，左手撩开轿帘往外看热闹。轿外宝儿妈紧跟着，怕宝儿哭闹不当压轿孩儿，就不停地笑着跟宝儿说话，对宝儿提出的各种要求都满口答应，许诺说下轿就兑现。

喜轿后面是张家送给王家的彩礼，箱子捆扎在两根长木杆上，前后两个人抬着。一口，两口，三口……共十口大箱子。往常男方给女方家送彩礼，都是把箱子装在大车上，套上高骡子大马，威风凛凛地送过去。今日遇见大雨，道路泥泞，怕泥巴粘住车轮不能行走，就改用两人抬箱。十口箱子排成一长队，也很气派。每个箱子都蒙着油布，油布外又盖条红被单，既好看又喜庆，还增加许多神秘感。箱子里装的是什么好东西呢？老君营街上看热闹的人一脸艳羡，又一脸疑惑。你猜我也猜，在以后的日子里，他们白天想，夜里想，愁得头发都白了，把自己见过的、听过的、想过的好东西都说出来凑数，可怎么也装不满那十口大箱子。

这时候，老君营出门看热闹的村民却都指着新郎官大笑不止。代替兄长前来迎亲的张仲行骑在马上，一开始自我感觉挺威风。他把斗笠摘下来，盖在马头上；把蓑衣脱下来，搭在马背上。张仲行露出一身红装，长袍马褂，胸前佩戴大红花，抬头挺胸，满面红光，雄赳赳气昂昂走在大街上，接受两边老君营村民的注目礼。

只是那一身新郎的衣服跟他很不配套。小孩穿大人的衣服，松松垮垮搭在身上，袖子也长，下摆也长，看着很滑稽。大一号的红毡帽随着马行走的簸动，一会儿向左歪，一会儿向右斜，一会儿朝前倾。不小心蒙住双眼，张仲行慌忙抬手把帽子向后推。谁知使劲儿过猛，一下子把红毡帽推掉，落在马背上，又骨碌骨碌掉在地上。张仲行急得都快哭出声了，张正保赶忙捡起来，在身上擦擦泥巴，递给小仲行。小仲行重新戴上，这下也不敢耍威风了，低着头羞红着脸，不好意思再看众人。

旁边老君营的村民可就议论纷纷。

"咦，新郎官怎么是个孩子啊？你看，顶多八九岁。"

"就是啊，不是说是咱仪封的大才子吗？这小孩子能才子到哪里去？神童吗？"

"童养媳，小姐嫁过去做童养媳，说今年是灾年，冲喜的。"

"王家老爷怎么想的？也不怕委屈小姐啊？"

"我说王小姐这几天哭什么，心里委屈啊！"

"委屈什么呀？宫保府是咱仪封县有名的大户，有钱有地，小姐嫁过去不会吃苦。"

"就是，你看人家抬的礼品，一，二、三、四……整整十个大箱子，都是好东西呀！"

"这是什么话？咱王家不是大户吗？老爷准备的嫁妆得五十个人抬。我听说光被子就缝十床，都是绸缎面的，啧啧。"

"你们也是咸吃萝卜淡操心，小点儿怎么啦？迟早会长大。"

"就是，我看新郎官长得怪好看哩，你看，圆头圆脑，方面大耳，一脸福相。"

"王嫂，你看上了？把你家闺女嫁过去做小的吧，嘻嘻。"

"呸！闭嘴吧你！"

（二）弟弟替哥哥去娶亲，老君营的亲家会答应吗

“张伯行不见踪迹！”

“新郎官咋没影儿，快找快找！”

“黑孩儿丢了！黑孩儿丢了！”

四更天，迎亲的队伍在宫保府里聚集好，准备吃饭。

张岩留心看，没见儿子身影，心里不安，亲自去张伯行书房找，书房里空无一人。张岩暗自说不好，忙喊人寻找张伯行。大伙手里拿着白面馒头夹肉，边嚼边四下找，宫保府里到处都是喊声。

可是，东西宅院，前院，中院，后院，花园，客厅，书房，卧室，厨房，旮旮旯旯都寻遍，还是不见张伯行的影子。张岩急得直拍额头，后悔自己昨天大意了，以至于才有今天的窘迫。娶亲的队伍该出发，新郎官却不见踪迹，怎么办？

大家伙儿都说，昨天晚上还见黑孩儿呢。

可是夜里呢？从后进院正厅里出来至今，好像都没见过他。

张岩回想，就是昨天夜里没见到大儿子，心里一直犯嘀咕。在大仪家修房子时，还问大仪见过黑孩儿没有呢，大仪支支吾吾说没见。当时雨下得很大，几个人正忙着给他们几家修房子，没有多想。

再说，张伯行一向成熟稳重，敬重师长，遵守礼节规范。张岩也放心，知道儿子不会做出什么出格的事，不会惹是生非。张伯行痴迷读书，说不定去哪个同学家躲起来读书，要不就是去秦明弼家里请教什么学问。

但是，不见儿子终究不踏实，修完房子，回到府上，张岩与妻子耿小俊说过，耿小俊更加担心：“老爷，你还是问问吧，明天就是咱家大婚之日！”

嘴上硬着说没事没事，张岩心里却更乱。想起大仪说话支支吾吾，语焉不详，似乎有所隐瞒，就起身又去大仪家问，大仪还是那句话：“不知道，老爷，真不知道。”

张岩急得把大仪父母喊起来一起盘问，大仪死不开口，坚持说不知情，只得无奈返回。

张岩想起来，走的时候，大仪还安慰说：“黑孩儿哥能去哪儿呢？肯定在师傅家里背书学习。叔你放心吧，黑孩儿哥没事。”

张岩也是抱着侥幸心理,相信儿子不会出什么事,相信儿子的人品,相信他肯定是去秦明弼家,相信第二天一早就能看见儿子——一个精神抖擞、身着红装的新郎官出现在他面前。

回想大仪昨天夜里说的话,以及他大胆打包票时的表情,张岩越想越觉得更疑:"不行,还得问,大仪肯定知道情况。"

张岩喊大黑去找大仪,张正保说:"老爷,你先坐下歇会儿吧!从起来到现在你就没消停。你先吃饭,我去叫大黑。"

可是,张正保转一圈也没找到大黑,又怕张岩着急,就亲自去大仪家。大仪也不在家,大仪爹娘也不知道他去哪儿了,说昨天半夜里张岩兄弟还来找他问黑孩儿呢,今儿个一早就不见人了。

张正保告诉他们,见到大仪,让他赶紧去宫保府,老爷正找他呢!

张正保刚进宫保府,遇见大黑的爹,劈头就问:"大黑去哪儿了?抬箱子有他一个,马上出发走人。"

大黑爹也着急说:"我也不知道啊张管家,昨天就没见他,浑小子,又欠揍。"

张正保拉着大黑爹去见张岩,耿夫人终于忍耐不住,趴到床上嘤嘤啜泣起来。

"黑孩儿,他现在还不见人,莫不是出了什么意外呀!黑孩儿,我苦命的黑孩儿啊,你要是有个三长两短,为娘我可怎么活啊!"

张正保心里如一口吞二十五只兔子——百爪挠心,说道:"哎,黑孩儿是不是不乐意这门婚事,跑出去逃婚啊?"

"不会不会,咱自己的孩子咱知道。黑孩儿是读书人,尊礼守节。再说,王家那个小闺女儿要德有德,要才有才,要貌有貌,王家也是咱仪封数得着的大户,孩子没什么不乐意的。"张岩一边劝慰夫人,一边思忖片刻道,"我听大黑他们说过,黑孩儿喜欢小闺女儿,小闺女儿也喜欢黑孩儿。他们两个同窗共读,青梅竹马,两情相悦,不会有错。"

张岩说:"我昨天还以为他在秦先生家里,如今看来不是。今天是大婚之日,秦先生肯定会一大早就让他回家。再说,秦先生是小闺女儿他大舅,现在应该在老君营,他是送客的领袖呢!"

耿夫人闻听,又嘤嘤流起泪来。

“老爷放心,吉人自有天相,少爷不会有事。”张正保说,“老爷,你也知道,少爷平素经常与大黑、大仪一起玩耍,现在大黑、大仪都莫名不见。所以,老爷,如果我猜得不错的话,少爷现在应该和大黑、大仪在一起。他们肯定有什么事瞒着老爷,而且还不是什么偷鸡摸狗、为非作歹的事。”

张岩叹息说:“但愿如此吧。”

耿夫人含泪起身,双手合十,默念经文祷告:“菩萨保佑我儿,菩萨保佑……”

正忙乱着,听见外面有人喊:“大仪,大仪!”

众人刚抬头,大仪已经风风火火地闯进来。

大仪没有戴斗笠,也没穿蓑衣,浑身湿透,从上往下淌水,在厅堂里刚立住脚,身下就汇集一摊水。

尽管如此,大仪头上却依然是热气腾腾,如一笼馒头刚蒸熟、猛一掀锅盖的样子。

张岩忙上前询问:“大仪,你去哪儿了啊?到处找你找不到!”

耿夫人也拉住大仪的手,问:“大仪,你见你黑孩儿哥没有?快说快说,你们是在一块儿的,是不是?”

大仪大喘几口气,平息一些,才说:“老爷,我刚去黑里河。”

“黑里河,你去黑里河干什么?”张岩问。

“黑孩哥儿也去了,还有大黑,还有结实,还有其他人,他们都在。”

原来,昨天夜里二更天,张岩从大仪家里刚离开,大仪就瞒着爹娘跑到了黑里河。

连日里天降大雨,黑里河水位上涨,许多地方的堤岸都已告险。张伯行告别父母双亲,从后进院正厅回到房里,无心入睡,就与几个同学商议去黑里河查看。

他们带着许多麻袋和布袋,见哪个地方的堤岸较低,水位快到临界点,就用麻袋、布袋装土扎口,抬到堤岸上,增高加固,一直忙一夜。

到凌晨才想起今天是大婚之日,张伯行想到自己瞒着父母出来,此时家里找不见人,肯定忙翻天。既怕父母担忧,又怕回去父母不让回来,还怕娶不成亲而冷小闺女儿的心,就让大仪跑回来说明情况。

大仪告知张岩和耿夫人,黑里河情况危急,他们不能抽身回家,婚礼照常进行,可让兄弟张仲行代其去娶亲。

耿夫人心疼儿子,又担心儿媳妇娶不进家门,哭涕得更加厉害。

张岩叹息一阵,与大家商议对策,最后都认同张伯行说的方案。事已至此,只好如此,没有比这更好的方法。

大仪与大黑原本要抬彩礼去老君营娶亲,是在名单上的。张岩不放心儿子,就给大仪一身蓑衣、一个斗笠,让他返回黑里河继续帮助张伯行。

大仪说:“我跟黑孩儿哥已经说好,一定要回去,黑里河那边不能离人。”

张岩让张正保安排其他人代替大仪与大黑抬彩礼箱子,一阵鞭炮响,一阵喇叭吹,一阵盘鼓敲,迎亲队伍按时出发。

张岩与耿夫人在宫保府里忐忑着,弟弟替哥哥去娶亲,老君营的亲家公、亲家母会答应吗?

(三)我甘愿嫁进张家守寡一辈子,决不能因此而坏礼法纲常

张岩的担心不是杞人忧天。

果不其然,迎亲的队伍刚到老君营就受到冷遇,看到冷脸冷色,听到冷言冷语,还差点被人家爆揍一顿赶出来。

王家是绵延明清两百多年的名门望族。从前明王廷相出将入相之日一直至今,都是声名显赫,备受世人尊敬。而今,虽然王嗣京身为处士,然王氏家族庞大,亲戚众多,对王凤仪出嫁也是格外重视。照事客带着王系亲眷接到迎亲队伍,满脸堆笑,恭恭敬敬迎进王家。家眷们引宫保府来的女客们进东厢房喝茶嗑瓜子,闲聊天。王凤仪的舅舅秦明弼,她二叔、三叔及众多族人,引张正保、张仲行他们进正房坐桌吃酒席。

厅堂上竖行排列五张八仙桌,桌上简单摆放着一些菜肴。要说简单也不是十分简单,更不简陋。每张桌子上四荤四素四冷四热,八个菜,四副筷子,四个茶杯,四个酒杯,一壶茶是菊花茶,一壶酒是仪封醇。

按仪封的婚嫁礼节,这时候应该是主人坐东边,客人坐西边。该喝酒喝酒,该吃菜吃菜,该喝茶喝茶。但不是大吃大喝,只是象征性吃一点,抿一口,蜻蜓点水,点到为止。

毕竟到男方家才是主战场,到那时才能放开肚皮大口吃肉,放开酒量喝

个痛快。

男方陪客们还要施展各种策略和计谋劝酒，不喝到天黑点灯，那算是不会陪；不让女方送客们喝趴下三五个，那算是陪客们没本事。主家抠门舍不得酒菜，男方这一家，连所在村子也抬不起头，三里五村都笑话你、瞧不起你。

但是今天，宫保府来的男娶客们，却没得到这样待遇。主宾双方刚落座，王凤仪的二叔就看见坐在最里面八仙桌儿正位置，居然是一个八九岁的孩子。而且这孩子还是一身红装，胸佩红花，一身新郎官打扮，陡然色变，站起来手指着局促不安的张仲行问张正保：

“仪封县的？宫保府的？姓张的？这是咋回事啊？嗯？”

张正保赶紧上前解释缘由，没想到王凤仪这个二叔是个火爆脾气，没听完就瞪着眼睛直拍桌子。

“什么？什么？你再说一遍！”

“你把我们老君营看成什么了？”

这人一发火，王家其他族人也有几个站起来，吹胡子瞪眼地发脾气。

“叫个小孩儿来代替娶亲，岂有此理！”

“是不是有啥事瞒着我们哪？那张伯行是不是有病啊？”

“我看这门亲，你们是不想娶了！”

宫保府的人百般劝解，他们就是不听，一时弄得很僵。

秦明弼忙起身对王凤仪的二叔说：“他二叔，诸位亲友，少安毋躁，少安毋躁。此事关乎王家名誉，关乎甥女凤仪的终身大事。咱们不能越俎代庖，擅自做主，还要先找主家商量商量为是。”

众人闻听，感觉有道理，就不再吵闹。

秦明弼就把王凤仪的二叔、三叔，还有王家说话比较算数的几个族人，请出门外，一起到西厢房找王凤仪的父亲王嗣京。又回头安排客厅里的王家人，对张家人要好生招待，不可恶语伤人。

王嗣京知晓情况后，并没有发火，而是沉吟片刻，说：“这事也不算什么。小婿张伯行没亲自来，肯定是事出有因。他是为咱仪封百姓，很值得称道。只是……”

王凤仪的二叔又发起火来：“大哥怎么这么说话？他们宫保府，分明是瞧不起咱家。”

其他人也跟着嚷嚷:“就是啊大哥,这事传出去,会让人家笑话咱王家的。”

其中一个人还说出自己的担忧,这也正是王嗣京刚才想说而没说出口的话。这人说:“为咱仪封百姓是不假,但是如果有意外怎么办?万一他张伯行有个什么三长两短,咱家凤仪怎么办?大哥想过没有?”

王嗣京一时无语。

这时候,秦明弼站起来笑道:“我觉得这个倒是不必担心。咱们守着黄河过日子,都知道这个常识。黄河一决口,受灾的是仪封城的百姓。但是有一个地方的百姓是比较安全的,那就是铜瓦厢。为什么?那里离决口处最近,铜瓦厢的百姓都知道决口处在哪,知道往哪个方向逃难。但是决口越冲越大,下游被冲击的面积也越来越大,所以仪封城中的百姓无处躲避。张伯行他们去查看黑里河,相对安全。就是万一,万一决口,张伯行他们也不会有事。大家都知道,黄河岸边长大的人,水性都好。”

秦明弼缓了缓,又说:“张伯行是我的学生,这孩子我了解,天资聪颖,过目不忘,书艺精湛,才华横溢,诗词文章无一不精。更可贵的是,这孩子质地好,心地善良,智虑忠纯,又正直无私,嫉恶如仇,身在乡野却心忧天下,有经天纬地之才、安邦定国之志。不是老夫夸口,张伯行绝不是在咱这仪封小县久居之人,将来至少也要到省城开封去做大员。说他能去京城做官,给皇上办差,拟写圣旨,天天面君念奏本,也未可知啊!”

秦明弼一番话说得众人不再发难,王嗣京面露喜色,只有王凤仪的二叔嘟囔一句:

“他们派一个小孩子来娶,我就是觉得委屈小侄女……”

秦明弼笑道:“他二叔,就不要再让我姐夫为难。张伯行和小凤仪都是我的学生,我知道,这两个孩子门当户对,郎才女貌,实在是金玉良缘、佳偶天成啊!”

门“咣当”一声被撞开,众人抬头,见王凤仪闯进来。小凤仪一身红装,却一脸泪痕,嘤嘤哭啼。

她二叔看见,两手一摆,说道:“大哥,她大舅,看看,看看,你看看吧!我说小侄女受委屈,你们还不相信,这事不能善罢甘休!”

小凤仪一听,哭得更加厉害,朝着二叔“扑通”跪下去,哭的是满脸潮红,梨花带雨。

二叔慌忙去扶，凤仪不起。他慨然说：“闺女你放心，二叔给你做主，绝不能轻饶张家。”

王凤仪擦干泪痕，说道：“二叔，您误会了。我是求二叔放过他们，不要阻拦侄女的终身大事。”

王凤仪虽是柔弱女子，说话却很坚定，口齿清晰，字正腔圆，毫无忸怩之态。

他二叔很是尴尬：“这，这……”

“二叔，父亲，舅舅，兄长因故不能来，由弟弟代替来娶，此事虽不常见，却是古来有之，无足为奇。再说，张伯行与凤仪之婚事，是经过三媒六聘，换下庚帖的，岂能轻易改动？凤仪自幼受父亲与舅舅教诲，三从四德牢记于心。俗言道：‘嫁鸡随鸡，嫁狗随狗，嫁个扁担抱着走。’这都是凤仪的命，凤仪认这个命。莫要说他张伯行去黑里河护堤没有危险，纵是他有危险，有意外有不测，我也认！我甘愿嫁进张家守寡一辈子，决不能因此而坏礼法纲常。”

东厢房里一片肃静，王嗣京满脸悲戚，却无可奈何。

王凤仪接着说：“再说二叔，人生四大喜，谁人不知，哪个不晓？‘久旱逢甘雨，他乡遇故知。洞房花烛夜，金榜题名时。’张伯行抛下新婚之喜不管不顾而去黑里河抢险救堤，他为了谁？他既是为自己，更是为仪封的黎民百姓。黑里河一旦决口，我们仪封所有的百姓，以及田地、房屋、财产，都会化为乌有，包括他们宫保府，也包括我们老君营。这事我一个女流之辈都能拎得清，父亲、大舅、二叔，咱们王家书香门第，‘忠厚传家久，诗书继世长’。孰轻孰重，孰大孰小，不但应该心如明镜，更应该支持才对啊！外面有很多人都看着我们呢，二叔！”

众人先是无语，迟疑一会儿，又纷纷表态赞成。

秦明弼拊掌道：“好，巾帼不让须眉。小凤仪虽是女子，但胸襟怀抱丝毫不输英武男子，不枉你父和我的多年教诲。”

王嗣京也拈须微笑道：“个人事小，家国事大。小女能有如此见识，为父甚是欣慰。就照你说的办吧！”

二叔也说：“唉，我还不是为侄女，为咱王家声誉嘛！行，我听大哥的。”

王凤仪听过，脸上顿时多云转晴，情不自禁地笑起来，笑得粉面含春，如桃花般娇艳,如杏花般火红。她拭去泪水说:"依小女之见,父亲不但要答应他们,还要在张家娶王家送女儿离家之后,也叫上乡亲一起去黑里河护堤。人多力量大,这样黑里河才会更安全!"

秦明弼笑说:"对啊,凤仪说的对,咱王家也得去人,去的人越多,黑里河就越安全,贵婿也就越安全,哈哈。"

王凤仪一时羞得满脸通红。

"好,好,就这么做。等迎亲的人们走过,闺女出门之后,老夫我就带领村里的青壮劳力赶往黑里河。保护仪封城,保护黑里河,不只是他们张家村宫保府的职责,也是咱老君营的义务。造福百姓,护佑父老乡亲,老夫我责无旁贷,义不容辞!哦,且慢,且慢,"王嗣京拍拍脑袋,"这事还是报告给知县范端为好。一来是事关重大,形势危急;二来是知县出面号召,影响力会更大。众人拾柴火焰高,人多力量大嘛。"

史载:范端,江南如皋人,廪生。由垦田例于康熙六年补仪封令。执政期间,端乃力为厘正,务剂均平。里则分方,田则从里。削逃亡之户,补壮盛之丁。狡黠者不得规避徭役,愚鲁者不至赔累粮差。立法严明,积弊尽剔。阖邑绅士,勒石以垂不朽。后以才能,升山东兖州府黄河同知。

(四)偷吧,今儿个你想偷什么就偷什么

客厅里一片肃静,气氛压抑。

东厢房里的争吵声不时传来,一时高,一时低,一时众,一时寡。

宫保府前来迎亲的人听到都垂头丧气,无精打采,像打败的鹌鹑、斗败的鸡。

王家的陪客有的横眉立目,冷若冰霜;有的年长一些,说话相对客气一些,时不时说些闲话,劝酒劝菜。

但宫保府的人哪里有胃口吃喝啊?肉吃到嘴里是苦的,酒喝进喉咙是涩的。他们不动筷,也不动酒杯,个个如泥塑一样,待在座位上。

张仲行年龄虽小,但也能听懂大人们刚才的吵闹,知道人家不让娶亲,并

且还是因为自己。

想到娶不成亲,哥哥没有媳妇,肯定十分伤心。

小家伙脑袋转来转去,看看这个,看看那个,越看越替哥哥难过,越看越没主意。可他又不敢哭出声,只得忍住悲痛,眼泪在眼眶里打转,一副可怜样。

听见门外脚步声,众人忙抬头,见秦明弼和王凤仪的二叔、三叔等一群人,从东边走过来进客厅,个个脸上和颜悦色、如沐春风。

张正保知道事情有了转机,忙迎上去问:"秦先生,这……"

秦明弼哈哈一笑,招呼众人都坐下,说:"宫保府来的诸位亲朋好友,你们都放心吧!是亲戚就是亲戚,咱张王两家永远是亲戚,喝酒,喝酒。"

秦明弼见众人还在惊愕之中,没有反应过来,就说:"刚才老朽与她二叔、三叔几个人,跟主家商议,主家深明大义,同意娶亲。两个孩子都是好孩子,天作之合,佳偶天成。张伯行不能来,是为咱仪封百姓,是值得称赞的好事。只有圣贤才能做出此等惊人之举,咱们这些做长辈的,应该褒扬,应该支持啊!"

张正保一激动,眼泪差点掉下来,连声说:"好啊,好啊,真为两个孩子高兴。大喜一场,回去跟东家也好交差。"

众人也都喜形于色,兴奋不已。小仲行知道人家答应,也为自己哥哥高兴,依偎在张正保身上直拍手。

张正保打趣说:"少爷,你不能站这儿啊,你得坐主席啊!今天你是这屋子里最大的官——新郎官,哈哈!"

其他人也纷纷笑着说:"是啊,虽然你是假的,但眼前却是真的!新郎官,最大的官。"

"该威风赶紧威风吧,回到家说不定你哥就回来了。到拜天地入洞房,就没你什么事了。"

众人心情大好,愉悦至极。不等陪客劝酒,自己人就喝起来。"滋儿"一口酒,"叭"一口菜,吃得还挺滋润。

一向不善饮酒的张正保也痛饮一口,感觉香喷喷,甜丝丝,火辣辣。二两酒下肚,心里面一高兴,就给大家讲个段子。

"都说'新郎''新娘''洞房',你们知道这三个词儿从哪来的吗?这里面有故事啊!

“说从前有个新家村，村里有个青年人，饱读诗书，聪明过人，长得也帅，人缘也好，名字就叫新朗。新朗勤于耕种，不求功名，年过二十，还没成家。他说他不求做官，只想找一位志趣相投的姑娘相伴终身。登门提亲的人很多，新朗却都看不上，婉言谢绝。

“说离新家村不远处有一条小溪叫‘星溪’，溪畔有一位如花似玉的姑娘，叫‘星娘’，芳龄二八，聪明贤惠。新朗对星娘的聪慧早有耳闻，心里虽生爱慕之情，却苦于无法接近，就在众人的鼓励下，大胆请媒人去提亲。

“星娘对新朗的才华早有耳闻，本想一口答应，但转念又想考考他的真才实学，便对媒人说：‘要我答应这门亲事并不难，只有一个条件。’媒人问：‘什么条件啊姑娘？’星娘说：‘条件不高，准备一间房子就行。但这个房子要：不用门来不用墙，无柱无瓦天上梁。上上下下不见土，四面八方石头墙。’

“媒人说，哪有那样的房子，这不是难为人吗？星娘说，办到就成亲，办不到就死心。媒人没办法，就把这话给新朗捎过去。不料新朗却哈哈大笑说：‘这个容易，明日你带星娘来看房子。’

“第二天，媒人带星娘前来，新朗领他们到屋后向阳的山坡上，指着一个大山洞，说：‘这就是我准备的房子。’

“媒人与星娘进洞一看，一张石床摆中央，罗帐锦被铺满床，无柱无梁，无门无窗，四周都是石墙。

“星娘很满意，说要的就是这个。媒人赞不绝口，直夸新朗聪明。

“新朗与星娘当即就在媒人主持下，在山洞里拜了天地成了亲。从此夫妻恩爱，白头到老，此事被传为佳话。

“因为时间一长，人们传着传着，就把‘新朗’叫成‘新郎’，把‘星娘’叫成‘新娘’。人们结婚的新房叫作‘洞房’。知道了吧，‘新郎’‘新娘’‘洞房’，就是从这里来的。”

秦明弼心里高兴，也喝一大口酒，说道：“民间传说不足为信。其实，‘新郎官’最早指的是新科进士，不是指新女婿。后来逐渐演变，才把它叫作‘新郎官’。刚开始只叫‘新郎’不叫‘官’，‘官’不是谁都能叫的。什么时候把新郎叫作‘官’的呢？是从前朝。当时政府有明文规定，为烘托新婚喜庆的气氛，普通百姓在结婚当天，‘新郎官’可以穿‘九品官’官服。意思是这一天可以不受礼法限制，可以僭越，明朝叫‘摄盛’。就算是遇见县太爷，官轿也得绕道走,这叫‘百日为民,一日为官’。从那以后,新郎后面就加个‘官’字,就叫‘新郎官’。”

众人都夸赞秦明弼有大学问,什么都知道。

张正保心里想着娶亲的正事,又挂念家里面的东家,以及张伯行在河堤上的安危,就对秦明弼抱拳说:“秦先生,我们酒饭已饱,谢谢亲家盛情款待。你看,天已大亮,我们还是即刻登程。东家那边早已布置停当,虚席以待。正午之前必须赶到,诸事宜早不宜迟啊!”

秦明弼说:“好,我去通知女眷,让她们准备一下。”

张正保转身对在座位上摇晃身子的张仲行说:“少爷,我们出发。你看什么东西好看好拿,偷一个回去吧!”

张仲行一愣:“偷东西? 这不好吧!”

张正保说话声音并没压低,大厅里的人都能听到。

王家的人看上看下,装作没听见,张家的人也都嘻嘻笑。

张正保说:“偷吧,想偷什么偷什么。今儿个兴偷东西,你不偷还不吉利呢!”

“是吗? 那我偷。”张仲行很好奇。

“这酒杯偷去吧。”一个人提醒他。

“不要不要,我不叫我哥喝酒。”张仲行神神秘秘地东瞧瞧、西看看,将身后案桌上的一方砚台拿起来。

砚台里还残存一些墨汁。张仲行把墨汁倒在地上,秦明弼让人从外面找块破布擦净,又用红绸包好交于张仲行。

张仲行把它揣进怀里,说:“我哥喜欢读书,喜欢写字。”

(五)王凤仪怜爱地对张仲行说,兄弟,你背得动吗

张正保的媳妇张杨氏带着宫保府的女眷,一起簇拥着张仲行,来到王凤仪的闺房门前。张仲行有些难为情,回头问:“婶儿,真要背?”

张杨氏说:“那是必须的。新媳妇上花轿之前,脚不能沾土,不带走娘家一尘一土。”

另一个女眷嘻嘻笑着说:“你不背,你哥就没媳妇儿。”

张仲行点点头，下定决心似的，说："背就背，我啥都没有，就有劲儿。"

一群张姓男子挤在门前，一边很响地敲门，一边起哄："开门开门，新郎官驾到！"

"不开门就砸了啊，砸坏可不赔啊！"

他们按照婚礼的规矩流程，当真准备破门而入，没想到那贴着大红"囍"的门"吱呀"一声打开了。

一个模样俊俏、身材高挑的丫鬟走出来，双手叉腰半嗔半笑地说："吵什么！吵什么！我家小姐的门是好砸的？谁敢摸这个门一指头，我把他撂到墙外去！"

"挺厉害啊，我就摸一下，你怎么样？"

一个后生涎着脸，当真在门框摸一把。其他人也跟着效仿，纷纷伸手在门框上摸。有调皮一些的，还左手摸过右手摸，手指替换着在门框上按。

那丫鬟两面绯红，杏眼圆睁，伸手攥住起头摸门的那个后生。

只见她手腕往里一带，又往外一推，脚下使个绊子，那后生"蹬蹬蹬"后退十多步，一跤摔倒在泥泞里。

那丫鬟还不解气，追上去两手抓住他一只脚，两腿两臂用力在地上旋转。

那后生被悠起来吓得"哇哇"直叫。

那丫鬟在院子里转上三圈，一松手，"哗啦"把后生丢出一丈多远，倒在一片水洼里。

那后生起来后一身是水，满脸泥巴，十分狼狈。

众人哄然大笑。

"呦，还是个练家啊。我来领教领教！"

又一个张姓男子笑着要伸手，张杨氏一下把他推开，说道："中了吧！中了吧！今儿个是来娶亲的，不是打架切磋武艺的。要切磋武艺改日再说。"

闺房里，一群女眷拍手鼓掌，纷纷为那个丫鬟叫好。

"桃花桃花，好功夫，子路八卦拳没白练。"

"哈，要不是我们家小姐体谅你们，让打开门，光桃花一个人挡着，你们就进不来。"

桃花姑娘满脸自豪，哼声说道："呸，咱家小姐才不体谅他们呢！咱家小姐体谅的是这扇门，体谅的是张伯行张公子！"

张杨氏她们与张仲行进屋,见姑娘们众星捧月般围着王凤仪。坐在床上的王凤仪红衫红裙,双手提着红盖头,脸色白里透红,红里透光,一脸的娇羞。

张仲行看得呆傻一般,喃喃地说:“嫂子,嫂子,你真漂亮!”

一句话说得一屋子人都大笑不已。

那个叫桃花的丫鬟说:“小屁孩儿知道什么是漂亮啊?”

另一个姑娘打趣说:“小屁孩儿长得也不赖嘛! 圆头圆脑,胖乎乎的,赶明儿也给你说个媳妇吧?”

张仲行笑道:“嘿嘿,我不要媳妇,我有哥跟嫂子就中。”

“小屁孩儿还挺会说话呢!”刚才那个桃花姑娘拍他一下,“我问你个事儿。我听说你哥有个好朋友叫,叫什么大仪的,有没有?”

“有啊,大仪哥,他打拳可好可厉害。”张仲行说。

“是吗? 我听说他子路八卦拳打得好。小屁孩儿,你回去跟他捎个信,我要会会他。”

“你? 你不中。我大仪哥打拳数第一,人长得又俊。你可不中!”张仲行一脸不屑。

“那可不一定。不交手,你咋知道不中啊?”桃花姑娘面色绯红,“他长得很俊吗? 那个大仪,多俊? 你说说。”

其他姑娘“扑哧”都笑出声。

一个说:“快说,快说,那个大仪有多俊,桃花姑娘都等得急不可耐。”

“多俊? 多俊?”张仲行挠挠头皮。

“跟你哥比,谁俊?”桃花又问。

“都俊,但又不一样。”张仲行想不出来,干脆不想。他转过身子,背对着王凤仪,蹲下来说:“嫂子,走吧,我背你上花轿。俺哥还在家等着你呢!”

姑娘们都忍不住大笑起来。

其中一人推着他说:“背什么呀背! 你没看看,我家小姐的鞋子还没穿上呢!”

“鞋子嘛,得你自己找,这是规矩!”桃花说。

“鞋子还不好找,肯定在床下。”张仲行转过身,趴在地上向床下看,床沿上垂下来很多姑娘的腿。他一边拨拉一边说:“姐姐们的腿挡住看不见,我怎么找?”

话没说完,果然发现一只鞋子。

张仲行拿起来仔细端详,见是一只绣花鞋,绸子面,小巧玲珑,纤尘不染,下面还垫着一张红纸。

再找另一只,床下却没有见到。

张仲行一脸迷茫,只好起身继续找。

姑娘们看着他,都哧哧地笑:"我家小姐好心,不想难为你,才故意放到床下。下一只就没那么好找啊!"

王凤仪红着脸也笑。

张仲行找来找去,看见桃花姑娘身后有一口箱子,就说:"姐姐,你让让,另一只可能在箱子里。"

桃花姑娘拦住不让,说:"你瞎说什么! 这里面是我家小姐的贴身衣物,翻乱你收拾啊?"

张仲行急切说:"姐姐,让我找找嘛! 我还要急着回去给大仪哥捎信呢。"

其他人又笑。

桃花姑娘脸一红,说:"小屁孩儿,人不大心眼儿不少啊,还知道拿这个跟我讲条件。"

"不过呢。"桃花姑娘又诡谲一笑,"看在大仪的份儿上,看在你哥的份儿上,我提醒你,另一只鞋子不在这箱子里,就在床下。你找吧。"

"我找个遍,没有啊!"张仲行显得很为难。

"你找吧,它就在床下。我说有就有,不骗你。"

张仲行半信半疑,转身蹲下来看床下。

听见身后箱子开合的声音,张仲行知道上当了,忙扭头看。只见桃花姑娘把一只绣花鞋高高悬在他的头顶,一脸坏笑。

一松手,绣花鞋落下来,砸在张仲行头上。

张仲行赶紧接住,抱在怀里,也不再理会桃花姑娘的戏弄,喜滋滋地说:"谢谢姐姐,桃花姐姐。"

张仲行蹲下来,抱住王凤仪的双脚,要给她穿鞋。桃花姑娘拦住说道:"干什么呀? 你懂不懂规矩呀?"

张仲行一愣,看桃花姑娘。

张杨氏笑着说:"现在不能穿,要坐上花轿之后才能穿。"

张仲行“嘿嘿”笑几声,马上转过身背对着王凤仪说:“走吧,嫂子,我背你上花轿。”

王凤仪怜爱地看着他,面如桃花,说:“你背得动吗,兄弟?”

张仲行说:“放心吧嫂子,我背得动。你别看我年龄小,我可有劲儿,天天练子路八卦拳。”

桃花姑娘打趣道:“一看你胖墩墩的,就知道是个饭桶,能吃能睡。”

“那当然,在家我可能吃啦。我最喜欢吃捞面条,再加点醋。”张仲行吸溜一下嘴,“捞面条,打鸡蛋,呼啦呼啦吃三碗。”

桃花姑娘戏谑地接着往下唱:“吃三碗,再添添,肚子撑得像山山。”

众人哈哈大笑。

王凤仪把双膝跪在张仲行的脊背上,双手攀住他的肩膀,身子伏下来轻声说:“兄弟,真是难为你了啊!”

张仲行往手心里吐口唾沫,左右搓搓,反手向后抱住王凤仪的小腿,“嗨”的一声就站起来。

他往前耸耸身子,脚跟站稳,说道:“走吧,嫂子,俺哥在家等着你呢!”

张仲行迈开步子往前走。

为了显示自己有力,张仲行还故意做出小步跑的架势。

到门口时,左脚抬得高高的,轻松迈过。但后面的右脚抬得稍微低了点,脚尖绊在门槛上,弄得他往前“蹬蹬”跑出十多步,差点摔倒在泥水里。

桃花姑娘眼疾手快,几步跑过去扶住他们,嗔怨道:“小心点儿你。摔住你没事,别摔坏我们家小姐。”

张杨氏也上前扶着他们,叮嘱道:“有水有泥,路滑不好走,一定要小心。”

张仲行小心翼翼地在泥水里摸索前行,嘴上还硬道:“没事婶儿,放心吧,我有把握。”

有张杨氏与桃花姑娘一左一右扶着,张仲行走得稳了许多。

走出大院,桃花姑娘叮嘱说:“哎,新郎官的弟弟,可别忘我的事啊。”

张仲行刚“啊”一声,但马上会意,笑着说:“放心吧,姐姐。见到大仪哥,我保证把话捎到。”

之后,他又眨眨眼睛,诡秘地说:“我大仪哥长得可俊啦!对,对,我大仪哥还没有婚配呢!”

桃花姑娘满脸通红，冲张仲行吐口唾沫，说道："小屁孩儿，你懂什么？小心脚下！"

一行人来到轿前，早有人抛起轿帘。

张仲行把王凤仪安置在花轿里坐稳，再次蹲下来，从怀里掏出绣花鞋，吃力地给她穿上。

王凤仪看着张仲行，一脸疼爱地说："兄弟受累了。"

张仲行一边喘粗气，一边擦着额头上的汗珠子，说："不累！嫂子，我不累。"

他笑笑，又说："我哥才累呢！他在黑里河回不来，我就担心，他万一要掉河里，嫂子你可怎么办？"

一句话说得王凤仪满脸忧戚，眼泪都流出来了。

王凤仪说："赶紧出发吧，我也要去看看，委实放心不下。"

桃花姑娘脸色突变，捶着张仲行的背，说道："新婚之喜呢，你说的这是什么话？不吉利，呸呸，小屁孩儿。"

张杨氏也强作笑脸说："大少爷是大富大贵之人。吉人自有天相，肯定不会有事。走吧，起轿起轿！"

（六）既然替他哥哥前来娶亲，就得替他哥哥受罪忍住

唢呐响起，盘鼓敲动，四名轿夫抬起花轿准备出发。

张仲行来到大红马跟前，一手执缰绳，一手执马鞍，正准备认蹬上马，听到身后一阵叫喊声。他回头一看，只见一群人从一户人家里追过来。

"别跑，你给我站住！"

"不能轻饶他！"

十几个半大后生，年龄与他哥张伯行、大仪相仿。他们都脱下长衣，一身紧身打扮。有的手里还拿着棍棒，个个表情狰狞，如凶神恶煞一般，吵嚷着，叫骂着，如饿虎扑食，向张仲行冲过来。

一个半大后生伸手抓住张仲行的衣领子，右手"啪"地就是一耳光。

张仲行又惊又气又奇："你们想干什么？我又没惹你们，我压根就不认识你们，干嘛打我？"

这令张仲行纳闷不已。虽打得并不疼，但感觉脸上黏黏糊糊，还能闻到一股小磨香油的气味。

用手一摸，哇，一手黑。

他们分明手里抹上锅底灰，又掺和香油。

张仲行急火攻心，感到自己受到侮辱，马上做出反击。

他冲过去，左手在那后生面门一晃，右手一拳打出去，正中那人腮帮子。

张仲行经常练武，又胖又壮，本身就有些力气，情急之下奋力出击。这下力量不小，一下子把那半大后生打翻在泥水里。

那半大后生的同伙嘻嘻笑道："嗬，小孩儿还敢还手啦？"

"收拾他，收拾他！"

一群人围着小仲行就动起手来。

有人抓住他的双脚往后猛拉，张仲行就顺势倒在地上，被他们摁住。原来，他们每个人双手都抹上锅底灰，有的还掺和香油、棉油。几个人伸手在张仲行的脸上、脖子上，乱抹乱涂；有的还撩起他的衣服，在他肚皮上狂抹一阵；还有人拿棍棒，一下一下抽打他的腰和肩膀。

"这小孩儿太小太嫩，抹得不过瘾。"

"管他呢，他既然替他哥来，就得替他哥哥受着。"

"不能轻饶他！"

虽然并不很疼，但这让小仲行着实气坏了。

他躺在地上想，自己新郎官的新衣服肯定沾满泥，脏得要死；自己脸上被抹黑，肯定跟包公一样黑，丑得要死。

这个样子还怎么见嫂子，背嫂子啊？

小仲行更生气的是，竟没有一个人来帮他。嫂子家的人不帮吧，情有可原。宫保府和他一起来的，居然也没有一个人出来帮他！

不帮捶儿，哪怕拉拉劝劝也行啊！

没有，一个都没有。

小仲行感受到莫大侮辱，又孤立无援，无助无奈。毕竟是小孩子家，一伤心，泪如泉涌，竟躺地上号啕大哭起来。一边哭还一边两手在泥地上拍，双脚在地上乱弹蹬。

这时候才有人出面劝解。

老君营的人劝:“中了,中了,意思几下就中了。你们没看看,人家小新郎官都哭鼻子了。”

宫保府的人也劝:“够了,够了,乡里乡亲,小兄弟,小兄弟,点到为止,点到为止吧!”

这伙人才放开他,嬉笑着一哄而散。

小仲行起身要追赶他们报仇,被张正保他们拦住,你一言我一语地给他解释。

“少东家,别生气,这都是规矩,都是咱们仪封的规矩。”

“少东家,这叫抹新女婿。新郎官这一天都跑不掉,都得被人家抹几下。吉利,吉利啊!”

“啥吉利呀,就是出出气。你把人家村里的大闺女娶走,还不让人家没娶亲的半大后生出出气呀!哈哈。”

小仲行这才明白,自己被抹黑、挨打是规矩。每个新郎官都得享受这种待遇,只好自认倒霉,破涕为笑。他想找个洼水深的地方,弯腰洗手,把脸上的黑灰洗掉。

张杨氏赶紧跑过来,拉住他说:“不中不中,少东家可不能洗。”

张仲行问:“怎么啦?”

张杨氏说:“在这儿不能洗。要黑一路,到咱家里才能洗。在这儿洗犯忌讳,对新郎官、新娘都不吉利啊!”

小仲行只好罢手。心想,不洗就不洗吧,不能坏规矩,对哥嫂不利。只要哥哥平安无事,只要嫂子能娶到家,只要爹娘一家人都好好的,回家再洗吧。丑点儿也没事儿,委屈点吧!

你们几个小子给我等着,我都记着呢!一个头大脖子粗,一个腰粗像冬瓜,一个瘦得像猴子,一个腿有点儿瘸,一个满脸蒙脸沙,还有一个眼小得跟秫秸篾儿犁一道儿似的。

小仲行恨恨地想,别让我在其他地方碰见,碰见我就不会轻饶你们。要是有一天你们也娶我们仪封县城、娶我们宫保府的姑娘做媳妇,哼哼,看我怎么收拾你们!

九
洞房花烛

(一)北岸和南岸的人们喊起黄河号子,声音响彻辽阔的豫东平原

雨,淅淅沥沥,淅淅沥沥,不猛不烈也不停,就这么不紧不慢折磨你,如钝刀子割肉,不让你死,却让你一下一下地慢疼。

细雨就像无数根从天上垂下的红薯粉条,扯了还有,仿佛永远也扯不完。它黏黏的,粘着你,追着你,围着你,让你走到哪里都摆脱不开,让你愁闷、厌恶乃至绝望。

张伯行一铁锹挖下去,水里冒出一串小水泡,打了个旋儿,漂到脚跟儿消失了。他压上左脚,踩着使劲挖,才感觉挖到土。再使劲踩,让铁锹深吃进去,右手向下压,左手往上托,一努劲儿,半铁锹滴着水的泥巴离开脚下的水面。

虽然戴着斗笠,披着蓑衣,但也不起多大作用。大风刮着,雨还照样淋在身上。蓑衣的叶子好像变软了,粘在身上,雨水从缝隙中钻进去,渗进衣服里。

汗水和着雨水,身上早已湿透。好在不停地干活,再加上年轻身体棒,浑身热气腾腾,也没感觉到冷。只是出身臭汗,黏糊糊的,浑身难受。

皮肤经雨水浸泡之后,似乎更加娇嫩。贴身衣裳变得坚硬,像刀子一样,稍有摩擦,便隐隐作痛。

张伯行感觉大腿根儿处豁豁作痛,似乎磨破皮,钻心疼。手掌先是磨出两个大血泡,再一挨铁锹,血流出来。他只得换成左手式,左手攥把,右手往下托。一铁锹,再一铁锹,半麻袋之后,就把铁锹扎进泥土,背起麻袋,爬上堤坝。

满河床的漩涡，如一头头从笼中刚放出来的猛兽，狰狞着，啸叫着，撕咬着，向东猛窜，惊天动地，气势骇人。

浪花和暗流从不同的方位撞击堤岸。张伯行、大仪、大黑、李结实，还有箩头、粪叉兄弟二人，一群半大小子，从贺村、葡萄架、马店桥一路巡查过来，还算放心。那些河段的堤坝又高又厚又结实，水位离堤坝还有些距离，一两天内应该比较安全，只有个别地方需要修补。有豁口就补上去，窄薄的堤岸得以加宽加固。

走到马店桥往西到白楼一带，形势危急。被洪水冲泡的堤岸，不是这里塌陷六七丈，就是那里脱卸三四丈。这些塌陷之处修好后，别处又塌陷。黑龙潭附近的十三坝以下，又被河水冲垮一丈多。

这时，砖石已被拉光，布袋已经用尽，再也找不到修堵之物。眼看黑里河的河水就要漫城，大家惊慌失措，跪倒在地，哀求天救。可巧，从北边飘来两只料船，上面满载砖石、麦秸等物。

为了把料船拉到河岸，张伯行挑选十余名青年组成敢死队，跳到汹涌的河水内，向远处的料船游去，奋力改变船行方向。两只船终被推拉到河边，塌陷之处也被修复。黑里河转危为安，可好兄弟箩头再也没有回来，汹涌的河水把精疲力竭的勇士席卷而去。

面对远去的兄弟，张伯行伏地痛哭。

这时候，从西边跑来一群人，黑压压的不下一百人，都小步跑着往这里奔。走近了，张伯行才看清楚，是王嗣京带着家人和老君营的乡亲们前来帮忙。他们肩扛铁锹铁锨，身背麻袋布袋，热气腾腾，扑面而来。

张伯行心里感激，不敢怠慢，迎上去纳头便拜，哽咽着说道：

"小婿拜见岳父大人。今日小婿失礼，向岳父大人赔罪！"

王嗣京连忙把张伯行从泥坑里扶起来，疼惜地说："贤婿请起，贤婿请起！今日贤婿在此治河，是为咱仪封的父老乡亲，功在当代，利在千秋。你开个好头，为大家做出表率，何罪之有？不怪不怪。"

王嗣京身后的那些人也都热情地叫起来。有叫"姑父"的，有叫"姑爷"的；有叫"姐夫""妹夫"的，有叫"侄女婿""孙女婿"的。他们异口同声地表示要来帮助治水。

大仪、大黑见来了援军，喜出望外，都迎上去打招呼，亲热异常。

王嗣京说："贤婿，咱们闲言少叙，我带人来，你指挥干吧！你们干这么长时间，应该有些经验。"

张伯行说："如此正好，小婿正在发愁。南岸快要结束，北岸情形与此相似。岳父大人，你们去北岸吧，这里就交给我们。"

有人说："北岸淹不到我们，就不用管。"

张伯行说："我们不能只为宫保府和老君营考虑，河两岸都是咱仪封百姓，手心手背都是肉啊！"

王嗣京十分赞同，就分出十多个人留在南岸，帮助张伯行继续加固堤坝，自己带领八九十人往北岸赶。

张伯行不放心，又过去嘱咐他们一些治河修坝的技术要领，如何挖土装袋，如何压坝踩实。王嗣京见他说得有条有理、有根有据，知道他在实践中总结出诀窍；又见他说话口齿清晰，反应机敏，心里十分欢喜。

雨越下越大，可黑里河两岸的人们干劲更大。大家伙儿一边挖土背土，一边加油鼓劲。北岸和南岸的人们喊起黄河号子，声音响彻辽阔厚重的豫东平原。

张伯行见乡亲们干得热火朝天，场面壮观，心里甚是感动。他抹去额头上的汗水，自言自语道："言不可妄，行不可隳。命不可忽，天不可违！"

（二）新娘子王凤仪由桃花姑娘搀扶着下轿，款款步入宫保府

小"新郎官"张仲行一到宫保府就翻身下马，直奔后花园水井旁，打井水，找皂角，用毛巾洗脸、刷衣服，把脸上、身上的锅底灰和油脂洗干净，把衣服上的泥巴擦掉，才去前院厅堂，准备替哥哥跟嫂子拜天地。

新娘子王凤仪也由桃花姑娘搀扶着下轿，被老君营的女眷们簇拥着，款款步入宫保府。

时近正午，雨又下大了。幸好宫保府早有准备，他们在厅堂外面的院子里，用油布和木桩子搭建出宽敞的喜棚。

油布不透光，下雨天本来就没有日头，厅堂里和喜棚下都非常暗，如同晴天时的傍晚时分。

张岩就命人在厅堂里点上大红蜡烛，在喜棚四周挂满写有"灯笼张"字样

的红灯笼。这下煞是好看，亮如白昼。火红的灯笼和烛光映照着门上的大红“囍”字，映照着一对新人的红装和羞红的脸庞。再加上女人和孩子们的欢笑祝福，显得又热闹又亮堂，在狂风暴雨的冷水世界里，硬是撑出一个喜庆温馨的小天地。

喜棚东南角摆放着两张竹床，上面堆满亲友和街坊邻居们送来的各式小礼品。

虽然张岩早已让张正保声明“只待客，不收礼”，但乡亲们都过意不去，纷纷送来一些“礼轻情意重”的小物品。他们早就盘算好，平日里诸多恩情无法报答，就等着借张伯行大婚这一天表达心意。有送喜幛、喜轴的，上面写着“百年好合”“五世其昌”“天作之合”；有送洗脸盆、木胰子盒的；有送绣花绸缎被面的。家里面实在紧张的，就送一篮红枣、两捧花生、半袋桂圆、几碗莲子，以祝福新人“早生贵子”，图个吉利嘛！

这些东西，宫保府的人顾不上看。这一刻，老婆婆领着小媳妇儿，小媳妇儿拉扯着小孩子，都在仔细察看竹床旁边的嫁妆，也就是刚刚从老君营抬过来的新媳妇儿的嫁妆。

只见琴桌、书桌、八仙桌、几案各一张，还有一台里面塞满棉花的黄花梨立柜，一台里面放着《论语》《金刚经》的楠木书柜，一对楠木多宝格，一对豇豆红瓶，四对樟木箱子，若干对楠木匣子，一座梳妆台，还有衣架、铜盆架和立地穿衣镜各一架。

彩缎衾褥鸳鸯被，八铺八盖。皮、棉、夹、单、纱，四季衣服，一应俱全。两件羊皮旗装，两件银鼠皮旗装，两件灰鼠皮旗装，两件棉旗装，绸夹衣、皮夹衣各两件，还有两件纺绸单衫、两件湖绸单衫、两件麻纱大褂、两件实地纱大褂。衣料就更多，香云纱六匹、织锦缎六匹、云锦六匹、蜀锦六匹。

还有花盆底鞋子、绣花鞋、江绸绫袜、各色针凿和包头手巾。

这些家具和衣服，他们有的见过，有的没见过但听说过。但再往下看，他们便只有瞪眼稀奇、咂舌赞叹的份儿。书籍四箱，文房四宝一箱，他们没见过；还有两口大箱子，里面不知什么东西，抬一抬四角，沉甸甸的，箱盖子盖得严，两把大锁挂着，锁得很结实，听说钥匙挂在新媳妇儿的贴身丫鬟桃花姑娘腰上。

最后还看到一口没锁的箱子，打开一看，里面有十二块瓦。每块瓦上都贴着大红"囍"字,旁边还有包着彩纸的十块土坯。他们议论半天,想象半天,争论半天,也没猜到结果。还是许多天之后,从张正保那儿才打听到,那是房屋和田产。张正保对他们说,一块瓦是一间大瓦房,一块土坯是一顷地产。

新娘子王凤仪在桃花姑娘的搀扶下,来到喜棚下面,站在右侧位置,张仲行站在左侧位置。王凤仪面颊绯红,两眼迷离,恍惚若梦中。她不明白刚才下花轿时,为什么会有一位老妇人指示一个五六岁的小女孩,拉着她的袖子,轻拉三下,一边拉还一边数数"一二三"。小女孩还笑着说:"好了,好了。"

下轿之后,王凤仪看到面前摆着一只木制马鞍子,漆着红漆。那老妇人轻喊:"跨过去,跨过去。"她迈腿跨过。这些礼节她不理解,想问桃花又不便开口,只得等以后再细细地询问!

王凤仪周围是她娘家女眷。她们一边用身体保护着王凤仪不让人近前嬉闹,一边抬眼欣赏喜棚下的布置。她们周围是宫保府的女眷,再往外是来看热闹的妇人、孩子,还有一些调皮的年轻后生。后生们嬉皮笑脸往前挤,故意一推一推地挤扛。宫保府的人也装着站不住脚,半真半假往前倒。若不是老君营女人们的努力抵抗,新娘子还真被挤倒。

宫保府的女眷和仪封城的妇女后生,打量着新娘子王凤仪的红衣红裙红盖头,满脸艳羡,纷纷夸赞。

"呦,看看新媳妇儿齐整嘞,几个庄子都少有。"

"还几个庄子,全仪封县你找找,这么齐整的能有几个?"

"净瞎说,盖着红盖头嘞,你能看见?"

"看身段也能看出来呀!你看那小脚,跟小鲤鱼儿一样,多俊,多好看!"

这一说,把王凤仪羞得赶忙把脚缩进裙子,众人笑得更欢。

"嗨,还用看吗?新媳妇儿打小在咱这儿上学,你没见过?人家打小就齐整,生就的娘娘命!"

"本来就齐整。再用五色棉纱线绞去汗毛,洗了脸,搓了脂,抹了粉,染了口红,你想想齐整不齐整?"

她们都知道新娘子在入洞房之前不能说话,就故意拿话激她,逼她开口。哪怕能让王凤仪抿嘴一笑,她们就算成功,没白费口舌。她们把王凤仪胸前的五粒纽扣说成是"五子登科",把她的脚髁头说成是老寿星,还故意说红盖头盖歪了,前短后长,像个尾巴。

王凤仪知道她们的用意，就忍笑不语。桃花姑娘一边拿眼瞪她们，一边小声劝王凤仪："小姐，别理她们，净不懂装懂，故意激你嘞！"

（三）谨以白头之约，书向鸿笺；好将红叶之盟，载明鸳谱

张仲行与王凤仪在喜棚下站定，一个在左，一个在右。宫保府家族宗亲里的男丁也悉数来到，站在新郎新娘的前面。张氏列祖列宗的牌位也已请出，供在喜棚最前面的一张八仙桌上。牌位前面放一木斗，斗内半斗小麦。作为主香公公，又是族亲的大管家，张正保点上三炷香，作揖后插入斗内，转身肃然站定，长喝一声："行庙见礼，奏乐。"

喜棚外一支唢呐吹起，两支笙也开始鼓奏，节奏舒缓，曲调悠扬。少顷，乐声停息，张正保朗声喊道："跪！"

以张岩为首的宗亲们都跪下，新娘王凤仪也跪下，张仲行跪得稍微慢点，就被桃花姑娘推一把，低声说："小屁孩儿还不跪，懂不懂规矩啊你？"

周围观礼的人越来越多，都敛声屏息着，站得笔直。等着在拜天地时戏闹一番的妇女、后生们，也都紧绷着脸，隐忍着不笑。

张正保唱道："叩首！"

张正保领着宗亲磕个头。

张岩唱："再叩首！"

张岩领着宗亲又磕个头。

张正保唱："三叩首！"

张岩与宗亲们第三次磕头。

张正保唱道："升，平身，复位！"

众人起身肃立。

"拜——升——"，"拜——升——"，"拜——升——"。

张岩与宗亲们跟着张正保的唱念声而拜，而叩首，而起身。

"跪！"

众人再次跪下后，张正保喊道："读祝章，有请媒红大人秦明弼先生。"

秦明弼挤出人群，来到众人面前。只见他红光满面，一身新衣，显得十分精神。秦明弼朝张正保拱手作揖，又朝张岩他们一揖到底，站直身子后，从怀

里掏出一张红纸,展开向周围看看,咳嗽一声,念道:

"张王两姓联姻,一堂缔约;良缘永结,匹配同称。看此日桃花灼灼,宜室宜家;卜他年瓜瓞绵绵,尔昌尔炽。谨以白头之约,书向鸿笺;好将红叶之盟,载明鸳谱。此证。"

秦明弼念完,长舒口气。抬头看众人,目光明亮;作揖稽首后,后退而去。

片刻,张正保也清清喉咙,接着喝道:

"拜——升——","拜——升——","拜——升——"。

众人又三次叩首,三次起身。

桃花姑娘轻挑嘴角嘟哝一句:"一会儿是拜,一会儿是升,怎么那么多礼道?"

新娘子王凤仪知道,这叫"三跪六升拜九叩首",只跟着做就是。马上就是最重要的环节"拜天地",之后就是"入洞房"。她想到真正的新郎却不在身边,张伯行去黑里河查看堤坝,不知道什么时候能回还。王凤仪又害羞,又失落,又思念,又担忧,泪珠子禁不住落下来。

张正保又唱道:"礼毕,众宗亲退班,喜公公、喜婆婆堂前就座。"

众人退出,人群里一片喧闹,人们开始打趣说笑。

"该拜天地啦,快看快看。"

"张嫂准备好没有,一会儿抹他几下。"

"准备好了,早就准备好了,你瞅瞅。"

说话的张嫂伸开双手,其他人见她手上涂满锅灰,黑乎乎的,都嘻嘻哈哈笑着伸出自己的黑手,"你瞅瞅我的","你瞅瞅我的"。

果不其然。喜公公张岩与喜婆婆耿小俊满面红光,神采奕奕。他们俩在堂前太师椅上还没坐稳当呢,就有一个上年纪的婆婆颠着小脚跑过去,笑哈哈地说:"大兄弟,弟妹,马上就该受头啦,你两口子也不打扮打扮。来来来,我给你们打扮一下。"

那婆婆不由分说,伸出黑手就在张岩脸上乱涂乱抹。张岩的红脸马上变成黑脸,众人哈哈大笑。

那婆婆抹过张岩又去抹耿小俊,但手上锅底灰太少,耿小俊脸上不太黑。那婆婆不满意,转身冲人群喊:"你们几个等啥嘞?还不快点,过这个村就没这个店。"

张嫂她们得到鼓励,你看看我,我看看你,“轰”的一下都跑过来,嬉笑着伸出双手朝张岩、耿小俊脸上抹锅灰。

这下场面热闹异常,堂上乱得如同打仗,堂下笑得前仰后合。

刚开始耿小俊害羞,还用手抵挡几下,几个妇女架住她的胳膊说:“老实点儿,嘻嘻,越不老实抹得越狠。”

张岩在一旁笑着劝:“夫人别动,由她们闹吧! 人为刀俎,我为鱼肉。奈何,奈何!”

那婆婆在旁边站着指挥,对张岩说:“少拽文词,今儿个没用。去年抹我,也让你们有今天,哈哈!”

妇女们把张岩脸上、脖子上都抹得一团黑,鼻子、眼都分不出来。对耿小俊下手轻一些,但也费尽心思。一个妇女伸出手指头给耿小俊描眉毛,涂腮红,当然都是黑的。

看看,觉得缺点儿什么,又在她嘴角两边儿划两道小胡子,长长的一直延伸到脖子里。

众人拍手跳脚地笑,都说好看。

新娘子王凤仪羞红着脸,低头忍笑不语。小新郎官张仲行高兴得直拍手,嬉笑着说道:“还是结婚好玩,热闹,热闹,看我娘都变成男的啦!”

旁边的观众笑着说:“抹吧,兴的就是这。越抹越红火,越抹越吉利。”

“我知道,我知道,”张仲行装出老练的样子,“在我嫂子那村我刚被抹过,到家该爹娘挨抹啦。”

又闹一阵,张正保才背着双手走过去,围着她们转一圈,清清喉咙,说:“各位老嫂子大妹子,大弟妹小弟妹,玩够没有啊? 玩够退场吧,该轮到我上场了。”

见还有人意犹未尽,又劝道:“差不多啦,留着劲儿明年接着闹。”

妇女们这才住手,看看狼狈不堪的喜公公喜婆婆,看看众人又看看自己,又不好意思,就低着头咴咴笑着扭着身子跑出去。

(四)王凤仪含笑不语,双手合十作揖后,抬腿屈膝跪下

新娘子王凤仪和小新郎官张仲行站定在堂前,看看堂上太师椅里被打扮得黑丑滑稽的爹娘,强忍笑意,等待着主香公公张正保发号施令。

只听张正保朗声唱道："一拜天地，跪——"

张仲行作揖后抬腿正欲跪下，却被旁边的桃花姑娘拉住。桃花一脚踢开他面前的红双喜垫子，转着一双大眼睛笑道："小屁孩儿，你懂不懂规矩啊，得让新娘子先跪。"

张仲行挠挠后脑门，不解地问道："是吗？那嫂子先跪，嫂子先跪。"

王凤仪含笑不语，双手合十作揖后，就抬腿屈膝跪下。

周围人掩口而笑。

张仲行跪下后，一个妇女忍不住说："小新郎官，你上当啦，谁先跪下谁当家。"

说完，又是一阵笑声。

"一叩首，感谢天作之合，花好月圆！"

"二叩首，感谢地设之美，龙凤呈祥！"

"三叩首，期盼两厢厮守，天长地久！"

"起——"

新郎、新娘磕头之后，随着号令声起身，准备再次下跪。

这次张仲行提前作好准备。主香公公"二拜高堂，跪——"的念唱刚出口，他没有作揖就"扑通"一声跪在当堂，双手还死死摁在身下的喜垫上。

小新郎官这一跪动作很麻利，也很可爱，跪出一片笑声。

众人大笑不已。

王凤仪也跪着抿口而笑。

桃花姑娘"咯咯"笑出声来。她轻推一把张仲行说："已经晚了，小屁孩儿，第二次跪的再早也没用。你哥这辈子就得听我们小姐的，这个家，我们小姐说了算！"

小新郎官气恼地瞪桃花姑娘一眼，恨声说："都怪你，都怪你这个坏桃花朵子。哼，还想让我给大仪哥捎话儿，等着吧你！"

桃花姑娘撇撇嘴，小声回敬："小屁孩儿，不识玩儿。不捎话就不捎话，有我们家小姐呢，谁要你捎话儿。"

主香公公张正保又开始念喝，王凤仪忙使眼色让他们住口。

"一叩首，感谢父母养育之恩天高地厚！"

"二叩首，祝严父福如东海长流水！"

“三叩首,愿慈母寿比南山不老松!”

“起——”

这三个头是磕给喜公公、喜婆婆的,坐在堂上的张岩与耿小俊都乐开了花。

张岩黑脸笑成一朵黑花,嘴巴咧开,很是欣慰。

耿小俊脸上的黑灰却被泪水冲出两道线,露出因百感交集而红润的肌肤。

小儿子张仲行结实可爱;儿媳妇知书达礼,善解人意。她很是满足。

只有大儿子张伯行去黑里河至今未归,这才是最大的遗憾。万一有个三长两短,可怎么给儿媳妇交代?怎么给天上的大小姐交代?耿小俊想到大喜之日不能想这些不吉利的事,忙用衣袖擦拭眼泪。

小新郎官心中有气,头磕得也比较生硬。但小孩子家气来得快,消得也快,三个头磕完他便释然了。他起身回头对桃花姑娘说:“谁当家都一样,我哥是好人,我嫂子也是好人。谁当家都好,都比你桃花朵子好。”

桃花姑娘冲他一乐,小嘴巴张开,红舌半吐,做出个呕吐的动作。

张正保朗声唱道:“夫妻对拜,跪——”

“一叩首,举案齐眉知礼节。”

“二叩首,相敬如宾恩爱长。”

“三叩首,白头到老阖家欢。”

“起——”

“入洞房——”

小新郎官张仲行和新娘王凤仪起身后,马上就有两个小丫鬟拿着中间系有彩球的红绸带跑过来,将红绸带一端递给张仲行,一端递给王凤仪。

小新郎官攥着红绸带又犯愁了,自言自语道:“这拉着嫂子上哪儿啊?”

桃花姑娘扑哧又笑,“呸”一口,说:“上哪儿?入洞房啊小屁孩儿。去你哥住的房间,不是去你住的房间。”

又有两个小丫鬟跑过来,每人手里捧着大红蜡烛,一只上面刻着龙,一只上面雕着凤。

丫鬟说:“走吧,少爷,跟着我们走。”

前面地上,铺着五条麻袋。

小新郎官攥着红绸带走上去,后面跟着盖红盖头的王凤仪。

王凤仪走得太矜持,桃花姑娘在一旁催促说:“小姐走快些,绸带都快绷断,小心脱手啊!”

新郎、新娘前后占四条麻袋。每走一步,后面就余下一条,小丫鬟就把它揭起来铺到前面,边铺边唱。

一个唱:“传宗接代。”

一个唱:“五代面见。”

进入洞房后,小新郎官一下子扑在床上叫苦道:“哎哟,我的娘嘞,累死我啦!”

王凤仪站着不动,盯着自己的脚尖。

这时,张嫂领着喜娘进来。

喜娘也是张氏家族里的儿媳妇,因在妯娌中排行第三,人们都叫她“三嫂”。

三嫂当喜娘还有些不好意思,扭捏地看着张嫂,说道:“我行吗?”

张嫂哈哈笑着说:“三嫂,你不行谁行啊?上面公公婆婆健在,娘家娘娘家爹都好。下面儿女双全,你们两口子身体也都硬朗朗,家里兄弟姊妹们都全活。挑来挑去,就你最合适!”

张嫂又转身对小新郎官喊:“哎哟,小少爷,你怎么趴床上啊?快起来,快起来,喜娘来铺床啦!”

小新郎官只好起身站在一边,让三嫂上前铺床。

说是铺床,其实也是象征性地摸几下。昨天已经铺好的新床,三嫂抻抻床单的两角,把两条新缎面被子拍拍,把两条绣着“鸳鸯戏水”的枕头挪挪,放得更靠中间些。

三嫂干完活,站着还不走。

张嫂推推小新郎官说:“新郎、新娘该给红包啦,快掏快掏。你看喜娘累得满头汗。”

小新郎官看着不解,说:“什么红包?还要红包吗?”

王凤仪已经取出红包交于三嫂。

可三嫂接过还是不动,望着王凤仪一直在笑。

王凤仪又取出个红包给她,她才说:“谢谢大少奶奶!大少奶奶福寿双全,子孙满堂。”

小新郎官这才拍拍脑袋,恍然大悟,忙从怀里取出两个红包,一下子塞给三嫂:“我都忘啦! 爹娘早上给的,说是赏给你的。”

三嫂接过红包,笑逐颜开,把刚才对新娘说的话又说一遍。

张嫂也笑着说:“小少爷就是实诚,红包要一个一个地给。先给一个,喜娘装着嫌少,不肯走,你再给另一个。哈哈!”

小新郎官搔了搔头:“是吗? 我真给忘了。”

新郎、新娘坐在床沿上,男左女右。见丫鬟们都出去,小新郎官赶紧站起来问张嫂:“嫂子嫂子,我也要坐这儿吗? 我能不能出去吃酒席呀? 你看外面他们都在吃啦!”

张嫂说:“你可以出去,给客人们敬酒,新娘子得坐这儿。”

喜娘三嫂又拿起一杆准备好的秤,用秤杆轻轻叩一下新娘额头,又挑去她的红盖头,唱道:“大少奶奶称心如意,请方巾啦!”

张嫂又点燃两根大红蜡烛,说:“按老规矩,花烛不灭,不能上床休息。这花烛买得太大,我给大少奶奶早点儿点上。等大少爷回来,你们就可以花烛之喜。哈哈!”

一番话羞得王凤仪红着脸,低头无语。

小新郎官张仲行这下高兴起来,一蹦一跳跟着她们跑出去。刚到门外,又回头扒着门框对王凤仪说:“嫂子,嫂子,你先委屈些,等我哥回来陪你玩。我去吃酒席了,我去吃酒席了!”

(五)第一杯酒贺新郎,有啥话你被窝里藏,提防有人来听房

老天有眼,天公作美。雨下紧的时候,婚礼也已结束,看热闹的村民们逐渐散去,婚宴正式开始。

张岩早已命人把东厢房、西厢房和前院里的空房间都打扫干净,摆开八仙桌,招待宾客。

喜棚也变成婚宴棚,浩浩荡荡摆放三排八仙桌,每排六七张,乌压压坐满人。

菜肴虽不丰盛,但简单实惠,盘大量足,一口是一口,吃得很过瘾。

酒是“仪封醇”,味道醇厚,口感好,还不上头。

这些人,不论是亲朋好友,还是抬嫁妆、抬花轿的出力汉,都从五更忙活到现在,既累又饿,此刻心情大好。不用人劝,自己大口酒大块肉地吃喝起来。

喜棚北面的正房会客厅比较宽敞,横着摆放着五张八仙桌。

秦明弼被推举坐到主席,正中间桌子的正中间位置,背后是一幅中堂字画。

粗看此画并无特别之处,细看落款让人大吃一惊。“王”字三横短肥,中横最长,竖笔下来转为第三横。“原”字“厂”压“日”,“祁”字的最后一笔不顿。

原来,这是张伯行在开封京古斋一见如故的结拜兄弟王原祁,为庆贺义弟张伯行大婚,专门画的一幅《并蒂花开》。王原祁的山水画让世人熟知,而并蒂莲花鲜为人知,由此可见,两人之间的感情纯真而深厚。

秦明弼左边坐着新郎官张伯行的大舅,右边坐着新娘子王凤仪的二叔。这三个人叫“上三座”,是媒人和主宾双方的至亲长辈代表的专席。他们抬头就能看见门外喜棚下的热闹场景,端菜进门的小伙子盘子里的每道菜,都先入他们的眼睛。

其他宾客都向两边四周排列,亲朋好友满满地坐一屋子。可谓是高朋满座,圣友如云,很气派,也很威风。

“上三座”的对面、背对门口的座位上,坐着两个人。一人乡绅打扮,长袍马褂,瓜皮帽,大辫子垂于脑后背部。一人五大三粗,脸大嘴大手脚大,粗布汗衫半敞着怀,叉腿而坐,赤脚于地。那乡绅是西边毛骨村的,姓李;大汉是本村本姓,外号“张大酒篓”。这两个人是张正保专门请来的“陪客”。

会客厅里还有五六个陪客均匀地分布在宾客中间。他们的任务有三个:一是陪客人聊天说话;二是在菜端来的时候,帮着接菜布菜,再把吃净的菜盘子拿走;三是劝酒。

这第三个任务是最重要,也是他们的价值所在。“喝酒劝酒,不到天黑不能走。”这么多客人,走的时候,要是没几个东倒西歪的,没几个大醉吐酒的,没几个派车派人拉回去的,那算是陪客没本事、没酒量、没嘴才,丢人跌份儿,从此再无人请。

李乡绅见凉菜上齐,便起身向众人抱一下拳,端起一杯酒道:“诸位亲朋好友,你看这客也坐齐,菜够四盘,天也到中午。今儿个是宫保府大少爷的花烛之喜,咱们开始喝吧！入席三杯酒,喜酒,行不行?”

话没说完,一仰脖喝干。见众人都矜持着不动,李乡绅又给自己斟满,笑道:“这样,我喝六个,大家每人三个,行不行?”

“张大酒篓”也站起来喝一杯,喊道:“我喝十个,行不行?这入席三杯酒少不掉。”

两个陪客“嗞儿”一个,“嗞儿”一个,一个连喝六杯,一个连喝十杯。喝完给自己斟满酒,端起酒壶,看着众人,准备给客人斟酒。

众人有的很爽快,也连喝三杯。但有人只喝一杯,也有人一杯不喝。

秦明弼站起来,说道:“诸位,我说两句。在座的都是至亲、至交,没有外人,外人也坐不到这里。今儿个是一对新人的好日子,宫保府张家与老君营王家喜结秦晋。不仅仅是他们两家的喜事,也是咱仪封县的大喜事。这入席三杯酒咱得喝,省不掉。哪怕喝过之后不再喝呢,我先喝!”

秦明弼连喝三杯,那些观望的亲朋见“上三座”的“媒红”都这样,也端杯喝酒,把刚才欠下的一一补上。

李乡绅与“张大酒篓”一边给众人斟酒,一边劝酒。

“一条腿咋走路啊,得喝两个,两全其美嘛。”

“再来一个,喝个‘三桃园’,入席三杯酒,对不对?”

“好。爽快,吃菜吃菜。”

接下来,李乡绅与“张大酒篓”集中力量针对秦明弼。秦明弼则来者不拒,一劝就喝。

按常理他应该矜持些,因为婚宴上灌“媒红”,让“媒红”喝醉是陪客的惯用套路。“媒红”嘛,“媒为橱”嘛,就得能吃能喝。“媒红”既不属于娶客,也不属于送客,孤单一人,势单力薄,帮腔说话的人少,好劝。

在这种场合,“媒红”也往往十分警惕,对每杯酒都再三推让,心里面早想好几十句甚至上百句不喝酒的理由,但最后往往也逃不脱醉酒出丑的宿命。

秦明弼则不然,一劝就喝。一边喝,还一边夸夸甚谈,夸过张伯行夸王凤仪。人逢喜事精神爽嘛,这个“媒红”今天实在是太高兴。

与会客厅里斗智斗勇、唇枪舌剑相比,外面喜棚下和东西厢房里面可就热闹非凡。

尤其是喜棚下,那里有娶客,有送客;有亲戚,有朋友;有帮忙的,有打杂的。可就是没有陪客。你能吃肉尽可以敞开肚皮吃，能喝酒尽可以大杯大杯喝。如果客客气气，斯斯文文，故作矜持，等着人家来劝，那就等着饿肚皮吧，解酒馋也只有回家自己掏钱买酒喝。

所以，喜棚下的客人都没有把自己当外人，甩开腮帮子吃肉，大口大口喝酒。还有两两组合捏着一粒花生来“猜有冇”赌输赢的，也有主动出击找人划拳“来枚”的，众语喧哗，人声鼎沸，饭菜飘香，酒气扑鼻，又热闹又喜庆。

“哥俩好——哥俩好。”

“桃园三——桃园三。”

“四季财——四季财。”

“五魁首——五魁首。”

“六六顺——六六顺。”

“七巧枚——七巧枚。”

“八大仙——八大仙。”

“九枚九——九枚九。”

“满堂关——满堂关。”

小新郎官张仲行最喜欢这个热闹劲儿。他想跟众人一起闹个欢，又怕喝酒喝醉父母责备，就想出个主意。他用一酒壶灌满凉井水，左手拿酒杯，右手拿酒壶，挨桌给人家碰杯敬酒。人家喝用桌上的酒壶倒酒，他则是自斟自饮。张仲行偷着乐，人家喝的是酒，他喝的是水。

有年轻一些的就跟这个假新郎官打趣。

“别喝多酒啊新郎官，晚上还得喝交杯酒嘞，哈哈。”

“他喝交杯酒？到晚上他哥就会回来，他钻在床底下喝露水还差不多。”

“哎，哥几个，咱也不能喝多，喝多了怎么闹洞房啊？怎么给新媳妇儿压床啊？哈哈哈！”

还有一些泼皮无赖的孬货，仗着酒兴，一边跟张仲行碰杯，一边喝。

“第一杯酒贺新郎啊，有啥话你被窝里藏，提防有人来听房。”

“第二杯酒贺新郎啊，房里事情你暗思量，不要别人来帮忙。”

“第三杯酒贺新郎啊，一起倒在大床上，早生贵子状元郎。”

正热闹着，忽听外面一阵喧哗，有人喊：

“大仪回来了，大仪回来了！”

“大少爷回来了,大少爷回来了!”

众人都扭脸往院门方向看,并没有大少爷,只有大仪一个人。只见大仪披蓑衣戴斗笠,淋淋漓漓一身水,急急火火奔进来,喘着粗气,面色苍白,刚到喜棚下就高喊:

“岩叔,岩叔,不好了,不好了!”

“不好了,黑孩儿哥不好了!”

黑里河岸

(一)在危急关头,在关键时刻,他们义无反顾挺身而出

风一阵紧似一阵,雨一拨大过一拨,倾盆大雨从天而降,像银帘倒挂空中。雨滴像密密的蚕丝线网,从天上漫无边际地织到地上;又像天河决个口子,一股脑往下冲,没完没了,无穷无尽。银蛇乱舞,巨雷轰鸣,大雨更加勇猛无敌,威力巨大。似乎只有人间万物都被征服,俯首称臣,才肯罢休。

张岩扛着一捆麻袋走在最前面,脚步匆忙又踉跄。毕竟年纪已大,路面要么是泥泞,要么是水洼,一呲一滑,很不好走。

张正保紧跟在张岩右边,他左手搀扶着张岩,右手拿铁锹当拐杖。

他们身后是秦明弼,走得更狼狈。纵然拄着铁锹也摔倒好几次,斗笠和蓑衣上都沾满泥巴。秦明弼吁吁喘着粗气,仍不肯慢下来。他心里也牵挂着他的学生张伯行,牵挂着事关仪封百姓安危的黑里河。

秦明弼身后是王凤仪的二叔、三叔。他们听大仪说,兄长王嗣京已经率领老君营的人去黑里河抢险,也匆忙前往。

这些人,平平常常,芸芸众生,丝毫看不出有经天纬地之才、能做出气吞山河之举。可在危急关头,在关键时刻,在大是大非面前,他们义无反顾,挺身而出,舍小家,为大家。正是由于一代又一代人的传承,中华民族才历尽劫难而生生不息。

再后面跟着数百名奔赴黑里河抢险的百姓。老君营的送客来了,宫保府的陪客来了,看热闹闹洞房的来了。当然,占大多数的还是仪封城的庄稼汉。

他们肩扛手提各种工具。有的拿铁锹,有的背麻袋;有的扛麦秸草,有的提竹篮子。有的头上顶着一口锅,说是既可挡雨,又能到黑里河装土护堤;有的背着油布、长木棍和粗绳索，准备搭建帐篷，安营扎寨。

李馍头二人用木棍抬着大箱子，用粗麻绳把箱子捆牢，吊在木棍中间。他们后面还有八个人抬着四口大箱子，箱子里装的都是吃喝的食物。一箱子白面馒头，另外三箱子是菜肴，都是从婚宴桌子上撤下来的，还有成坛成坛的"仪封醇"。箱子里面用小块儿油布垫底，各种菜肴混在一起，烧鸡鱼肉、皮冻莲菜、素什锦、芥菜肉、牛肉、猪头肉、拔丝渣饼、四喜丸子、红烧肘子、小酥肉，五味杂陈，香气扑鼻。

仪封人很喜欢吃这种饭菜。婚宴、生孩子"待九天"，把宴席上吃剩下的各种菜肴，素菜、荤菜，酸味、甜味，香味、辣味，热的、凉的，全部混装在一个一个五升大斗盆里，叫做杂烩菜。

各种味道交会掺混在一起，又香又辣，又酸又甜，张岩很喜欢吃，村民们也喜欢。生小儿子张仲行"待九天"，办酒席时，杂烩菜收拾六大斗盆。他让村里人一家来舀走两大碗，自己家里留一斗盆，每顿饭都要吃一碗。

王凤仪和桃花姑娘也走在人群中间。尽管道路泥泞难走，但她们俩毕竟年轻，又常年习武，身体好，走路也不是什么难事。只是把绣花鞋换成又黑又笨重的油鞋，不好看，有失新娘子和大家闺秀的仪态，让桃花姑娘不停地抱怨。她们走在人群中间，既不超越前面的公公张岩，让人看出她一个新娘子的急迫心情，让人笑话；又不肯落在队伍最后，显得她一个娇小姐，柔弱无力，成为大家的累赘。

宫保府几乎全员出动，家里只剩下婆婆耿小俊和张杨氏。按耿小俊的意思，不让王凤仪去黑里河。一个新娘子，大家闺秀，娇小姐，刚结婚成人就去护堤抢险，冒着雨，踏着泥，实在不忍心让她吃苦。耿小俊既怕老君营的人将来指责他们不体恤儿媳，又怕仪封县街坊四邻们笑话。

但王凤仪很有主见，坚持要去。耿小俊一劝她不语，二劝还不语，三番五次地劝，王凤仪抬头看看婆婆，满脸是泪，失声痛哭。

"婆婆你想想，儿媳与黑孩儿自幼青梅竹马，同窗读书，感情甚笃。今日是新婚之喜，洞房花烛，从迎娶背上花轿，到拜堂进入洞房，都是兄弟仲行代替行礼，至今还没见一面。况且，在那里护堤抢险，忍饥挨饿，吃苦受累不说，还十分凶险，儿媳如何坐得安稳？婆婆您想想，公公他们去黑里河，我爹和二叔、三叔他们也早已赶去，却让儿媳待在家里，如坐针毡，儿媳如何安心？"

“可是,你……”耿小俊欲言又止。

泪水把红妆都弄得一塌糊涂,王凤仪毫不在意。她擦干泪珠,肃然说道:“儿媳读书时曾听黑孩儿哥说过,北边不远有一个地方叫黄陵岗,岗上有碑,记的是前朝治河功臣刘大夏,青史留名。婆婆,咱们仪封临近黄河,常遭水患,治河护堤是保护黎民百姓的大事,做好了千古留名,万人称颂。黑孩儿哥他们不畏艰险,顶风冒雨,保护黑里河,是护佑父老乡亲的大事,是光耀门楣的好事。儿媳虽是女流之辈,不能登堤挖泥运土,但送茶送饭、嘘寒问暖总可以吧,况且儿媳……”

王凤仪脸色泛起红晕,马上又正色继续说道:“儿媳已经嫁到张家,已是黑孩儿的妻子。他没有亲自迎娶,必然心里挂念。儿媳此次前去,为夫君奉上酒食,告诉他家中安好,勿为分心牵挂,一心护河修堤,保护仪封百姓,岂不甚好?”

耿小俊说不过王凤仪,就去找张岩。张岩听儿媳大仁大义,很感动,也很无奈,只得准允,安排两个男仆路上照顾她。

王嗣京带着老君营的人赶到河堤后马上投入战斗。帮手多,力量大,精神也振奋,大家又明争暗比,相互较劲,谁也不想落后,干得就更快。他们很快就把黑里河南岸加固完毕,堤岸三麻袋厚,高出河面三尺出头,看着很放心。

张伯行一刻也不敢休息,急忙带人赶到对岸去帮着老丈人王嗣京。

两个多时辰后,黑里河北岸也加高,只是厚度不够,只有两麻袋厚。张伯行不放心,想在外侧再加厚些,但外侧堤坝较陡,不是缓坡,缺土较多。上面加一麻袋,渐次往下就得逐层加宽,到坝底就得加五个麻袋才能驮得住。

老君营的人干得精疲力尽,见工程量较大,就有些情绪,纷纷说不要紧,不要紧,结实着呢。

王嗣京也累得呼呼直喘,往下看看,又往前看看,说道:“贤婿,你看呢?我看着不要紧,一时半刻没问题。我们还是再往前查看查看。如果前方没有大的险情,我们可以回头再加固它。”

张伯行不好意思反驳,只得依从。一二百人分成两队,一队在北岸,一队在南岸,缓缓向东巡查。白楼往东,大堤修得很坚固,又高又厚,顶部高出河面将三尺有余,固若金汤。但走到坝子,感觉让人不踏实,往东河段修得实在不怎么样。坝壁薄,还有渗漏,河面离坝顶不到一尺,河水冲撞堤岸溅起的浪花时不时能越过堤坝,混同着雨水流到堤外。

张伯行往手心里吐口唾沫,大声说道:“干吧,兄弟们!”

北岸王嗣京也大喊一声:“干吧,乡亲们!”

人们二话不说,重新振奋精神,又热火朝天地干起来。有的填土补漏,有的挖土装袋;有的背,有的扛;有的推,有的抬。

张伯行心神不宁,手里忙活着,心里面又忧虑着。他还是对黑里河北岸那一段河堤不放心。果不其然。才干半个时辰,就听见西边传来叫喊声,而且是充满慌乱、惊恐的叫喊声:

“不好了,开口了!”

“快来吧!开口啦!决堤啦!”

张伯行听见喊声,就知道大事不好,肯定是黑里河北岸出事了。他们从那里离开时,王嗣京也不放心,就安排四个家人留守,南岸两个,北岸两个,让他们继续加固堤岸,如有险情及时来报。

张伯行扛起铁锹,背着麻袋就往西跑,边跑边向众人喊:“快快,兄弟们。”

跑出十余步,迎上了来人,那人大喊着“姑爷”,向张伯行叙述情况。果然不出所料,北岸突然决口,一丈多长,两个人堵不住,无计可施,只得报信求救。

张伯行估计,肯定是上游雨水大,水势增大,堤坝又薄,才至如此。他们赶到时,王嗣京也带人赶到。他一身是泥,满脸通红,捶胸顿足道:“都怪老夫疏忽大意,酿成大错。”

张伯行安慰说:“岳父大人不必自责,此必是上游雨量增大,水势迅猛所致,非你我所能预见。”

众人运土堵塞决口,团结一心,众志成城。雨虽大,天虽凉,但人们依然干得热火朝天,毫不懈怠。这时从东边奔来一人,看装扮是衙门里的差役,想必是沿小桥过河寻到这里。

差役问众人谁是王嗣京王员外,王嗣京上前答话:“老朽便是。请问有何吩咐?”

差役说:“知县范大人让小人转告王员外,大雨甚猛,黄河水位上涨,形势堪忧。范大人正在查看黄河,实在无法分身黑里河。望王员外多组织人力与料物,护卫黑里河,造福乡梓。”

王嗣京拱手道："请范大人放心，黑里河有老朽与女婿张伯行守护，保证安然无恙，百姓无虞。"

差役回去交差，众人继续挥汗运土。

张伯行忽然想到，雨越下越大，黄河都有危情，此地决口的可能性甚大。马店以东尚未修补，再往东情况不明，这点人就显得不够。万一几个地段同时告急，顾此失彼，就前功尽弃。

越想越着急，张伯行就找来大仪说："大仪，你快回去搬兵，让我爹他们都来，婚礼停办，主人、客人都来护堤。宫保府、仪封城的青壮劳力都来，要多背麻袋。"

大仪用泥手擦把汗，说道："好，我马上回去。"

桃花姑娘扶着王凤仪跳过一个小泥坑，禁不住抱怨道："都怨那个大仪，好好的正吃酒席呢，都是他搅和的！"

"亏你还是王家出来的人，平日里我白给你讲那么多道理。"王凤仪嗔她一眼，说，"不是他来搅和，说不定到不了天黑，宫保府就被淹了。"

"哎呀小姐，我不也就是说说嘛。"桃花想辩解几句，忽然想起另一件事，眼睛马上就亮，"小姐小姐，我听说那个大仪读书不怎么好。"

王凤仪道："不是不好，是没有张伯行好。不过与读书相比，他还是更喜欢练八卦拳。"

"喜欢练拳就够。"桃花姑娘高兴地大笑起来，"天天读书的人，那都是天上星宿，咱老百姓做不得的。能把子路八卦拳练好就足够吃用。"

王凤仪笑道："快走吧，到黑里河你就能见到大仪。你可以跟他切磋切磋，大仪长得俊，拳打得更俊。"

桃花姑娘满脸通红，又沉下去，恨声道："到时候我得好好教训教训他，一脚把他踢到黑里河里去。"

王凤仪白她一眼："没正经的小妮子，他怎么又惹你啦？"

"谁让他走得那么快啊？我得信儿后就赶紧往外跑，想看看他长什么样儿。谁知道我跑出去，连个背影儿都没捞着。"

(二)几乎同时,豁口两边的十个人也紧跟着跳下去

张岩他们赶到黑里河,已是下午申时。张伯行隔得远远的,也看到他们,但无暇顾及,因为他们正在危急忙乱之时。

雨逐渐小点,但风又大得出奇,冷飕飕的。已是仲秋,天气渐寒。若不是他们手脚不停地劳动,定会冻得瑟瑟发抖。

此时此刻,上游的雨更大更猛,水势汹涌,波涛翻滚。河水如一群穷凶极恶的野兽,啸叫着,跳跃着,向前奔涌。

豁口儿还是没有堵上。张伯行以为三下五除二就能完成,没想到水势太大,流速极快,一麻袋土撂下去根本顶不住,瞬间就被波浪冲得没影。两麻袋,七八麻袋,数十麻袋,依然不行。张岩和秦明弼带着宫保府的人来助阵,也是无计可施,有力使不上。

张伯行急得抱着一麻袋土纵身跳下去。他趁身体没被冲下去之前,迅速把麻袋扔在身前,两手扒住身边堤坝,站稳脚跟,对坝上的大仪他们大喊:“快跳,快跳!”

眼看豁口越冲越大,深度也在增加。豁口底部到堤坝顶部快一人高,越往后拖难度越大。东边还有不少险情没有排除,时间一长将不堪设想。

大仪他们心领神会,纷纷抱着麻袋跳下去。但水势太猛,流水太急,几个人怎能阻挡。其实张伯行大喊的那一瞬间,身体就已经失控,“跳”字刚出口,人已经被波浪给冲下堤坝,其他人也在一声声惊叫声中翻滚着身体。他们呛几口水,咳嗽着,被冲下去很远才站起身子,浑身淋漓着,绕过水流再次爬上来,十分狼狈。

张岩心疼儿子,跺着脚大叫:“怎么能这样?胡闹!”

张伯行瞪圆充血的双眼,大口喘着气,如一头受到挑战的雄狮,低声咆哮着。他从旁边一人背上抢过一麻袋土,抱在怀里还要往下跳。

张岩上前一下子抱住儿子,大叫道:“干什么啊黑孩儿,你不要命啦!”

秦明弼也上前阻拦说:“伯行,不可鲁莽,咱想想办法。”

张伯行依然不听,挣扎着大叫:“什么办法?没办法,只有给它来硬的!”其他人也抱住他不让跳。

张伯行突然灵机一动，问道："爹，你们带粗绳没有？"

"带着呢，干什么？"张岩说完，好像也明白许多，回身对坝下大喊，"把绳子拿过来，快把绳子拿过来。"

堤坝下，不远处几个人正在栽木桩搭油布，建临时帐篷。听见喊声，有人把一捆盘好的绳子送过来。

张伯行接过绳子，又理顺一下，左手攥紧一端绳头，在手腕上绕两圈，右手举起那捆绳子冲豁口对面喊："接住！"

用力一甩，绳子飞向对面。对面人接住就使劲儿往后拉。

张伯行又喊："多下人手，拉紧，不能松！"

张伯行又指派十多个人在这一端攥紧绳子往后拽，豁口两端算是用一根粗绳连接起来。绳子紧绷在激流上面，簌簌直抖。

张伯行又叫来大仪、大黑他们十个人，这些人都是和他一起来的半大孩子。他安排一番，最后大吼一声："敢不敢？"

十个人呐喊着回答："敢！"

张伯行又吼一声："再说一声，敢不敢？"

"敢！"

声音刺破风雨，在阴沉的天空中回荡。十个人跺下脚，拳头攥起，眼睛瞪圆，好像要喷出火来。

张伯行又把父亲张岩和岳父王嗣京叫来，说如此如此。二人点头应允，马上行动。

王嗣京带着老君营的一百多人，到豁口对面去。从坝上到坝下趴满，一个挨一个，连排五队。坝下的人挖土装麻袋，然后手递手，一个接一个往上传送。

张岩带着宫保府的人也依计行事。不一会儿豁口两端就堆起两座小山，每一座都有五六十个麻袋。

张伯行见准备完毕，就抱起一麻袋土想往前冲。这时候张岩过来，对儿子说："黑孩儿，你不能再跳，让我跳。水太凉，你身子骨还嫩着呢。"

张伯行哪里肯听："爹，你说什么呢？你这么大年纪，我怎么能让你跳？"

他把张岩推给旁边的李馍头，说："馍头叔，你们几个看好我爹，千万不能让他跳水。他上了年纪，不经折腾。"

李馍头几人拦住张岩说："放心吧，少爷，老爷没事。"

张岩又气又急,却也无可奈何。

张伯行回身重新抱起麻袋,看着豁口这边的五个人,又看看豁口那边的五个人,大吼一声:“兄弟们,跳!”

张伯行第一个跳进激流。

几乎同时,豁口两边的十个人也紧跟着跳下去。

十一个半大孩子借助跳水的冲力和一麻袋土的重量,迅速稳住身体,并站成一排,正好把豁口堵严实。

河水冲击力很大,他们的身体往后仰着,快要倒下。幸好背后有一根粗绳索拦在他们身后,使他们依靠着绳索,得到片刻喘息的时间。

趁着这宝贵的一刻,豁口两边几十个人开始行动。

他们抓起装土的麻袋,不停投到水中,一个接着一个。

“啪!”“啪!”

麻袋砸在水中,溅起的水花也减缓水流的速度。

张伯行、大黑、大仪他们十一人身前迅速堆成一道矮墙、一道堤坝。

堤坝逐步在增高,慢慢到膝盖,到齐腰高,流水对人的冲力越来越小。十一个半大孩子扔下麻袋,腾出双手整理面前的矮墙,把麻袋码得更严实,更规整。

两边堤坝上的几百人更是手脚不停,挥汗如雨。下面的人挖土装麻袋,一个一个往前传递,最上面的人接过来投掷在水中。

这个办法还真是管用,只半个时辰,豁口竟被堵住,与两边平齐,高出水面一米多。

河水冲撞不动,只好乖乖地顺流而下,沿河槽向东。

人们欢呼雀跃地在麻袋上用力猛踩,跳着脚踩,一边跳还一边咬牙切齿地骂:“狗日的,叫你跑水,叫你跑水!”

这时候,王嗣京跑过来对张伯行说:“贤婿,这一次一定要牢固些,加宽加厚。前车之辙,后车之鉴啊!”

张伯行说道:“岳父指教的是。”

张伯行指挥人再接再厉,从堤坝最底部开始加宽。十麻袋,九麻袋,逐层递减,到顶部还有四麻袋宽。再加上刚才筑的堤坎,六麻袋宽,足够抵御暴雨和洪水。

(三)桃花姑娘端起酒碗“咕咚咕咚”地喝下去

十一个半大孩子从黑里河的堤坝上走下来,步履蹒跚,却充满自信;满脸疲惫,却又心存喜悦。他们面对着堤坝下的父老乡亲,面对着脚下这块厚重的土地,面对着辽阔的豫东平原,问心无愧,能骄傲地抬头挺胸。他们做出件自己脸上光彩,也让乡亲们充满自豪的事情。

王凤仪远远站着,双手捧着一条湿毛巾,眼睛望着走在前面的张伯行。她眼睛紧盯着他,凝望着他,注视着他,一刻都不肯移开。

张伯行抬脚,她的目光就放在他的脚上;张伯行挥手,她的目光就放在他的手上;张伯行打个趔趄,她就心里一惊,口中“哎呀”一声。

但是,等张伯行走近,她却又不好意思地低下头,不敢看他,怕人家笑话。

直到张伯行站在她的跟前,拉住她的手,暖心地叫一声:“凤仪,贤妻。”她才抬起头,满脸羞红,满眼泪水!

泪水中的张伯行,面容与身影模糊不清,但她也能看到他满脸泥巴,满身疲惫。王凤仪忙举起湿毛巾在他脸上轻轻擦拭,柔声说:“看你脏的,脸上都是泥巴。”

张伯行说:“贤妻,真对不起你。今日是我们的大喜之日,我却不能亲自去迎娶,让你受尽委屈。”

一席话让王凤仪更加伤心,泪水如小河汩汩奔涌,怎么也止不住。她想一下子扑进张伯行怀里,痛痛快快哭上几声,但她不敢,她也做不出来。王凤仪只是再次举起毛巾,在张伯行已经擦干净的脸上摩挲,毛巾上的泥巴又重新粘在张伯行脸上,擦哪儿哪儿是泥。

王凤仪擦着擦着不但不哭,忽然又破涕为笑,说道:“别再说话,快去吃饭吧。”

“伯行快来,伯行快来。”

张伯行抬起头,看见他的先生秦明弼和父亲张岩,领着岳父王嗣京正从东边走过来。

秦先生上前一把拉住张伯行的手,说道:“这是你的岳父大人,老泰山,快来拜见,快来拜见。河情危急,又忙又乱,没顾上拜见吧!”

张伯行慌忙向王嗣京双手作揖，口中喊道："岳父大人在上，请再受小婿一拜。"

遂双膝跪在泥水里，"嘭嘭嘭"磕三个响头，刚擦干净的额头上又沾满泥巴。

王嗣京上前扶起张伯行，笑道："贤婿请起！刚才已经拜过，河事紧急，不必拘礼，来来来。"

"贤婿今日做件大好事，光彩事。你为咱仪封百姓，不怕风雨，不顾安危，敢于担当，为仪封县争了光，也为老君营争了光！老夫敬你一碗！"王嗣京转身接过一把酒壶和一只小黑瓷碗，倒上满满一碗酒，递给张伯行说，"你在水中浸泡多时，骨头受凉，喝点酒也暖暖身子，祛祛风湿寒气。"

"多谢岳父大人。"张伯行接过酒碗，一饮而尽。

"来，伯行，为师也敬你一碗。老夫设私塾教学生十余载，你是最给我长脸的学生。不仅学业上最优，德行节操也是高尚纯洁，为师甚是欣慰和骄傲。"秦先生也接过酒壶，给张伯行倒碗酒，说，"伯行啊，你喝完这碗酒，记住为师一句话。今后你不管走到哪儿，做多大的官，都不能忘记咱仪封的父老乡亲，都不能忘记咱穷苦百姓。"

秦先生刚才喝过太多的酒，话语格外稠密。他眼睛盯着自己的得意门生，双眸熠熠放光。

"谢恩师教诲，学生铭记于心。"张伯行一饮而尽。

"哈哈，我一高兴话就啰嗦起来。"秦先生意识到自己话多，指着张岩说："东冈公，该你说说，你是他亲爹！"

东冈公张岩挥手笑道："我们爷俩还说啥？不说也罢。黑孩儿一天一夜没吃饭，赶紧吃饭吧！"

南边不远处，搭起两间油布棚子。四口大箱子抬进去，打开盖儿，馒头和杂烩菜还有些余热。成坛的烧酒也抱出来，倒进小黑碗。酒菜香味飘出来，让人垂涎三尺。

大黑、大仪他们已经坐下来开吃。有的接儿捧雨水洗洗手脸；有的手脸都没洗就"呼噜呼噜"扒两碗菜，又喝起酒来；有人左手一碗菜，右手两个馒头，吃得正香；有人又困又乏，没有食欲，竟躺在地上呼呼大睡。

张伯行也接着雨水洗洗手脸，想在身上擦拭，见身上都是泥巴，就甩甩手。

王凤仪端着一碗熬菜走过来,说道:“在我身上擦吧。”

张伯行尴尬地笑笑,又甩甩手,一屁股坐在泥地里,说道:“不用,不用。”接过碗筷就大吃。

杂烩菜又酸又甜又香又辣,张伯行太饥太饿了,几下子就扒完了。

王凤仪又给他端来一碗熬菜,递个馒头,他才有滋有味地慢慢吃,一边吃饭,还一边端起小黑碗喝酒。

王凤仪心疼地看着他说:“酒就不要再喝,刚才喝的已经不少了。”

张伯行笑笑说:“没事儿,贤妻,今儿我高兴啊!”

话没说完,又一碗酒倒进肚里。

他们右边,桃花姑娘终于找到大仪,一把推他个倒栽葱。

大仪刚吃两碗菜、一个馒头,正心情愉悦地喝酒。突然间被人推倒,酒碗也摔到地上。大仪有点儿蒙,满脸迷惑地问道:“你是谁呀?”

桃花姑娘说:“你看我像谁?”

大仪生气地说:“我看你像这黑里河里的河妖,毛手毛脚的。”

桃花姑娘扑哧笑道:“我不是河妖,我是这黑里河河神的女儿。我叫桃花,你看我像不像?”

“桃花? 哦,我知道知道。”大仪坐稳之后,又倒一碗酒,慢条斯理地说道,“我听黑孩儿哥说过,你是王凤仪,哦,现在是嫂夫人,你是嫂夫人的丫鬟,桃花姑娘。”

“我听说仪封城数你功夫好。”桃花姑娘又推大仪一把,“怎么样,咱俩比试比试,子路八卦拳?”

“你? 这么漂亮的丫鬟,会打拳?”

桃花姑娘站起来,“唰唰”练上几招,又摆个“白鹤亮翅”的架势,问:“怎么样,比试比试?”

“比试就比试。”大仪用手撑地想站起来,但刚站一半又坐下来,笑着说道,“想比试可以,你先把这碗酒喝完。”

“喝就喝。”桃花姑娘端起酒碗“咕咚咕咚”地喝下去。

毕竟第一次喝酒,桃花姑娘被辣得喉咙冒火,咳嗽起来。

桃花姑娘一双秀目迷离着,问:“行不行?”

大仪顿时来了兴致,说:“行啊,桃花姑娘!”

(四)前朝仪封人张卤劝仪封知县抗洪的故事激励着大家

王凤仪感觉她的夫君张伯行酒已喝高。

吃饭之前,张伯行喝上两碗。她父亲王嗣京敬他一碗,老师秦明弼又敬一碗,饭后他又连喝三大碗。

尽管她知道张伯行有点酒量,但一次喝这么多,她还是第一回碰到。

张伯行赶往工地时,脚步已经有些踉跄。他与村民们在河堤上干活时话稠许多,整个河堤上都是他的声音,特别洪亮,透着兴奋,离很远都能听到。

工地从马店河堤转移到葡萄架村河堤,王凤仪与桃花姑娘也跟着一同过去。

张岩和王嗣京让她们两个在临时棚子里稍微歇息片刻,可她们做不到,无论如何都做不到。她们就在河堤旁边站着,远远地,既不妨碍他们,但能看到他们。

王凤仪披着蓑衣,戴着斗笠,桃花姑娘又给她打一把黄油布黄伞。王凤仪看着张伯行在河堤上上下下,桃花姑娘看着大仪不停地挖土运泥。

张伯行确实喝得有点高,一边干活一边不停地讲话,高腔大嗓,既鼓舞干劲,又抒发豪情。

说着说着,张伯行神情凝重,庄严肃穆,一字一句地高声吟诵道:

鸣呼!一歌兮歌已蹙,浪浪涕泪沾巾幅。
鸣呼!二歌兮歌惆怅,忍看道殣鱼腹葬。
鸣呼!三歌兮歌难尽,官亦有苦民谁信。
鸣呼!四歌兮歌愈促,纵使发棠那得粟。
鸣呼!五歌兮歌悲切,眼中泪尽心流血。
鸣呼!六歌兮歌自嗟,邵平且救青门瓜。
鸣呼!七歌兮歌已乱,此时愧杀男儿汉。

大黑把背上的一麻袋土扔到河堤上,铺平,用脚踩几下,连声点头说道:“好诗,好诗!”

李结实说:“别不懂装懂啦,大黑,你肚子里的墨水比我多不多少。从上学到现在,你一碗没喝够。你还好诗呢,你能听懂吗,说好诗?”

大黑白李结实一眼,说:“我虽然不懂意思,但我也知道是好诗。黑孩儿哥吟诵的‘呜呼呜呼’,就是说出咱老百姓的心声。”

李结实说:“你猜的还真有点儿靠谱啊。”

张伯行说:“这首诗你们知道是谁写的吗?”

大黑说:“那还用问,肯定是你写的。”

“此诗着实不是我写的。这是咱前朝后期,仪封县名人、太常寺卿张卤写的《七哀歌》。”张伯行凝重地说道,“张卤序中说:在邑今二者兼临,民更何以堪命,晨昏闾巷哀鸣,痛苦之声予日闻而悲之,亦为作歌七首。”

史载:张卤(1523—1598 年),字召和,号浒东,嘉靖己未进士,开封府仪封县人。先后任婺源、高平知县,因政绩突出拜礼科给事中。后历任太常寺少卿、南京都察院佥都御史,提督操江、浙江巡抚、右都御史、通政司中丞和大理寺卿。因忤张居正,左迁南京太常寺卿,旋乞休归。明万历二十六年(1598 年)病逝于仪封县城。

说起前朝仪封人张卤,张伯行想起张卤劝仪封知县抗洪的故事。

明嘉靖年间,仪封县雷雨交加,十三个昼夜不停。城北的黑里河河水暴涨,水面距护城堤顶数寸,危在旦夕。此时,仪封城内谣言四起,说黑里河河水马上就要开口冲毁县城,闹得城内居民惶惶不可终日,家家户户皆拆屋用梁檩做浮排备用,有的逃到城外以避水患。时任壬知县胆小如鼠,看到这个局面吓得浑身筛糠般,连夜吩咐家丁收拾金银财宝、绸缎细软准备逃窜,恨不得马上离开这个是非之地。

这天拂晓,乌云密布,细雨绵绵,仪封城里城外人心惶惶,城门紧闭,不准进进出出。一会儿,壬知县带着小妾仆女,乘着三辆马车强行打开城门,向荒郊野外疾驰而去。知县悬着的一颗心落下,心里想到,这回终于脱身了。正当他们兴高采烈地要过白楼南地土岗时,前面突然出现两个彪形大汉,站在路中央拦住去路。其中一个大汉喊道:

“站住,此树是我栽,此路是我开,要想从此过,说出缘由来。”

“大胆！何方匪徒？朗朗乾坤，县台脚下，光天化日竟敢拦路抢劫，不知道这是知县大人的车马吗？”家丁蛮横地说道。

“知道，找的就是知县大人。”大汉回道。

“就你们两个？也不撒泡尿照照镜子，你们配不配！”家丁不屑地说。

“他们两个不配，让你家大人下来看看我配不配。”洪亮的话音刚落，张卤从树林里边走出来。

壬知县听到这话，觉得声音有点耳熟。掀开轿帘一看，浑身不禁打起寒战来。他赶快下来，慌里慌张来到张卤面前，“扑通”一声双腿跪下，举起两手求饶道：“下官失礼，下官有罪。下官不知大人在此，请多恕罪，请多恕罪。”

“父母官请起，请起。你有何罪？这么早带着一家老小去干什么啊？”张卤说着，同他绕起弯子来。

“禀御史大人，下官昨天收到家父手书，信上说是家母有恙，特嘱回家探望，不得有误。故下官昨天安排好衙内事务，今天匆匆踏上征程。”知县编着假话，不敢抬头。

“那好，情况既然是这样，我也不能夺你的尽孝之心。请让我拜读一下令尊大人的手书如何？”张卤顺水推舟，穷追猛打问道。

“这……这……这个嘛。”知县吞吞吐吐地拿不出来。

“这个什么？恐怕是拿不来吧！大胆壬某，你十年寒窗，饱读诗书，鱼跃龙门，入列官位，得到重用。当今身为朝廷命官，食着朝廷俸禄，享受荣华富贵。现在仪封县黑里河河水暴涨，大堤险情不断，百姓处在危机之中。你身为知县，本应恪尽职守，临危不惧，泰然处置，率领大家渡过难关，确保百姓平安。但是到全城百姓危难之际，你却擅离职守，带领家小逃之夭夭，抛弃他们。你的所作所为，上对得起国家，下对得起百姓吗？读的圣贤之书都忘完了吗?!”张卤怒斥道。

“下官有错，下官有错，请大人指出一条生路。”壬知县哀求道。

“生路倒有一条，就是立马调转车头，返回县城，迅速组织人员，严守堤坝和城池，确保百姓平安。如若不然，本官进京上奏皇上，轻者让你罢官削职、贬家为民，重者叫你家破人亡、命丧黄泉。你可听明白没有？”

“下官明白，这就往回转，去抗洪救灾，为百姓办事。”

原来，张卤丁忧在家正好期满，欲往京城上任。碰上这么档子事，就为家乡百姓办件好事，同时也拯救知县一命。

壬知县回到县城以后，便亲自上阵。他头戴斗笠，身披蓑衣，率领众人日夜奋战，堵塞城门，昼夜巡查大堤口及洞穴缝隙。几天后，水位下降，县城幸存，民得安生。这是大明立国以来，仪封唯一一次有惊无险保全县城的抗洪胜利。

张卤发现知县在洪水肆虐、百姓安危不保、私下脱岗的情况面前，为什么不把他严惩，反而对其劝善回头呢？这就要从仪封县受灾的情况说起。

明万历十五年（1587 年），仪封县春夏两季无雨，庄稼全部旱死，颗粒无收。到七月初十夜里，黑里河水陡涨，直抵县城，冲毁耕地无数，农民房倒屋塌，居所全无。从明嘉靖十七年（1538 年）到明万历十七年（1589 年）的五十余年间，仪封县连续发生多次旱灾、水灾、蝗灾和瘟疫。农民灾难重重，离家出走，颠沛流离，死伤无数。

严惩知县，于事无补，从张卤所作的《七哀歌》中可以看出端倪。这些感慨表现出张卤面对自然灾害的无奈和忧国忧民的心境，这也正是他劝善的首因之一。

（五）张伯行大婚之日在黑里河抗洪抢险的事迹被记入仪封县志

日渐黄昏，雨下得小一些。坝上坝下，灯火通明。灯笼上面的油布伞，透出些许温馨。

王凤仪感觉有些凉意，抱着肩膀，望着远处的夫君，心疼道：“忙活一天一夜，不累呀？”

大仪一边往坝上走，一边高声说：“黑孩儿哥将来真当大官儿，肯定就像咱们前朝仪封人张卤那样，一心为民。当官儿不为民做主，不如回家卖红薯。”

大黑也跟着说：“对，不当是不当，当就得当个好官、清官、保护子民的官。不能当那赖官、贪官、糊涂官。”

张伯行道：“当好官最难！听秦先生说，好官儿难当！”

大黑哈哈笑道：“有啥难的黑孩儿哥，你放心当官吧！你走到哪儿，我们就跟到哪儿。我们保护着你，我们监督着你。”

众人都哈哈大笑起来。

李结实说道："行，咱就跟着黑孩儿哥干。赶明儿黑孩儿哥当上大官儿，咱就跟着吃香的喝辣的，走到大街上也人五人六，看谁不顺眼就给他一个耳光。"

众人大笑，张伯行却沉下脸说："看你们说的，越说越远！当官不是作威作福，是为了护佑百姓！当官第一条就是要做事公平，以身作则。将来我要真有那一天，你们跟着我一定要遵纪守法，不能作奸犯科。如若不然，我定会严惩不贷，无论远近亲疏，一律平等！"

一句话把李结实噎得不敢吭声。其他人也不敢再言语，只是埋头干活。

次日清晨，大雨停歇，一轮红日从黑里河尽头喷薄而出，黑里河葡萄架段的堤坝上，人们虽在忙活着，但心情却已大好。

这时候，一队人马从西边顺着河堤走过来，看装扮是县衙官差。一个着官袍的中年男子上前问道："请问王嗣京王员外在否？"

老君营的人忙去寻找。

王嗣京从大堤上下来，见是仪封知县范端，忙上前拱手道："小民王嗣京见过范大人。"

范端上前拉住王嗣京的双手，说道："王员外勿要多礼，本县还要给你鞠躬作揖呢！若不是王员外日夜操劳，黑里河危矣！仪封百姓危矣！"

王嗣京说："哪里哪里，这都是老朽的女婿张伯行所为，老朽只是帮忙而已！"

"张伯行？可是宫保府张岩之子，仪封才子，赫赫有名的那个张伯行？"范端问。

王嗣京回答："正是。"

"好，好啊！你们张王两家门当户对，珠联璧合，美好姻缘，可喜可贺。"范端把两个大拇指并在一起道。

"感谢范大人夸奖。"王嗣京道。

"适才本县从马店桥沿河堤走来，见两岸堤坝修葺一新，既高又厚，坚固无比，规则有度，可也是张伯行所为？"

"正是。"这时候张岩、张伯行也赶到。王嗣京就逐一介绍："大人，这是亲家公张岩，这就是小婿张伯行。"

张岩与范端早已认识,拱手施礼道:“宫保府张岩见过范大人。”

张伯行也拱手施礼道:“学生张伯行见过范大人。”

范端哈哈笑起来,紧跑两步,一手拉住张伯行,一手拉住张岩道:“两位老员外,张秀才,本县要好好谢谢你们啊! 自发护河,昼夜奋战,护佑乡里,可仰可敬。本县不但要上报嘉奖,还要把你们的功德懿行载入县志,令世人敬仰,令后人永记!”

张伯行拱手道:“大人万万不可! 济苍生,安社稷,乃我等读书人之本分。与孔孟圣贤比,我等差之远矣。”

“一定要载,一定要载。”范端道,“前朝弘治年间,仪封黄陵岗段黄河决口,百姓遭殃。副都御史刘大夏、太监李兴等人奉旨治河,昼夜奋战,堵塞决口。百姓感其恩德,在小宋黄陵岗立碑建庙,风雨百年,石碑犹存。今日你们护河之功绩,绝不次于刘大夏他们。”

张伯行道:“惭愧惭愧。”

范端问道:“工程进展如何,有无困难?”

张伯行答道:“回范大人。我等从马店桥一路向东巡查,一直到仪封与曹州交界处返回至此,大体上已完工。只这一小段河堤不太放心,就加固一些。现在雨过天晴,彩云北飘,河水无澜,应是安然无恙矣!”

范端挽挽袖袍道:“前两日,本县一直巡查黄河大堤,严防死守铜瓦厢,无暇顾及黑里河。既然这一段还要加固,本县就亲力亲为,为护佑黑里河尽绵薄之力。走,张秀才,张员外,王员外,我们一同前去。”

张伯行阻拦道:“大人不必如此。河段很短,适才说话时村民并未懈怠,此时估计已经完工,大人不必担心。”

“如此,我就不跟你们抢功了,哈哈。”范端笑道。

“回禀大人,适才说到困难,学生倒有一言。”

“哦? 快讲快讲。”

张伯行道:“堤坝已加固,又雨过天晴,黑里河应是无事。只是大雨连绵不断,百姓苦不堪言。有些穷苦人家房屋漏雨,衣服被褥被淋湿,米面发霉,生活困难。更有甚者,有的人家房墙裂缝倒塌,极为危险。大人如有空闲,能否带家君与岳父前去勘察一番,对困难百姓施以援手?”

张岩拱手道:“宫保府张岩愿随大人前往,给百姓施以帮助。”

王嗣京也表示愿意出钱出力。

范端高兴得哈哈大笑，道："甚好，甚好，张秀才说得好。身为知县，如果让仪封百姓无衣无食，流落街头，那就是我失职。走，我们现在就走。能修补的随即修补，房屋倒塌不能修补的，生活困难的，先登记造册，等本县上报开封府，再赈灾放粮。"

时间不长，河堤修葺完毕。人们站在堤坝上，向着头上的红日白云欢呼良久，才走下河堤。

众人把蓑衣脱下来搭在肩上，扛着铁锹，拿着斗笠，跟随仪封县知县范端和张伯行他们，前往各村巡查灾情。

七月流火，九月授衣。

此时此刻，骤雨初歇，阳光妩媚，直到天边无尽处，不曾私照一人家。一轮红日喷薄而出，光芒万丈。阳光照耀着这群疲惫而又兴奋的背影，温暖着他们湿透的衣服，云蒸霞蔚，袅袅上升，在空中汇聚成朵朵白云。白云随着疲惫而安详的黑里河水缓缓向东漂移，每一朵都透射出光的绚烂，每一朵都散发出秋的湛蓝！

第二章

一
青灯黄卷

（一）张伯行的目光穿过仪封古城，穿过黄河故道，穿过辽阔的豫东平原

宫保府正厅东山上那窝鹁鸽，不知怎么这两天打起架来。待仔细察看，原来是那只公鹁鸽这几日不知为何，总是恋着和妻儿一起，不想出门。母鹁鸽于是开始用喙啄击公鹁鸽的脑袋。

王凤仪看到此景，心里闷闷不乐起来。她满脑子都是夫君张伯行的形象。你看，自从两人结婚到如今，数月有余。那个手不释卷的郎君到哪儿去了？原来那个喜欢和三两好友指点江山的张孝先无影无踪，被眼前这位终日相守、形影不离、糖人一样黏人的公子代替。

是的，也难怪王凤仪如此忧虑，实在是张伯行婚前婚后反差太大。所谓物人相通，看到那窝鹁鸽，王凤仪不由得多想一些。她觉得她王凤仪有个天大的责任，那就是一定要让自己的丈夫有所作为。最好是像先祖王廷相那样入朝拜相，实在不行，像舅舅那样做个饱学之士也行。打定主意，王夫人长长呼出一口气，脸上开始浮现出会心的笑容。

春早，晴朗无云，凤仪又被窗外的小鸟吵醒。她欲拿开张伯行紧紧拥揽自己的臂膀，想起来打些洗脸水，谁知他的手臂却愈发搂得紧。

原来，眯着双眼的丈夫，此时正在假寐呢！他还想沉浸于温柔乡里不想出来。王凤仪仔细端详这个从出生就失去亲生母亲的男人，心中充满怜爱。她发誓一定要竭尽全力，让自己的男人不受委屈，哪怕一丁点的委屈，而且还要有所作为。

她不会像那只扑扑棱棱凶相毕露的母鹁鸽,但她也要有她王凤仪自己的处置方式。

于是,她学着在学堂时对张伯行说话的口气,附耳小声道:“师兄,你看日上三竿,晒着屁股啦!”

张伯行依旧没有放松拥揽的手臂,闭着眼睛,还是一番沉浸于幸福之中的样子。这时,王凤仪有些急。也许是急中生智吧,她一下抠住张伯行的腋窝,胳肢起来。这一下,张伯行笑得就差没有窜出被窝,忙不迭地对王凤仪讨饶道:“娘子饶命! 娘子饶命!”

小两口洗漱已毕,连忙一起来到中堂给父母大人问安。

王凤仪对着赖在自己身旁的张伯行说:“相公,你先到书房读书吧,我这边和咱娘帮厨呐!”不由分说,就问起耿小俊来:“娘,围裙在哪儿? 我先把粥煮上”。

耿小俊忙说:“有娘在,有下人们在,你陪伯行去吧!”

“娘,这可不行,我这啥都不会的,以后怎么孝敬您二老。”王凤仪一边说一边钻进厨房,动作麻利地淘起豆子来。

张伯行本想与王凤仪一起到书房去,见此情景,只得闷闷而去。

早春的豫东大地,一派草长莺飞、百鸟和鸣的景象。

按照昨晚王凤仪的提议,这天晌午,张伯行将与王凤仪一起到宫保府南面三里开外的南苑郊游。和夫妻二人一道的还有丫鬟桃花姑娘。大黑、大仪两个大男人自觉跟着无趣,便都各自忙活各自的。

农历三月的天气,春寒料峭。只见王凤仪已改少奶奶平素时的装扮,上身着一件偏开门的红印花薄棉袄,下身着一件浅褐色的裤子,脚蹬一双前窄后宽的平底绣花布鞋,显得贤淑而又干练。

和夫妻俩同行的桃花姑娘,今年年方二八,生得大眼薄唇,一双大脚板上蹿下跳,叽叽喳喳像个林间的小鸟。

再看张伯行也是一身轻衣衫小打扮,却难掩其满身的书生意气。

不到半个时辰,他们就来到南苑。

这个南苑,实质上是由一些高低不平的丘陵组成,南北纵横二里多,大部分都是些荒地,只有边缘接近平原的地方才种有一些大麦等农作物。大的丘陵像个小山包,上边参差不齐地分布着许多果木树,有桃树、杏树、梨树、枣树,还有少许榆树以及荆棘之类。

这时的桃花已到谢期,许多落花就直接跌落到坡下小溪边。这些小溪曲曲弯弯,一段有水,一段无水,分布于丘陵周边。

环视四周,可谓有山有水。既视野开阔,又被层层茂密的植物包围。真是杏花谢过桃花开,蝴蝶远去蜜蜂来。

因为没有庄稼,所以常无人至。

王凤仪说:“真是一个好所在!”

“是啊,是啊!真是一个好玩的地方。你瞧,你瞧,少奶奶,那儿还有只黑脸包公鸟呢!”

桃花姑娘欢快地接住王凤仪的话。

只有张伯行沉默着。

少顷,他大声呼道:“娘子,此处适合读书,适合读书!”

王凤仪答道:“相公真个如此认为,不会一时口快?”

张伯行道:“怎么一时口快?真心如此!”

王凤仪道:“我以为不宜读书。”

张伯行疑道:“如何不宜,又宜什么?”

王凤仪扬眉道:“宜建造书舍!”

张伯行被逗得呵呵大笑起来。

一旁的桃花姑娘也凑起热闹,欢言道:“宜建造书舍,宜建造书舍!”并毛遂自荐地说:“既要建造书舍,应该有个名儿,不如就叫小宫保府如何?”

王凤仪道:“侬以为就叫孝先书舍吧。”

张伯行笑道:“我现今乃不名之人,怎能如此造次?娘子不要说笑。”

言毕,张伯行稍作沉吟道:“就叫‘精舍’吧!你看世间万物纷杂,唯有去伪方可存真,方见其精也,其理一;研读诗书,参悟宇宙,需聚精会神专心致志方可得始终,亦需精为,其理二。故,我起名为‘精舍’如何?”

王凤仪、桃花姑娘鼓掌相庆。

张伯行余兴未已,遂吟起朱熹的《偶感》来:“少年易老学难成,一寸光阴不可轻。未觉池塘春草梦,阶前梧叶已秋声。”

琅琅读书声带着回声在旷野传到很远,很远……

张伯行临窗而立,望着坡下渠边摇摆不定的垂柳,心中不免感慨起来,两个月来的一幕幕又浮现眼前。

你看,那个在灯下执笔画图的人,不是张伯行吗?你看,那个俯身指指点点的女贤,不是王凤仪吗?你看,那个带领众乡亲运砖运瓦的黑面汉,不是大黑吗?你看,那个跑上跑下测量尺度的白面书生,不是大仪吗?你看,那个与人交流程朱理学的老先生,不是恩师秦明弼吗?你看,那个扭着小脚指挥娘子军送水送饭的女人,不是母亲耿小俊吗?你看,那个面带微笑、嘘寒问暖的老员外,不是父亲张岩吗?

他们和自己一样,都是这精舍的建造者;他们和自己一样,都是这南苑的耕耘者;他们可都是为我张伯行掀开书页的贵人啊!

一声清脆的鸟啼,把张伯行从回忆中拉回来。

于是,他决定好生瞧瞧他的书屋,他的精舍!

但见自己所处的书舍坐北朝南,就建于南苑中央最高的一个土山包向阳的地方。

舍分三间。

西边一间为藏书阁,临墙而立的是一层一层的枣木书格;中间地上另摆一案,罗列有各种书籍;案子朝向侧门留有一小角,以供翻阅书籍和临时书写之用。

中堂临北墙横摆一长条几,中间放八仙桌,两边各安一把太师椅。临门有一短腿书案,案两边放置六个木墩,木墩上面均罩着草垫。

东边一间临北墙放有一张窄木床,东墙角垒有一个简易土灶,南窗下放有一躺椅和小型书桌。

室内比室外地面低有一尺见方。如此设计,既节省材料,又达到冬暖夏凉的效果。

走出书舍,但见周边花红柳绿,鸟语起伏。坡上百花烂漫,坡下渠水淙淙。远处有黑里河、有黄河的波澜壮阔,它们与脚下的小渠血脉相连,绵延不绝……

“问渠那得清如许,为有源头活水来。”张伯行面对精舍旁的渠水,不觉张口吟道。

恰好这时王凤仪从舍内走出,击掌道:“相公所言甚是!想那朱子初创理学之时，定也有攻克不动的颓势，这首诗想必就是当时参悟所得。”

张伯行点头道：“娘子所言有理！”

稍作思忖，张伯行又言道：“朱熹十九岁考中进士，曾任江西南康知军、福建漳州知府、浙东巡抚，做官清正有为，振举书院建设。后官拜焕章阁侍制兼侍讲，为宋宁宗皇帝讲学。

“朱熹著述甚多，计一百四十卷。有《四书章句集注》《太极图说解》《通书解说》《周易读本》《楚辞集注》，后人辑有《朱子大全》《朱子集语象》等。其中《四书章句集注》成为钦定的教科书和科举考试的标准。

“他在哲学、文学、教育等方面均有建树，特别是注重建造书院，是我等以后所必学。”

王凤仪点头称是，良久说道：“我见相公观看这舍前小渠已有多次，难道已有所悟？不妨说与为妻听听。”

“我观人间如此小渠，纵有千条万条，但均要入大江大河，最终汇入大海，所谓‘百川入海’。”张伯行皱眉叹气道，“我今日状况正如眼前之小渠，水无三尺深，浪无二寸高，藏不住鱼龙，掀不起波澜。想我探究理学，尚比不得如此小渠，更不知上游下游。有心向外求学，又叹人生苦短，不舍与娘子分离。”

王凤仪默然听着，竟然动情起来，两眼婆娑，咽喉竟有些哽咽，一时说不出话来。却又害怕张伯行看见，忙一边垂头一边拨弄起发簪来。

末了，她暗暗咬咬牙道：“相公尚能背诵《乐羊之妻》否？”

张伯行道：“想我几年不看，依然背不动。”

王凤仪道：“为妻的背与你听，看看可有谬误。”

张伯行一时兴起，击掌道：“娘子快快背与我听。”

就见凤仪理理发髻，正色吟诵起来：

河南乐羊子之妻者，不知何氏之女也。

羊子尝行路，得遗金一饼，还以与妻。妻曰：“妾闻志士不饮‘盗泉’之水，廉者不受嗟来之食，况拾遗求利，以污其行乎！”羊子大惭，乃捐金于野，而远寻师学。

一年来归，妻跪问其故，羊子曰：“久行怀思，无它异也。”妻乃引刀趋机而言曰：“此织生自蚕茧，成于机杼。一丝而累，以至于寸；累寸不已，遂成丈匹。今若断斯织也，则捐失成功，稽废时日。夫子积学，当‘日知其所亡’，以就懿德；若中道而归，何异断斯织乎？”羊子感其言，复还终业，遂七年不返。

……

张伯行若有所思，抬头遥望天际，他的视线穿过仪封古城，穿过黄河故道，穿过辽阔的豫东平原……

（二）那位手不释卷的青年才俊，俨然有些隆中居士的模样

花开花落，寒暑易节。

一晃两年过去，在南苑精舍书屋，那位整日书声琅琅、手不释卷的青年才俊，俨然有些隆中居士的模样。

你看他，早把那些科考的基础科目烂熟于心，像《诗》《书》《礼》《易》《春秋》……就连恩师秦明弼的藏书，也早被他搜罗一空。

其间，他少有外出，一心向学。即便大雪纷飞的日子，他也不离寸步。

隔些时日，王凤仪担心他的寝食冷暖，便与桃花姑娘一道前来看他，有时也小住两日。来时专门带来些张伯行爱吃的小吃，王凤仪看着张伯行啃着亲手做的豆渣面团团，就着仪封豆腐乳，甭提有多高兴。

有一次，王凤仪把张正保从杞县买来的红薯泥，拿给张伯行吃。张伯行直呼：“美哉，美哉！”

却说这杞县的红薯泥，乃河南开封传统小吃，是一道久负盛名的河南名菜。炒红薯泥主料选用红薯、白糖、山楂、玫瑰花、桂花、青红丝等原料，兑入花生油或香油烹饪而成。红薯泥营养丰富，味道甘甜，爽口开胃，色泽鲜艳，甜香可口。红薯泥还称“三不沾菜”，即不沾盘子、不沾筷子、不沾嘴。难怪张伯行如此叫好！

想那王凤仪也是两难。她本想终日相守，可一来怕公婆担心，二来怕影响张伯行，所以每次都不敢长住。

更难为大黑两头跑着。有时下雨下雪，大黑便笨手笨脚地在精舍随便做些吃的。晚间，害怕影响张伯行读书，他便在精舍东山墙搭的庵内歇息。

大仪也时不时地帮着捎来些木炭、粮油之类。

即便如此,张伯行也不许家人随便过来。他常诵孟子的名句来激励自己:“舜发于畎亩之中,傅说举于版筑之间,胶鬲举于鱼盐之中,管夷吾举于士,孙叔敖举于海,百里奚举于市。故天将降大任于斯人也,必先苦其心志,劳其筋骨,饿其体肤,空乏其身,行拂乱其所为。所以,动心忍性,曾益其所不能。……”

也许是寂静可使人参悟吧!近些时日,张伯行总是站在精舍所在的高坡之上,静静地看风云际会,看日落日出;看游鱼出巡,看百鸟归林;也看田间耕耘的农人和袅袅升起的炊烟。

他已经开始思考这个世界,开始思考这个所处的环境。越是思考,越是难解;越是难解,越想找师解惑。

可现如今,能找谁呢?恩师秦明弼早已声言教不了他,说自己最多只能算个启蒙老师。为今之计如何是好呢?想到此,张伯行不免皱起眉来。

过年以来,他的这种感觉越发显得迫切。这不,昨天王凤仪来看他,他少不得一番慨叹。脑瓜儿机灵的王凤仪说:“相公,你不如先借些书看看,兴许有些启发。”

于是,三朋四友的按他开列的书目到处寻找,三册四本的倒也找到一些。像大仪给他找的这个手抄本《包龙图》,就让他不忍释卷。包拯那廉洁公正、立朝刚毅、不附权贵、铁面无私,且英明决断、敢于替百姓伸冤的正面形象,让他惊叹不已,也为他日后破解疑案和梳理繁杂政务打下坚实基础。接下来的还有《史记》《资治通鉴》,甚至有本《水经注》。

后来,他听恩师秦明弼说,有名曰“名学”和“理学”之类的书,能让人豁然开朗。于是,他又让亲友去开封的诗云书社购买寻找。

一日上午,张伯行在藏书阁翻到一本《刘禹锡全集》。当读到《陋室铭》时,感觉很有共鸣,不觉高声朗诵起来:

山不在高,有仙则名。水不在深,有龙则灵。斯是陋室,惟吾德馨。苔痕上阶绿,草色入帘青。谈笑有鸿儒,往来无白丁。可以调素琴,阅金经。无丝竹之乱耳,无案牍之劳形。南阳诸葛庐,西蜀子云亭。孔子云:“何陋之有?”

当读到"谈笑有鸿儒"时,突听有人瓮声瓮气地接上一句"往来无白丁",着实把张伯行吓了一跳。

张伯行心想,漫野之地,何人来此?

正要问时,只听来人又说道:敢问这里可是张公子的精舍吗?

张伯行赶紧撂下书籍,出屋来寻。只见门口站立两人,正在"嗤嗤"发笑。

待仔细看时,原来是夫人王凤仪和丫鬟桃花姑娘前来看望他。

王凤仪心疼张伯行,想让他放松一下。一时兴起,便扮起男声。见张伯行出来,心里有些好笑,又有些担心,忙转移话题道:"桃花,请给少爷上菜。"

说着,从桃花姑娘手里拿过食盒放到桌上。

打开食盒,里面竟有张伯行爱吃的干豆角猪肉炖粉条,还有酱豆腐干拌大葱,外加仪封炒花生和咸鸭蛋。张伯行馋水顿生,直呼:"谢过娘子!谢过娘子!"

桃花姑娘眼色了得,忙道:"少奶奶,你陪少爷进餐吧!"然后,知趣地到东边灶间去烧水,只留下小夫妻二人一起叙谈。

接下来,小夫妻少不得一番"隆中之对"。

王凤仪问:"相公可知封人见孔子否?"

张伯行答:"知道一二。"

王凤仪问:"其理何在?"

张伯行答:"其理尊师重学。"

王凤仪又问:"尚还有他否?"

张伯行不语。

王凤仪道:"妻说与相公。昔时,孔子周游列国,外示人师,实则为学。其游天下,实为学天下。相公需学之,当出行。"

又言道:"妻适才听相公诵《陋室铭》,也当聚客。"

王凤仪话语不多,却掷地有声。

张伯行心有触动,沉默良久。

人间最美四月天。

一日上午,张伯行决定到外面院子里,一边朗读诗书,一边晒晒太阳。

刚坐定不久,就听见有人轻叩柴门。

打开门来，只见面前站立一人。来人是一书生打扮的年轻人，身高七尺，面白目炯，一边施礼一边问道："敢问您是孝先仁兄吗？"

张伯行忙答道："在下便是。请问足下您是？"

"小弟也姓张，是戴工的师弟。"一句话点醒梦中人。

看来，他们夫妻二人托付表兄联系，准备到老韩陵兰阳书院求学的事已有眉目。

又是一个圆润中秋！月亮是圆的，月饼是圆的，柿子是圆的，石榴是圆的，连亲情也是圆的！

在这圆润的氛围之中，张伯行明天就要前往老韩陵兰阳书院求学，他要实现他人生的梦想。那里有他的表伯傅尧仙、表叔傅岂凡、表兄戴工、表侄匡山。他张伯行将要与他们会合在一起，开始画出人生一个大大的圆！

（三）辽阔而厚重的豫东平原，到处是一幅如诗如画的景象

耧在墒情很好的土地上，匆忙地行走。牵着毛驴，你在麦田里砘地。驴很温顺地在你身边，拉着砘子儿。你一手牵着缰绳，一手抓把黑油油的泥土，随口哼起豫东小调。眼前，辽阔的平原上，男人耩地，女人帮耧，三三两两地在田野来回奔走。老牛偶尔练练嗓子，悦耳的声音在平原回荡。

你随手拽两棵霜打的红薯秧，递给毛驴。驴感激地舔舔你的手背，又加快了步伐。背后，刚耩过的土地上，麦粒正踏实地躺进泥里，等待雪季来临。

——《牵着毛驴在麦田砘地》

终于，张伯行坐上大黑执鞭的马车。

辽阔而厚重的豫东平原，到处是一幅如诗如画的景象。此时的张伯行，思绪万千，他想起很多很多。

是的，有一句话叫"大爱无言"，他忘不了，前一天晚上吃饭，爹爹张岩什么都不说，只是一个劲地夹菜；他忘不了，母亲耿小俊打开包裹看了一遍又一遍；他忘不了，贤妻王凤仪与他彻夜相拥不肯分开……

他知道，此行虽不是前去受苦，但他张伯行已有前去受苦的打算。

颠簸之间，他的左手触到爱妻打的包裹，里面备着他换洗的衣裳；右手边是母亲给他打的包裹，里面有她爱吃的糖蒜、咸鸭蛋。他摸着摸着，不禁满眼泪花。

这时，一只鹞子从斜岔里飞出直插云天。大黑正赶车前行，这时执鞭指道："少爷，你看那只鹞子，那么大还飞那么快！"

"嗨，那边还有一只！"大黑又大声嚷道。

张伯行看看这两只穿云的鹞子，似乎没有听到大黑的声音，对着天空凝神沉思起来。他感到其中一只鹞子就是他自己，它也许就是从宫保府的那棵老槐树上起飞的，也许就是从南苑精舍上的陡坡上起飞的，前进之路，一定有风雨云电，有层层险关。但是，它依然选择扶摇直上，逆风而行！

半天工夫，他们终于来到兰阳书院的所在地老韩陵，表兄戴工早带一行人在路口等候。

少不得各自拱手相揖，自有一番相见的欢愉。然后，由戴工带着，直奔村西的兰阳书院。

但见这兰阳书院，门首一排三间，东边一间门朝里作厨房之用，西边一间门朝里为杂物间。只留中间为大门，门首题有四个大字："兰阳书院"，颇有些摩崖刻石风格，朴拙险峻，舒畅流丽。

这兰阳书院名为书院，实则是表伯傅尧仙自家两套庭院组成。南院三间正堂，西边一间为表伯傅尧仙寝室，中间为客厅，东边为藏书阁，并设有读书写字案台。院内东、西厢房各两间，东厢房两间为教习之所，名曰"文修堂"；西厢房两间为大家就寝之所，各配床铺四张。书院之内，不设厕所，厕所在西墙根外，紧挨一片桑林。欲如厕需穿过西厢房南山墙边的小侧门方可。书院斋舍均为青砖铺地，白灰抹墙，整洁美观。乡人曾感慨道："其才济济，其来于于。"

后院是二层老式青砖小楼。据表兄戴工说，此处原是表伯傅尧仙少时读书之所。也许是不想走进过去时光，落第之后的表伯，再没有踏进此楼。大概是此中缘由，他所教弟子考中功名者较多。其中秀才居多，举人若干。他心里有股气，若弟子无人考中进士，此生不入此楼。虽不入此楼，平素依然安排家人好生打扫。院里，除一棵老榆树外，还植有从葡萄架村移来的几株葡萄。想当年冬春小楼翻经注,夏秋葡萄架下诵诗书,好不自在。自那时,他暗中发狠,不求广收门徒,只愿重点塑造。如此,倾全力办“兰阳书院”。

仔细端详,只见表伯傅尧仙,年逾五旬,中等身材,五官端正,大耳朗目阔口,腮下留一束断髯,一条粗壮的花白辫子搭在挺拔的脊梁之上,显得儒雅而不失威严。如果不是在此书院相见,还以为是一位微服私访的朝中官员。他言语不多,举止却频频有动。挥手、扬眉之中,令众学生点首诺诺。张伯行暗道:“这就是我之先生,需留意方可!”

但见众同学,只有表兄戴工高大威猛,其余皆儒雅小生。不过,皆双目有神,着装还算规整。

大黑看张伯行安排停当,担心摸黑赶路,多有不便,便急忙与张伯行及众人辞别,眼见得消失于村口。

老韩陵这一天的晚宴热闹而简单。表伯也就是张伯行以后的先生傅尧仙,携众学子设宴接待张伯行。看那宴席,荤素凉热搭配还算得当,可知厨子董大伯的手艺确有两下子。最后一个饹馍炖小鸡,着实是张伯行所没有吃过的。

张伯行暗道:“这么简单的家常菜,竟也能做得令人馋水不绝！想必看似一般的书院,内里定有他的过人之处!”

吃过晚宴,张伯行与表伯揖别,便跟着表兄戴工到西厢房安歇。

这一晚,在老韩陵,在兰阳书院,在已有些凉意的秋夜,张伯行的心却是暖暖的。他在这个静寂的兰阳书院甜甜地睡觉,美美地做梦。

谁知第二天,表伯傅尧仙就给张伯行一个下马威,让张伯行好不难堪。

那天,张伯行早早来到学堂。但见,学兄、学弟连自己算上共有六人。其中,小表叔傅岂凡、表兄戴工、表侄匡山,还有就是上次到家找到自己的红庙人张生,另一位是张君墓学子夏封。

那天上课不久,傅先生点手问张伯行道:“汝可知何为八股文?”

张伯行忙站起回答:“八股文由破题、承题、起讲、入题、起股、中股、后股、束股八部分组成。后四部分是文章议论之中心,各有两股对偶文字,共八股,故名。”

稍作停顿,张伯行又补充道:“其题材、内容限于四书,不允撰者自行发挥,字数亦有所限。”

先生听后,对大家道:“所答无错。”

(四)张伯行暗暗发狠:功不成,则难立于天地之间也

接着,先生给大家讲解庄周梦蝶的典故。

讲至正酣,突停住问匡山道:“你来讲明,蝶生于何时?”

匡山答:“蝴蝶乃善变昆虫,一生所经四段:卵、幼虫、蛹、成虫。只春日方出,我断其生于春天。”

连问几人,都这般回答。

张伯行心中发紧,暗道:“如此提问,岂不要命?”

遂盼望此类提问早些掀过。谁知,先生稍作停顿,又提问一题道:“一年分几季?”

并点手张伯行作答。

张伯行毫不迟疑地站起答道:“一年分四季,即春夏秋冬。”

他一边回答,一边暗自揣度道:“如此小题,先生莫不是戏弄小儿?”

后先生又问匡山,一年分几季,匡山如张伯行同答。

先生反手问戴工,戴言道:“一年有五季!”

张伯行与众同学大笑不止。

只有先生面沉似水,痰嗽一声道:“众皆答错,还有脸笑。且听我讲!”

“中医以四时配五行而为五季,即春属木,夏属火,长夏属土,秋属金,冬属水。五行学说是古之圣贤所创一理学,以五种物质:金、木、水、火、土为元素,以构成宇宙万物及变化之基础,借以阐释其病理之相互影响。”

最后,傅先生又言道:“当年言文以载道者胜,只道韵文者败。不知机理,难为其表!众徒请予记牢!”

张伯行顿觉面颊如火,迟迟不退。

只月余,学识大长。

一日,傅先生对众同学道:“明日,我欲率徒儿们游历黄河,如何?”

众同学皆鼓掌称好!

第二日,大家终于来到黄河外堤。放眼看去,但见波澜起伏的河水汹涌奔腾,滔滔浊浪,浩浩荡荡。

张伯行不由咏起《朱子语类》里的句子:“盖因波涛汹涌,水遂为其所激而动也。”

先生闻之,边走边问张伯行道:“孝先,可知鲤鱼跳龙门否?”

张伯行道:“略知一二。”

先生道:“但讲无妨。”

张伯行允声,旋即讲起:

“龙门就在山西河津城西北十二公里的黄河峡谷中。传说黄河鲤鱼跳过龙门,就会变化成龙。《埤雅·释鱼》:‘俗说鱼跃龙门,过而为龙,唯鲤或然。’后以‘鲤鱼跳龙门’比喻中举、升官等飞黄腾达之事。又用作比喻逆流前进,奋发向上。”

叙说之中,不觉已来到内堤。

傅先生手指黄河之水,问众同学道:“有一词名曰‘经天纬地’,何人愿解?”

戴工冲口道:“‘经天纬地’,意为有治理天下的经世之才。语出《左传·昭公二十八年》:‘经纬天地曰文。’”

先生不置可否,又问:“谁有妙解,只管道来!”

众皆默然。

稍有停顿,先生言道:“戴工所言不差,足见平素功底,众宜效之。”

又道:“我今有一言,说于众位。经天纬地之意,其理皆知。然,以何经天,以何纬地,其赖依若何?如足下之堤,溃之若何?如天雨欲来,涝之若何?如万顷良田,歉收若何?我辈当以何破之?”

众徒无答。

张伯行顿觉醍醐灌顶,暗暗发狠:“功不成,则难立于天地之间也!”

日月如梭,张伯行学业大长。但近日总有些心中烦闷,时不时无名火上来。

却说有一晚,张伯行正坐于寝室床上看书,眼睛突然被人蒙住,好歹挣脱,发现竟是夏封。遂斥责他道:“人已不小,怎地如此没有正形!”

夏封轻浮道:“与你戏耍,何必当真!”

张伯行被他脏手勒得眼睛泛花,流出泪来,也看不得书。再想起夏封平素晚间不睡,或于铺上乱滚,或言语淫秽,特别难忍其少做卫生,脚臭体污。

虽多次劝告，他依然我行我素，不想今晚竟动起手来。

又想起昨天大黑捎来王凤仪之信，心中更是难耐。不觉中，披衣踱出门外。

贤妻王凤仪的娟秀小楷又浮现于眼前。

“相公：为妻见礼！现家中平安，父母健康。直有一事，相告夫君，现为妻已怀六甲，此汝与吾之大喜也。万望安保身心，学有所成，以全父母之责，以享天伦之乐。”

如此喜讯，却有些心疼。两年之间，除过年和中秋节，自己极少回乡。想二老年事已高，无人照料；想贤妻凤仪，身已有孕，却难身边服侍。家里若有个马高蹬低，如何是好？

心情澎湃许久，终难平复。

于是，蹑足回到寝室，提笔修书一封，上书“夫人亲启”，单等大黑月底送物时捎回。

第二天上完早课，先生点手张伯行到正堂说话，眼睛直视张伯行道：“来此多久？”

张伯行忙道：“已有两年。”

“可有收获？”先生又问。

“我原来之理学甚是窄狭，见先生已感深广。我原来不知天文地理，今已有视察处。”张伯行答之。

先生沉思良久，说道：“我观孝先非庸碌之辈，欲大为，需深悟。”

又道：“为师学浅，我之教，已不能全汝学也，故深愧之。”

张伯行急忙道：“恩师，有不当处，万请指出，请莫逐我。”

言毕，泪出。

先生短髯抖动道：“非也，切莫缪想。”

而后，挥手令张伯行退出。

终于，豆棵上场，石磙“吱吱”的丰硕之秋来到。

这一天晌午，张伯行终于等到大黑，等到夫人来信。

但见娟秀小楷，字字饱含深情。上书道：“妻欲让相公至村中北楼，以续学业。妾以为，此为忠孝两全之策，又为治学治家两相顾。”

张伯行感其言，三日后辞别返家，移读北楼。

二
学以致用

（一）我观上下古今，最无一用乃酸儒也

却说北楼位于宫保府东北角一里地的寨墙之外，东边紧挨一片桑树林。

大门朝南，为青色小瓦沿脊的造型。青砖平顶，共有两层，前有东西厢房各两间，西为杂物间，东为厨房。此处离东寨门较近，也是张家祖产。

这里原是张家祖辈看管桑林和养蚕之所，后来因蚕业荒废，便作他用。

祖辈读书人也曾攻读于此，只是到张岩这辈，感到处于寨子之外有些不便，就不再使用。

平日只有一些乡民，在农忙时用于临时储存翻晒的粮食，和临时歇息之所，以至于鲜有人至。

清康熙四年，山东济南、兖州、东昌、青州四府旱灾，麦田颗粒无收，有饥民流入仪封县境。

张岩怜之，设粥棚赈之，并引人暂住。

后见兖州人耿氏三兄弟，憨厚耿直，便令其居此，又拨地让他们耕种。

前段时间，耿氏老家来人，说家乡境况已有改观，祖人现已陆续返乡。家中尚有老人呼叫，欲返回故里。

张岩闻听后很是有些不舍，言道："我等有不妥处，可直言！"

三兄弟道："张公之恩，俺们没齿难忘，只图后报，怎可言他？"

于是，将老家实情相告。

张岩虽然不忍，也只得作罢。

临行，少不得赠些钱粮与衣物。

耿氏三兄弟齐声道："员外大恩大德，俺兄弟永记在心。但能用到俺们之

处，只需言语一声！”

又道：“如有前去山东时，一定拐到穷家小坐。”

言罢，挥泪而别。

说来也巧，他们那边刚走不到两个月，这边张伯行便到。

原来的东西厢房基本不动，独把北楼腾空清扫。少夫人王凤仪请张正保领大黑、大仪帮忙，搬来一套书案和部分藏书，这才算布置停当。

其布局大致为：一层设有客厅和寝室，二层设有藏书阁和研读习字书案。由二楼可登上楼顶，楼顶设有罩住楼梯的小房子一间，其他皆为平台。平台中央放有石质圆桌圆墩，圆桌之上刻有楚河汉界。如有雅士来临，定可对弈三盘。

放眼远眺，万亩良田尽收眼底。

张公张岩和耿老夫人见儿子回来，心中好不高兴。

夫人王凤仪更是心生波澜，暗道：“与子偕老，终非虚言！”

大黑见到张伯行也瓮声地打趣道：“少爷，我们还住一块，我还做你的护卫。”

又道：“你习你的文，我练我的武，好不痛快。”

东岗公张岩言道：“我已查看黄历，近日净是黄道吉日。”

三日后，张伯行入住北楼。

光阴似箭，张伯行不觉到北楼读书已有月余。

这一日，张伯行读书有些倦怠。正欲登楼观景，忽见大黑一头大汗地跑来，向楼上大声道：“少爷，老爷有一故交，现在府上正与老爷叙谈。”

“因何报我？这么慌张！”张伯行不解地问道。

大黑道：“老爷只说是柘城什么书院来的。”

又道：“老爷害怕室内杂乱，担心失礼，让少爷早做准备。”

张伯行应过一声，赶紧与大黑一起，到室内规整打扫起来。一边干，一边想，莫不是那个“朱阳书院”？

不多时，大仪前面引路，张岩陪同一人前来。只见来人，年方四十开外，中等身材，目光炯炯，五官端正，身体稍有点富态。虽着青衣便装，却难掩一股精明之气。

进门未等张伯行见礼，便直呼：“贤侄安在？”

令张伯行一时语顿。

稍停片刻,张岩道:“这是你柘城的吴叔,爹爹少时同学。”

张伯行才想起,这位就是父亲常常提起的柘城商界巨头吴博儒,少时住仪封舅舅家,曾与父亲张岩同学。后返乡到柘城朱阳书院深修,却对功名不感兴趣,独爱从商。这多年经营绸缎,大江南北多有分店。开封府马道街义丰厚丝绸店即为吴博儒所开,张岩等人赴开封采买张伯行定亲衣料,即是在此店。而他却在商不言商,每每以雅士示人。

张伯行赶紧见礼,忙道:“叔叔请上座。”

然后,亲把壶盏,将茶水倒上。

稍作寒暄,吴博儒对众人道:“我与张伯行有言专议,列位请便。”

于是,张岩与大仪等到楼顶暂坐。

张伯行一时不知何故,忙施礼道:“叔叔,敬请见教!”

吴博儒道:“你我叔侄,不需客套。今只谈学问,无有禁忌。”

又道:“贤侄少时,甚是可爱。经年苦读诗书,我甚挂念。适才开封事毕,故转道仪封见你父子说话。想我舅舅已然不在,谈毕即回。”

旋即进入正题,问:“贤侄读书为何?”

张伯行应道:“小侄以为读书首为知礼,其次做事,其次教民。”

吴博儒道:“其界甚窄也!”

又道:“贤侄可知宋真宗赵恒励志诗否?”

张伯行谦称略知一二。

吴博儒道:“大简者,忽略难见,人之常理也!”

稍顿,冲口咏出宋真宗赵恒的诗来:

富家不用买良田,书中自有千钟粟。安居不用架高楼,书中自有黄金屋。出门莫恨无人随,书中车马多如簇。娶妻莫恨无良媒,书中自有颜如玉。男儿欲遂平生志,五经勤向窗前读。

咏毕,问张伯行道:“贤侄以为如何?”

张伯行道:“恕侄无礼,此中多不足信,有媚俗之嫌。”

吴博儒道:“其貌若俗,实为大简之道!盖读书之结局,莫不如此。”

张伯行道:“以何见之?”

吴博儒道:“书乃先贤之概述,道与术囊括其中。世之规矩,无论自然,无论人伦,皆物物相通。我以为读书可中高官,可赚高利,可得美女!或治国之能臣,或商贾之巨头,或教育之良师。”

张伯行道:“叔叔之言有些偏颇,其不闻重文之宋亡于骑射之元!”

吴博儒道:“贤侄善辩,我之喜也!然,岂不闻酸儒害人?不可以偏概全,扫尽天下读书人之兴!”

张伯行一时难以对答。

吴博儒又问:“贤侄,平素涉猎何书?”

张伯行道:“孔孟之道,儒家经典,余者少于浏览。”

吴博儒道:“缪,其窄门难过!”

言罢,从行囊里掏出一物,待打开直视,原来是一本《忠义水浒传》。

张伯行失色道:“叔叔这是何为?岂不闻此为禁书否?”

吴博儒道:“贤侄勿惧,范公有语云:‘居庙堂之高则忧其民,处江湖之远则忧其君!’我辈虽处民间,然,民间之况可知否?”

又道:“昔者有金圣叹批注水浒之说,其彩夺目。至于顺治帝额首,赞曰:‘此事古文高手,莫以时文眼看他!’金闻之感而泣下,因向北叩首。帝亡,哭于孔庙,有朱国治挟私,处腰斩。后,朱亦为吴三桂断腰,此招报也。然,其书遭禁,万民不可览也!”

张伯行一时如坐云里,稍后清醒,忙一揖到地道:“我之寡闻,叔叔教我!”

吴博儒道:“大丈夫生于天地之间,其善当读。一读有字之书,二读无字之籍。无字之奥秘暂且不议,今只言有字之书。赖科举之制,所谓‘四书五经’、朱子批注,学子捧读,皆无缪也。然,盖得天地之精髓,需猎其广,更得其深。我观天下,其只知儒者,不知释者,不知道者,更不知医者、兵者、算术、名学、理学者居多,所得梗概者甚寡!”

少顿,又道:“今圣上有道,内推书院,外引西学,学子励志,不可偏废矣!”

吴博儒最后说道:“大儒之才,每每务实而生,不可不察。我观上下古今:最无一用乃酸儒也!”

言罢,不再多语。

当日,张伯行与父张岩亲送吴博儒出村,不再赘述。

自从吴博儒走后，一连三日，张伯行都是闷闷不乐，书读不进，觉睡不着。就连吃饭，也是胡乱地扒拉几口，也吃不出什么味道来。他满脑子都是吴博儒侃侃而谈的形象。

然后，他又想起在精舍苦读的时光，王凤仪对他说的话又响在耳畔："昔时，孔子周游列国，外示人师，实则为学。其游天下，实为学天下。相公需学之，当出行。妻适才听相公诵《陋室铭》，也当聚客。"

自己真是榆木脑袋，至今少有实施。外出内引，极少交游。

他又想起在兰阳书院，表伯傅尧仙带领大家游黄河时说的话："我今有一言，说于众位。经天纬地之意，其理皆知。然，何之经天，何之纬地，其赖依若何？如足下之堤，溃之若何？如天雨欲来，涝之若何？如万顷良田，歉收若何？我辈当以何破之？"

可是，自己又是如何做的呢！

经过反思，他觉得他张伯行无论交游，无论所读书籍，都是太少太少。看来，他到该行动的时候了！

于是，他开始给自己规划一个路线图。第一步盘点河南及附近的书院，第二步打听附近苦读的读书人，第三步扩大自己的读书范围。并规定，每月短距离出游一次。

说干就干，短短二十天就有眉目。

你看，河南的有名书院就已弄清，它们是嵩阳书院、应天书院、伊洛书院等。

光开封本地，就有好几个书院，建于北宋年间的信陵书院、建于明天顺五年的大梁书院、建于明万历年间的游梁书院、建于顺治十六年的玉泉书院。还有仪封本地的饮泉书院，它建于后唐时期，只不过已经久废。

在交游方面，张伯行两个月新结交三位同道好友，杞县高阳的崔凤安、开封杜良的田中道、仪封本地的华德广。他们都是勤进学子，约好日后好生探讨。

（二）不若乳名你起，学名我起，较从容些

三月天，已是春光明媚。这一天，张伯行邀上大黑、大仪，驾车到张良墓

一游。

却说这张良墓,处于仪封县西边十余里的白云山。中午时分,三人终于来到这里。远远望去,只见一堆有十几丈高的土山现于跟前。

张伯行从史料中了解到,张良墓高十四丈,土山无石。因每早出白云,故名。下有黄风洞,是张良隐居的地方。

据言,"汉初三杰"之一的张良曾居于白云山,死后葬于此。

明成化十八年(1482年),知县阎廷臣在张良庙立的石碑记载:汉留侯张良旧茔地二十亩,墓东一里有留侯庙,墓长、宽各十步。

他们环墓地绕行一周,然后三人背南朝北长揖到地,向这位先贤致敬。

这时,大仪道:"少爷,是否找一当地人给讲讲有关张良的传说,我们也不虚此行。"

张伯行余兴未了,应道:"我亦有此想法!"

忙对大黑、大仪道:"赶紧找一当地人士,叙谈叙谈!"

寻着寻着,大黑瞧见,西边地里正好有一查看庄稼的老翁,忙喊起来:"大、大哥!"

老翁看他一眼,未作理会。

大黑急道:"叫你哩!"

老者依旧不理睬。

张伯行见状,知道大黑失礼,忙赶过去,对着老翁长施一礼,言道:"老伯在上,小生这厢有礼!"

这老翁刚才见大黑无礼,正在隐忍,忽见张伯行这般,着实一愣,忙回礼道:"免礼,免礼!有用得着在下之处,只管言语!"

张伯行仔细看这老者,只生得清瘦面颊,精神矍铄。一看就知道,他是个有故事的农家老汉。

张伯行道:"我等是仪封宫保府学子,今来拜谒先贤。观之意犹未尽,想请老伯讲讲张良。"

老者回道:"我讲此人,已有多次,不缺此一回。"

言罢,便讲起来。

老翁给他们讲的是张良拜师求学的故事。

言说有一天,张良闲步沂水圯桥头,遇一穿着粗布短袍的老翁。这个老翁走到张良身边时,故意把鞋脱落桥下。然后,傲慢地差使张良道:“小子,下去给我捡鞋!”

张良愕然,虽心中不满,但也替他取了上来。

随后,老人又跷起脚来,命张良给他穿上。

此时的张良十分不解,但因他已久历人间沧桑,饱经漂泊生活的种种磨难,再看此人年岁已大,便膝跪于前,小心翼翼地帮老人穿好鞋。

老人非但不谢,反而仰面长笑而去。

张良呆视良久,只见那老翁走出半里许之地,又返回桥上,对张良赞叹道:“孺子可教矣!”

并约张良五日后凌晨,再到桥头相会。

张良不知何意,但还是恭敬地跪地应诺。

五天后,鸡鸣时分,张良急匆匆地赶到桥上。谁知老人故意提前来到桥上,此刻已等在桥头。他见张良来到,忿忿斥责道:“与老人约,为何误时?五日后再来!”

说罢离去。

结果,第二次张良再次晚老人一步。

第三次,张良索性半夜就到桥上等候。

他经受住考验,其至诚和隐忍精神感动老者。于是,老者送给他一本书,说:“读此书则可为王者师。十年后天下大乱,你可用此书兴邦立国;十三年后,济北谷城山下的黄石便是老夫。”

说罢,扬长而去。

张良惊喜异常,天亮时分,捧书一看,乃《太公兵法》。

这位老人就是传说中隐身岩穴的高士黄石公,亦称“圯上老人”。

从此,张良日夜研习兵书,俯仰天下大事,终于成为一个深明韬略、文武兼备、足智多谋的“智囊”。

这个故事,张伯行虽然早已知晓,但从老翁口中讲出,却有不一样的感觉。他心有所悟,想到许多许多!

五月的豫东大地,麦芒儿已经发黄,布谷鸟“布谷布谷”地叫着。它们都是预言家,庄稼这个季节就要成熟!

这一天,张伯行正在早读,突然大仪风风火火地闯进门来,喘着粗气喊道:“少爷!少夫人快生了,老妇人让你急转回家!”

张伯行听闻,赶紧放下书本,手提长布衫,随大仪急急跑起来。

他一边跑一边想到自己,想到生母梁氏,想到母子第一次相见就成永诀。

而如今,夫人王凤仪又到这个关口,可别、可别步入母亲的宿命。

想到此,他脚下生风,跑得更急更快。

突然,脚底一个趔趄,让他差一点跌倒,吓得大仪赶紧把他扶住。

进得家门,只见桃花姑娘等女眷进出匆匆,且面色紧张。

张伯行一时也忘记询问,打个健步便跨进门。还没有来得及迈进里屋,只听一声喜人的婴啼传出来。张伯行顿觉浑身松软,一下子坐于门旁……

是的,女儿长得就如当年的小闺女儿王凤仪,像是一个模子刻出来一样。那个鼻子,那个眼,甚是可爱!她特别爱笑,即便是睡着了,也会不时地咧开小嘴,乐上一乐。

奶奶耿小俊喜欢这个孙女喜欢得要命。自从孩子出生到现在,半个多月,都一直与王凤仪母女住在一起。张伯行也是天天围着王凤仪娘俩转,弄得王凤仪劝罢这个劝那个。桃花姑娘也无所适从,好像失业一般。王凤仪连连兴叹:“真是一家人啊!”

就连那么热闹的“做九”,张伯行脸上被几个老表抹得像个包公,也不忘时不时跑来看媳妇看闺女。他觉得,他又多个让他享受天伦之乐的人,又多个激励他前进的人!

可是,这个人至今还没有名字呢!她的爷爷张岩给她想出几个名字,没过一会儿便自己推翻。这不,权力下放,他对张伯行说:“你也给闺女起个名字,只要合适就行。”

张伯行回声:“中!”

张伯行郑重地来给凤仪商量,说道:“父亲大人让我给闺女起个名字,你看叫啥呢?”

王凤仪道:“相公,你起则可,为妻依你。”

张伯行正色道:“娘子,不若乳名你起,学名我起,较从容些。”

王凤仪道:“此议甚好,就依相公。”

夫妻俩你一言我一语地就给小闺女起开了名字。

王凤仪道:“叫彤儿如何?这出自《诗经·邶风·静女》‘贻我彤管’。”

张伯行应道:"'彤'与'童'谐音,似有男孩之嫌。"

王凤仪又道:"叫芳芳怎样?这可是出自《楚辞·九章·思美人》'芳与泽其杂糅兮,羌芳华自中出。'"

张伯行应道:"叫芳芳者也着实太多,有些俗。"

王凤仪一时语顿,对张伯行假嗔道:"你这也不行,那也不行,莫不是要难为死孩儿她娘吧!"

王凤仪盯着窗棂子好一阵子,说道:"相公,叫灵儿如何?机灵的'灵'。"

张伯行揣度一阵道:"这个倒还不错,就依娘子吧!"

又道:"愿她做个有灵气的闺女。"

是的,这个灵儿的确不简单,她后来嫁给一位叫魏晋的人。魏晋在亥年考中进士,没有她的贤助怕是不行的。这当然是后话。

王凤仪让张伯行给闺女起个学名,张伯行道:"甚是难起。生她之前就想过几个,推演之后,觉得都不合适。"

王凤仪道:"三日为期,起不出当罚。"

张伯行模仿王凤仪的语调,皱眉道:"莫不是要难为死孩儿她爹。"

三日后,张伯行为小闺女起名,曰"静淑"。

(三)张伯行进城购买麦收农具,幸遇仪封知县倪长犀

其实,村庄、炊烟以及家园,都是土地的外部意象。而真正触及农业实质的,则是农具,是木锨锄头犁耙和其它无名的农具。它构成乡村忽略的风景,使我们更接近生命之源。触景生情,常使我们愧对农具。它粗糙、简单,和茧子一样默默无闻。犹如一些无名英雄,埋没于蒿草之间,不露迹痕。而生命却因此进入土地最深处。为名利所累时,就静下心来,想想农具。

——《农具》

近一段时间,张伯行心情甚是舒畅,可谓是家逢喜事,治学有方。

自从见到吴博儒,他像开启天目。许多事,都有自己的独到见解;许多事,也不再妄思妄想。

这不,连外出的次数也比过去多。想着想着,就听见楼下有大黑在叫他:“少爷,该吃晌午饭了!”

张伯行应声,连忙下楼就餐。

大黑见张伯行已经开吃,就说道:“少爷,麦忙要到,老爷让大仪我俩套车去县城购买农具,明天就不能给你送饭了。”

见张伯行若有所思的样子,便说道:“不如少爷与我俩一同前去,也算体察一下民情。”

张伯行道:“我是想去,只是帮不上你们什么忙啊!”

大黑打趣道:“不需帮忙,吃饭时给弄个仪封烧饼夹酱牛肉则可。”

张伯行道:“这个好说。”

正是路好马快,不到一个时辰,他们就来到仪封县城。

进得县城,只见街面干净无尘,两旁的商户整齐有序。与两年前相比,真个是焕然一新。

张伯行揉揉眼睛,街道还是那些街道,只是不知为何如此井然!

不一会儿,大黑赶马来到一个挂有“王麻子镰刀”幌子的店前。看着门前的拴马桩,大黑道:“少爷,不如先把枣红马拴在此处,我们先买些东西,最后再购些镰刀。”

张伯行道:“如何安排,你自主张。”

大黑道:“枣红马一路辛苦,不如先谢辕子,让它歇会儿。”

张伯行道:“一切依你。”

大黑随便在一匹棕色小母马旁边,胡乱把枣红马拴住。然后,与王麻子镰刀的店伙计打个招呼,三人便向前边走去。

三人正在盘算先购置何物时,突然听到堂锣声声。

原来是仪封知县倪长犀到东郊理案归来。前面的行人并没有惊慌,而是从容地退到街边。

许多人还口中念叨着:“倪大老爷,倪大老爷!”

张伯行三人也赶紧让路。

正这时,一匹枣红马朝县官一行人狂奔而去。这一下,可把那些衙役和行人吓得不轻。吓得最狠的当然是大黑,原来,他一眼就认出这匹枣红马就是他们的!

这是怎么回事呢?大黑愣在那里,不知所措。

原来,大黑一时粗心,牵马绳没有拴牢不说,他千不该万不该把枣红马拴在那匹棕色母马旁边。那可是一匹正处于发情期的母马啊!别忘记,枣红马可是公的。

这下枣红马可不老实,狠劲地转起圈来。没几圈就把拴马绳给拽开,于是,一个仰起就趴上小母马的后背,迫不及待地就要行苟且之事。

也活该它倒霉,小母马主人刚好办完事回来。见此情景,想都没想,扬手就是两鞭。这两鞭可是铆足劲儿,硬生生落下,一下子就把枣红马打惊了。枣红马尥起蹶子,不问东西南北地狂奔起来。

正在这时,从衙役班内冲出一人。只见他手臂一推一拉,那匹枣红马一声嘶鸣,前蹄扬起。眨眼之间,他的右手上已经牢牢抠住马嚼子。一个转身,冲枣红马腰眼处就是两拳,直打得枣红马鬃毛乱颤,不敢再动。只是,这两拳也打得大黑的心房乱颤。

"谁的马如此乱窜?"

到这时,大黑站在那里不知如何说话,连那一向机灵的大仪大脑也是一片空白。

关键时刻,还得是张伯行。只见他,整理一下衣袖,赶忙来到那人跟前,一揖到地道:"官人息怒,这是小可的马。适才拴于马桩,只是不知因何跑掉。万幸没有伤害各位官人,在下这厢赔礼道歉。"

那人道:"惊扰县老爷,你罪责不小。待我禀明老爷,再做处置。"

只见他小跑到轿子跟前,小声与老爷说上几句,便回转到张伯行跟前道:"此地不是讲话所在,跟我到县衙一问。"

言罢,一手牵起枣红马,和这一干人等,直奔县衙而去。

大黑、大仪面面相觑,不知如何是好,忙问张伯行道:"少爷,这可怎么办?"

张伯行道:"但跟在后面,无妨。"

原来,张伯行已知新任知县倪公贤名,今日街面所见,已窥一斑。

如今,马儿已在人家手中,也由不得不去。心想:"大丈夫生于天地,管他祸福怎地。"

于是,坚步随行。

走进县衙,有人问牵马者道:“王班头,如何牵拉一匹马进来?”

张伯行方知这人原是一名班头,难怪功夫了得!

那王班头把马拴定,问张伯行道:“哪里人士,来县做甚?”

张伯行忙如实答道:“小可乃仪封县治下宫保府人士,一介书生。今陪家人来县购置农具,不想一时粗心,使马惊扰。”

王班头道:“稍停,我去去就来。”

不一会儿,王班头便回来。他招招手,让张伯行跟着一起前行。

他们穿过前衙,来到后衙,然后,走进偏角一间书房。只见室内有一人,着便装坐在茶几跟前。王班头口称,老爷,人已带到,随后便退出去。

张伯行忙深施一礼,说道:“罪民张伯行这厢有礼。”

被称为老爷的人道:“不必拘束,就座。”

张伯行用眼睛迅疾地横扫一下,只见此人面容清瘦,目光炯炯,腰板笔直,年龄在四十开外。看似文雅,却给人一种不怒自威的感觉。

他就是仪封知县倪公倪长犀。

倪公打破沉寂,问道:“张伯行,令尊何称?”

张伯行道:“家父张姓名岩,我乃他不孝之子。”

倪公道:“令尊德贤之名,早有耳闻。至于汝之后生,亦是学堂有传。本欲登门造访,怎奈事务缠身。今惊马做媒,也算有缘。”

张伯行暗暗忖度:“如此虚惊一场,应可放行。”

便道:“有幸见过老爷,实在匆忙出错,万望恕罪。”

倪公道:“那些不消说。你我且吃茶,说些话来。”

张伯行称是。

倪公突然话锋一转,说道:“不若轻松一下,以今日之状,题诗一首,张伯行以为如何?”

张伯行道:“张伯行遵命!”

只见张伯行稍作沉吟,脱口吟道:

仪封街头马蹄惊,此时尚未登科行。

老爷命我明其状,一心忐忑似鼓声。

倪公赞道:“虽不工整,却有几分生动!”

倪公又问:“闻宫保府小麦高产,尚不知亩产之数。”

张伯行回道:“不敢言说高产,一般至五六十斤间,最高百余斤。”

倪公接着问道:“都云仪封盛产落生,说其花可结果,然,农人收之却在土中。我不知其之为何。请张伯行解我之惑!”

张伯行回道:“可!”

然后道:“落生其生分四期,一为发芽出苗期,发芽出苗需五至一十五日;二为幼苗期,其在二十至三十五日;三为开花下针期,植株开花后为鸡头状幼果,入地生长方得其终。”

倪公问:“张伯行知我何故问?”

张伯行道:“愿闻其详。”

倪公道:“我观世之学子,名曰捧读圣贤之书,却是五谷不识。其上于欺君,下欺于民,实辱圣贤。大伪之学,我深恨之!”

张伯行听之,如锥刺股,混沌顷刻全无。

倪公又问:“张伯行览读何书?”

张伯行答道:“孔孟之道,朱子批注。”

倪公道:“书有主攻,无缪也。然,尚需兼收并蓄,方可求其广!若只图一点,一点亦不深!如昔时张子房,谙熟黄老之说,进可运筹策帷帐之中,决胜于千里之外;退可视功名于外物,置荣利而不顾!当今圣上,循前朝旧例,取古今功臣四十一人,配享历代帝王庙,其中者可见子房。当今虽尊儒学,其他尚需顾而学之。”

不等张伯行反应,倪公又道:“有一书叫无字之书,君之长读乎?”

张伯行道:“正待读之。”

倪公接着说道:“有一说叫‘壮游兴才’,还有‘读万卷书,不如行万里路’之议,皆为无字书之翻阅。”

张伯行点首称是。

两人交谈甚欢,不觉一个时辰已过。

这时,忽报有人晋见倪公,张伯行只得辞别。

临别,倪公道:“门庭自今开放,张伯行勿忘过来!”

张伯行作揖答谢,然后让大黑牵上枣红马,和大仪一起离开。

史载：倪公倪长犀，字六通，乃赣榆县倪家林村人士。康熙二年癸卯科举人；康熙七年六月郯城发生大地震，倪长犀作《地震记》一篇，广为人知；康熙十二年癸丑科殿试中进士；康熙十四年任仪封知县。礼师儒，兴文教，立义馆，勤月课。一年之内，比户事诗书，士风丕变。倪长犀善书法、篆刻，工五、七言律诗。不仅吏治有为，更是才艺多精。曾受赣榆知县俞廷瑞之聘，总纂《康熙赣榆县志》。

今日，倪公之所以这般专注与张伯行一席妙谈，自有它个中原因。

原来，正欲大力振兴仪封文教的倪公，早些时日曾在义塾中见过张伯行的文章。看过之后，极为赞叹。他对塾师曰："此大成之器，非尔所及也。我当亲教之！"

正欲找他叙谈，也好以后亲自加以督导。不想，一匹枣红马就把他带到跟前，你说这岂不是天赐之缘？

倪公心中甚是愉悦，便想着之后怎么与张伯行交游。

再说张伯行也真的信其为师，倪公更是视其为门徒。彼此隔三差五地走动起来，或是张伯行前去求教，或是倪公微服示教。后张伯行执弟子之礼，彼此更是教学不止。

短短一年，张伯行学业大有长进，才学一时名扬仪封。

再后来，倪公调任湖北谷城知县，卒于任上。其清贫无以为家，张伯行不忘知遇之恩，岁输粟以赡其后人。

（四）大丈夫应有凌云之志，方可见雷霆万钧

且说这一日，张伯行正在北楼书案上习字，大黑从外面拿来一封信，说是柘城吴博儒先生派人捎来。

张伯行赶忙打开信封，只见隽永的行楷赫然于信纸之上。上写道：

伯行贤侄：

见字如面！

光阴似箭，一晃两载。为叔忙于商务之事，与汝少有走动。前段时日，得张岩兄长之书，知贤侄学业有进，甚是慰藉也！我观贤侄，知汝如深溪潜蛟，一直默默。

然，大丈夫应有凌云之志，方可见雷霆万钧。及至大雨倾盆，万禾吸吮，黎民得济。此谓之大善也！

故，需跳出一隅，抛开独处于一时。

为今之道，我以为书院深修乃为至理。无论功名，无论学问，此乃两全之策也！

为叔与朱阳书院都氏通好，如欲来此，从速告我。

张伯行接信，心中不由得一阵阵波涛翻滚。想想自己，修学至今，虽有所得，然，所得极少。许多机理，均参不透，有些至多也是仅限于皮毛。

从治学层面上说，相差太多；按科考所修，自己差距就更为突出。如果不是父母妻儿的期待和恩师的器重，真不想这般出去求学。

单从内心深处来讲，他张伯行首先看重的是学问而不是功名利禄。

看看父母，虽然身体还算健硕，可是年岁越来越高。许多事本应自己承担，可他们为了儿子的学业，至今还事必躬亲，操心不已。

再看看夫人王凤仪，与自己一直夫唱妇随，可谓是上敬公婆、下顾子息。家中之事，渐渐已经上手。另外与自己经常探讨学问，也是多有启发。其情之笃，无言可表。

可是，不能出门求学，则难以深修。

思索之间，他突然看到书橱里的那本《西游释厄传》，顿时眼前豁然开朗起来。对啊，不走出家门，如何求得真经！

主意已定，忙给父母大人和夫人王凤仪详细叙说。于是，连夜修书一封，第二天便派大黑专程送至开封马道街吴博儒的义丰厚丝绸店，让他们急转柘城吴博儒。

终于，又接到吴博儒的来信。信上说一切安排停当，只等张伯行前往。

此时，春回大地，万象更新，张伯行心情难以平静。

于是，他走上北楼楼顶，轻声诵起《立春》诗句："东风带雨逐西风，大地阳和暖气生。万物苏萌山水醒，农家岁首又谋耕。"

他又想起两句农谚:“春争日,夏争时,一年大事不宜迟;立春一年端,种地早打算。”暗想:“学业也要争时,也要早作打算啊!”

此刻,他的心儿早已飞向柘城,飞向朱阳书院。

这次与张伯行一起前往柘城的不光有大黑,还有大仪。这样安排的目的,面上看无非是路途有些远,来回需要有个照应;实质上却是有意让大仪长长见识,为以后历练打基础。

离别的时刻说长也短。宫保府门口,耿老夫人一遍又一遍叮嘱儿子好生照顾自己;张岩依旧一言不吭,用眼盯着儿子和送儿子的马车;还有一位没有说话的人,便是少夫人王凤仪。

她从桃花姑娘手里接过一岁多的灵儿,这时的灵儿还说不清楚话儿呢!王凤仪默默地站在张伯行的身后,终于,她举起灵儿的小手,深情地说:“灵儿给爹爹道别,愿爹爹早日学成归来!”

张伯行扭头亲亲灵儿的小脸,眼角湿润的他,和同样眼角湿润的她,彼此都没有敢再相看对方一眼,一转身与大仪、大黑上车而去。

宫保府门口,他们的亲人们正在目送他们。那目光里含有深深祝福,几许期待。

路上,好一阵沉默。就连一向话多的大黑,这时也不言不语。

见前边道路非常平坦,大黑便不由地“啪啪”甩起鞭花,枣红马顿时迈开四蹄疾跑起来。在拐弯处,有几位只顾低头走路的书生,猛地看见有马车朝自己奔来,竟然吓得忘记斯文,一下子便窜到路边,逗得大黑“哈哈”大笑。

大仪见此情景,不免埋怨起大黑来:“你说你这人,怎么说你呢!把人撞伤如何是好?”

大黑满不在乎地说道:“没有两下子,我能给少爷赶车啊?你就把心放在肚子里吧!”

大仪看看落在后面的书生,充满同情地说道:“唉!这些读书的秀才,也真是不易啊!”

张伯行这时已经从离别的情绪中拉了过来,便接住大仪的话道:“大仪,只有你跟着,才能降服大黑;而只有大黑跟着,才能降服枣红马。这一物降一物的,倒有几分意思。”

接着,张伯行又说道:“你说那几个秀才,其实不一定是秀才。”

大黑接话道:“难不成是化装的歹人?”

张伯行道:“哪里话来!”

接着说道:“这秀才呀,原本指称才能秀异之士。及至汉晋南北朝,秀才变成荐举人才的科目之一。唐初,科举考试科目繁多,秀才只是其中一科,不久即废。与此同时,秀才也习惯成为读书人的通称。宋代各府向朝廷贡举人才应礼部会试,沿用唐代后期之法,先进行选拔考试。其中,凡应举选拔考试,以争取举荐的,都称为秀才。在宋代,秀才名衔无需经过考试取得。但明朝和当今大清则与宋时不同,秀才得来不易,必须通过几重考试关隘才可。而且,秀才最后也不一定能够应举。”

张伯行喘息一下,接着说道:“当今秀才专指府学、县学的生员,是读‘四书五经’而进学者的专称。要取得这种资格,必须在学道或称童子试获得取录。不论年龄,应童子试的都称童生。如果县、府、院三试都录取,进入府学、州学或县学的,称为进学,通名生员,即秀才的俗名。生员除经常到学校、学官的监督考核外,还要经过科考选拔。未取者有录科、录遗两次补考机会,方可参加本届乡试。各省举行的考试,取中者为举人。”

大仪道:“单这个秀才就有这么多讲究,看来这秀才还不能乱叫。”

大黑道:“看来还是我有先见之明,我就没有叫什么秀才。”

大仪道:“看把你个黑炭能的。”

这时张伯行突然想起什么,大声对大仪说道:“大仪,家中那些书籍,隔些时日你与大黑都搬到院子里晾晒晾晒,别让虫子蛀坏了。”

大仪道:“少爷放心吧!”

张伯行接着道:“有些书,你不太忙的时候也可以读上一读,切勿空废大好时日。”

大仪道:“少爷如此记挂大仪,大仪谨记在心就是。”

(五)柘城与仪封之间不过百里,尚不知有如此璀璨历史

张伯行他们几个终于在太阳落山之前来到柘城朱阳书院。

这朱阳书院坐北朝南,南临东门通衢,西依护城小河,基址广袤,门垣宏丽,为四进三层大院。外有门楼一座,左右两座役房。只见大门首用行草书

有四个大字：朱阳书院。两边分有上下对联，上联是：朱笔题红字，丹心不改；下联是：金光照九州，永续大德。

张伯行正在观看对联，守门人早已来到跟前，问道："敢问可是仪封来的张公子吗？"

张伯行称是。

守门人接着说："山长让小可在此恭迎，请随我进来。"

跨进大门，便是照壁；照壁之后，为一座庄严的"先圣殿"；大殿左右分别是"先儒祠"和"正学祠"；大殿之后，是三间讲堂，聚徒讲学于此；讲堂左右分别是"友善堂"和"寡过堂"；讲堂之后，为一幢双层藏书楼；左右配以"三乐堂"和"崇道堂"；西有"宏毅斋""修业斋""由义斋""主敬斋"与粮房相扶衬；东有"导教斋""进德斋""居仁斋""有诚斋"与厨房相衔接。整个书院布局整齐，结构严谨，规模宏大，典雅可观。

守门人领着张伯行走到最后院落，来到山长室，终于见到久慕的都源清都山长。

这位都山长看上去有五十余岁，和张伯行一样也是位大个头，国字形的脸上，一双大眼熠熠有神。稀疏的胡须加上有点凌乱的辫梢，让人感觉他是一位有些脾气又特别专注的人，以至于专注于事业而疏于生活的细节。

他看见张伯行进来，便点手示意张伯行就座。只说句："鞍马劳顿，先安排停当再说。"

随后，对一位年龄弱长几岁的先生道："何山长，你就辛苦一下。"

被称为何山长的老先生便对张伯行道："且随我来。"

张伯行又一次朝都山长深施一礼，然后紧随其后而出。

这都山长生有儿子两个，长子名克俭，已经成家立业；小儿子名克谨，今年一十八岁，正在书院苦读。

这一天，张伯行久盼的吴博儒叔叔由于远在南京，没有见面。

这一天，被吴叔叔称赞的大学问家都山长也没有和张伯行共进晚餐。

这一天，张伯行被安排进书院隔壁的一个小院住宿。

大黑、大仪见张伯行一切安排停当，次日一早便来给张伯行辞别。张伯行叮嘱二人路上注意安全，二人也说些让张伯行安心读书、放心家里的话。最后三人依依惜别。

张伯行一声不吭地站在路边,直到看不见他们的身影,这才慢慢走进书院。

来柘城的第一个晚上,张伯行便被安排与都山长公子克谨同宿一室。看那都克谨中等身材,却是挺拔少年。生得面色白皙,朗目薄唇。他不像都山长那样寥无数语,而是说起话来如开口的闸门,滔滔不绝。这不,还没坐下片刻,就缠起张伯行来。

只听他说道:“师兄,听说孔圣人曾到过仪封,还有个封人请见夫子处,这具体缘由,还请师兄细讲一二!”

张伯行道:“说这封人请见夫子处,我也是略知一二,这就说与贤弟听!”于是,张伯行便给都克谨讲起来。

都克谨鼓掌:“真才也!今得其证!”

张伯行道:“贤弟谬赞!但不知,贵地可有趣事,也请当面讲来!”

都克谨道:“岂敢不从命,只是莫笑弟之学浅!”

又道:“今弟便讲个炎帝朱襄氏的故事。”

接着,都克谨便讲起来。

“却说六千多年前,炎帝朱襄氏曾在柘城建都。

“当时,正值恶魔作怪,常刮大风,飞沙走石,天干地裂,五谷不丰。朱襄氏心急如焚,决心降伏恶魔,为民除害。他召集士达、飞龙共商降魔之策。他们认为:恶魔乃邪恶之气,斜必畏直。最直莫过于琴瑟之弦,于是就决定造一把瑟来降魔。士达、飞龙忙着准备柘丝、良桐。朱襄氏命能工巧匠,精心制作一把瑟。

“一日,黄沙蔽日,恶魔又来作怪。朱襄氏便携瑟登场,迎风而鼓,瑟声高亢激越,怪风渐息;天空阴云密布,立时大雨如注。从此百姓过上平安无虑的生活。朱襄氏为当地百姓做许多好事,以高寿百岁面终。朱邑百姓,哀痛万分,人人添土,封墓如丘。”

稍停,都克谨又讲起柘城的来历。

他说道:“夏朝时,柘城称‘株野’;商朝时名‘秋地’;西周时期为‘三恪’之一的陈国开国之都;战国时大部分属楚国。秦朝时开始置县,以邑有柘沟环流、两岸柘树丛生、自古盛产柘丝而得名‘柘县’;至隋朝时定名为‘柘城’,至今有一千八百多年之县治历史。这里是华夏朱氏、胡氏、陈氏宗亲发祥之根脉。境内不仅有炎帝朱襄氏之陵,亦有夏姬之墓。”

张伯行通过都克勤的讲述,方知道柘城这片热土原来是个人杰地灵之地。

张伯行在想,柘城与仪封之间不过百里。如此璀璨的历史,如果不是亲来这里,还不知何时才能知晓。

这天夜里,张伯行便详细咨询起都克谨一些教学情况。通过了解,他大致弄清一个轮廓。

书院共有正副山长两名,即都山长和何副山长。

说是山长,其实就是两名主教塾师。都山长主讲“五经”,兼讲水、火、工、虞、兵诸法。何副山长主讲“四书”,兼讲史籍,并主教八股文。其他后勤管理均由他负责。另有厨师两名,守门人一名。其余学子二十余人均在书院修学。

短短半个月过去,张伯行可谓感触颇深。在塾师和学子的身上,找不到任何市侩的作风,也找不到任何酸儒的形迹。有的只是皓首穷经的劲头,有的只是诗书唱和的氛围,有的只是实地不厌其烦的操演,有的只是当堂毫不留情的攻辩。

且说这一天,都山长与众学子正在讲习《易经》。突然,陈州学子刘子彦说道:“我观《易》如观天书,先生讲此无用,还是讲些别的吧!”

“如此轻薄了些!”都山长轻嗔道,“但也难怪。观世间知《易》者少矣,以为不为用,故而弃之!”

少顿,又说道:“西南临有陈州,陈州之地甚奇。城邑深凹,四面环湖,皆高于城邑。然,夏雨绵绵,但有月余,水却不存。直见流水淙淙,及至外泄。我观之不知为何!众皆叹曰:此为陈州之奇也!”

众学子伸直脖颈,皆作聚精会神之状。

都山长见此情景,接着说道:“最奇者乃其中太昊陵也!”

都山长道:“太昊伏羲氏,即‘三皇之首’。太昊陵庙以伏羲先天八卦数理兴建,是中国帝王陵庙大规模宫殿式古建筑群之孤例,分外城、内城、紫禁城三道皇城,区内午朝门、道仪门、先天门、太极门、统天殿、显仁殿、太始门、八卦坛、太昊伏羲陵墓。其建造之妙,竟能力避涝灾而佑其民!”

张伯行闻之很是震撼。自此,发奋攻读《易经》,并紧跟都山长学习水、火、工、虞、兵诸法。

张伯行真是如饥似渴,操手之间就见分晓。他甚至羡慕起借东风的诸葛亮,崇敬起制作地震仪的张衡和测天象的郭守敬。同时,他还有一个意外惊喜,那就是自己一直崇拜的朱老夫子,竟然对天文也有研究。他在《北辰辨》《尧典》《舜典》中的科学阐述,就是前人所没有的。

对于都山长,他佩服得五体投地。每到都山长讲课,他总是全神贯注地去听。反之,何副山长的课,他却有几分心不在焉的样子。

然而,世间之事总有些投桃报李。这不,今天的八股文课就有些不一般。只见,平时讲课声音都较低的何副山长竟然高声诵读起张伯行的文章来。

只听他反复念道:"三山五岳,我见之其也低;五湖四海,我遇之其亦浅!"

稍稍停顿,他胡子一抖一抖地大声说道:"此大谬,大谬矣!"

接着说道:"自清顺治三年恢复科举取士,虽小有改动,尚沿用明朝之八股文。后康熙爷言曰:'空疏无用,实于政事无涉。'康熙二年乃废八股文。康熙四年,礼部侍郎黄机上疏曰:'先用经书,使阐发圣言微旨,以观心术。不用经书为文,人将置圣贤之学于不讲,请复。'康熙七年,康熙爷恢复八股文之考试。"

又说道:"八股文即已复出,岂可轻蔑?我辈即不正视,则功名亦难正视我辈也!"

接着道:"鱼龙各行其道,乃自然之法,我辈不可擅变。自然之法,乃圣贤之法也,反之亦然。圣贤者,天地之精华所采者,尊圣贤即尊自然也。既有所变,应为忘我之变,岂止浅壤偏狭之小我所能及乎!"

言毕,又咏张伯行的作文之句而不指其名,自言道:"句是好句,非典籍所生化,难入官眼也!"

一天傍晚,刚刚吃过晚饭,都克谨气喘吁吁地找到张伯行,说道:"我父亲叫你急去!"

张伯行不敢怠慢,急忙来到山长室。

都山长也不客气,问张伯行道:"汝学问进度尚快否?"

张伯行道:"尚能跟进。"

都山长道:"我观汝爱《易》以不释手,其他经籍似有懈怠。此不可也!"

又道:"不学儒家,无以求其仕;不习诸法,无以治山河。二者不可偏废!"

当晚,已是夜半,张伯行辗转反侧,无法入眠。

都山长的话语就像一把锤子,一遍又一遍锤击在他的心头上!

一天上午,都山长领着大家正在讲《易经》,突然,守门人快步跑来禀报,说有一衙役来找。

都山长忙问:“说了什么? 来此做甚?”

守门人这时才大喘气地说道:“他说叫学子张伯行前去见他!”

这下同学们愕然起来,连张伯行也一时摸不着头脑。

都山长忙对张伯行道:“你快随门房出去看看,有事再行禀告。”

张伯行应声答道,便赶紧随门房一起赶到门外。

只见一名县府衙役正在门前来回踱步。

看到门房和张伯行一起出来,忙迎上和色道:“敢问可是张公子?”

张伯行赶忙施礼道:“小可便是!”

衙役道:“这里有公子书信一封,我家老爷令我亲交你手。请公子签收,我好回去复命!”

张伯行一时如坐雾里。

打开信封,只见苍劲而流利的行草小字跃然纸上。张伯行读之,半晌无言!

上书道:

伯行我徒:

近况可好?

你我师徒,不觉近有一载未曾相见。从侧面处知我徒学业有进,为师甚慰之! 然,为师有言叮嘱,望记之。汝平素专事学问,无意功名,此之不妥也! 男子汉大丈夫,生于天地之间,建功立业当之为荣;退之,欲广览天下之书,遍学天下,岂是乡野一隅所能求矣。听为师一言,速返乡备战,迎接秋闱,莫负为师一片良心也!

三
科考之路

（一）童子试案让张伯行对科举考试舞弊之事深恶痛绝

于是，张伯行一心攻读起来。

此时正逢惊蛰时节，张伯行心情难以平静。他登上北楼楼顶，极目远眺，原野上已是一派青翠景象。冬小麦已然返青，群鸟在歌鸣。他不由地想起一句农谚："过了惊蛰节，春耕不能歇。"

张伯行暗想道："学业也是不能歇的！"

张伯行决定马上行动，他遵照恩师倪公的话去做。从柘城朱阳书院回来，他马不停蹄地到仪封县城拜望恩师。恩师让他早做准备，先入县庠，再试秋闱。

那次恩师写给自己的信，又赫然于眼前：

> ……汝平素专事学问，无意功名，此之不妥也！男子汉大丈夫，生于天地之间，建功立业当之为荣；退之，欲广览天下之书，遍学天下，岂是乡野一隅所能求矣。……

日夜苦读的张伯行，在恩师倪公的教导之下，成绩斐然。在仪封众学子之中，早已是人人皆知的青年才俊。

二月，他奉师命参加入邑庠的考试。他要经童子试入邑庠学习，而后一路过关斩将。

这童子试亦称童试，分为"县试""府试""院试"三个阶段。

县试在各县进行，由知县主持。一般在每年二月举行，连考五场。

县试通过后，进行由州府官员主持的府试，在四月举行，连考三场。

县试、府试通过后，便可以称为“童生”，参加由各省学政或学道主持的院试。

当朝的院试是每三年举行两次，由皇帝任命的学政到各地主考。辰、戌、丑、未年的称为岁试；寅、申、巳、亥年，称为科试。院试得到第一名的称为“案首”。通过院试的童生都被称为“生员”，俗称“秀才”，算是有了“功名”。

张伯行于这年四月通过府试，八月接着参加院试。待乡闱揭榜，张伯行名列第四。

听到张伯行榜上有名，宫保府顿时热闹起来。由于东冈公张岩的威信和张家的为人，前来祝贺的亲戚朋友和乡邻可谓络绎不绝。就连平日不爱说话的张岩，这天也是少有的笑语欢声。

这天一大早，张正保便带领大黑、大仪把宫保府装扮一新。先更换往常过年时才撤下来的两个大红灯笼，院子里里外外全部打扫干净。东冈公张岩决定在宫保府摆几桌宴席，以谢众位亲朋。天将晌午，见来人太多，东冈公便令张正保临时将桌椅板凳搬到院子里。大家坐在春日阳光下，自是暖意融融。

宴席马上就要开始。

东冈公张岩站起来向大家一揖道：“众位宾朋，老少爷们，欢迎各位到来！犬子黑孩儿得众亲友一贯鼓励，加上他自己肯用心尽力，今日得报喜讯，排童子试第四名！”

下面顿时欢声雷动起来。

有人大声贺道：“祝贺东冈公家中添喜！”“祝贺张伯行秀才得中！”

有一德高望重的李老先生说道：“诸位，但请大家静静，我有一言要说！”

众人道：“但讲无妨！”

李老先生道：“想张氏一族，以德为上，勤家业，慕四邻；自身耕耘，不忘周济乡亲。如此之家，当出高官；既出高官，必是清官！”

在场人齐呼：“必是清官，必是清官！”

弄得张伯行好生不自在。

最后，张伯行亲自把盏逐桌地向众亲友致谢，大家又再次向张伯行祝贺！

由于有父亲在场，出于尊重，再加上张伯行不事张扬的个性，这次贺宴，张伯行一直没有多说话。直到太阳落山，大家才一一拜别。

是晚，夫人王凤仪让桃花姑娘早早抱走灵儿安歇，又给张伯行炒两样小菜,煮两碗银耳羹汤,并斟上一壶仪封醇酒,在寝房要与张伯行小酌几杯。

夫妻俩已改人前正色的做派,两人想独自享受一下人间温情。

只听王凤仪打趣道:“秀才老爷在上,小女子这厢有礼!”

言罢作抱万福状,逗得张伯行哈哈大笑。

张伯行也要起坏来,说道:“免礼,免礼!时间已是不早,娘子还是歇息吧!”

然后,做个拉扯的动作,把王凤仪吓一大跳。

王凤仪忙用袖头作教训状,嚷道:“让你作践,让你作践。”

张伯行道:“娘子饶命,娘子饶命。”

然后对王凤仪道:“适才,我想起一句话,非常应当下之境。”

王凤仪道:“是何?快说。”

张伯行道:“那就是‘秀才遇见兵,有理说不清’。”

此言一出,王凤仪却愣在那儿,充满爱意的目光柔柔地盯着自己的男人。她暗下决心:“我夫如此高才,此生当倾心服侍。”

一天,大黑风风火火地跑到北楼来找张伯行,边喘息边把一封信递给张伯行。张伯行打开一看,顿时愣在那里。

原来,这封信是邑馆送来的。大致意思是说,由于上次院考出现多人作弊,本次参考人员成绩一概作废。最后还说,所有人等暂时在家,静读诗书听信,云云。

考个第四名,却如此结果,张伯行一时如坐云里。

这到底是怎么回事啊?

原来,有人揭发考场作弊事件,有三位学子答题都一样。然后,把这件事捅给省府郑学政。郑学政知道后,很是气恼。他担心万一康熙爷知道,那麻烦可就大了。因为康熙爷对科考时时关注,向来以严厉闻名。看来主动处置才是首选,郑学政立即率人进行调查。怎么调查?那就先从三个作弊者身上下手。最后终于弄明白,原来是考生汪仁陪作的怪。

这家伙,前些年本是一市井泼皮,一日街上遇到一位算卦先生。也许是老先生有意点化他,想让他做个好人吧,便煞有介事地说他有读书做官之命。从此,这家伙还真的专心读起书来。可是他原来那点根基太差,眼看着要参加童子试,他就动起歪心思,从游走各地的押题人那里买一本袖珍“夹带”。

不想被相邻的考生朱万彦和常永帆看到，于是两人便威胁他，如不让抄，就去报官举报。他害怕被揭发，便只得快些抄袭，然后传给他们。这便是考试作弊的全部经过。

可是，问题来了。许多没有考好的考生不愿意，声言如此朗朗乾坤，皇恩浩荡，竟出这般大逆不道之事。那些考得好的都有作弊的嫌疑。如果不给个说法，就要到京城上告。

这下可让郑学政作了大难。最后，一不做二不休，郑学政做出一刀切的惩罚，即宣布所有考生的成绩全部作废。这下焦点立马转移，无论是成绩好的还是成绩差的考生，甚至这些考生的家人，都异口同声大骂那三位作弊的考生。

因三人共用藏于袜子中的袖珍"夹带"，才导致这场影响极坏的童子案。

这对刚刚接触科考的张伯行，无疑是重重一击，也让他对科举考试舞弊之事深恶痛绝。同时，也为他日后坚决清查江南科举考试舞弊案埋下伏笔。

直到三年后，张伯行才补廪膳生。其间，恩师倪公一直都在鼓励他，让他不要灰心丧气，经得起考验！

经过一次人生沉浮的张伯行，几经调整，也暗下决心："此生不管当官否，但求登科验我才！"

（二）他把目光投向那个连名字也充满着矛盾的古城开封

光阴似箭，日月如梭。转眼又到康熙十四年（1675年）秋八月。

这一天，桃花姑娘带着三岁的灵儿在宫保府后花园里玩耍。灵儿看到有一只粉色蝴蝶落在旁边的小草上，忙蹒跚着追起来。桃花姑娘见她追得急，也赶紧紧跟在其后。

她们追着追着，眼见得这只蝴蝶飞进后花园东墙根的小荷花池里。然后，落在一朵大大的荷花上。

这下，小闺女不愿意，一个劲儿让桃花姑娘给她逮住。最后，干脆哭闹起来。

桃花姑娘忙哄她道："别哭，别哭！咱们到前院拿个杆子就逮它！"

可灵儿人小鬼大，死活不挪地，嘴里嘟嘟囔囔地喊道："你去拿，你去拿，我在这儿看蝴蝶！"

弄得桃花姑娘好不为难,暗道:“我的姑奶奶,我去拿,你要是落水咋办啊!”

正这时,突然传来一声轻嗔:“是谁在此撒娇?”

不知何时,少夫人王凤仪从前院转过来。

说也奇怪,小闺女见到王凤仪立马止住了哭声,小嘴噘着,却不敢再撒泼。

王凤仪也不戳破,话锋一转,问道:“灵儿,娘教你的荷花诗,快些背与为娘听听!”

只见灵儿顿时像换个人似的,便奶声奶气地背诵起来:

江南可采莲,莲叶何田田。鱼戏莲叶间。鱼戏莲叶东,鱼戏莲叶西,鱼戏莲叶南,鱼戏莲叶北。

王凤仪道:“灵儿真能,已经会背一首荷花诗啦!”

桃花姑娘插话道:“少奶奶,难不成荷花诗还有许多吗?”

王凤仪道:“这个当然!”

桃花姑娘道:“少奶奶再教灵儿一首呗!”

灵儿也嚷道:“娘,再教一首给灵儿听!”

王凤仪道:“也罢!”

便背诵一首南宋杨万里的诗来:

泉眼无声惜细流,树阴照水爱晴柔。
小荷才露尖尖角,早有蜻蜓立上头。

灵儿和桃花姑娘虽不知何意,却觉得这诗从王凤仪的口里说出异常愉悦。她背诗的样子也异常温馨,便都闹着让王凤仪再背一首。

王凤仪正色道:“我已不会背诵。若想听,有一人背得多,请他来背。”

灵儿问道:“是谁背得多?快些让他来背!”

王凤仪道:“他呀,便是灵儿的爹爹!”

这年秋天,眼见得豆叶儿发黄,又是一个丰收的季节!

经过半年苦读的张伯行,决定参加这年八月在省城开封举行的乡试。

这次,张伯行又要出发远行。所不同的是,这次出发不是求学,而是要验证这么多年的学习成果。无论前面的路是坦途还是坎坷,他都得义无反顾地走下去!

对,他把目光投向开封,就是那个连名字也充满着矛盾的古城开封。那个信陵书院觅书声的开封,那个深夜金明池畔雨的开封;那个铁塔行云州桥明月的开封,那个相国霜钟梁园雪霁的开封;那个与王原祁在京古斋巧遇而后八拜之交的开封,那个陈维崧吟诗作赋蛰居诗云书社的开封。

从此,无论是山穷水复,抑或是柳暗花明,从仪封县,到开封府,一步步,一重重,张伯行都走得步伐坚定,行稳致远。

这次,本来张伯行想自己一个人去开封的,因为他熟悉这个城市,热爱这个城市,向往这个城市。这个城市的一草一木,这个城市的大街小巷,这个城市的风土民情,这个城市的喜怒哀乐,都已经深深融进他的血脉之中,成为他生命中的一部分。

可是,少夫人王凤仪不愿意,老夫人耿小俊不愿意,东冈公张岩不愿意,还有大黑、大仪、张正保、李馍头等等上上下下的家人也不愿意。没有办法,他只有接受这种疼与爱。

这不,大黑执鞭,大仪陪同。离应考还有十日,他们就一同出发。

一路无话。

临近晌午,他们就赶到开封,依然住在上次买定亲礼品的大金台旅馆。店主人见老主户来到,又是应考秀才,自然是热情似火,和小二一起忙前忙后,要把张伯行他们安顿下来。

张伯行却说道:“掌柜慢来。只安排我一人住下即可,他们吃过饭还要回去。”

这时,只见大仪表情很严肃地对张伯行道:“少夫人知你不允,已给我俩拿足银子,让我们等你考完再回。”

不等张伯行说话,又说道:“少爷,你想想就你手头那点银子,如何够花!再者,我俩从不捣乱,早晚也有个照应。”

张伯行顿时无语,暗想:“我家夫人好生厉害。”

大仪对店家道:“店家一切听我安排,给少爷安排僻静之处,我俩随便安排则可。”

大黑也在一旁帮衬道:“听吧,没错!听吧,没错!”

弄得王掌柜只得按照大仪说的去做。

(三)只有心存敬畏,守住底线,才能在人生考场上立于不败之地

来开封的第一天,张伯行与大仪、大黑早早用过晚饭。回到房间,刚刚准备拿书来看,突然,听得有人敲门。他以为是店小二送茶水,便说请进。

待来人走进房间,他却发现并不认得。

只见来人有二十四五岁,一身书生打扮,窄长面孔,细目薄嘴,瘦长身材。

张伯行一脸狐疑地问道:“敢问公子所为何干?”

那人道:“仁兄在上。我乃禹州学子,贱姓王,王子晕也是应试秀才。见仁兄早来,便来讨教。”

张伯行道:“贤弟客气,同为天下读书之人,只管说来。”

言罢,二人一起谈起诗书典籍。

这王子晕但有一样,一些出处倒是知道,但始终不得要领。

张伯行以为他初次见面,可能不好意思高谈阔论,便没有向深处想。

谈论片刻,王子晕见大仪来房里探看张伯行,便起身道别,并说道:“仁兄,今天先去歇息,明天再行讨扰。”

张伯行忙将其送出门来,与他道:“贤弟慢走,有空过来。”

待回到房内,大仪问他道:“这人来此做甚?”

张伯行道:“也是应举之人,串门探究学问。”

大仪道:“少爷,我观此人眼眯成缝,难见其瞳,小心是奸邪之徒。”

张伯行道:“刚与相识,怎可只想人坏?”

见大仪面色难看,又说道:“我自有分寸,请勿多虑。”

然后,又对大仪道:“这开封有许多好的去处。明天吃过早饭,你带大黑转转,也长长见识。”

大仪道:“那我二人走后,少爷你怎么办?”

张伯行道:“我一个大活人有手有口,且吃住在店里,又能怎样?你们只管玩耍,不要管我。”

大仪还想说点什么,张伯行劝道:“勿念,且去休息吧!”

第二天,张伯行等三人早早地用过早餐,便进房里用功。

突然,又有人轻声叩门。张伯行道了声:“请进!”见来人又是昨日来过的王子晕,便有些不解地问道:“贤弟可有见教?”

王子晕神色诡秘地对张伯行道:“我观公子古道热肠,今有一竹笔想献于仁兄一观。”

说着,从袖中拿出一支高杆毛笔来。只见笔杆上雕刻有“文曲下凡,天定魁元”八字精美小篆,其他部位以牡丹花分布相衬,煞是好看。

张伯行道:“此是好物,但不知贤弟何意?”

王子晕道:“常言道,‘鲜花送美人,英雄配宝剑’。这好笔也应配才子,像仁兄这般握之当是绝配。如若不嫌,就送与仁兄。”

张伯行道:“无功受禄,寝食难安。”

王子晕道:“仁兄如此豪爽性格,如真个喜欢,十两纹银即可。”

张伯行微微一惊,暗道:“此人意为作何?”

霎时便想起大仪的提醒,遂沉静地说道:“贤弟,此物定是宝物。只是我不掌管银子,待家人回来再做打算!”言罢,作翻书状。

王子晕见张伯行冷淡,便说道:“仁兄别不信,用过这笔,保你高中。以兄台之才,还不考个解元?”

张伯行道:“会如此神奇,只是我这学问不济。”

王子晕见状有些着急,只管用起激将法来,说道:“这十两只是笔杆之价。”

张伯行有些摸不着头脑,说道:“难不成笔毫更值钱?”

王子晕笑道:“看来仁兄故装糊涂。不是笔毫,而是笔芯,没有一百两纹银很难拿走。”

这时,张伯行已知必有埋伏,便想探个究竟,便假意道:“什么宝贝,这么金贵?”

王子晕方知张伯行是个雏儿,手上极速一抠,看似浑然一体的毛笔从顶端打开。然后,倒出一卷细宣纸来,上面密密麻麻用蝇头小楷抄写的,全是“四书五经”等科考所需文字。

张伯行心里暗暗吃惊。他正在思索如何对付王子晕的时候,已经听到院子里大仪和大黑的说话声。

原来,今天初次外出,大仪有些放心不下,总怕出些纰漏,便只在马道街随便转转,刚巧看见"华子火烧店"。这华子火烧也是开封名吃,一天光葱白就需要七十斤。平时来买,需要排半个小时的队。现在饭时已过,食客较少,大仪便趁势买上几个。他和大黑一人一个,走着吃着,然后趁热给张伯行送来一个。

也真是赶早不如赶巧!

张伯行听见大仪"噔噔"的上楼声,心里便越发沉稳起来。

可王子晕却有些慌张,赶紧把那卷小抄塞进笔杆里,然后放在桌子之上。

大仪进屋见王子晕与张伯行一起,再看看两人表情都有些奇怪,感觉到其中定有问题,但也没去问,只把两个火烧放在张伯行跟前,说道:"少爷,给你买个华子火烧,你且尝尝。"

张伯行没有接他的话,却甩出一句没头脑的话:"大仪,咱们银两可多否?王公子这里有一杆笔要卖与我,需纹银一百两。"

"什么宝贝,这么值钱?"大仪和张伯行交换一下目光,问道。

张伯行道:"王公子这笔里有个机关,故而值钱。"

说罢,把笔杆顶端打开,倒出那卷小抄。

大仪立马会意,对张伯行道:"少爷莫嫌大仪不讲情面,我这就叫大黑过来抓人送官。大黑那功夫,有十个八个也立马将其打倒!"

再看王子晕那张窄脸,顿时变了颜色,也不答言,从张伯行手里夺过毛笔,一股风地跑下楼去。随即,王子晕就搬到其他店里,一去不返。

通过此事,张伯行愈发地感觉到无字书的重要,也发现大仪的聪明过人之处。他,大黑,大仪,配合默契,心领神会,可谓天生绝佳搭档。

张伯行觉得:考场无时无处不在,答卷时刻都得用心去做。只有心存敬畏,守住底线,才能在人生考场上立于不败之地!

(四)张伯行深深明白:教化之流,非家至而人说之也

来开封已是第四天。

通过王子晕事件,张伯行感觉自己成熟许多。但现在还顾不上仔细思

虑,他的心思只能放在读书学习上。

为了让大仪、大黑他们在开封过得充实,一大早,张伯行就把两人叫到跟前,要求他们可以出去玩,但是说话要和气,不能招惹是非,也不要上当受骗。

张伯行让大仪利用这几日时间,教会大黑十个字,弄得大黑脸儿立马涨得像个紫茄子,好说歹说不愿学。

最后还是大仪打个圆场,说道:“努力认识十个字,会写不低于六个字!”这才算谈妥。

后来,几人商量,以后这几日,大黑、大仪每人半天在店里轮班,直到张伯行上考场。等到正式考试,两人必须保证时时在场外恭候。

张伯行见他俩坚决,便不好再说什么。

却说这天傍晚,大金台旅馆又入住两名前来应举的秀才。前面一位矮个子,长得敦敦实实,后面一位却生得瘦长枯干。

往脸上看,只见前面那位浓眉大眼,厚唇方口,面色红润,鼻子尖透着亮光。再看后边那位,断眉小眼,窄脸薄唇,脸色暗淡无光。他们一边走一边在争论着什么。

店家王掌柜见二人进来,忙起身相迎。登记籍贯、住址之后,王掌柜说道:“请问二人是合住还是分住?”

瘦子忙接话道:“合住合住。”

王掌柜接着问道:“是各付房钱还是合付房钱?”

矮子还未接话,瘦子忙说道:“合付合付。”

说着,示意矮子掏钱。

这时,矮子终于轮到说话。他语速很慢却很有力地说道:“两个房间,各住各的。房钱我一起付与你。”

办罢,也不看瘦子,自管自地跟小二走进房间。

说来也巧,他们的房间门竟然和张伯行的相对着。

天还没有亮,张伯行便起来攻读。直到树上的麻雀醒来,直到房檐下的燕子醒来,直到七角八巷七十二胡同醒来,直到沉睡千年的开封城醒来。

张伯行稍稍停顿,闭目养神。他在想,只有醒来,才预示着一段黑暗的结束,才预示着一段混沌的过去,才预示着一个充满生机的白天的到来。

他正在享受这种短暂的安逸,突然听到对面房间传出吵闹声。开始声音不算太大,不一会儿便吵得有些不可开交。从声音里,他明显听出就是昨天入住的那两个秀才。

他们因何吵架,张伯行并不想理会。可是他们声音越来越大、越来越放肆,以至于毫无遮拦,不绝于耳。

只听那矮子说道:“如此欺人太甚! 讹人不成?”

再听瘦子道:“你说讹人就讹人啦? 不买就是不行!”

接着矮子说道:“你这一路吃喝都是我的,你竟如此无赖!”

瘦子说道:“只当垫付的,白吃你不成?”

又道:“你且买下这物,我就还你银两。”

矮子道:“我只道此物甚好,并无想买之意。”

瘦子道:“将此物放到你处三日,就是要买。如此之误,我怎卖他人?”

矮子道:“我只道此物是你遗忘,并无想买之意,况早已送还。”

如此,二人你一言我一语,早把院内客人吵醒。大黑、大仪怕惊扰张伯行,便随着王掌柜直奔矮子房间。

王掌柜进门抱拳道:“两位公子听好,本店客人尚未起床,有事请忍耐些!”

大黑眼一瞪道:“如此婆娘一般,岂不丢人现眼?”

大仪怕有不妥,便好言相劝道:“二位仁兄,店里都是应举秀才,有事暂且忍下,等考过再说。”

接着道:“如实在忍不住,且请店外理论。”

见几个人攻势太猛,二人顿时哑然无语。

只见那矮子憋得脸色通红,抱拳道:“不得已叨扰各位,在下在此谢罪啦!”

然后,对瘦子道:“你我到店外理论,不得在此扰人。”

瘦子道:“怕你不成。”

二人摔门而去。

张伯行与大黑、大仪从小门走出,到隔壁又一新饭店共进早餐。他们一直默然无言,也吃不出个酸辣甜来。几个人在想:此二人到底因何争吵? 如此状态,如何应考? 还有,若还在店里吵闹,势必影响其他考生,这其中就包括自己。

想到此，他决定过问一下，说不定会有个好的结果。

张伯行吃过早饭，便准备进房间读书。这时，他看到那个矮子从外面悻悻地回到房间。从行走中，张伯行明显感觉他的情绪中有一些低落，还有一些愤慨，更有一些虚弱或憔悴隐于其中。

张伯行看看大黑、大仪尚在楼下，忙小声呼叫大仪上楼。大仪见状，连忙快步上来见张伯行。

二人走进房间，张伯行对大仪说道："你且去对面把那位矮个子秀才请来，就说我有事要见他。"

大仪道："我这就去请，但请少爷莫要耽误读书。"

张伯行道："我自有主张，放心则可。"

片刻，大仪领矮子走进房门。

两人施礼一毕，张伯行道："在下张伯行，乃仪封学子。得见公子，幸甚幸甚。"

矮子道："鄙人赵子昂，乃杞县人士，学兄有事只管讲来。"

张伯行道："学弟免礼！你我马上应举，这里随便叙叙。"

赵子昂道："难得学兄瞧得起，我当讨教则个。"

张伯行道："我们静坐推演就是。"

两人坐定，张伯行又道："见学弟也是知礼之人，但不知今早因何喧哗？"

赵子昂顿时嘴角微颤，皱眉叹息道："一言难尽。"

然后，便与张伯行细说其中缘由。

原来，他与那个瘦子本是同窗好友。那瘦子名叫胡大山，也是杞县人士。小时两家生活也算殷实，谁知，胡父染上赌博恶习，没有几年家就败落。更有甚者，后来酒后伤人，便被判了个充军之罪。剩下大山母子俩也怪可怜。邻里之间，没少周济。

"我虽与他不是同村，但毕竟同窗。平时也是不断与他带些生活和学习所需，直到他考上秀才也没有终止。这大山学习较为努力，人也聪明，在学习上也没少帮我。这一来二去，他好像以此为资本，直把我的周济当作理所当然，还放言道：'我不帮你，以你之才，如何考得上秀才。'早几日，大山从家里拿来一块砚台，说是祖上留下的宝贝，让我饱饱眼福。说什么谁谁愿出五十两银子，都未舍得卖他；又说什么'肥水不流外人田''如相中，就放你处。'说着说着,就借故离开。后来我一琢磨,他这不是算计我吗?我俩这么多年,我太了解他的为人。他这人就这样,不管你如何帮他,他都不认。说他是用某某换来的,是他应该得到的。这次,他本来盘缠不够,不好言相借,却要强卖个砚台与我。五十两纹银我不理他,又降到二十两我还不理他,我压根就不想买。他却越来越有劲,说什么不买,大不了都不应举。"

张伯行听过赵子昂的讲述,稍作停顿,问道:"如何相缠,就未想到经官?"

赵子昂道:"本是多年同窗,若如此日后难再相见。"

张伯行暗道:"看来此人也是厚道之人,我且帮于他。"便道:"想那大山也非大恶之人,定是生活所迫和性格逞强使然,以后必能幡然醒悟。"

赵子昂道:"但愿如此。"

言毕,返身告辞不提。

且说张伯行送走赵子昂,稍作思索便唤大仪上楼。

大仪进得门来,张伯行便小声吩咐如此这般,大仪点头称好。

大仪从张伯行房里出来,马上绕到胡大山门前。片刻,便敲开房门。

胡大山忙问:"来此有何贵干?"

大仪道:"进屋细说则个。"

胡大山把大仪让进房间,问大仪道:"有事请讲。"

大仪道:"我为砚台而来。"

胡大山道:"砚台又不卖你,还请回转。"

大仪问道:"这是为何?"

胡大山道:"我只卖杞县赵子昂。"

大仪道:"我便是为此而来。"

胡大山道:"那赵子昂为何不来,偏叫个外人掺搅。"

大仪道:"赵子昂言称你俩见面就吵,难以成事。今特邀我从中调和,愿能玉成。"

胡大山道:"原来如此,那样最好。"

大仪道:"砚台在哪?拿来以观。"

胡大山于是从背囊中取出砚台。

大仪一看,是一个做工精巧的木砚。待拿到手中仔细掂量一下,原来是枣木砚。

大仪眉头顿时皱成一团,问道:“这个实价多少?”

胡大山道:“实价需二十两纹银。”

大仪脸色难看地回道:“莫怪赵公子不买,你本是一普通枣木砚台,最多值两个铜钱,你竟如此贪心。我对砚台倒懂得一些,但说这木砚盒,用材上好者有紫檀木、鸡翅木、香红木、花梨木、楠木,数枣木是为最次。如此漫天要价,我看还是不管吧!”

说罢,起身欲走。

胡大山见大仪生气,便低声下气道:“小哥莫走,且帮忙成全。”

大仪道:“至多二两纹银与你。”

胡大山道:“再涨些,帮忙撮合。”

大仪道:“涨也可,只是所涨有限。最多四两银子,事事如意四季发财之意,我也好回他。就这,你也得立个字据,上书砚台归属,并从此不拿此说项。”

胡大山道:“小哥从中调和,四两就四两罢了。你一会儿把钱给我,砚台就交付与你。”

一会儿,大仪将四两纹银交于胡大山,胡大山将砚台及所写字据一并交于大仪。

此事才告一段落。

应试之后,赵子昂和胡大山方才知道,是张伯行自己掏钱购买砚台,从中调和之事,便一同前来致谢和道别。

那胡大山更是满面羞愧,直要退给张伯行银子。

张伯行好说歹说,总算让他依旧拿着。

然后,又鼓励他好生做人治学,这里暂且不提。

且说张伯行对这几日发生的事颇有感触。他越发感觉到,民需教化,此事紧迫感更甚。

为此,他想起朱熹老夫子在《诗经集传序》中写的一段话:“惟圣人在上,则其所感者无不正,而其言皆足以为教。其或所感之之杂,而所发不能无可择者,则上之人必思所以自反,而因有以劝惩之,是亦所以为教也。昔周盛时,上自郊庙朝廷,而下达于乡党闾巷。其言粹然无不出于正者,圣人固已协之声律。而用之乡人,用之邦国,以化天下。”

他又想起当今圣上传于书院的一句圣言,叫作“法令禁于一时,而教化维于长久”。

但他深深明白“教化之流,非家至而人说之也”,其任重而道远!

看来,他张伯行以后在这方面需要下下功夫的。

(五)纵使跌倒一万次,也没一个不爬起来的理由

又一个丰硕的秋天来到。身处豫东仪封县的张伯行,这几年可谓初尝人间甘苦。

“男儿欲遂平生志,六经勤向窗前读!”

这一天,张伯行依旧在北楼伏案苦读。可读着读着,便有些读不下去,近年来所发生的一幕幕又闪现于眼前。

不是吗?感觉良好的第一次乡试,自己以失落收关。

不是吗?几年前考秀才时明明考个第四名,却因童子案而无辜作废。

是的,这些际遇,如果搁在意志薄弱的人身上,可能已经跌倒爬不起来。曾几何时,这些困惑,像一团一团浓雾直接就把自己困在里面。无论如何想冲出来,结果都是徒劳。

这些困惑决不同于读书之时遇见的困惑。

读书时遇见的那种困惑,大不了再多读几遍。

所谓的“读书百遍,其义自见”是也,所谓的“不耻下问”是也,所谓的勤学勤思多思是也。

可如今科考却大不相同,在这个朝气蓬勃的大好年华里,又怎么能有那么多精力去读它、问它、思它、悟它呢?

好在,他张伯行有一帮信任自己和支持自己的亲人,其中有父母妻子及家人;

好在,他张伯行有那些一直鼓舞自己的恩师,像启蒙恩师秦公,表叔傅公,知县倪公,柘城都公、何公等;

好在,他张伯行是以治学为目的,科考只是他验证学习成果的一个渠道。

张伯行起身来到窗前,向着宫保府方向望去。

他似乎听到大女儿灵儿呼喊爹爹吃饭的声音,也似乎看到襁褓中的二女

儿英儿正在抿着小嘴冲他微笑，当然还有夫人王凤仪那饱含幸福的眼神，以及父母双亲那投来的慈爱目光。是的，这些都是他张伯行的原动力。没有这些，他真不知前面的道路还能走多远！

是的，他记得，康熙十六年五月，他被补增广生。

康熙十七年七月，他在众多的生员之中被提为廪膳生。

难忘督学大人阅读自己文章后，竟然与众人道："昌明博大，远到之器！"遂拔置第二。

从此，饩于庠。

从此，真正成为秀才相公。

这些依稀就发生在昨天。

想到这些，他暗暗地叫着自己的名字："张伯行，你纵使跌倒一万次，也没有一个不爬起来的理由！"

此时此刻，张伯行想起不知道是谁说的一段话：

"给我一个许诺，一个从没有兑现过的许诺。给我一个希望，一个像绝望一样无望的希望。如果你给了我这么多，我仍在黑暗中，那就给我一个想象吧，一个穿透黑暗、照亮我和你的想象。从此，我就会坠落，或者升腾。从此，无论是坠落，或者升腾，我都离不开你，离不开泥土。"

康熙二十年(1681 年)，三十一岁的张伯行，于八月初九要参加在省城开封举行的乡试。初八下午，许多秀才就三三两两地奔向考场，这考场就设于开封城东北部的河南贡院。

刚过子时，各地前来应举的秀才就已云集在贡院门前。大黑、大仪一步不落地跟随在张伯行的左右。

只听大仪对张伯行说道："少爷，我与大黑就送你到这儿啦，我们就在店里等候少爷喜讯。每三天我们都来看看，少爷安心应试就是！"

张伯行道："这个知道。这九日，你们也别闲着。大黑依然跟大仪习字，大仪可要抓紧阅读我带的那些书卷。你两个好生在店里待着，切莫胡乱滋事。"

大黑道："少爷，你就放心吧！我与大仪遵命。"

就在这时，只听号炮连天，寅时已到，贡院的两个大门同时打开。应举的秀才听闻炮声，急忙排队进场。

三人见此,只得急忙挥手别过。

张伯行与其他考生一样,都是“白足”“提篮”,遵守“穿拆缝衣服、单层鞋袜,只带篮筐、小凳、食物、笔砚等物,其余别物一律不准携带”的规定,方才进入贡院。

所谓“白足”,说通俗一点,就是光着脚丫子。为防止考生舞弊,清政府严立搜检之法。当考生进入试场时,大批搜检人役两行站立,令士子从中鱼贯而入,以两人检一人,严加搜索。士子们要“解衣脱履”,甚至“裭及亵衣”。所带糕点,也要切成小块,加以检视,就连“辫根谷道,无不搜及”。学子们要“脱履”接受检查,即为“白足”。

再说“提篮”。篮子是当时应试士子的必备之物,称为“考篮”。因为按照规定,乡试、会试都是考试三场,而每一场都要连考三天,其间,不准外出,而且衣、食、住等各方面所需全部用品,都要自理。因此,考生们每一次进入试场时,都要带齐这三天中所需的一切物品。诸如笔、墨、纸、砚、锅、碗、筷、勺、蜡烛、木炭、被褥、门帘、各种食品等,都要由考生一人带入。这样,考生们就需要准备一个篮子,以便将这些物品装入篮内,携带进场。这种大考篮,一般用柳条、藤条、竹篾编制,而且要编成玲珑格眼,底面如一,以便检视。

且说这河南贡院,共拥有考试号舍两千余间,规模宏大,气象万千。抬头还可见开封城墙,巍峨雄壮,挺拔耸立,在秋日之下不怒自威。贡院另有主考、监临、监试、巡察、同考等官员的官房百余间,再加上膳食、仓库、杂役、禁卫等用房,更有水池、花园、桥梁、通道、岗楼等用地,成为除京师以外北方最大的贡院。

贡院大门正中有贡院匾,内建仪门、龙门,再进为明远楼,专供巡察人员眺望之用。后为至公堂,至公堂东西两侧为外帘,供管理人员居住。至公堂后为内帘,供考官居住。

(六)苍天有眼,让张伯行有幸同时遇见三位德才兼备的伯乐

张伯行进入河南贡院,只见考棚密密层层,成排连建,拥挤得就像蜂房一样。每间考棚长一丈,宽八尺。棚顶是树皮搭盖,天晴酷热,大雨还要打伞。考棚又称“号舍”“号子”,按照《千字文》千字序编列。每排为一字号,考生每

人一间,每十个号子为一弄;一弄之间可以来往,但不能出弄。

这种号舍十分简陋。每间都是三面有墙,前面敞开,没有门窗。间宽三尺,深四尺,低矮狭小。房间两边墙上设有两道板槽或砖托,一高一低,各支一块长条木板。高者就是桌子,低者就是凳子;晚上就寝时,将高的木板取下来与低的并齐,就成为睡床。每到夜晚,需要挡风遮雨,防止蚊虫,考生们还得挂上自备的门帘。号舍里"孔孔伸头,房房露脚,似秋末之冷蜂",其窘状可知。巷口有栅栏门,巷尾有厕所。考生入号后,即将栅栏门关闭上锁,等交卷时方可开。

进入考场后,在这种狭小的空间里,考生们一待就是三天两夜。吃、住、作文都在里面,不准出考场一步。根据朝廷的乡试制度,乡试分为三场。从八月初九开始,每场考三天两夜。当第一场三天考试刚结束,紧接着就是第二场、第三场,总共需待九天六夜。这期间,考生的吃喝拉撒全都在一个高六尺、深四尺、宽三尺的号舍里,连做饭、烧水全要自己动手。每年的农历八月,正值"秋老虎"之际,蚊虫张狂肆虐,气候闷热异常。此时,放置于号巷尾部厕所内的粪桶,经暑气一蒸,臭味弥漫,令人窒息。等到考试全部结束时,考生们已经被折腾得"神情惝恍,天地异色,似出笼之病鸟"。

可见,学子之艰!可见,科考之苦!

且说本场科考,朝廷依旧选派正副主考官,试"四书"、"五经"、策问、八股文。具体规定:首场试"四书""五经",二场试《孝经》,三场试经史时务。

答卷已经开始,但见"红花静开,绿鸟不鸣"。

正是诗中说:"紫案焚香暖吹轻,广庭清晓席群英。无哗战士衔枚勇,下笔春蚕食叶声。"

进入第一场,张伯行没有丝毫的怯意和乖张之态,觉得自己状态越来越好。

在闭目思索时,张伯行仿佛看见柘城的何公就站于自己面前,似乎又听到他洪亮的声音:"鱼龙各行其道,乃自然之法,我辈不可擅变。自然之法,乃圣贤之法也,反之亦然。"

他仿佛看到仪封知县、恩师倪公,倪公那谆谆教诲又回响于耳边:"我观世之学子,名曰捧读圣贤之书,却是五谷不识。其上欺于君,下欺于民,实辱圣贤。大伪之学,我深恨之!"

张伯行谨记并回味恩师的金句，于是借以古圣贤之口，下笔撰文。三日的文章，他不到一日便已经玉成。

这正是："此处无声惊雷起，一支竹笔赛神龙！"

其文之佳，可借诗一首而赞之：

竹林文章伯，国士无与双。
比来少制作，非以弱故降。
景阳机中锦，犹衣被丘江。
时时能度曲，秀句入新腔。

好容易熬到交卷，张伯行这才如释重负。他没有任何忐忑之心，而是透过考棚的缝隙遥望天际。那里好像有一张长长的试卷，在等他提笔蘸墨撰写。

却说本场三位考官，个个都是德艺双馨之人，均为朝廷所倡导的"人品端方、学问醇正"的饱学之士。他们是主考官施润章大人、副主考官刘元慧大人和副主考官郭天锦大人。

只见郭大人手捧张伯行所作《诗经》文章，不时击案叫好："好！好！好词！好句！好文章！"弄得刘大人和施大人同时放下手中其他学子的试卷，全神贯注地阅览起张伯行的雄文。

又听郭大人道："此文声转于吻，玲玲如振玉；辞靡于耳，累累如贯珠矣。且夸而有节，饰而不诬！"

刘大人道："我观此文暗合水性虚而沦漪结，木体实而花萼振，文附质也。缀文者情动而辞发，观文者披文以入情。"

施大人道："二位所言极是。吟咏之间，吐纳珠玉之声；眉睫之前，卷舒风云之色。此文既有气势，又有实物，还有虚迎，真大格局也！"

却说主考官施润章，字尚白，号愚山，宣城人，出身于书香门第。祖父施鸿猷，明万历年间著名学者。其父施誉，在施润章童年时去世；其叔施誉，学识渊博，世称砥园先生。施润章自幼即在叔父教养之下发奋读书，孜孜不倦；稍长，擅作诗赋、古文。他唯才是举，不问贵贱，在当朝可谓是德名远播。

副主考官刘元慧，直隶正定人，进士出身。顺治十八年，登辛丑科进士，官至顺天府府尹；康熙三十四年，升任宗人府府丞。乃是当朝康熙帝信任之能臣。

副主考官郭天锦,名崇,字于絅,号舒霞,晋江市金井镇钞岱人。十六岁时跟随其叔学习,增补成为泉州府国学生。康熙二年中举人,康熙九年殿试高中二甲第十二名,赐进士出身。康熙十八年,任河南商水知县。他廉洁爱民,断案如神;捐俸修颍水堤岸,以防灾患;创立学宫,亲为生徒讲授,评改文章。在任为官,两袖清风,深得朝廷信任和百姓爱戴。后来,因劳瘁殁于任上,妻子带着他的骸棺和行李归家后,竟无钱为他营葬。直至康熙四十七年(1708年),张伯行任福建巡抚时,"捐己资二百两",才将其下葬于惠安县龙盘铺。张伯行亲自主持郭天锦的葬礼,撰写墓志铭,并"令伊子经营书院事"。此虽为后话,也同时反映出张伯行是一位仁义忠厚之士。可以这么说,如果没有孜孜以求的青年张伯行,绝不会有那个既能叱咤风云又能知恩图报的中年张伯行。

单说后来三位主考官,都在张伯行所作试卷上题注批语。

施大人的批语是:"高老苍劲,有典有则。"

刘大人的批语是:"神气高卓,矩矱森然。"

郭大人的批语是:"根据天人,别树一帜。"

皆高调褒扬,实属不易啊!

"世有伯乐,然后有千里马。千里马常有,而伯乐不常有。"苍天有眼!让张伯行有幸同时遇见三位德才兼备的伯乐,让他时转运来,苦尽甘到,为他后来步入仕途、并成为国之栋梁做好铺垫。

四
高中举人

(一)捷报贵府张老爷张伯行高中河南乡试第二十名,京报连登黄甲

江涵秋影雁初飞,与客携壶上翠微。
尘世难逢开口笑,菊花须插满头归。
但将酩酊酬佳节,不用登临恨落晖。
古往今来只如此,牛山何必独沾衣。

——[唐]杜牧《九日齐山登高》

九月之美,美于成熟。这成熟不一定裸露于外,它可以藏在红通通的柿子里,它可以藏在绿油油的菜园间,也可以藏在群鸟的歌喉里。它暗含一个收获季节的到来,也暗含一个丰收时刻的到来。

所谓的“一年好景君须记,最是橙黄橘绿时”是也;

所谓的“炎炎暑退茅斋静,阶下丛莎有露光”是也;

所谓的“春种一粒粟,秋收万颗子”是也!

且说康熙二十年九月初九重阳节这天上午,从开封府到仪封县的官道上,只听得一片堂锣声声,急急驰来三匹快马。马鞍桥上坐着三位官家打扮之人,他们一边催马奔跑,一边高喊着什么。直到宫保府门前,人们才看出他们是报录的官人。这宫保府谁家的公子高中举人?还要问吗,肯定是东冈公张岩的大公子张伯行高中举人啦!

这边,早有家人报知张正保,张正保赶紧报知东冈公张岩。霎时,老夫人耿小俊走出来,少夫人王凤仪走出来,还有大黑、大仪、桃花姑娘、灵儿等都走

出来，就连东山墙上那几只鹁鸽也跳了出来。它们好奇地伸长脖颈，察看着这人世间正在上演的一幕喜剧。

可是，唯独不见这个剧中主角张伯行出来。

他到哪儿了呢？

直到东冈公张岩问道："黑孩儿快到了吧？"

大黑才从梦中惊醒，少爷此时还在东门外的北楼读书呢！他只顾着高兴呢，竟然忘记这场大戏的主角。大黑猛拍自己的脑门，连喊声"该打"，便撒脚向北楼跑去……

这边，东冈公张岩已与张正保商定，外面接待由张正保和大仪全权负责，家里面的安排就由他东冈公自己操持。

正堂居中早已安放一张太师椅，这是给举人老爷坐的，也就是给他儿子张伯行坐的。只有张伯行才可以坐在这个位置上，谁叫他是张家的佼佼者呢？两边放着几个圆木墩，是专门留给几个报录人坐的。

今天，他张岩只需坐在儿子的侧后即可。他只想见证一下张家这个出彩的时刻！

在太师椅和圆木墩中间，是一张黑色八仙桌。上面除放有茶水点心之外，托盘上还有几吊系着红绸的铜钱，每一吊足有一千个铜板。

不一时，大黑领着张伯行气喘吁吁地跑进来。张岩见张伯行随便坐在一个圆木墩上面，便有些不悦地指着太师椅道："我儿还不早些坐定！"

张伯行见父亲大人有些生气，只得从命。

人刚坐定，张正保已带着三个报录人走进正堂。

只见中间的报录人已经将报帖高高地升挂起来，上写道："捷报贵府张老爷张伯行高中河南乡试第二十名，京报连登黄甲。"

三位报录人齐声道："恭喜张老爷高中！"

其中一位精明干练的小个子，待三人唱和已毕，又朗声念起报贴来。其声抑扬顿挫、平仄合韵，外加上活灵活现的形体表演，让堂中众人齐声叫好。

不一会儿，二报、三报接续而来，也是各自表演一番。看客拥挤，满满一堂。张伯行连忙让张正保把喜钱发与报录人，并把他们引到客房里吃饭。

好不容易把报录人打发走，一波一波的乡邻又来道喜祝贺。

后晌，东冈公张岩把张正保叫来，让他赶紧布置一番。张正保立刻领着大黑、大仪他们，把宫保府悬挂上大红灯笼，包括北楼，也挂上灯笼张装点一新。所有的街道都打扫干净，树木和花草也都笑逐颜开，真个是“花径不曾缘客扫，蓬门今始为君开”啊！

然后，让桃花姑娘把全家人叫到一起，说要议一议如何庆祝张伯行中举和如何答谢乡邻的事。

只听东冈公道：“我儿黑孩儿，今高中举人，乃我祖上有德所至，理应大力喧贺一番。”

耿夫人也插言道：“亲朋好友正好一起相聚，这几日即可。”

少夫人王凤仪看看张伯行面有难色，便说道：“二老所言极是，举人老爷看看怎么安排？”

张伯行对父母微微一笑道：“以儿所言，大贺不宜！”

东冈公问道：“这却为何？”

张伯行道：“大贺费财不说，主要劳顿二老及家人，劳神也最大。想我每日读书，尚且不够时日。如大贺，多有不便！”

耿夫人道：“这么多与贺人，又如何应付？”

少夫人王凤仪接住话道：“依我看可这样。令张正保安排接待客房，凡来与贺的乡邻，都回赠一包点心，然后安排即时留下就餐；对那些亲戚可定本月二十六，集中来家聚会；其他挚友，来之安之，也不会误事。”

众人皆说此议甚好，就让张正保安排大黑、大仪他们去做。

这天夜里，张伯行直夸王凤仪会说话、能办事。

王凤仪道：“举人老爷有事，小女子敢不伺候得体！”

然后又说道：“父母说要庆祝一下，也自有他们的道理。只要不是铺张浪费，庆祝一下，正好借此机会拉近乡邻距离。”

“还有，是否之前考秀才得个第四名，因童子案最终无缘，从此留下阴影？”

张伯行道：“夫人所说有几分道理。搁在以往，我确有几分这般想法。但如今我倒觉得治学最为上，只是所有的做法都不能耽误学业！”

王凤仪道：“为妻知道你的心思。这不，二老本来给我商量要搭个戏台，唱它个八天六后晌，我就给二老婉拒了。”

张伯行抢话道：“怎么回的？”

王凤仪道："我说您家儿子秉性二老还不知晓？"

张伯行道："那二老生气吗？"

王凤仪道："我道二老一定会生气，谁知二老直接就笑而不语。"

王凤仪接着说道："他们养的儿子，他们不知道吗？为妻懂你心思，一是别耽误学业，二是为人低调一些，但你也得兼顾一下大家的感受。"

张伯行欲言又止，继续听王凤仪讲下去。

王凤仪接着说道："我说举人老爷，你这性格，刚强有余，但柔韧不足。日后若有变通，为妻所愿也！"

张伯行深施一礼道："夫人深情，张伯行尽知。我当努力修炼就是。"

王凤仪道："举人老爷所思，幸被小女子猜中。"

（二）张伯行大为感动：此生娶王凤仪为妻，终生无憾

诗曰：

晦日新晴春色娇，万家攀折渡长桥。
年年老向江城寺，不觉春风换柳条。

又云：

双飞燕子几时回？夹岸桃花蘸水开。
春雨断桥人不渡，小舟撑出柳荫来。

春天的宫保府，一派春意盎然的景象。

花儿初放，小鸟为美而鸣唱。

一大早，少夫人王凤仪便安排桃花姑娘把灵儿、英儿好生看管，她说好今天与张伯行一块儿到郊外踏青。

是的，春天是个让人遐想的季节，憋一冬天的心事，是拿出来晾晒的时候了。好让它粘一些花儿的芳香，然后神清气爽；好让它先退后几步，然后再冲上高坡；好让它采纳天地的精华，然后再吐出锦绣文章。

走在乡间小路上，张伯行也是浮想翩翩。他又想起多年前，他和王凤仪一起春游的情景。就是从那时起，他的治学之路才真正起航。他们合力建起精舍，并在精舍全力苦读，甚至还探询学问。至今在精舍苦读的一幕幕，还时不时闪现于眼前。

张伯行正在想着往事，这时只听夫人说道："老爷，还到精舍看看吗？"

张伯行一惊，暗道："夫人真是神啦，我想什么她都知道，心有灵犀一点通啊！"

张伯行稳下心神道："就依夫人。"

于是，夫妻二人向南苑走去。不多时，便走上高丘，来到精舍大门前。

二人打开柴门，进得院子，只见院子里一堆堆枯草旁，又生发出一撮一撮的小草来。它们像是精舍的守护人，一茬接一茬地行使着自己的职责。

柴门旁的柳树下，一层黑白掺杂的鸟粪也在向主人讲述着那些鸟儿，它们也是这精舍的打更人。

透过窗户向室内观看，空无一物的书案上已经落满厚厚的浮尘，梁檩之间早已是蛛网密布。

看到这里，张伯行许久没有说话。他扬头望向天际，然后重重地吐出一口气，低沉地对王凤仪道："夫人，我们走吧！"

路上，沉默好一阵子。王凤仪问道："老爷，下一步作何打算啊？"

张伯行道："我这边正在思忖着呢！"

王凤仪道："想些什么呢？莫不是还是治学之事？"

张伯行道："夫人，我正为读书场所发愁。"

王凤仪道："竟然为读书场所发愁，其中缘由看我说得对否？"

张伯行道："夫人说说看。"

王凤仪于是说了起来。

她说道："现在北楼已不如以前那样寂静，以前虽然离寨门近，但周边去的人很少。现在，父亲大人把周边的田地让与一些乡亲租种。他们为了耕种和管理庄稼方便，许多人都在临近寨子的地头，建起简易的房子和院落，携家带口的，还养起牛羊鸡狗鹅鸭。有些在北楼周边放放牧，甩甩鞭子，哼哼歌谣。依你张大老爷的秉性，断也不会撵人的，只有你自己挪走。"

她看看张伯行，平舒一下气息，然后接着道："以为妻之见，老爷还应回精舍就读为上!”

张伯行问道:“其理为何?”

王凤仪道:“老爷现处于科举向上冲刺阶段,须有寂静之处。只有寂静之处,才有寂静之心!”

张伯行道:“夫人所讲有几分道理,但我亦感有几分不妥。”

王凤仪道:“老爷细说。”

张伯行道:“我原无心于仕途,一心治学,只想享受耕读时光。然家中众亲期盼和恩师鞭策,于是不敢怠慢。同时,亦想验证所学,故而郑重待之。我所说不妥,是因我尚未曾归隐,在精舍颇有些闭目塞听而已!”

王凤仪闻听此言,一时有些发愣。少顷,问道:“那老爷有何安排?”

张伯行道:“我欲到仪封城南陈阜罔旧宅攻读。一者,贴近县城,学究之间便于走动,既能探询奥秘,又能获得信息;二者,旧宅所处位置远离街巷,实为寂静之所。”

夫人凤仪道:“老爷即已决定,那何人与你相伴呢?”

张伯行道:“我想让大仪一同前往。他也粗演些文墨,有事可与他探讨;再者,人也仔细勤快,与他一起最好。只是夫人又要操劳一家老少。”

王凤仪道:“家中之事,我均能相机料理。只是你们两个男人粗茶淡饭的,怕是有些煎熬。”

张伯行道:“我先与你商议,回家再与二老说。”

王凤仪道:“老爷所做较为妥帖。”

张伯行大为感动,暗道:“此生娶王凤仪为妻,终生无憾!”

路上,夫妻二人不再言语,目光望向宫保府,望向仪封城,望向更加遥远的地方。

不管近处还是远处,它们都同在这个春天,都同在人间。一些事物此时正处于萌发的阶段,包括那些积极向上的想法和行动,也在跃跃欲试……

(三)三人出开封城夷门往北,便望见黄河柳园渡口

康熙二十四年(1685 年)开春,三十五岁的张伯行决定参加这年在京城开设的春闱。

行前，张伯行本意只带大仪一人随行，但家人都说多个人多个伴。最后，只得同意再加一个人，那就非大黑莫属，谁叫人家有一身武艺呢！

这一天，天刚放亮，他们就起床吃早饭，那可是少夫人王凤仪天没有亮就起来做的。餐毕，三人各牵出一匹马，缓步走到宫保府门口，却见门口早已站立几人。他们是东冈公张岩、老夫人耿小俊和少夫人王凤仪，几人少不得又是一番千叮咛万嘱咐。此时，孩子们都还在梦乡。张伯行三人与亲人一一拜别，然后出西门直奔京城方向而去。

且说，张伯行、大黑、大仪三人，每人骑着一匹马，却是三种颜色，张伯行胯下那匹是黄骠马，大黑的是匹黑马，大仪的是匹枣红马，都是一等的好脚力。他们从仪封沿黄河堤而行，向西进发，沿堤而行，前途未知。身后面的那些声音，那些笑容，却如影相随。

是的，忘不了苦读的日日夜夜，忘不了仪封城与众友赤诚相待纵论天下，忘不了三女儿宁儿的一声婴啼，忘不了夫人王凤仪起早贪黑的身影，忘不了父母期待的目光。他们都是此生最重的念想，就如一个秤砣压在心上。

是的，唯有快马加鞭，才会快快回转。

回转，以实力证明；

回转，以捷报相传！

“夷门下望尽平川，铁塔风高河半悬。”张伯行等三人出开封城夷门往北，行至开封黄河大堤，柳园口险工坝上的混铁怪兽便展现在眼前。尤其是铁犀形态逼真，高有六尺开外，重万斤有余，面河蹲踞，独角朝天，双目圆睁。仿佛时刻注视着黄河洪水的涨落，随时准备一跃而起，喝尽那敢于来犯的巨澜狂涛。整体大青石基座上，镌刻着“镇河铁犀”四个大字。

镇河铁犀的右前方为扇形简介碑，左前方是铁犀的铸造者——于谦像。前后左右布设着长方形、圆形、三角形等各式花坛，遍植花卉。

明洪武二十年(1387 年)和永乐八年(1410 年)，黄河在开封两次决口，造成洪灾，饥馑遍地。宣德五年(1430 年)，黄河水涨威胁到开封。危难之际，于谦受职为河南巡抚。于谦只身到开封上任，率领人民抗洪救灾，亲临工地，抬石夯土。大水紧急时，他把皇帝赐给他的蟒袍投入水中去堵水。“今朝太行南，明日太行北”，“秋雨黄河水，春风宛子城”，终年劳碌奔波，晓行夜宿。在巡察黄河水情、成功治理黄河之后，于正统十一年(1446 年)铸成铁犀，安放在

黄河南岸的开封,并亲撰《镇河铁犀铭》铸在犀背。其铭文曰:

百炼玄金　溶为金流　变幻灵犀　雄威赫奕
填御堤防　波涛永息　安若泰山　固若磐石
水怪潜形　冯夷敛迹　城府坚完　民无垫溺
雨顺风调　男耕女织　四时循序　百神效职
亿万闾阎　施之衽席　惟天之俯　惟帝之力
尔亦有庸　传之无极

明崇祯十五年,黄河决口,铁犀深陷泥淖中。清顺治年间,将铁犀挖出。康熙初年,巡抚阎兴邦治豫,三年无大水患,遂重修庙宇,改回龙庙为铁犀镇河庙,庙共三进,前院供奉河神金龙四大王,后院安放铁犀,面北向河。

阎兴邦亲自撰文,立改建铁犀镇河庙碑和铁犀铭碑。

想到于谦夙夜在公治理黄河,看到阎兴邦的铁犀石碑,张伯行感慨万端,情不自禁地吟诵起于谦的《咏煤炭》:

凿开混沌得乌金,藏蓄阳和意最深。
爝火燃回春浩浩,洪炉照破夜沉沉。
鼎彝元赖生成力,铁石犹存死后心。
但愿苍生俱饱暖,不辞辛苦出山林。

张伯行又想起阎兴邦在河南重视文化,积极组织重修开封鼓楼;想起他组织冉永光等人编纂《郑州志》《中州通志》;想起他修缮登封嵩阳书院、南阳卧龙书院;想起他重视水利建设,造福开封人民,潜心治理黄河,使开封保持一百多年的太平安澜。

张伯行想,“治政之要在于安民,安民之道在于察其疾苦”。以后若是为官,定要像于谦和阎兴邦那样,为官一任,造福一方,上不负苍天,下不负苍生!

张伯行登上坝头上的观河亭眺望,见蒹葭苍苍,杨柳依依,“悬河”景观,尽收眼底。

再往前不远,就到达开封的柳园渡口。北宋时,这里是东京关厢的柳园坊，至今还有柳园村。明弘治二年（1489 年），黄河河道大体上固定在开封城北二十多里，这里就辟为渡口，成为豫东、豫北之间的交通要冲。因为渡口一直在柳园村上下摆渡，所以叫柳园口。

柳园口位于黄河下游上端。黄河冲出峡谷，进入豫东大平原以后，河面变宽变浅，河势来回游荡，河道严重淤积，善淤、善决、善徙的特点体现得淋漓尽致。这里非汛期水量小，歧流交织，沙洲片片。汛期水位上涨，漫滩靠坝，一望无际，浊流翻滚，惊心动魄。柳园渡口黄河滩多水险，人力摆渡行船艰难，搁浅、翻船等事故时有发生。

张伯行他们三人手搭凉棚，便可以看到对岸，对岸就是此行的首站陈桥驿。他们歇息之间，大仪已与船家谈好价钱。三人牵着三匹马，正准备登上一艘大木船，但见船家焚香祈祷，顶礼膜拜，求助神灵保佑大船平安到达彼岸。之后，船家又交代众人不要说狂话，尤忌“翻”“沉”等字眼。需要把某个东西翻过来时，就说“转”过来。谁的行李沉，就说行李“重”。

香尽，礼毕，船家喊声：“开船——”便驰离南岸。

船工们一边“哼嗨，哼嗨”地喊着号子，一边摇橹前行。张伯行站在船头，放眼望去，但见初春的黄河依然是寒风呼叫，大潮奔涌，一浪接着一浪，冲向大木船。大木船像一辆陷进沙窝里的太平车，前轮刚刚露出车轮，后轮又深陷进去，让人顿生“侧身四望俱狂澜，眼看生死不盈尺”之感。

后世乾隆皇帝从柳园口顺利渡过黄河时，曾写下《渡黄河》诗：

一带黄河经两度，省方中土记初来。
风平稳过柳园渡，云表回瞻繁化台。
学海波涛不舍耳，拍天气象实雄哉！
长堤舄奕金墉固，疏导常怀大禹才。

陈桥始建于五代，后晋时已有其村。相传有一小桥失修，陈姓捐资修复，故名陈桥。后周时，设驿站，名曰陈桥驿。

公元 960 年，后周大将赵匡胤在陈桥举行兵变，“黄袍加身”，开创宋朝，史称北宋，定都开封。陈桥列入宋史卷首，遂永载史册，名扬中外，成为北通燕赵的咽喉。

从开封向北,有两条重要道路:一条是开封、陈桥、滑州、相州、洛州、深州至雄州,谓之西路;一条是开封、陈桥、长垣、澶州、大名、河间至雄州,谓之东路,均可到达京师。由此可知,陈桥是东西两路的会合点。

明清时代,开封地位有较大变化,但陈桥作为古都开封北郊第一个商贸基地,始终保持着原来的格局,南有朱仙镇,北有陈桥驿。大清祥符县的县府就在陈桥驿。

两个多时辰后,张伯行他们三人从陈桥渡口上岸。但见商贾云集,歌女众多;渡口舟楫繁忙,码头船来船往;盐垛一望无际,商品堆积如山;作坊到处皆是,客栈灯火辉煌;酒肆通宵达旦,客人往来不绝。三人在陈桥客栈下榻稍息,就出来察看这个千年古镇的风土民情。见陈桥有城墙,城有四门,分南北道、东西司,官府衙门,冀鲁豫三省河台,庙宇林立,店铺众多。虽历尽沧桑,仍不失其繁华。

这里是张伯行他们北渡的首站,三人对陈桥印象较为深刻。

(四)张伯行自己出资纹银十五两买棺安葬路边倒毙之人

这一天,三人进入滑县地界。滑县,春秋曹邑,属卫国。秦置白马县,以境内有白马山得名。汉因之。北魏徙治滑台,为东郡治。隋开皇十六年(596年)置滑州,治白马县。《元和郡县志》:滑州“取滑台为名”。

大业二年(606年)改名兖州。唐以后复为滑州治。明洪武二年(1369年)废白马县入滑州;七年废州为滑县,属直隶大名府。

这时,大黑说道:“听说滑县道口的烧鸡极为好吃,老爷,这次不知咱们能否吃到?”

大仪接道:“吃你个黑面,尽想着吃喝,也不好好走道。”

大黑反叽道:“好好,小白脸儿,一会儿老爷专请我吃,可没你的份儿。”

张伯行一下被他们俩逗乐了,笑道:“你俩真够热闹的,不就吃个烧鸡吗?都有份儿。不过,这道口烧鸡可有些名头。”

大仪问道:“老爷,有何名头?”

张伯行道:“这可说来话长。”

于是,他给大黑、大仪讲起了道口烧鸡的故事。

据传，道口镇厨师张炳，在道口镇大集街开个烧鸡店，因制作不得法，生意萧条。有一天，曾在清宫御膳房当过御厨的老朋友刘义来访。两人久别重逢，对饮畅谈。张炳向他求教，那朋友便告诉他一个秘方："要想烧鸡香，八料加老汤。"八料就是陈皮、肉桂、豆蔻、良姜、丁香、砂仁、草果和白芷八种作料；老汤就是煮鸡的陈汤，每煮一锅鸡，必须加上头锅的老汤，如此沿袭，越老越好。张炳如法炮制，做出的鸡果然香。从此，生意兴旺，张炳把他的烧鸡店定名为"义兴张"，寓意"友义兴张"。

大黑、大仪都深深地被吸引在故事当中，更想早一点品尝道口烧鸡啦！

人马行至胙城地界，忽见前面路边围着一群人，都在指指点点地说着什么。

张伯行在马上挺直腰身一看，只见官道边上直挺挺躺着一个人，面目已被好心人用黑布蒙住。但从那身破旧污迹斑斑的衣裳上，从那双鞋底和鞋帮已经分家的鞋子上，从那个豁口的粗瓷碗上，都向人们讲述这个人生前的无助与窘态。

张伯行暗想："这个人可能是因为贫病交加而死的。"

这时，只听一位老汉说道："这都已经三天，还没人来认。要是被野狗糟蹋了，可怎么办啊？"

另一位中年汉子接着道："这年月，多一事不如少一事，这本地的族长、里正，也都没有管。"

这时，又匆匆走过来一位中年汉子。他看看那具尸体，说道："这个人三天前曾走到我家饭店门口，我认得他这碗和衣裳，当时我还施舍他一碗粥呢。不想只走这三里路，就倒毙于此，让人好生可怜。"

张伯行听到此，忙下马来到那位说施粥的人跟前，施礼道："这位仁兄在上。我乃仪封赶考举子张伯行，看仁兄是仁义之士，想询问几句如何？"

那汉子看看张伯行，心里暗道："这人身材魁梧，却是书生打扮，一脸的贵人相。虽然不苟言笑，待人却是有礼，看来不是等闲之辈，我且与他言语。"

忙回礼道："公子有话只管讲来。"

张伯行道："那就有劳仁兄。"

紧接着问道："敢问仁兄贵姓？可知里正所在？"

那汉子道："小可姓王，北边三里地路东王家老店便是。适才有位说里正不管此事,倒有些冤枉他。”

张伯行道:“如何冤枉他?”

王掌柜道:“那里正这几日去山东省亲还没回来,方巧族长也病倒在床,这就没法了。”

张伯行还欲细讲,那王掌柜道:“我道张举人,这时饭店正忙,我需向那边赶,适才多说几句。”

张伯行正要回话,大仪忙对张伯行建议道:“老爷,一会儿就到晌午。我们不如先去他饭店打打尖再走,随便问些话来,也不耽误时辰。”

张伯行道:“此言甚好。”

便立时与王掌柜言过。王掌柜高兴地道:“贵人到店,三生有幸啊!”

说罢,引张伯行等三人前往王家老店。

这王家老店,虽是一家乡村饭店,却占地宽敞,整洁明亮。

三人进店,王掌柜忙让伙计把马牵去饮水喂料,又专门陪张伯行三人围在桌前。

茶水上来,张伯行接着刚才的话题,继续问道:“里正、族长皆不在此,如此暴尸在野总不是办法。”

王掌柜道:“我们乡野之人,生来怕官。万一帮错,官家再行惩罚,岂不晦气。再者,这也是花钱之事,光一个棺材没有十两银子怕是买不得,许多穷人都言死不起,几块门板钉在一起者大有人在,何况这无主尸身。”

张伯行闻听此言,心有所感,略一沉默,然后道:“王掌柜所言极是,只是如此于事无补,我看不若这般做。”

王掌柜道:“如何做?举人老爷只管讲来。”

张伯行道:“我这里出十五两纹银,一面买口棺材,一面雇人把他殡葬。我等急于赶路,不能久等,只是要有劳王掌柜出面。”

王掌柜道:“举人老爷真是仁爱之人,小民敢不从命?这银两用不了那么多,只需个棺材钱即可,其他的我招呼几个乡邻帮忙就是。这些都不是难题,只是我们把人埋葬,到时苦主找来或官家问责,我等便有几分说不清楚。”

张伯行道:“敢问王掌柜,贵县知县是为何人?”

王掌柜道:“俺们滑县知县刚上任不久,听里正讲,叫个什么姚德闻姚大老爷。”

史载：姚德闻，字元升，又字二怀，江南吴县人，进士，康熙二十三年(1684 年)任滑县知县。崇礼先贤，修滑伯祠，详准学宪以滑显禄奉祀；并修理学宫、书院、画舫斋，振兴文教，不遗余力。曾编纂《康熙滑州志》，并作序文。

张伯行闻听，心中暗喜。有举子曾传此人清正廉洁，颇有好名声。只知他是江南吴县人，不想在此当上知县。张伯行忙对王掌柜道："王掌柜勿怕，我自有法，保许你等没有干系。"

王掌柜道："有何法，还请赐教。"

张伯行对大黑道："且把咱们背囊打开，将笔墨纸砚拿出。"

大黑赶紧照做。

大仪拿开茶盘，将一张细宣纸铺好，只见张伯行略以思忖，便蘸墨书写起来。

其文如下：

姚大老爷台鉴：

我乃过路举子张伯行，仪封人士。今于贵县所辖胙城之处，见一无名男尸，数日暴露于野。因此地里正省亲山东，族长卧病在床。乡野之人惧而见官及恐后所累，以致暴尸在路。今恰遇父老，倾情说之，乃装棺葬之。所有不妥，均与众人无关。

此证！

仪封学子张伯行书于康熙二十四年春

写毕，交于王掌柜，嘱咐道："待里正归来，直把这信送与姚知县，一切责任均与众人无关！"

王掌柜自是千恩万谢，赶紧让伙计把饭菜端上。

张伯行把十五两纹银给他，他最后只收取十两，饭没顾上吃，就安排乡邻去置办棺材。

等张伯行三人吃过饭，准备给他饭钱，可他无论如何也不收，最后生气道:“举人老爷都这等侠肝义胆,我等小民也应出点小力。”

待张伯行等三人刚刚辞行,那边棺材已把尸首入殓。

(五)赶考的仪封举子张伯行说,只需细细盘问窦氏,便见端倪

这一晚,三人投宿于滑县道口镇上一家名为“古运河客栈”的小店。由于旅途劳顿,三人稍事洗漱,便很快进入梦乡。

第二天,大仪一早醒来,先看着店家把马喂饱,回头又喊大黑起床。此时,张伯行已经洗漱完毕,三人一起准备到街上吃点早餐。

正这时,客栈西隔壁的民宅传来声嘶力竭的呼叫声和拍打房门的声音。三人寻声进得院子,只见院子早已站满人。

一位老汉正在一边用手猛推房门,一边高声喊叫:“这便如何是好,这便如何是好!”

张伯行等三人拨开众人,来到贴有窗花纸的窗前,窗花纸早已被乡邻捅破。

张伯行向里面望去,顺着朝阳的光芒可以清楚地看到,卧室床上直挺挺地躺着一个男人,鲜血流得满地都是。再看床头太师椅上,捆绑着一个赤条条的女人,口中还被塞进一团破布。看到此处,张伯行不由得倒吸一口凉气,暗道:“难怪老汉那么悲伤又那么无奈。”

床上的男人已经没有气息,太师椅上的那位又是赤身裸体。张伯行有些震撼,赶紧走到老汉身边,对他说道:“如此悲伤也不是办法,还是打开门窗的好。”

正好一帮乡邻也这般相劝。

终于,在大家的合力下,房门被撞开,但见那位赤身女子早已昏死过去。有几位老婆婆赶紧把绳子剪断,用棉被把那女子裹住。再看床上那男人,胸口上被刺出一个深洞,血已经凝固,人也死去多时。

这边,有人撬开女子嘴巴,把一碗姜汤灌下。

不多时,女子苏醒过来,但她只是一阵一阵地抽泣。

待女子稍微缓过来,一位叫张王氏的老婆婆慢慢问起那女子话来。

这边,张伯行不便进屋,只是向院子里的乡邻打听其中情况。通过询问,

张伯行大致了解个梗概。

原来，这户人家姓段，世代为农。老汉段丰夫妻俩老来得子，六十多岁的年纪，儿子段常才二十来岁。他们通过媒妁之言，娶妻滑县老庙镇窦家之女。如今，媳妇进门刚刚不过六日。想那儿子段常本来性格懦弱，也不见有什么仇家，不承想就这么死去。

这时，那张王氏已与窦氏说上话来。

只听窦氏一边抽泣，一边自言自语道："好生命苦，不如死去！"

张王氏见状，忙接话道："有甚为难事，只消慢慢说。"

窦氏道："只是奇怪，我们夫妻两人正在缠绵，突然一阵冷风吹来，丈夫惨叫一声，我也失去知觉。待乡亲把我救醒，才见丈夫惨状。"

张王氏道："这几日可曾有蹊跷事？"

旁人抢道："并无蹊跷事，只是这两天吃过晚饭就听闻公鸡啼叫。"

张王氏道："这个我倒也听到过。我们居住不远，我当时也感觉有些奇怪。"

窦氏却说："不记得什么啦。"又嘤嘤哭泣起来。

张王氏一边相劝，一边说道："难不成出现妖魔鬼怪。"

正在这时，那"古运河客栈"的掌柜韩大山也来到当院。他知道事情缘由后，立刻大声喊起话来："列位乡亲，列位乡亲，这段家出现事端，大家在此也帮不上什么忙，都赶紧散去吧！"

又道："段老汉这边没人，我这就安排人等报官。"

正说着，他一眼看到正要离开的张伯行，忙喊道："举人老爷慢走，举人老爷慢走，小可眼拙，一时慢待。"

张伯行施礼道："掌柜的安排得当，我等遵行就是！"

韩大山道："举人老爷莫谦，官家没到之时，您在此处就是权威。"

张伯行道："这个可不敢当。韩掌柜安排得有条有理，大家遵守就是。"

然后，张伯行补充道："此处现场，闲杂人等，官家未来之时，都不许进入为妥。"

韩大山道："看看，老爷出口就是不一般。"

张伯行心想："正好有韩掌柜如此帮衬，我看看其中有何端倪；也不枉遇见这一遭。"

想到此，便对韩大山道："如此，在下便是僭越一回。"

于是，先问起张王氏与窦氏交谈内容，又询问段老汉。他们都说这两晚确实听到公鸡啼鸣的声音，这在此处是从未有过的。故此，大家都好生奇怪，特别是那种声音，多多少少有些瘆人，听着像公鸡又不像公鸡。

还有一样，段常明明胸口被刺身亡，可是身上却没有发现凶器。

最令人不解的是，他们的房门和窗户是典型的北方建筑特点，都是与墙体固定在一起的。可是房门却是在里边由两道门插杠插着的。

张伯行在想：假如门插杠是从里面插上的，可房间里只有两个人，一个是死去的段常，一个是被紧紧绑在太师椅上的新娘窦氏。他们应该谁都也不会把门插上的。

如果推断是段常自杀时所为，也不合常理。他不可能把自己杀死以后再插上门，再扔掉凶器，再躺在床上，更何况他也没有自杀的理由。一个正处于蜜月的新郎无缘无故地自杀，岂不是笑话！

看看该问的也都问过，张伯行安慰段老汉几句，便回到"古运河客栈"。

回到客栈，大黑、大仪都问张伯行何时上路，张伯行闷闷不乐地说："今天有些疲倦，且稍歇片刻。"

且说，这一天，滑县知县姚德闻因到他处办案，没有赶来。只有一个当值的班头，带着两个衙役，来此询问一下笔录。

遭此变故，段家周围自是一片死气沉沉的氛围。

是晚，大黑、大仪早早歇下。

睡前，大仪特别与张伯行说道，不管这边案子破与不破，赶考为重，决不能为此耽误考期。

张伯行也只得应允。

这天深夜，张伯行在屋中踱来踱去。只顾着想问题，走到房门时，突然脚下猛滑，一个趔趄，肩膀重重地跌倒在门扇上。

这一跌，直把张伯行疼得嘴都咧开了。片刻工夫，他竟然又大笑起来。

次日一早，张伯行就让大仪把韩大山叫到房间，开门见山地问道："韩掌柜，段家媳妇可是高挑个子？"

韩大山道："是的，方圆几里没有她那么高的。"

张伯行又问："那媳妇昨日被捆绑在椅子之上，可是只绑上半身，腿是否也被绑上?”

韩大山道:“这个我听张王氏老婆婆说得清楚,脚腿并没有被捆绑。”

张伯行道:“这就对了。明天姚知县来此,你需单独见他,如此这般,此案可破矣!”

第三天,张伯行等人吃过早饭,便启程向京城进发。

韩大山依计而行,果然侦破此案。

却说这滑县知县姚德闻是位有为的清官。一来,他刚上任不久,滑县的地理人情正在熟悉之中;二来,那些以往积累的案宗及社会矛盾,他也得用心化解。特别是近几日,县里案件不断发生。他就像一位救火队员,正救着东厢房,西厢房又开始冒烟。这不,“古运河客栈”出人命案,他就无法第一时间赶过来,还是在第二天上午才赶到“古运河客栈”的。他通过勘验现场,立即否定老百姓所传的鬼神作怪的说法,但是却一时找不出个中缘由。

正在这时,衙役来报说,“古运河客栈”的掌柜韩大山要求见他,他说声“快请”。不一时,韩大山便被领到跟前,施礼完毕,姚知县问道:“韩掌柜有事,但讲无妨!”

韩大山道:“有事,只能讲与老爷一人听。”

姚知县便引韩大山到一室单独叙谈。姚知县道:“此处无人,只管讲来。”

韩大山道:“有赶考的仪封举子张伯行让我传话,说老爷来此,只需细细盘问窦氏,便见端倪。”

姚知县道:“又是那张伯行,但不知他人在何处?”

韩大山道:“人已奔向京城而去。”

姚知县道:“只可惜这一次又见不着。”

后来,姚知县通过暗查,果然在窦氏身上发现问题。

原来,这窦氏乃是水性杨花之流,未结婚之时便与本村一个叫马三的有家室之人勾搭成奸。这个马三本是个游手好闲之辈,平日里寻衅滋事,又好吃些软饭。但他一来所做之事见不得光,二来也有些惧怕窦家人众。眼见得窦氏被人娶走,虽心有不甘,却也无奈。前两天晚上,大家所说公鸡啼叫,便是他所叫,那是与窦氏私会的暗号。第一晚,窦氏未能脱身,直到第二夜两人方才见面。两人说好一同私奔,谁知却被段常无意撞见,这才陡起杀心,上演双簧。

那马三杀死段常后，就把窦氏剥光衣服绑在太师椅上，只是未绑窦氏双腿。等马三离开把门从外面关好后，窦氏带着椅子用肩头一点一点顶着，终于把房门插杠插上。插上后，便背着椅子挪到远离房门的床头。这位长腿妇人，把功夫用到合谋杀夫之上，真是可惜。通过此事，也显露出张伯行非凡的洞察力。

后来，张伯行从京城科考归来，见到韩掌柜，方知上面的结果。

当然，这是后话。

五
金榜题名

(一)眺望京师,只见城阙上面赫然写着三个大字“永定门”

这一天,张伯行三人终于来到京城脚下,大黑这时话明显多了起来。他执鞭指着前面一座巍峨的城阙道:“老爷,我们是不是已到京城?”

张伯行手搭凉棚定睛观看,只见城阙上边赫然写着三个大字“永定门”。

于是就应道:“是的,是的,我们真的已到京师!”

然后,他对大黑、大仪说道:“看来进城之前,我要给你俩补补课!”

大仪道:“补课? 老爷只管讲来!”

于是张伯行便给他们两人细说起来。

且说这京城是一座有着几千年历史的古都,朝代不同称谓也不同。大致算起来有二十多个别称,最著名的称谓有如下几个:

有称燕都的。据史书记载,周武王灭商以后,在燕封召公。燕都因古时为燕国都城而得名。战国七雄中有燕国,据说是因临近燕山而得国名,其国都称为“燕都”。

有称幽州的。远古时代的九州之一。幽州之名,最早见于《尚书·舜典》:“燕曰幽州。”两汉、魏、晋、唐代都曾设置过幽州,所治均在北京一带。

有称京城的。京城泛指国都,北京成为国都后,也多将其称为京城。

有称南京的。辽太宗会同元年(938 年),将原来的幽州升为幽都府,建号南京,又称燕京,作为辽的陪都。当时辽的首都在上京。

有称大都的。元代在金的离宫重建新城,元世祖至元九年(1272 年)改称大都,俗称元大都。

有称北平的。明代洪武元年(1368 年),朱元璋灭掉元朝后,为了记载平定北方的功绩,将元大都改称北平。

有称北京的。明永乐元年(1403 年),明成祖朱棣永乐皇帝取得皇位后,将他做燕王时的封地北平府改为顺天府,建北京城,并迁都城于此。这是正式命名为北京的开始。

有称京师的。明成祖于永乐十八年(1420 年)迁都北京,改称京师,直至当今的大清,都称为京师。

说着说着,三人来到永定门前。张伯行等三人稍作查看,便打马而过。

三人进得京城,但见车水马龙,人声鼎沸。繁华且井然,热闹而不乱。

有诗为证:"京城繁华地,轩盖凌晨出。"

又有诗云:"百千家似围棋局,十二街如种菜畦。"

但有一样却有些奇怪,那就是很多胡同口都设有高大硬实的木栅栏。

大黑毕竟练武出身,一眼就发现这一现象,忙对张伯行说道:"老爷,你发现这京城胡同可与咱家的胡同不同啊?"

张伯行问道:"有何不同?"

大黑道:"你们没有发现,这每个胡同口都有个木栅栏吗?"

张伯行和大仪定睛观看,还真是如此。

大仪反问大黑道:"大黑,算你眼尖。可你能猜到这个木栅栏是干啥用的吗?"

大黑道:"我猜,肯定是防止胡同里的牛羊乱跑才安装的。"

大仪道:"你个黑面,这城里哪个养有牛羊?再说胡同口也没有封死啊!"

张伯行接话道:"你们两个也别打嘴仗,一会儿找个旅店住下,问过便知。"

大仪道:"老爷,你不与我们一起住。我们找旅店应找个离河南会馆较近的地方。"

张伯行道:"这个说的极是。"

大黑道:"我们为何不都在河南会馆住下,这样岂不节省些银子?"

张伯行道:"会馆房间紧张,赶考举子又多。我看,给你们两个在会馆附近找一家旅店也行。"

三人说话之间,远远望见河南会馆,黑底金字,在阳光下熠熠生辉。

会馆对面,还真有一家旅店。只见店门上"鸿运客栈"四个苍劲有力的大字。

张伯行道:“还是先把你们二人安排好再说。”

明清时候,赶考的举子大都落脚本省或州县在京修建的会馆。这些会馆平时是聚集同乡、增进乡里友情的处所。遇到朝廷举办科举考试的年份,则成为本乡举子们借住的寓所。

三人正进门问话,早有两个伙计一路小跑着出来相迎。一边接过缰绳,一边口中念念有词地喊道:“新状元公驾到!”“新状元公有请!”

走进“鸿运客栈”登记客房,只见两旁墙壁之上贴有红纸黑字的一对联子。上联道:皇天后土,恰遇到参天栋梁;下联是:鸿运当头,好运作家国情怀;横批是:你来对了。

张伯行看后心中暗想:“看来此店非同一般!”

登记毕,伙计正要带张伯行等三人到住宿房间。这时,从内室走出一名中年汉子。只见他,身着一件灰色长衫,中等身材,目如朗星,阔耳方口。

那人看看张伯行,又看看登记簿上三人姓名,忙施礼道:“敢问贵客可是开封府人士?”

张伯行回礼道:“我等便是。”

那人自我介绍道:“鄙人耿忠,直隶人士,多年前来京经营此家小店,喜欢交游天下读书人。前年也曾到开封一趟,甚为古城淳厚民风所感。今听公子说话,倍感亲切,故出来说话。”

张伯行道:“见过耿掌柜。偌大京城,我等竟直投贵店,也是缘分。其间,或有麻烦之处,还需多多相助。”

耿掌柜道:“这个当然,这个当然。”

这边大黑一时兴起,竟胡乱插起话来。他粗声粗气地问起耿掌柜:“店家,我看见这北京城里恁多胡同口,都弄扇木栅栏,这是为何?”

耿掌柜道:“这位仁兄还真是好眼力,这木栅栏还真有点说道。据说,康熙爷为加强京畿治安,在京城的外城各街巷,设立护门栅栏。其中廊房四条栅栏十分高大,人们即以大栅栏为代表。”

张伯行等三人这才知其中缘由。然后向耿掌柜道声谢,便回客房歇息。

(二)会试大总裁张士甄执笔批语:醇正典雅,不随世俗,为时人范

“大鹏一日同风起,扶摇直上九万里。”

终于熬到参加会试的这一天。来自全国各地的举子五更天便来到考场门前,真可谓人头攒动,个个都是心潮澎湃,又神情凝重。

张伯行也不例外。好在,他有两个伙伴相陪;好在,他并没有那为官出仕的包袱。他好像要到一个新的书房,只不过这个书房有些大,有些纷杂。

这场礼部会试,是在北京顺天贡院举行。

顺天贡院始建于明永乐十三年(1415 年)。当时条件有限,九千多间考棚是用木板和苇席搭盖,四周围墙则由荆棘围成。明万历二年(1574 年)时重建贡院,规模扩展到一万三千多间,考棚也改为砖瓦结构。康熙年间,其基础机构基本保持未变,只是稍做些修缮。

张伯行与大黑、大仪道别后,调整一下情绪,和其他赶考举子一起,经过几道关卡,走到考场,进入考试的单间。这种单间又叫号,一般长五尺,宽四尺,高八尺。

前先要搜身,每人发三根蜡烛。进去后房门马上封锁,考生就在里面答题。也正是在这种环境下,考生才写出一篇篇妙笔生花的文章。张伯行与其他考生一样,自然也要享受这般待遇。

且说这会试是由礼部主持,因而又称礼闱。由于会试是在乡试的次年,故又称“春试”“春闱”“春榜”“杏榜”等。会试的时间为初九、十二、十五三天。

会试的日期,清初定于二月,乾隆十年改为三月,此后便成为定例。会试场次、考试内容等和乡试略同。

会试主考官称为总裁,下有同考官,俱由礼部题请皇帝选派;一经宣布,立即前往贡院,不与外界往来,其职责等亦与乡试略同。

会试中式,没有定额。会试取中者称“贡士”,又称为“中式进士”。前十名名聪,由皇帝钦定,第一名称为会元。

考场上,张伯行又把他的沉稳与专注发挥到极致。只见他,一会儿凝眉

沉思，一会儿轻点书案。他试图在指定的一条大河里，透过汹涌波涛，透过芜杂水草和黑黄相间的泥沙之中，找到他要捕捉的大鱼。而他的捕鱼工具，也几乎类似于姜子牙的钓鱼竿。所不同的是，姜子牙更洒脱，更超然。姜子牙最终“钓”来周文王，而他张伯行却是被康熙爷“钓”到京城，“钓”到眼下这个考场。现在他能做的，就是在这芜杂而即将沸腾的考场，将生命的积淀发挥到最佳状态。只有这样，他才能发现一些细微之处，进而钓到大鱼！

康熙帝对这一次会试特别重视，三番五次地要求礼部选定德才兼备之人交他审看。经过慎重考虑，几次推敲，终于决定监考的正副大总裁。他们依次为：大总裁张士甄、王鸿绪、董讷、孙在丰和房考吏部考功司主事梁钦构。

张士甄，字绣紫，号铁冶，清代通州人。自幼受家庭影响，崇尚读书。顺治六年（1649年）春，赴京参加科考，中进士。初任翰林院编修，负责编纂、记述等事。后改任礼部尚书，再转任吏部尚书。

王鸿绪，字季友，号俨斋，王顼龄之弟。康熙十二年（1673年）进士，廷试获第二（榜眼），授翰林院编修。康熙二十年加侍读学士。翌年任《明史》总裁官，并主修列传。不久即升内阁学士兼礼部侍郎。康熙二十四年充会试总裁官。

董讷，字兹重，自表字默庵、柳林，山东平原县人。他自幼聪慧过人，读书过目不忘。康熙五年（1666年）丙午科举人，康熙六年丁未科举人，丁未科一甲三名进士（探花及第）。后为顺天府乡试副考官、礼部右侍郎、会试副考官、户部右侍郎、礼部左侍郎、都察院左都御史。

孙在丰，字屺瞻，浙江德清人，世居归安（今湖州）菱湖。清康熙九年（1670年）一甲二名进士，授翰林院编修，升侍讲侍读、侍讲侍读学士，受康熙帝嘉奖，改任《明史》总裁，《明史》第十七卷《帝纪》即出于其手笔。二十二年，擢任内阁学士，兼礼部侍郎，迁工部左侍郎，兼任翰林院学士。

梁钦构，号羽宸，汾州府介休人士。顺治时考取举人，康熙六年（1669年）中进士，在朝廷会试任同考官。老年退休返乡后，遇圣祖西巡。帝到介休时，梁钦构参于迎见，帝慰问备至，赐书“引言”。

且说几位考官阅过张伯行试卷，无不点首称赞。

最后，由大总裁张士甄执笔，对张伯行的文章写上批语。其语道：“醇正典雅,不随世俗,为时人范。”

这次会试,张伯行考出第十五名的好成绩。

终于等到放榜之日,得到喜讯的大黑、大仪自然激动半天,连鸿运旅店的掌柜耿忠也专门设宴祝贺一番,还美其名曰“魁元餐”。

(三)康熙二十四年,康熙帝玄烨亲出殿试策问题

二月会试之后,张伯行迎来三月殿试。

且说这殿试,它原由女皇武则天创立,却被康熙帝发挥到极致。他想利用科考达到笼络天下人才的目的,进一步消除满汉民族矛盾,并进而加强中央集权,实现他由天下大定到天下大治的梦想。

殿试是在会试发榜后一个月左右举行。因为是科考的最后冲刺,特别令士林瞩目,考试过程十分庄严。

试前一天,由鸿胪寺官员负责设置御座、黄案,由光禄寺官员安放试桌,排定考生座位。第二天参加殿试的贡士,须于黎明时分到殿后的丹陛下排队等候,领取宫饼一包,文武百官则分立两旁。

随后,皇帝在一片管弦丝竹声中升殿。

大学士从殿内黄案上捧出试题,授予礼部官员,再由礼部官员放到殿外的黄案上。

文武百官及考生参赞礼拜后,礼部官员才开始散发题纸。题纸用宣纸裱成,极为考究。每页长四十公分,宽十二公分,有红线直格,每行规定写二十四字,要求每个字都要书写工整。考生逐一跪接题纸后,到自己的座位上开始答题。按规定凌晨入场,日落交卷。殿试试题由内阁预拟,然后呈请皇帝选定。殿试考题,主要是策问。

因殿试由皇帝亲自主持,故不设考官,只设读卷官。由皇帝钦点大学士二人、部院大臣六人充任。殿试只考制策一场,当日交卷。试题大多在殿试前一日由读卷官密拟,以俟钦定。有时由读卷官预拟后送皇帝圈定,或由皇帝亲自拟定试题。

殿试时,派王、大臣监试,另有御史四人参与监试。以礼部尚书为提调,由内阁、翰林院、詹事府、光禄寺、鸿胪寺等处派出二十余人,执行受卷、弥封、

收掌、印卷、填榜等具体事务。

清初,考试后,读卷官等人在内阁满本堂阅卷。阅卷天数不做硬性规定,三五日后将试卷封呈。门不封锁,人员可以自由出入。后规定读卷官等人同处文华殿两廊及传心殿前后房,必须按规定时日完成阅卷。每个读卷官必须将所有试卷轮阅一遍,按五等标识评卷。由首席读卷官为总核,进行综合评议。评议时读卷官都可发表意见,始定名次。

殿试后三日晨,皇帝至养心殿西暖阁,阅读卷官所呈前十名试卷。钦定名次后,召读卷官入殿,拆开弥封,以朱笔填写一甲三名次序,再书二甲七名,交下缮写绿头签,引见前十名。十名以后之卷,由读卷官到内阁拆开弥封,依阅卷时所排名次于卷面书第二甲、第三甲及第几名字样。最后,依次填榜,称金榜。

二十五日于太和殿举行传胪典礼。宣读皇帝制书:第一甲赐进士及第,第二甲赐进士出身,第三甲赐同进士出身。典礼完毕后,一甲三名从只有皇帝才能走的太和门、午门等正中的御路出去,以示皇帝特优之礼。传胪之后,颁布上谕,第一甲第一名授职翰林院修撰(从六品),第二、三名授职翰林院编修(正七品)。俗称第一甲第一、二、三名为状元、榜眼、探花。原来二、三甲第一名皆可称传胪,后来只有第二甲第一名称传胪。

张伯行随众贡生来到天安门,只因本次殿试地址就设在天安门前。在这里,全部考生将要露天答题。

康熙二十四年,康熙皇帝玄烨亲出的殿试策问题为:

奉天承运,皇帝制曰:

朕为郅隆之世,上下熙皞,职业修明,乐利丰亨,茂登上理,何其盛也!朕临御以来,孜孜图治,夙夜不遑,惟期吏治清肃,民生康豫,薄海内外,共登于仁寿之域。而治效罕臻,殷忧弥切,厚生正德,未能尽于朕志之所期,其何故欤?如休养多方,而膏泽或未能下究,省巡时举,而疾苦或壅于上闻。奖廉惩墨,而胥吏尚多奸顽。贵粟重农,而闾阎未登丰裕。岂积习之骤难除欤?抑有司奉行之不力也?兹欲令大法小廉,民安物阜,渐几于淳庞之治,何道而可?

至淮、黄两河,民生运道所系。朕几经阅视,指授机宜,而河工诸臣,怠窳玩愒，以致工程稽缓，底绩难期。河道而令河务大小臣工，实心经理；浚筑合宜，平成早奏；俾粮艘无误，民居永奠，以释朕宵旰之忧欤？

尔多士蕴怀康济久矣，其详着于篇，朕将亲览焉！

张伯行与众贡士一起跪接皇上亲出的试题。

张伯行偷眼观瞧，只见康熙帝大约三十岁，中等身材，弱显瘦削。一双黑黑的大眼睛，鼻子稍高，显鹰钩状。黑色的连鬓胡须很厚密，几乎没有下髯，脸上有点痘痕。张伯行暗想：坊间有"天表奇伟，神采焕发"之传，今见其精明干练之相，才知并非虚言。

终于，熬到太阳落山，贡士们纷纷交卷离场。张伯行一早就把试卷放于桌案，也随众人离开天安门而去。

（四）张伯行经康熙帝殿试获三甲第八十名，赐同进士出身

且说康熙皇帝，让太监传来几个朱卷亲阅。读着读着，不免眼眉紧锁。他强压怒火，让太监传来读卷大臣，再次询查。作为一代天骄的康熙帝，一方面要巩固他的中央集权，一方面要网罗天下英才为其所用。这些年他在科考方面，无所不用其极。

早在康熙十八年，他除正常科举考试之外，增设"博学鸿词"科。与往常考试不同。平日科举考试，是经过层层选拔，从普通读书人中选出佼佼者。这次考试，来的却不是普通读书人。

史料记载，参加那次考试者，都要由在京三品以上官员，在外总督、巡抚等封疆大吏先行荐举，然后汇集京城，统一进行殿廷考试。可以看出，有资格参加这次考试的人，肯定是当地名动一方的名士，有着过人的才能。——这样的人自然不会太多。

最终符合条件的只有一百五十四个，朝廷从中录取五十人。据传，当时除顾炎武、黄宗羲等人拒不接受荐举外，其他如朱彝尊、汪琬、毛奇龄、施润章等，都应选录取，入翰林院纂修《明史》。也就是说，凡有文名者，基本上都被拢入天子门下。

即使这样，仍有许多汉族知识分子不愿意出来为官。当时，大致有三种

人以不同的态度,应对朝廷这些科考举措。

第一种是决绝型,如顾炎武。顾氏以明朝遗民自况,多次参与抗清斗争,誓不与清朝合作。要他参加科考,自然是严词拒绝。又如傅山(即傅青主),他誓死不愿应召,被地方官强迫抬至京师,也是装病坚辞不就。康熙帝迫不得已,下诏免试,给他一个"内阁中书"的官。可他也不谢恩,表现出一种抵抗到底的态度。

第二种是徘徊型,最典型的是朱彝尊。作为一个读书人,他怀有"修身、齐家、治国、平天下"的梦想;作为明朝遗民,民族精神的熏染又时常提醒他不要与清朝合作。可这一年,他已五十二岁,再不应试,就意味着可能失去人生最后辉煌的机会。他极为矛盾。在入京赴试的时候,他携带一本《乐府补题》。这本书反映出宋末遗民怀念故国之心境。在清朝初定天下之际,把这样一本书放在身边,多少表现出一种怀念旧朝的心态。但他最终还是参加了考试。对这样的人,朝廷是重视的。康熙帝把朱彝尊放在一等录取,给予他隆重的礼遇。

第三种是主动迎合型。不能说这样的人没有民族气节。清朝稳坐天下,已是当时不争之事实。是不识时务与之抗拒,还是利用自己的才能谋得一席之地?许多人主动选择后者。这是可以理解的。汉族文人的主动参与,客观上改变了清朝官场的结构,提升清朝整个官场的文化素质。

以上三种人,以主动迎合者居多。

既然居多,那么,碌碌无为者亦多,学疏才浅者亦多,玩弄小巧者亦多,直把一些真才实学的人掩盖淹没。

像今天康熙帝抽阅的几张朱卷,硬生生地把张伯行等一干栋梁之材又委屈一回。正是"放彩明珠又遭泥掩"!

康熙帝本来问策之题就是问治理河道之策,这恰是张伯行最擅长的,却没有被圣上御览而错失良机。后因交卷过早,失之恭敬,被后调至三甲第八十名,赐同进士出身,也算可惜。这一下又后延七个春秋,张伯行才迎来他人生的转折。

康熙帝看过多时,在御书房踱来踱去,最后决定先查查有无考场舞弊现象。经过几轮调查,没有发现舞弊现象,但他还是对本次会试与殿试甚不满意。

偌大一个大清国，这么多中进士的人，总不能说不算就不算吧？他思谋再三，最后终于定下个调子："新进士回家，依旧读书，不可荒废学业。"

这话是好话，可这等于让本次考中的进士暂时回家歇着去。但张伯行没有多想，不管怎么样，自己考中进士，说明自己的学识得到验证，说明这么多年的心血没有白费，说明父母妻子及亲朋好友的殷殷期盼没有辜负。以后，管他当官不当官，只要有书读就行。回家耕读相伴，一样可度美好时光！

这也不是说康熙帝处理不当，只能说他对科举要求极其严格。像他这样文治武功的千古一帝，那样想他，便有些浅薄妄测。

康熙二十四年五月初一，康熙帝在保和殿亲自遴选庶吉士。翰林院引见二甲进士张希良等、三甲进士诸来晟等。康熙帝亲选张希良等三十五名为庶吉士，命大学士宣谕诸进士，特别对新中进士的操守提出要求，由此足见康熙皇帝对科考之重视：

> 士子读书稽古，原期穷理致用，平民砥砺廉隅，敦修品行，皆为异日服官莅政之本。迨一登仕途，志在功名，未免专意求进，干营奔兢，丧其怀来往往有之。而多士从田间来，甫通仕籍。务宜率其素履，不改初心。凡受内外职任，当益加黾勉，清操自矢，恬静寡营，循分尽职，洁己爱民，以副联造就人才至意。

据载：康熙十五年二月，有个叫彭定求的人入京参加会试，一举夺得第一名会元。殿试时，他的卷子被读卷大臣列为第三名。殿试前十名卷子进呈皇上御览，康熙皇帝很欣赏彭定求的卷子，问读卷大臣为什么把会元的卷子置于第三名。读卷大臣说他的楷书不及前二卷，康熙皇帝龙颜不悦，道："会元的卷子有劝勉朕的意思，很不错。难道先儒大师周程朱张都是书法家吗？"于是，康熙皇帝把彭定求的卷子擢为第一。

"新进士回家，依旧读书，不可荒废学业。"张伯行默念圣上金言，与大黑、大仪三人打马向什刹海方向而去……

（五）王原祁请纳兰容若、曹寅作陪，设宴祝贺张伯行金榜题名

康熙二十四年(1685年)，张伯行高中进士。已是京官的王原祁在京师什刹海的“皇茶苑”，为张伯行设宴祝贺，让纳兰性德、曹寅、陈维崧等诸多名士好友作陪。

王原祁之所以把这场聚会安排在什刹海“皇茶苑”，是因为纳兰性德、曹寅他们都在附近居住。明珠大学士府和曹家大院遥遥相对，相得益彰。这“皇茶苑”位置又在两座府邸正居其中，当今圣上曾在此设宴，与民同乐。康熙皇帝看到众多百姓在海子中钓鱼、游泳、划船、下棋、弹唱，其乐融融，美美与共，一时兴起，御笔亲题“皇茶苑”，允许其悬挂于外。至今，“皇茶苑”在开封、江宁、扬州等地，开有诸多分店。更何况什刹海素以“西湖春、秦淮夏、洞庭秋”闻名于世，达官显贵，名人雅士，无不流连于画舫之间，忘情于诗酒之外。

而此时的王原祁正是春风得意马蹄疾。他自康熙六年(1667年)在开封府京古斋与张伯行从相遇到相知、结为兄弟之后，就回到家乡江苏太仓，潜心攻读。康熙八年(1669年)，王原祁考中举人，次年与其叔父王掞一起，同榜高中进士。一路顺风顺水，担任顺天乡试同考官。在直隶顺德府渚阳县做过五年知县，有“一幅画、一知县、一座丰碑”之誉。之后得到其八叔、相国王掞的引荐，调任北京，升为刑部给事中。并在保和殿接受康熙“试策”，入值南书房，任侍讲侍读学士。

也许是性格使然，再加上身份、地位和名气，王原祁与众多雅士名流交往甚多，感情甚深。一品带刀侍卫的纳兰性德，清初三大词派领袖之一的陈维崧，与康熙皇帝一起长大的曹寅，甚至朱彝尊、冒辟疆、王士祯、侯方域，都成为王原祁的座上宾。

辰巳之间，群龙行雨，蛇隐草丛。张伯行应王原祁之约到达什刹海。只见他翻身下马，信步前行。那边，大仪手揽白马辔头，牵向旁边。

遥望水中，见大大小小的茶棚设在柳岸荷丛之间，用芦席架起一座座高于堤岸的棚榭。竖木支架，上铺木板，顶盖芦席，好像座座傍水高台。高台边缘，伸向水面，俯视荷塘，皆在眼底。

抬头仰视,只见鎏金门帘下悬挂着“皇茶苑”三个大字,蓝底金字,遒劲有力。张伯行感觉似曾相识,却又一时想不起在哪儿见过。当他看到“康熙御笔之宝”的印章,顿时恍然大悟。

原来,康熙六年中秋时节,张伯行在开封府京古斋偶遇王原祁,二人结为兄弟之后,张伯行就去“诗云书社”寻找陈维崧。在书店街和徐府街的十字路口东北角一棵千年古槐下,曾经见过这幅牌匾。当时张伯行不得其解,觉得开封如此偏远之地,居然有当今圣上亲笔御书。现在在京畿之地见到此匾此店,顿觉释然。

王原祁安排此处用心良苦。他既照顾到纳兰容若的天时,又考虑到曹寅的地利,还体现出自己的人和。让张伯行至此,既不感觉到生疏,又能表达出自己的心情。由此可见,王原祁之所以走到今天,在官场和画坛之间游刃有余,又让当今皇上垂青倚重,绝非偶然!

张伯行细细观察,只见“皇茶苑”门前水天相映,碧波涟漪。堤岸杨柳轻拂,院内曲径回廊,楼堂亭榭;湖水环绕,山石嶙峋;绿树浓荫,花香四溢。一看就知是处雍容典雅、幽静别致的庭院。

没等张伯行走进“皇茶苑”,那边,王原祁疾步从室内走出,伸手拉住张伯行的手,不忍松开。二人自康熙六年相见之后,便各自天南海北。虽有鸿雁传书,却一直不得相见。今恰逢张伯行高中进士,王原祁堪当大任,金榜题名时,他乡遇故知,二人自是兴奋异常。

二人有说不完的话,道不完的情,那边只听一人道:“麓台兄请!”

王原祁前面引路,张伯行紧随其后,见“皇茶苑”内,地甫三弓,室近十,皆精雅有致,正厅尤盛。厅旁植竹数枝,曰“淡雅堂”,室中悬古画一幅,楹联一对。画乃出自王原祁之手,联乃纳兰性德所撰。“皇茶苑”有此两宝,足以显示其低调奢华,含而不露。

小楼二楹,面对海子。新荷当户,高柳摇窗;云窗雾阁,烹鲜击肥;二三知己,名酒呼茶,大有西湖楼外楼的风致。

昔有好事者于此制肴馔皆仿南烹,点心尤精。而今日,王原祁着意让以豫菜为主,大葱烧广肚、鲤鱼焙面、灌汤小笼包,时不时点缀其间。

张伯行随王原祁走进房间,但见一人,着侍卫官服纬帽,面容清瘦,微有须,眉宇中透露出贵族之气,眼神里蕴含着淡淡忧伤。他端坐方床之上,手持茗碗，左置一几，几上胆瓶，内插荷花一枝。

没等张伯行开口，那人站起，拱手施礼道："我观其印堂发亮，紫气萦绕。若没猜错，该是新科进士孝先兄吧？"

张伯行还礼道："在下仪封张伯行。敢问仁兄可是家家争唱《饮水词》的一品带刀侍卫纳兰性德？"

"正是在下。"纳兰性德纸扇一折，侧身说道，"这位是曹寅曹大官人。"

"久仰子清兄大名，如雷贯耳。今日相见，伯行三生有幸矣！"张伯行向曹寅抱拳施礼道。

还没等曹寅开口说话，那边陈维崧就急不可待，伸手把张伯行拉到桌前，笑着说道："孝先兄，在开封诗云书社虽不能遇，但听吾弟宗石言过。今又在京师相逢，也是有缘千里来相会啊！"

早有店家把酒菜备齐，次第端上。

王原祁执意让纳兰性德坐首席，怎奈纳兰性德死活不肯。说麓台兄是东道主，自是应该坐正位。

被陈维崧带来一起赴宴艺名叫云郎的徐紫云，见他们相互谦让，争执不下，就将主位撤掉，让纳兰性德和王原祁各居两侧。之后，右手是张伯行和曹寅，左手是陈维崧和徐紫云，众人方才作罢。

文人相聚，自是少不得诗酒人生，醉意盎然。

"麓台兄是康熙九年庚戌科殿试二甲第七，因名次比排名第十一的叔父王掞靠前，故往后调至二甲十七；那一榜探花徐乾学是吾师，二甲第二名李光地成为一代名臣。"席间，纳兰性德感叹道，"我是康熙十五年丙辰科殿试二甲第七。其实，孝先兄也是康熙二十四年乙丑科殿试二甲第七，因其交卷过早，失之恭敬，被调至三甲第八十名。要说，我们三个都是殿试二甲第七，还真是缘分啊！"

王原祁笑道："论功底我还真是不如叔叔，只是我的楷书略强于他罢了。"

陈维崧道："今日都是皇茶雅聚，咱们也来个曲水流觞。每人一句，赋一首《浣溪沙》，以助雅兴。我先起头，抛砖引玉！"

说过，陈维崧端起一杯酒，一饮而尽，起身吟道："谁念西风独自凉。"之后，便看着侧面的王原祁。

只见王原祁略一沉吟，接道："萧萧黄叶闭疏窗。"

张伯行微捻胡须，遥望窗外，见日头西沉，往事如烟，就吟道："沉思往事立残阳。"

杯酒下肚的徐紫云自是不甘人后，应声说道："被酒莫惊春睡重。"

之后，他对着曹寅大声喊道："曹兄，该你对诗，对不上罚酒三杯啊！"

谁知曹寅吃口菜，又酒杯见底，一摇三晃地说："赌书消得泼茶香。"

最后，大家都把目光投向纳兰性德。只见他侧帽颔首，娓娓道来："当时只道是寻常。"

众人皆击掌称叹不已，皆曰最后一句为点睛之笔，让人叹为观止，不得不服！

这时，酩酊大醉的曹寅端酒杯敬徐紫云，说道："嫂夫人端庄静雅，闲花淡淡春。"

说的纳兰性德掩面大笑。他低声与张伯行道："这曹寅真损，骂人不吐骨头。这闲花淡淡春出自一首赠妓词，原文是：双蝶绣罗裙，东池宴，初相见。朱粉不深匀，闲花淡淡春。细看处处好，人人道，柳腰身。昨日乱山昏，来时衣上云。"

谁知久经酒场的徐紫云淡然一笑，并没有与曹寅计较，而是大气地说道："我吟唱诗词万千，此前喜欢柳三变的《雨霖铃》，而今只喜欢纳兰性德的'人生若是如初见'。"

之后，徐紫云杯酒进肚，用一口纯正的京腔吟唱起来。只唱得百媚千转，侠骨柔肠；只唱得泪湿春衫，心如刀绞。

> 人生若只如初见，何事秋风悲画扇。
> 等闲变却故人心，却道故心人易变。
> 骊山语罢清宵半，泪雨霖铃终不怨。
> 何如薄幸锦衣郎，比翼连枝当日愿。

不等徐紫云唱完，陈维崧忽地站起，一把拉过徐紫云，大放悲声。

作为东道主的王原祁豪饮一碗之后，挥手说道："不论是'人生若是如初见'，还是'我是人间惆怅客'，都过于伤感。我还是更喜欢那首《菩萨蛮》。"

说罢，王原祁拔剑而起，翩翩起舞，边舞边吟诵道：

朔风吹散三更雪，倩魂犹恋桃花月。梦好莫催醒，由他好处行。
无端听画角，枕畔红冰薄。塞马一声嘶，残星拂大旗。

看着金榜题名的张伯行，看着春风得意的王原祁，看着才华横溢的陈维崧，纳兰性德不由得想起另一位至交仓央嘉措，想起在河西走廊跟随康熙帝征战噶尔丹的那个夜晚。

那是在册封过班禅，康熙帝又想起被自己废黜的第六世达赖喇嘛仓央嘉措，想起这个曾经是"雪域上最大的王"。在征战噶尔丹的风雪之夜，康熙帝听纳兰性德说起过六世达赖仓央嘉措。说起他的诗柔情似水，风流云散，伤心绝望，欲罢不能，有一种指尖上的疼痛；说起他一到晚上就化名达桑旺波，像个流浪诗人浪迹于拉萨街头放浪形骸，不醉不归；说起他长发及腰，衣袂飘飘，拔剑起舞，流连于宫外，寄宿于民间；说起蒙古兵将仓央嘉措押解进京被藏族武装僧人营救到哲蚌寺内，藏族僧兵和蒙古铁骑血战三天三夜；说起仓央嘉措为避免伤及无辜放弃抵抗，独自一人从哲蚌寺走出写下那首著名的绝笔诗：

白色的野鹤啊，请将飞的本领借我一用。我不到远处去耽搁，到理塘走一遭就回来。跨鹤高飞意壮哉，云霄一羽雪皑皑。此行莫恨天涯远，咫尺理塘归去来。

河西走廊的天气瞬息万变。刚才还是风雪交加，一会儿就是星空闪烁。康熙帝走出帐篷，抬头遥望河西走廊的满天星斗，若有所失地对纳兰性德说道："世人皆知是朕废黜了仓央嘉措，殊不知朕是为保护他，才不得已而为之。以他的政治智慧，以他的人脉资源，不将其诏送京师，定会有性命之忧啊！"

纳兰性德不无伤感地答道："那仓央嘉措最后不还是在押解途中，行至青海湖畔，圆寂坐化了吗？"

"真个是惺惺相惜。有道是：秀才造反，十年不成。你和仓央嘉措一样，到底是个文人啊！"康熙帝用复杂的眼神凝视着纳兰性德，说道，"如果我没猜错,你肯定听说过另一种传说。朕可以把他放归山林,布道传经,却不会让他就此圆寂坐化,销声匿迹。毕竟,他也是雪域最大的王!”

康熙帝的目光穿过酒泉、张掖、武威、敦煌,穿过祁连山的皑皑雪峰,投向遥远的雪域高原,投向雪域高原上的布达拉宫。他接着说道:“以第巴桑结嘉措之力,如何能与蒙古拉藏汗对抗?和硕特部剽悍异常,英勇善战,与朕又是儿女亲家,是朕依靠的左膀右臂。朕如何能为一人而误天下啊?”

说至此,康熙帝突然严厉起来,说道:“况且,噶尔丹早年赴西藏投达赖喇嘛习沙门法时,桑结嘉措与其过从甚密,私交深厚,让人不得不防。”

不知是河西走廊的天气过于寒冷,还是康熙帝的话语暗藏杀机,纳兰性德听过,不禁打个寒战,身体不由自主地哆嗦一下。

只这微微一下,也没能躲过康熙帝那双锐利的眼睛。他随即缓缓说道:“纳兰性德,你给朕吟诵一下仓央嘉措的诗吧!”

纳兰性德平静平静情绪,娓娓吟道:

住进布达拉宫,我是雪域最大的王。流浪在拉萨街头,我是世间最美的情郎。与玛吉阿米的更传神,自恐多情损梵行,入山又怕误倾城。世间安得双全法,不负如来不负卿……

没等纳兰性德诵完,康熙帝就打断他,说道:“比起这些风花雪月卿卿我我,朕更喜欢你的那首《长相思》。”

康熙帝脱口而出,吟诵道:

山一程,水一程,身向榆关那畔行,夜深千帐灯。
风一更,雪一更,聒碎乡心梦不成,故园无此声。

想到此处,纳兰性德已泪流满面,泣不成声。

只是,只是谁知那天纳兰性德是抱病相聚,诗酒人生,载歌载舞,斗酒百篇。回府之后竟一病不起,七日后便撒手而去,只留下“我是人间惆怅客”的千年一叹!

徐紫云每每想至此,便痛哭不已,泪如涌泉。不论何时何地,都先唱此诗：

残雪凝辉冷画屏，落梅横笛已三更，更无人处月胧明。
我是人间惆怅客，知君何事泪纵横，断肠声里忆平生。

六
耕读时光

（一）张家之后耕读传家，本分做人，满门清官，让人尊敬

人间四月天的宫保府，处于一片鸟语花香之中。鸟语花香之外，却是一片寂静。这寂静不应该成为四月的主旋律，它应该张扬一些，开放一些，热闹一些！

可是，宫保府依旧寂静着。就连新科进士张伯行荣归故里，也只是一挂鞭炮而已。鞭炮响过之后，一切又复于寂静。

是的，是他张伯行不想把宫保府的寂静打破。打破这种寂静，就不符合他的秉性。

可是，有两个人却想打破这种寂静，不信，你听。

在宫保府深庭的中堂里，一个苍老的声音传出来。她说道："我说老爷，这凤仪虽说贤淑持家，可是连生三个女娃，也不知下一个是啥啊？眼见得这两口岁数越来越大，该如何是好啊？"

另一个沙哑的声音接住话道："夫人言之有理。古人云：不孝有三，无后为大。不想现如今倒为难起咱们夫妻来了！"

又道："想那凤仪自进咱张家之门，可谓知书达礼，贤淑无比。再者，最难说动的是黑孩儿。这货像我，一根筋，一条道走到黑啊！"

说到这里，你可能已经猜出对话的两人是谁。对，他们一个是老夫人耿小俊，一个便是东冈公张岩。

现在，他们正为张家后继无人而发愁呢！

也难怪，张伯行都三十五六岁的人，只有那三个可爱的千金，到现在还没见一个男丁呢！想在余生看见孙子，是老两口莫大的心愿。

前两天，耿老夫人曾在张伯行请安时，顺便说起兰阳县谁谁谁续娶侧室生子的事。可张伯行却像什么都没听到一样，弄得老两口一时忧愁上头。于是，便有上面的对话。

这时，东冈公又开始发话。他说道："看来，这样干耗也不是个办法。不如我们做一回坏人。"

耿老夫人一惊道："我们做啥子坏人？"

"不如先找凤仪说说，她要记恨就记恨咱俩。"东冈公道，"夫人抽空单独给凤仪说说吧！"

第二天，耿老夫人言说牙疼，躺在房中歇息。不到晌午，王凤仪便已知晓。她忙跑到厨屋，亲自用开水沏碗鸡蛋水。豫东民间大都用这个土法，治上火引起的牙疼嗓子疼，其做法就是把鸡蛋打在碗里，然后用筷子打匀，再倒点芝麻油，滚开水一浇，就算沏成。

王凤仪手捧一碗滚烫的鸡蛋水，小心翼翼地来到耿老夫人床前，轻轻地喊道："娘，我给您沏的鸡蛋水，起来喝吧！"

耿老夫人听到这一声"娘"，心中一阵酸楚，暗道："我的好媳妇儿，为娘可是对不住你了。"

她忙翻身坐起，嘴里却有些虚弱地说道："媳妇，你咋过来啦？这点小毛病，歇会儿就好。"

王凤仪道："娘，俗话说，有病要趁早看，这鸡蛋水可有效了。您老一会儿喝了吧！"

其实，这耿老夫人牙疼，还真不是装的，只不过没有那么严重。说到底，还是因为没有男丁愁的。她一个没有文化的老太太可没有东冈公那种见识，自然也没有他那种胸怀。她现在一门心思就是在有生之年抱上孙子，别的都是次要的。

此刻，她看看王凤仪，很想直奔主题把话说出来，可又不知如何去说，连王凤仪给她说什么也没听进去。

王凤仪看看婆婆，心里也是疑云层层，暗道："今天娘这是怎么啦？欲言又止的。"便对耿老夫人道："娘，您有话只管吩咐。"

耿老夫人一咬牙，心中暗想："也罢，也罢！"

然后，就对王凤仪说起想抱孙子之事，以及让张伯行续娶侧室的想法。

最后,耿老夫人道:“我与你爹已经一大把年纪,有生之年怕见不到孙子,死去也愧见先人啊!还有,那黑孩儿是个大别筋,我们说话他也不听,好歹他听你的,你看能不能劝劝他。”说着说着,竟掉起泪来。

王凤仪闻听此言,怔怔地如同傻了一般。看看眼前情景,很快她确认这些都是真的,便稳稳心神,显得十分轻松地对耿老夫人道:“娘,凤仪知道。不孝有三,无后为大,这道理凤仪懂得。您老也别伤心,我劝伯行就是了。”

王凤仪不知道是怎样回到住处的,她的脑子里一直都是与张伯行一起的画面:

在宫保府的喜宴前,在精舍的柳树下,在北楼的楼阁上,在南苑的春游途中……

如今,他们夫妻二人的世界就要终结,另外一位女子就要和她一起共同拥有她的黑孩儿哥,她的张伯行……

晚上,以泪洗面的王凤仪捋捋鬓角,走进张伯行的书房。

正在挑灯苦读的张伯行抬头见妻子不邀而至,顿感茫然。“无事不登三宝殿。”张伯行不解地问道,“夫人一般不进书房,今日至此,定有要事相商吧!”

王凤仪叫声“夫君”,话未出,泪先流。

见此情景,张伯行把手中之书放置案头,轻轻把妻子揽入怀中,用手拂去她脸上的泪痕。

看着怀中这个与自己相濡以沫、相敬如宾的女人,张伯行心中一阵怜惜,一阵心疼。岁月催人,斗转星移。那个藏在石头后面对对联的小闺女儿,那个一口一个“黑哥哥”的小师妹,那个不顾危险义无反顾去黑里河河堤上送衣送饭的新娘子,那个柔情似水百媚千转相夫教子无怨无悔的贤良妻,此时此刻,也渐渐老去。鬓角发白,皱纹上头,眼睛似乎也没有以前的光泽与明亮。而永恒不变的,却是那十个指头十个簸箕;不变的,是脸上那对浅浅的酒窝;不变的,是对夫君的一往情深。

王凤仪刚想张开口说话,张伯行急忙用手捂住她的嘴,眼睛充满爱意地看着她,然后摇摇头。那神情,坚定,自信,不可动摇!

之后,不论父母妻子如何劝说,张伯行仍然执意不再娶妾!

也算是天遂人愿,后来,王凤仪生下师栻、师载二子。

长子师栻,字又南,后效力河工,协办江南徐州府宿虹同知。

次子师载,字又渠,中丁酉科本省举人。雍正元年,张伯行任礼部尚书时,皇上特旨授一品恩荫,让次子承荫,候补员外以特旨补户部广东司员外。张师载历任本司郎中、扬州府知府、江南河库道、豫东河道总督等职。其亲手绘制的《豫东黄河全图》真实记录了清代河南段黄河河患的史实,直观描绘了河南段黄河河势情形与水利工程,在中国地图史和治黄史上,都有不可替代的作用。该图现珍藏于美国国会图书馆。

史载:张师载,字又渠,河南仪封人,清朝官吏。张伯行之子。康熙五十六年举人。以父荫补户部员外郎。雍正初,授扬州知府。岁饥,高邮湖西民以县吏报灾轻,不得赈。师载行部,见饥民满道,不待报而赈之。江都芒稻闸为淮、黄、高、宝诸河入江要津,夏潦盛涨。闸官利商人饵,谓非运使令不得启。师载询盐艘须水六七尺,今过半,乃身往督役启闸。其后芒稻闸属府启闭,遂以为例。累迁江苏按察使,内擢右通政。再迁,授仓场侍郎,命协办江南河务。授安徽巡抚,仍命赴南河协同防护。会河溢,夺官。上命诛疏防同知李焞、守备张宾,使师载视行刑,毕,释之。再起为兵部侍郎,迁漕运总督。复授河东河道总督。师载长于治河。少读父书,研性理之学,高宗称其笃实。卒,赠太子太保,谥悫敬。

张家之后耕读传家,本分做人,满门清官,让人尊敬!

(二)恰逢盛世,万众归心,或进或退,自当庶竭驽钝,一览众山

孟夏草木长,绕屋树扶疏。
众鸟欣有托,吾亦爱吾庐。
既耕亦已种,时还读我书。
穷巷隔深辙,颇回故人车。
欢言酌春酒,摘我园中蔬。
微雨从东来,好风与之俱。
泛览《周王传》,流观《山海》图。

俯仰终宇宙,不乐复何如?

不知怎地,张伯行越来越喜欢陶渊明这首诗。但他知道,自己并不是要成为陶渊明。他只是赞赏陶渊明那样的洒脱,那样的幽雅,那样的清高!

而张伯行自己所追求的,就是一边读书求知,一边坐拥这田园的无限风光,以及这人世的无限真情!

于是,张伯行开始建小园于南门。用时两月,初见雏形。

但见:

青砖小瓦一座房,屋前屋后篱笆墙。
前有碧水绕心走,后有小亭陪荷塘。

小园周边溪水淙淙,两边遍布桃树、杏树、梨树等果木,真是一个风物灵动的好居所。

张伯行读书其中,阅读广泛,于天文、地理、医卜、农圃之书,以及浮屠、老子之说,靡不涉猎,而皆不慊志。

且说一天晌午,张伯行正在静读。突然,大仪风风火火地跑来禀报,说兰阳书院的傅尧仙老先生路过此处,想与张伯行见见面。

张伯行一听,很是激动。多年前,表伯点拨自己的场面如在眼前,与他也有十余年不经常走动,未想到他今天竟自亲往。

张伯行不敢怠慢,赶紧随大仪前往宫保府。

谁知,两人刚出小园,就远远地看见大黑领着一个人奔这边而来。

那不是表伯傅尧仙吗?除却有些苍老,还是那么精神。

张伯行三步并作两步,赶紧跑到表伯跟前,深施一礼道:“表伯,我这边正去见您,您怎么亲自过来啊!”

傅尧仙笑道:“想着看看你的小园,便不请自来了。”

张伯行和大黑、大仪三人,连忙把傅尧仙引进书房就座。须臾,大仪便把茶水倒上,说声他和大黑去忙了,便起身离开。

闲言未叙,表伯便与张伯行二人直接谈起学问来。只听傅尧仙道:“贤侄,我看你这里书山书海,所览愈来愈广,但不知进学可有方向?”

张伯行道:“我是博览群书,到目前依然没有定向。”

傅尧仙道:“这般不好。掏十口井不如掏一口井,没有专攻,则深不达;深不达,则水难出。”

张伯行道:“张伯行愚钝,还望表伯见教。”

傅尧仙道:“如此,我就不怕露浅。”

他接着讲道:“我观中国之学,谓之博大精深,百家争鸣,至汉武帝终分高下。武帝雄才大略,定‘罢黜百家,独尊儒术’之策,非心血来潮之为。自此起,历代效法,我以为缘由有二。其先师孔圣人制礼,乃人伦大定也。自伊始,三纲五常,秩序井然,上位者尊之,在野者仿之,此其一;我观其他诸学,皆道弱术强,仅儒学讲究大道,道乃根基也,不可本末倒置,此其二。”

张伯行频频点头,直呼太对,遂开口言道:“我近期广泛涉猎诸子百家,亦有同感,只是未能如此明晰。”

张伯行接着说道:“道家的‘道法自然’‘清静无为’不失为一种做人法则,只是‘小国寡民’‘无为而治’却非主流;墨家的‘兼相爱,交相利’作为一种学说,自有其存在的价值和意义,只是其游侠思想和清规戒律,不具有济世价值;法家‘不别亲疏,不殊贵贱,一断于法’,只是仗势用术,容易形成专制;其他诸如名家、墨家、阴阳家、纵横家、杂家、农家和小说家,虽各有所长,但终非大道。”

“你能做出如此判断,说明你有慧根。”傅尧仙接着说道,“儒家学说,气象万千,润物无声。当今圣上,尊孔尚儒,以理学治国。周张程朱,上接孔孟,下启当朝。若你能拨云见日,去伪存真,自当能成就一番事业。”

张伯行道:“常言道:听君一席话,胜读十年书。表伯之见,如甘醇雨露,其意自明。我当知行合一,入脑入心,不辜负如此圣明之世!”

最后,傅尧仙又道:“我观先师注解,多有谬误,其次繁杂。需有贤达,据此删繁就简,还原本色,或济于天下,或利于教化。”

闻言,张伯行再次击掌称好。

张伯行说道:“君子穷则独善其身,达则兼济天下。如吾能进,当兴理学,尊孔孟,承程朱;如吾退,则办书院,注‘五经’,释‘四书’。而今,恰逢盛世,万众归心,或进或退,自当庶竭驽钝,一览众山。”

傅尧仙因离家中尚有一段路程,于午后辞别张伯行返家。

与表伯傅尧仙之谈,令张伯行醍醐灌顶,顿开茅塞。

后捧读《近思录》、程朱语类文集,恍然曰:“此孔孟正传也。入圣门庭,尽在此矣。”

乃于濂洛关闽之书,口诵手抄,化化如将不及。

嗣后,官闽、官吴,所辑诸书,大半于家园读书时裁定。

自此,张伯行终于决定潜心研读理学。

(三)在康熙年间,有史记载的大灾荒就发生数百起

震耳欲聋的大盘鼓,如果没有扬起的鼓槌,你一定听不到它的鼓声;丰收在望的麦田,如果没有辛勤的播种,你一定看不到颗粒饱满的麦穗儿。

所谓康乾盛世,那个“康”,便是鼓槌,便是播种。没有前面的这个康,你绝对看不到后来的那个“乾”。

是的,这个“康”,它正走在通往昌盛的路上。其间,还有这样那样的艰辛和苦难。特别是作为一个紧紧依赖农业的国家,它很害怕看老天爷的脸色。是的,有的天灾可以促成人祸,而人祸可以要民众的命,民众又可以要一个王朝的命。

在康熙年间,光有史记载的大灾荒就发生数百起。

特别是康熙二十二年秋,山东单县的饥荒;康熙二十四年春,徐州各县的大饥荒,灾害之大,直至影响周边州县,沛县尤为严重。直至两年后,才得以缓解。作为距此只有两三百里的西部临近小县仪封,自然要波及。

两年前的单县流民和如今的沛县等徐州各县流民,让临近各州县压力巨大。加上本地属于受灾的边缘地带,也是连年歉收。

且说康熙二十五年三春时节,正值青黄不接。本地贫民和外地流民,都处于极为艰难的境地。

这一天傍晚,东冈公张岩让大仪去喊张伯行回家。张伯行听说父亲大人叫自己,赶忙从小园奔内宅而来。走进中堂,忙给父母问安。

东冈公道:“我儿快些坐下说话,一会儿就在此吃晚饭。”

张伯行道:“孩儿知道。”

只听东冈公道:“现在荒春季节,许多百姓眼见得没有饭吃。我欲开仓粜

粮,想听听我儿的意见。"

张伯行道:"我虽在小园读书,但外面事情倒听大黑、大仪他们说过一些,本地贫民和此前流民生活着实艰难。"

东冈公道:"我儿,就说说处置意见。"

张伯行道:"孩儿以为:一要对百姓减价粜粮,如有买不起的,可宽限至来年;二是将来皆以平粜标准还粮,即他们籴多少还多少,不加利息;三是对极端缺粮的乡民和外来流民进行统计,然后再行救济。"

东冈公道:"我儿所讲有几分道理。只是救济流民之事,过去我们也设粥棚施过粥,但有些乡绅多有微词。不知我儿还有没有更好的方案?"

张伯行道:"以儿所想,这救济有短救和长救之别。"

东冈公道:"何为短救,何为长救?"

张伯行答道:"短救就是除平粜之外,再救济些粮食。长救就是问问他们愿不愿意在此种地。如果愿意,可租给他们些田地耕种。"

东冈公道:"我儿宽厚仁爱,为父也是高兴。只有一样,那就是我们还需低调些,以照顾周边那些乡绅的情绪。"

张伯行一时不解,问道:"照顾他们什么?"

东冈公道:"我们在做好事的时候,当然是真心的,何况我们也不想浪得虚名。但有人却不这么想,难免有些动机不纯的,钱粮不想出多,但却想博得更多的名誉和利益。如果我们做得太过,这无异于将他们的军。他们不得不再多舍一些出来,到时候难免记恨咱们。"

张伯行道:"爹,我觉得在生死面前,什么都是小事。如果真如您讲的那样,我们舍得多,他们也舍得多,那这么多灾民岂不是能够得救?再说,朝廷官府也高兴,此乃是天大的好事。"

东冈公一听,感觉还真有几分道理,频频点头说:"如此,我们只管干,有什么事再说。"

第二天,张伯行没顾上读书,和东冈公一道,安排张正保和大黑、大仪他们,对本地流民和困难百姓进行统计。到第三天,张正保就报来汇总数据。流入本地的流民共有六十三户,全部人口二百二十八人;本地困难百姓共二十四户,全部人口九十六人。

接下来,张伯行让张正保分两批把人员召集在一起,亲自把想法给大家讲一讲。

(四)张伯行仅用四两之力,便化解掉这次风波

且说单县流民张三东和沛县流民许少峰听到张伯行一番话之后,立马从人群中走出来,激动地说道:“张公真乃仁义之士。我等离开家乡,从没有受过如此殊荣。今在宫保府遇见,我等众人给恩公下跪感恩了!”

说罢,两人领头下跪磕头。

原来,这二人在流民中威信极高,都是忠义之士,属于那种既知恩图报又嫉恶如仇之人。这些流民在他们的影响下,虽然人穷,但志不短。凡那些偷偷摸摸、胡乱作为之事,一概莫为。

这也是东冈公张岩他们看中的地方。

平日里,东冈公叮嘱张正保,凡有个长活短工的,都先安排给这些人,让他们觉得有做人的尊严。张岩还把北楼及其邻近的一些房屋院落,无偿分给他们住。但他们毕竟没有田地,缺粮是最突出的问题。这不,张伯行刚宣布平粜,没有钱还可以一年为期,不少人就欢呼雀跃起来。要知道,这是想都不敢想的事情,居然眼见为实。

大家兴奋地你一言我一语,直说“进士老爷行好,必得好报”之类的话。

只见张伯行挥挥手道:“大家安静一下,我再宣布一件事。凡有愿意租种黑里河那边田地的,现在就可以报名,免三年租子。这还不算,现在所有长着的小麦、豌豆等庄稼,都归你们管理和收获!”

这一下,人群可不是刚才的那种氛围。要知道,这等于免三年租子,又送一季庄稼。人们一个个嘴巴大张,半天没有说出话来。有几位用手狠掐自己的大腿,知道这是真的后,竟然跪在地上大哭起来。

张伯行赶紧俯身相搀。

不多时,六十三户流民全部租种黑里河的田地。

再说,那二十四户本地困难居民,也都想按流民的标准租种黑里河旁边的田地,张伯行也都一一应允。

不到半天工夫,这个关乎百姓生死的大事,张伯行用他的一己之力,全部办好。

由此可见，张伯行之格局、之干练，远非那些只会读死书的酸腐书生所能及。

春天的风很是神奇，它吹着吹着，小麦便长出尖锐的麦芒；它吹着吹着，小麦粒儿日益饱满；它吹着吹着，炎热的夏天便到跟前。

黑里河堤边的田间地头开始骚动起来。先是饱满的豌豆被摘到家里，接着黄灿灿的大麦被收割在场。下一步，大面积的小麦就要开镰收割。只有小麦开了镰，今年的丰收才算真正落地。

十天后，小麦终于开镰收割。在张三东和许少峰的带领下，这些往日衣食没有着落的流民，开始他们一年中最幸福的时刻。他们的喜悦就像黑里河的涟漪，不时向远方扩散……

后人有诗曰：

麦收时节回到乡下，我又听到麦子温柔的声音。小路画在田野深处，麦子垄起，父亲们还在垄起的麦子上，收割晨昏。土地在犁铧的分割下，情绪愉悦至极，月光又一根根直插平原深处。从母亲的纺车走出的麦地里，照耀着童年。跨过老槐树的沟纹，仍无法纵横驰骋，无法抵达麦子的顶端。回到平原，远离平原，平原的木轮牛车，载我走到平原之外。

这一段时间，张伯行的心情也是非常之好。这不，他刚读十几页《近思录》，便一边回味着，一边走出书屋，来到当院的杏树下。

这院子里的杏树和田野里的小麦，都在走向成熟。所不同的，他们一个上，一个下；一个在庭院，一个在原野。

张伯行看着外面的世界，也不禁想起一首诗来：

田家少闲月，五月人倍忙。夜来南风起，小麦覆陇黄。
妇姑荷箪食，童稚携壶浆。相随饷田去，丁壮在南冈。
足蒸暑土气，背灼炎天光。力尽不知热，但惜夏日长。
复有贫妇人，抱子在其旁。右手秉遗穗，左臂悬敝筐。
…………

这在这时，大仪从外面跑进来，人还没到跟前，便冲张伯行喊道："老爷，老爷，黑里河那边大事不好了。"

张伯行有些惊讶地问道："出什么事了啊，让你如此惊慌失措？"

大仪道："那个张三东派人来报，说考城县费万贯的侄子费思鑫，不问青红皂白，带人把咱这些种地之人打伤打跑。东冈公让我喊你回家，见面细说。"

张伯行听到此处，已经明白一二，也不再多问，赶紧起身随大仪向内宅赶去。

进入内宅，见东冈公已在当院等候多时。见张伯行来到，忙说道："我儿快些就座。"

张伯行急忙问道："父亲，详请若何？儿这就到现场看看吧。"

东冈公道："我儿先要沉稳。我已派张正保和大黑他们前往探看，会随时来报。我们商量则个。"

这时，那个张三东派来报事的李姓小伙子还没有走，张伯行便问他道："请讲其中缘由。"

李姓小伙子道："我们正在割麦，眼见得快要割到地头，突然，那个叫费思鑫的带着十几个人冲到跟前，不由分说就是一顿皮鞭。张三东和许少峰二位大哥见来人气势汹汹，便拦住他们道：'朗朗乾坤，因何打人？我们可是张进士家的人。'谁知那个费思鑫听过之后，竟口出狂言道：'什么进士不进士，还不一样在家种地，少在这里唬人。如今偷割俺家的麦子，打你又能怎样？'"

小伙子接着又道："咱们这边，许少峰大哥向来做事稳妥。他亲自勘察一番，确认众人并没有割他们的麦子，便呼叫众人集聚出事地头，这一下就过来百十号人。那个费思鑫见此阵势，虽不敢再打人，口里却祖宗奶奶地骂起来。张三东和许少峰二位大哥怕惹出大事，便派小的报知实情。"

说话间，张正保已骑马赶回，忙跑到东冈公与张伯行跟前，说道："老爷，那伙人已走多时。听百姓说，他们望见我们这边骑马扬起的尘土，就知事情不对，忙不迭地就跑。我们走到时，连个影子都没有看着。"

张伯行道："既然如此，其他人都散去吧。张管家、大仪留下，我们一起议事。"

大家坐在当院继续刚才的话题，只听张正保道："老爷与考城县费万贯向来关系不错,不知他家侄子因何来这里撒泼?感觉这事倒有些蹊跷。”

东冈公道:“费万贯这人虽然好财出名,但多年来也没见他横行乡里。我们两家多年前还有走动,只是如今都岁数已大,来往极少。”

张伯行道:“事已经发生,我们须有些动作。否则,人心惶惶,以后怎么劳作?”

东冈公道:“所有人等就听我儿安排吧。”

张正保、大仪赶紧表态:“愿听调遣。”

于是,张伯行开始派将。

具体为:张正保、大黑领张三东和许少峰等人,巡察黑里河与其他人接壤的麦田。一旦发现再有人前来挑衅,只准在界内防护,决不允许出界追赶;所有人等只准拿农具防身,不可擅带刀枪;其他的人,继续以往所做之事。近阶段所有对外信息,都要及时报告。

张伯行还说,麦收这段时间就在宫保府小住,有事随时可商议。

张正保听后,立刻起身,找大黑他们去办。

这时,可急坏一人,他便是大仪。大仪急急地问道:“老爷,他们都有安排,你让我干啥啊?”

张伯行见此情景,心里有些暗自喜悦,但却神色严肃地对大仪道:“你莫急,有一件大事不知你愿干否?”

大仪道:“什么大事,老爷明示。”

张伯行道:“想那费思鑫无端挑衅,定有几分缘由。我想让你亲自到考城摸清底细。”

大仪道:“这个断无问题。”

张伯行道:“此事只有我们二人知晓,你需嘴严些。”

大仪道:“明白,老爷只管放心。”

三日之后,大仪便从考城县回到宫保府。他利用在费府的一个远房亲戚,终于探明情况,这情况却让人大跌眼镜。如果不是东冈公与张伯行处置稳妥,说不定要闯出个祸来。

原来,考城县费万贯近年来身体越来越差,前年又得个轻度中风,连口齿都不甚伶俐。还好,他有个不错的管家,此人叫费长保,年轻时逃荒来到此地,因为是同门同姓,被费老爷收留,从此一门心思都用在费家。可有一样,费万贯没有儿子,只有个叫小兰的女儿,还有就是那个侄子费思鑫。

小兰如今十八岁,却还没出阁。那费万贯的弟弟也就是费思鑫父亲很早过世,费思鑫从小跟着费万贯长大。也怪费万贯把他当儿养,从小娇惯。到后来,发现这小子整日不务正业,作恶乡邻;再想管,可已经管不住了。

费万贯多次当面训斥费思鑫,这小子表面上承认错误,一转脸还是我行我素。特别是费万贯中风这两年,更是飞扬跋扈,俨然一副主人的姿态,好像这个家就是他的。

老管家费长保劝他几句,他狗眼一瞪道:“你个外人,也敢来说我?”并从此和老管家对立起来,把老管家当成他继承费家产业的障碍。

这不,老管家见又要收麦,怕他在外面惹祸,便给他说要与邻近乡亲搞好关系。还特别交代,东冈公张岩是老爷的故交,更要客气友好。

谁知费思鑫这厮不学无术,狗脑子一时错乱,竟然非要滋事生非。心道:“戳下祸端,也是你等的事,两个老不死的。”却没想到,张伯行父子如此不乱阵脚。

张伯行与东冈公商议多时,决定由他亲率大黑、大仪,以探病为名,前去探望费万贯。

这一日,三人来到考城县,便把大仪派出去。没有多长时间,大仪带过来一个人,他就是费府的老管家费长保。

在费长保的带领下,他们很快来到费府后门。进得后门,径直走到费万贯的住室。到这时,你也许明白,张伯行正在以他的方式化解费思鑫的挑衅。

原来,几日前,他就让大仪带着自己的亲笔信,去找大仪的那位亲戚,然后,通过他把信交给老管家。信实质上是写给老管家和费万贯两个人,大信封里面有一张信笺和一个小信封。那张信笺就是写给老管家的,张伯行把这次风波的缘由细细陈述,并嘱咐老管家将那个小信封亲交费万贯。

费万贯虽然身体有病,可他不呆不傻,心里明镜一般。他知道,这个侄子已经堕落成这般货色,再不出手干预,到头来怕是要鸡飞蛋打,遗恨终生。

张伯行在信中的问候,让他很是激动。对于张伯行探望自己的想法,他也答应下来。其实,他主要是想让张伯行帮他拿拿主意。他特别安排老管家一定安排妥当,专等张伯行到来。

张伯行来后,费万贯再三表达歉意。他还请求张伯行给他出个主意,把家事处置好。张伯行初时不愿,在费万贯的再三恳求下,终于答应下来,当真解决好费万贯多年没能解决的家事。

后来,费万贯依张伯行之计,把里正和族长请过来,并在里正和族长的证明下,费万贯将家产交女儿小兰继承。小兰将来招个乘龙快婿,这个家就是他们小两口的。

对于那个费思鑫,也没有赶尽杀绝,而是分他宅院一套、良田三十亩,并狠狠地教训其一番,再三声明:"如若不改,其宅院和田产将悉数收回。"

自此,费思鑫那些跟班的混混儿都作鸟兽散。

张伯行仅用四两之力,便化解掉这次风波。其仁爱之心和处置能力,可见一斑。

(五)从前明王廷相,到大清张伯行,一脉相承,生生不息,光芒万丈

这几年,耕读一直都是张伯行的主旋律。如果说还有其他什么事情,那就是救济灾民。他的乐善好施,已经成为一种使命、一种责任。

村里有一位张田氏,孤儿寡母。有一次她胃病突犯,疼得满地打滚,十三岁的儿子小牛吓得哇哇大哭。张伯行知道后,连忙让大仪到葡萄架村请来被乡亲们称为神医的朱郎中。果然,几银针下来,胃疼就止住了。后来,又吃几服中药调理,胃病便逐渐痊愈。张田氏自是感激涕零。

张伯行看小牛懂事可爱,便问小牛道:"小牛,你以后想做个什么行当?"

小牛道:"学个郎中,像朱郎中那样给人看病。"

张伯行于是记在心里,便抽空和大仪到葡萄架村找到朱郎中。

朱郎中听过事情原委后,很是感动,当即答复道:"我有一师弟,现在仪封县城西关开药铺。前些时日,曾让我给他推荐人当学徒,也不知现在人找到没有。我明日就去一趟,如果还要人,那当然更好;如不要人,咱再想其他办法。"

张伯行忙谢道:"张伯行在此先谢过先生。"

别说,朱郎中到县城一趟,这事还真是说成了。至此,小牛的人生终于有个良好的开端。

康熙二十八年(1689 年)秋九月,三十九岁的张伯行,奉父命赴京城参加吏部举行的内阁中书考试。

这内阁中书考试始于顺治十三年,对文理优长、学问渊博者择优录取。内三院请于额设中书外另考六员,由吏部考取正副卷,送内院复试录取;于举贡内,择文理优长、学问渊博者,用为撰文;于贡监生内,择文理通顺字迹端楷者,用为办事。办事即缮写制诰、查校档案等。三年称职,送部选授主事。康熙六年,令各科进士不拘年份。愿考中书者,选取遇缺即补。

张伯行感觉父母年迈,不能久离,故就中书。后于京都报国寺,得《周濂溪先生全集》。是书,刻板久湮,购之不获。他如获至宝,爱不释手,后遂付梓,以广其传。

这濂溪先生乃是理学开山鼻祖,其著《周濂溪先生全集》共十三卷。书中具体内容为:

朱子太极图说解;诸儒太极论辩;语类附见;诸儒太极发明;通书一语类附见;通书二语类附见;诸儒通书论序;遗文并诗 · 诸儒记诗跋附录;遗事 · 朱张语录附见、诸贤唱酬附录、诸贤怀仰记述附录;年谱 · 序本专墓志铭事状附录;诸记序附录;诸记并祭祝诸文附录;卷之十三历代褒典。

张伯行对此书终日爱不释手。他从京返回家乡以来,更是研读不停。不仅如此,他还特别喜欢诵读濂溪先生的诗文。这一日,他站在园中,又不由自主地背诵起先生的《爱莲说》。只听其抑扬顿挫,甚是好听。

> 予独爱莲之出淤泥而不染,濯清涟而不妖,中通外直,不蔓不枝,香远益清,亭亭净植,可远观而不可亵玩焉。

是的,这种生命自觉,这种人生顿悟,这种底线思维,这种敬畏之心,都深深根植于豫东平原这块博大厚重而又多灾多难的土地。敦厚,宽容;淳正,朴实;忠君,报国;仁义,爱民;清正,廉洁。这些璀璨夺目、闪光耀眼的中国汉字在千年线装史册上熠熠生辉,恩泽后人。从前朝王廷相,到大清张伯行,一脉相承,生生不息,光芒万丈!

康熙二十九年,注定是个不平之年。眼看着芒种临近,预示着丰收时节的到来,可田地里却看不见庄稼。继前两年的单县饥荒和徐州各县饥荒,河南各地亦出现严重的自然灾害。

发生于康熙二十八年至康熙三十一年(1689—1692年)黄河中游,涉及陕西、山西、河南三省的大旱,被后人认为属于明清小冰期背景下,一次极端气候事件和重大气象灾害。长达四年大范围"民流田荒,残破至极"的旱灾情状,伴生虫灾、低温和瘟疫流行等灾害,致使老百姓流离失所,家破人亡,经济遭受灭顶之灾。

这一时期,"人食树皮""立人市鬻子女""父子相食""人相食"之类记载不绝如缕,人吃人现象远超历朝历代。特别在青黄不接的时节,类似情况更为严重。饥民离乡乞食,尸骸遍野枕藉,让人惨不忍睹。

有诗记之曰:

半载酷阳麦夭殉,稾之盈筐不受捆。六月初雨田始青,蚜蚄蜿蜒大如蚓。

去年卖女今弃儿,罗尽鼠雀生计窘。千古苛灾一时遭,孽自人作天亦忍!

男子携筐妻负雏,儿女卖别哭呜呜。郑公迁后流民死,更有何人为画图。

四月流人处处逃,仁人轸恤倍勤劳。已开粥厂捐清俸,又劝乡绅卖豆糕。

面对汹汹不退的大旱灾荒,康熙帝也是一筹莫展,无计可施。他曾刺破手指用血抄写佛经,试图罪己而救苍生。

真可谓祸不单行。旱灾未过,洪灾又降。当时就有"无年不水,无岁不灾"之说。

《清世祖实录》记载此前黄河中下游沿岸的状况:

频河郡县,田土尽湮。各地方协济河工,一束之草,赔银数钱,征调繁兴,长挪万状。河夫工食不能时给,物办已竭,绩用未成。中原重地,人民苦累,半由于此。

顺治年间，黄河水患多年未治，到康熙年间，已经是“到处溃决”。特别在徐州、淮安、扬州三地，本是漕运必经之地，但因漕运和黄河交叉，又加上淮河也在这一区域（洪泽湖）和黄河交汇入海，大量淤泥汇集于此。堤岸崩塌，黄河阻塞，造成当地河道严重受损、河水倒灌。扬州、淮安这些极其富庶之地，年景也是一年不如一年。其中，以清河县最为严重，以至于救荒成为当时朝廷和地方州府的重要课题。

且说张伯行面对如此灾情，怎能置身事外？一批又一批饥民，包括本地断粮户，都不容他坐视不管。

为此，他让张正保组织人员先于西门设立粥棚，每日早晚两次施粥。

随着饥民越聚越多，为避免出现踩踏事件，张伯行又叫张正保在四门同时设立粥棚，接济入城之人。之后，张伯行又叫大仪组织四路人马，在宫保府东、西、南、北四个方向，十里之外的官道边，再设粥锅，让饥馑之人能够度日活命。

宫保府内，十八盘大石磨昼夜不停。李馍头把十八头毛驴与十八匹骡子，两个时辰交替使唤，然后把磨出的面粉用木轮太平车送到粥棚。

且说这一天，张伯行领大黑正在离宫保府西门十里的官道边上施粥，突然看到人群大乱。赶到混乱之处，只见一条大汉一条腿半跪着，左臂圈住五六个大瓷碗，右手正端着一碗向嘴里猛喝。再看他的周围七八个人，有的用木棍，有的用扁担，正在往这位大汉身上猛揍。打人者气得五官挪位，骂声变音。可再看被打的那位，低眼凝眉，强忍着打，嘴也不见张，只管端起一碗粥喝起来。

张伯行跑到跟前，大喝一声：“住手！”

众人一看是施粥的张进士，便全都停住手，不再打人。可有一样，个个面色愤懑，有两个竟哭泣起来。

张伯行问道：“因何打人，又如此哭泣？”

那几人道：“这人无理，无端抢夺我们领的粥食。这本是端与老人和孩子的，却被他夺走！”

再看那汉子，还在地上半跪着喝粥呢。他的衣服早已被打烂，鲜血正从肩上和背上渗出。

张伯行忙对大家喊道：“凡粥食被抢的，都可再领一份，只是不可用棍棒打人。如若死伤,谁都脱不了干系。"

众人喏喏。

张伯行再次走近被打的大汉,问道:"壮士,要不要紧?"

那大汉并不理会,眼睛痴呆呆地发愣,可舌头还在不停地舔舐嘴角。张伯行又问他是哪里人士,他依然不答。

正这时,从远处跑来一位小伙子,知道张伯行就是施粥的张进士时,忙跪下行礼道:"小的姓郑,俺与这个被打的都是怀庆府那边的。他是俺邻村的李老大,平日里饭量奇大,和俺一样以打短工为生,但干起活来却一个顶仨。俺那边庄稼都已旱死,没有生计,只能一路跟着流民乱走。这不,刚到仪封,就听说张老爷您这里施粥,便匆匆跑来。我们都三天粮米没沾牙缝了,大老远就闻见粥香。他就撇下我向这边奔来,我饿得跑不动。就这工夫,他没有到粥棚领粥,却抢夺别人之粥,实不应该。"

张伯行还想再问什么,那郑姓小伙子已虚弱得讲不成话。

这时,大黑也来到跟前。张伯行忙让大黑将李老大扶起,找个地方坐下歇歇。谁知大黑扶着扶着,却大喊道:"倒霉!倒霉!"

众人一看,只见李老大裤子湿透。不知道是被打得还是被撑得,他大便失禁,拉一裤裆。

大黑扶他起来,臭味也就四散。张伯行赶紧叮嘱大黑,给李老大拿来一套衣服换上。

这些,只是下层百姓惨状一斑,却让张伯行深刻体察到民生之多艰,现实多严重。真个是"百姓多寒无可救,一身独暖亦何情。心中为念农桑苦,耳里如闻饥冻声"。

张伯行与东冈公张岩商定:对于本地灾民,他令张正保把所有平粜条子和欠条借券,通通当众付之一炬。对于那些死于此地无钱葬埋的外地流民和本地困难百姓,以及其他无主尸身,全都自己出资买得棺木给予掩埋,从而避免瘟疫发生与流行。

有史载曰:

二十九年庚午,岁大饥,佐东冈公施粥赈。公启东冈公设厂煮粥以饲灾黎,日数千人,累月不休。出粟数千斛,全活无算。凡死无棺,葬无资者，悉助之。贷而不能偿者，即焚其券。

半个月下来，张伯行消瘦不堪，须发混乱，眼睛红肿，疲惫至极。当然，疲惫不堪的还有许多人，像张正保、大黑、大仪、李馍头，还有张三东、许少峰等，甚至于自己年迈的父亲，及贤淑的夫人，也都是心力交瘁。

他在想：一切都会好起来的，总有一天这些疲惫都要一扫而光。

张伯行所做善事，已为时空大河所阻隔。我们试图深入水底或游到对岸，来探看个究竟，但毕竟时过境迁，所睹有限。

秋天就要过去，秋天过去就是冬天，冬天是华夏族所说的“冬藏”时节。这个时节，是储藏幸福和能量的季节。其中，也有一些奋斗在里头，也有一些荣誉在里头，也有一些尊重在里头。

不信，就请看那仪封的万人碑吧！

这一日，仪封城万人空巷。在众乡绅带领下，大家手拿幛子，簇拥着二十人抬起的大石碑。他们要奔赴宫保府，为张伯行父子立万人碑，曰“父子贤德万人碑”，以颂其救民水火、造福乡邻之德。

自此，仪封上下，方圆百里，乡绅富户，皆效仿张伯行父子。一时间，救活灾民无数。

这年腊月的一个夜晚，一声婴啼划破宫保府的夜空，打破夜的宁静。这个叫张师栻的孩子，以后也会和他的父亲张伯行一样，点亮星光。这点点星光，或明亮，或微弱；或亲近，或遥远。但都让那些在黑夜里坚守的人们增强信心，满怀希望，以等待黎明的到来！

七
家规家风

(一)善为国者,遇民如父母之爱子,兄之爱弟

张伯行年幼之时,便受家父教戒。

一日,张伯行手持书卷,方品读西汉刘向的《说苑·政理》所言:“善为国者,遇民如父母之爱子,兄之爱弟,闻其饥寒为之哀,见其劳苦为之悲。”

这时,东冈公张岩来到张伯行身后。瞧见此番言语,问道:“吾儿,可知此中何意?”

张伯行闻听此言,起身,说道:“不知,还望父亲指点迷津。”

张岩遥望着远方,说道:“善于治理国家的人,对待民众就如同父母疼爱自己的孩子、兄长关爱自己的弟弟一样,听到他们忍饥受冻便感到哀痛,看到他们劳苦不堪便感到伤悲。”

其父回神,瞧见张伯行陷入沉思之中,眼神之中,带着暖意。

其父直视着张伯行说道:“孔子在《论语·季氏》第十六篇中有云,‘闻有国有家者,不患寡而患不均,不患贫而患不安。盖均无贫,和无寡,安无倾’。汝可知晓何意?”

张伯行沉吟半晌,说道:“足寒伤心,民寒伤国。与先前所言同理。”

其父说道:“朱熹对此句的解释是:‘均,谓各得其分;安,谓上下相安。’这也符合公平和正义的思想。”

张伯行将此言铭记于心。

张岩又对张伯行说道:“子曰:‘夫仁者,己欲立而立人,己欲达而达人。能近取譬,可谓仁之方也已。’所谓的仁,就是自己有所成就,也同时使别人有所成就;在自己通达的同时,也使别人通达。能以切身利益为例,由己及人,

那就是实行仁的方法。”

其父继续说道:“子曰:‘君子义以为质,礼以行之,孙以出之,信以成之。君子哉!’汝需铭记于心。”

张伯行颔首示意,分毫不差,将其记于心上。

张伯行成长之时,亦受师友训诲。

其师曰:“‘天地之大,黎元为先。’”

其师曰:“‘大道之行,天下为公。’”

其师曰:“‘备豫不虞,为国常道。’”

其师曰:“‘纪纲一废,何事不生。’”

其师曰:“‘诛一恶而众恶惧。’”

其友曰:“‘不患人之不己知,患不知人也。’”

其友曰:“‘德不孤,必有邻。’”

其友曰:“‘为者常成,行者常至。’”

其友曰:“‘行生于己,名生于民。’”

其友曰:“‘靡有不初,鲜克有终。’”

……

张伯行深知“仁义忠信,乐善不倦”之理,始终颇知自爱,毫不妄为。

一日,东冈公张岩带着张伯行出行。倏然,瞧见前方有二人正争论不休。二人毫不退让,皆欲要对方接受己见。

“视而使之明,听而使之聪,思而使之正。”父亲扭回身来,对着张伯行说道,“处人不可任己意,要悉人之情;处事不可任己见,要悉事之理。与人相处,莫要任性,固执己见,要洞悉人情世故;处理事情莫要刚愎自用,要通晓事理。”

张岩略微一顿,继续说道:“《史记·商君列传》云,‘反听之谓聪,内视之谓明,自胜之谓强’。为人处事则要能屈能伸,可方可圆。外则大度圆融,内则见棱见角。无论何时,皆要设身处地,为他人思考。”

张伯行稍作沉思,说道:“正所谓,‘己所不欲,勿施于人’,便是如此所言!”

张岩闻听此言,满意之色溢于言表。

复带着张伯行前行数百米,瞧见县衙立于面前,不禁止步,看着张伯行说道:“汝可知晓居官之七要乃何?”

张伯行说道:“儿子不知,还望父亲指点迷津。”

而后,便垂首一旁听训。

东冈公张岩仰望长空,说道:“明朝薛碹《薛文清公从政录》中有云,‘正以处心,廉心律己,忠以事君,恭以事长,信以接物,宽以待下,敬以处事,此居官之七要也。’日后,汝为官之时,要铭记于心,谨遵此七要。”

张伯行点头称是。

张岩将目光落于张伯行身上,说道:“《孟子·告子上》曰:‘此天之所与我者,先立乎其大者,则其小者弗能夺也。此为大人而已矣。’”

张岩见张伯行睁大两眼,遂继续说道:“《论语·为政》中有云,‘人而无信,不知其可也。大车无輗,小车无軏,其何以行之哉?’如若汝为官,要遵从民意。面对百姓之时,以礼、义、信为本。”

此番言语,张伯行不禁受益不已。张岩为张伯行指明前路,以防偏离,而误入歧途,剑走偏锋。

“善禁者,先禁其身而后人;不善禁者,先禁人而后身。”最后,东冈公将张伯行唤置身前,语重心长地说道,“中国自古就有许多廉吏佳话,比如羊续‘悬鱼拒贿’、包拯‘不持一砚归’等。杨震‘四知拒金’‘清白吏子孙’的故事,同样名垂青史。汝为官之时,必要以此为榜样,廉洁自律。”

史载:杨震,字伯起,陕西华阴人,是东汉时期著名的学者。他五十岁入仕,为官清廉,两袖清风,后来位至三公。“四知拒金”之事,始载《后汉书·杨震传》。王密深夜怀金相赠说,“暮夜无知者”。但杨震却义正词严地驳斥道:“天知,地知,我知,子知。何谓无知?”王密“愧而出”。《后汉书》载,杨震性公廉,不受私谒。子孙常蔬食步行,故旧长者或欲令为开产业,震不肯,曰:“使后世称为清白吏子孙,以此遗之,不亦厚乎!”

张伯行含着热泪。张岩心中巨石方才落定。

(二)爱子须深,教子须严;爱子有度,教子有方

豫东有句俗话:“富养闺女穷养儿。”张伯行对灵儿等几个女儿疼爱有加,对儿子更是严格要求。在张师栻年幼之时,张伯行便对其谆谆教导。张师栻受其影响,自小便读父亲文章,注重研究理学。

张伯行笃信于朱子,一生以“居敬以立其本,穷理以致其知,返躬以践其实”作为自己为学准则。

此言之意为,守敬之人,在治学之时,可推究义理,从而,获得知识学问。尔后,亲力亲为,用实际行动来验证所学的理论。

一日,张师栻瞧见张伯行书案上写的几行字,吟诵而出:“仁者,天地生物之心;敬者,圣学之所以成始而成终者也。万善之理,统于一仁;千圣之学,括于一敬。故道莫大于体仁,学莫先于主敬。”

张伯行闻听吟诵之声,不禁驻足。

张师栻看罢多时,肃然起敬,喃喃自语着:“《礼记·中庸》中有云:‘或困而知之,或勉强而行之。’圣人之道,可学而至。然则,不可一步登天,需循序而渐进。欲要圣学有始有终,则必须主敬。”

这时,张伯行看着张师栻说道:“此言甚是,不曾想到小儿竟有如此深刻体会。”

张师栻瞧见父亲,立即施礼。

张伯行说道:“天地大矣,立三才之中,必能与天地同体,而后不愧于天地;圣贤往矣,生百世之下,必能与圣贤同心,而后不负乎圣贤。学者立志,可不远且大哉!”

张师栻顿觉心中无限广阔,看着张伯行,说道:“父亲所言之意,可是学者要立志远大,无愧于天,无愧于地,无愧于心?”

张伯行不紧不慢地说道:“吾儿所言非虚。”

而后,张伯行腰板挺直,傲然而立,说道:“学者为己,须是不求人知方好。若有一味求名之意,要人知道,功夫便不真实,便有间断。”

张师栻看着父亲的身影,敬佩之情自心底油然而生。

张伯行不曾回首,朗声继续说道:“不闻不若闻之,闻之不若见之,见之不

若知之,知之不若行之。学至于行之而止矣! 行之,明也;明之为圣人。圣人也者,本仁义,当是非,齐言行,不失毫厘,无他道焉,已乎行之矣!”

张师栻喁喁细语着说道:“见之不若知之,知之不若行之。”

张伯行说道:“格物穷理,存诚主敬,此乃圣学坚持始终之道,汝可仔细体会一番。”

张师栻将张伯行之言铭记于心。

时,张伯行端坐于书案前,而张师栻立于对面,垂首听训。

张伯行端起茶盏,轻抿一口热茶,看着张师栻说道:“《礼记·学记》中有云,‘君子之于学也,藏焉,修焉,息焉,游焉’。可知何意?”

张师栻沉思许久,不曾言语。

而张伯行默然等待着。

张师栻说道:“此言乃是‘活到老,学到老’之意,君子要时刻学习。”

张伯行说道:“吾儿所言非虚。君子在学习之时,应内则铭记于心,外则体现于身;歇息之时不忘却,嬉戏之时不废弃,方可有所提升。”

张伯行说道:“《朱子语类》中有云,‘论先后,知为先;论轻重,行为重’。可知何意?”

张师栻看着张伯行,说道:“吾尚不知,还望父亲指点。”

张伯行说道:“掌握知识,需躬行实践。要知先行后,知轻行重。”

张伯行扭回身来,看着张师栻说道:“吾儿,闭上双目,向前行走。”

张师栻心中不解,然而,仍旧按照张伯行所言,闭上双眸,趋步而行。

张师栻闭上眼眸,小心翼翼地向前行走,时不时地伸出双手探路。片刻,便撞到书案一角。

待张师栻欲要继续前行之时,张伯行说道:“吾儿且慢。”

张师栻睁开双眸,疑惑着看向张伯行。

张伯行继续说道:“莫要用双脚进行走路。”

张师栻便跪倒在地,用双手向前而行。

片刻,张伯行示意。

张师栻方起身,说道:“父亲,此乃何意,还望父亲解答一二。”

张伯行轻咳一声,说道:“《朱子语类》中有云,‘目无足不行,足无目不见’,便是如此这般。有目无足则难以前行,有足无目则难以看清方向。唯有足有目，方可眼前一片清明，行走无碍。因而，躬行实践乃为重中之重。”

张师栻顿时恍然大悟，心中愈发敬佩父亲。

拂晓之时，张伯行欣然起身，洗漱完毕，吃过饭食，便带着张师栻徐步而出。

炊烟自各家各户中袅袅升起，街道之上，人头攒动。

这时，有一幼童，处于总角之年，头发绾成小髻，正朗朗吟诵道：“圣人垂政教，万古请常传。立志言为本，修身行乃先。”

张师栻驻足倾听。张伯行瞧见如此这般，亦未曾阻拦。

那幼童言毕，张师栻走上前去，对那幼童说道：“此乃何人所作，还望告知一二。”

那幼童皓齿露出，说道：“吾甚歉之，并未知晓此乃何人所作。”

张师栻扭回身来，看着张伯行说道：“父亲，还望指点迷津。”

张伯行说道：“此乃《言行相顾》，为唐代吴叔达所著。”

张师栻与那幼童不由自主地心神安定，立于一处。

张伯行仰望着长空，说道：“天下事多坏于伪君子。今有人焉，观其容貌，君子也；观其言论，君子也；观其威仪、动作，无往非君子也。而其最不能假者，每在利害之间，盖见利必趋，见害必避，乃小人之真情也。”

张师栻说道：“何为小人？何为君子？”

张伯行看着二人，说道：“观人者，亦观其喻义者为君子，喻利者为小人而已。容貌、言论、威仪、动作，举不足凭，矢天誓日，举不足信也。持此以观人，则小人之情，无所遁矣。”

张师栻说道：“君子喻于义，则坦荡荡；小人喻于利，则长戚戚。”

那幼童不甘示弱地说道：“君子泰而不骄，小人则骄而不泰，便是如此？”

张伯行说道：“所言极是。君子之交淡如水，小人之交甘若醴；君子淡以亲，小人甘以绝；君子以行言，小人则以舌言。因而，见之，自然明之。”

倏然，张师栻忆起幼童所吟诵之语，说道：“那《言行相顾》所言何意？”

张伯行带着笑意说道：“君子量不极，胸吞百川流。此诗所语之意，便是言行相须，才可谓躬行君子。”

张师栻方醒悟，告辞离去。

那幼童看着张伯行身影，浮现出钦佩之神色。

(三)张师栻时刻谨记父亲教诲,将书卷所言、圣人之语,铭记于心

张伯行将张师栻唤置身前,张师栻恭敬地立于父亲身旁。

良久,张伯行仰望着长空,声音浑厚地说道:"'为天地立心,为生民立命,为往圣继绝学,为万世开太平。'可知何意?"

张师栻眼神之中浮现出一抹疑惑之神色,心下想着:"'濂洛关闽''周程张朱'所言之语,吾皆以铭记。横渠先生之言,吾更熟知。而今,父亲何以再度询问?"

然则,他即便是如此这般想着,却知晓父亲自有一番道理。

张师栻说道:"'横渠四句'乃为吾辈后生之使命使然,立身之要,修养之道,为人之根。不知对否?"

张伯行颔首面带笑意,说道:"明道先生说,'天地无心,以生物为心','天地无心而成化'。天地本无心,但人有心,人的心也就是使生之为人,能够秉具博爱济众的仁者之心,和廓然大公的圣人之心。

"命有理命与气命两个层面,这两层的命都不可伤害,不可弃废,必须有以安立。'为生民立命',实即为'民吾同胞'来'立命',其立命在于教,'修道之谓教',此之谓也。"

张伯行沉吟片刻,看着张师栻。

张师栻没有犹豫,接着说道:"'为往圣继绝学',就是要复活先秦儒家的形而上智慧,使天道性命之学,内圣成德之教,让生命之光,或哲学之慧,重新光显于世。'为万世开太平',所表达的是实现先儒永恒的政治理想和文化理想,民胞物与,全体归仁,让蔽惑无明之人重新回归率性诚明的人类精神家园。"

"所谓:张氏有声名四海,载公气韵炳千秋,盖若是也。"张伯行闻听此言,不禁开怀大笑,说道,"吾儿之功课,有所精进,妙哉妙哉。"

张师栻面有羞赧之色,说道:"父亲谬赞,儿子还需奋发。"

张伯行继续说道:"朱子云:穷理者,欲知事物之所以然,与其所当然者而已。知其所以然,故志不惑;知其所当然,故行不谬。"

张师栻闻听此番言语，方知晓张伯行何意。

张伯行端坐于书案前，端起茶盏，轻抿热茶，说道："'士不可以不弘毅，任重而道远；仁以为己任，不亦重乎？死而后已，不亦远乎？'吾儿，需铭记于心。"

"夫道不欲杂，杂则多，多则扰，扰则忧，忧而不救。"张伯行说道，"人生在世，要读圣贤之书，立君子之德。前辈之说，所蕴含之理颇深，汝应研习之。"

张师栻道："必当谨遵父命。"

张师栻时刻谨记父亲教诲，将书卷所言、圣人之语，铭记于心。

一日，张师栻欲取书卷，继续研读，便来到张伯行书房，却瞧见张伯行书案上写着寥寥数语，不禁朗声吟诵："一丝一粒，我之名节；一厘一毫，民之脂膏。宽一分，民受赐不止一分；取一文，我为人不值一文。谁云交际之常，廉耻实伤；倘非不义之财，此物何来？"

张伯行闻听吟诵之声，不禁徐步而入。

张师栻瞧见张伯行立于书案前，于是拱手施礼。

张伯行直视着张师栻说道："吾儿，可知此中何意？"

张师栻说道："儿子不知，还望父亲指点。"

"'吏不廉平，则治道衰。'"张伯行腰板挺直，卓然而立，说道，"为官便要以廉为荣，两袖清风，弃贪污不正之风，树勤政为民之志，不取民丝毫。而今，有'只求做官，不求做人'者，实乃悲哉。"

张师栻闻听此言，说道："'只求做官，不求做人'，何解？"

"才者，德之资也；德者，才之帅也。"张伯行说道，"盖务举业，饰文辞，博科第，拾青紫，此求做官者也。以立身行己为先，以纲常名教为重，以孝悌忠信为实修，以礼义廉耻为防检，此求做人者也。"

"万物各得其和以生，各得其养以成。"张伯行继续说道，"做官先做人，从政先立德。而做人好，做官自好；做官好，必由于做人好。此又相因者也。若不求做人，只求做官，决不能为好官；不求做官，但求做人，断未有不为好人者也。学者须是急求做人，莫要急求做官。"

张师栻说道："做官需清正而为，廉洁自律，以至诚为道，以至仁为德。可是如此？"

张伯行眼神之中闪烁着光芒，说道："须是无以货利损行，无以嗜欲忘生，无以骄奢败德,而后可以求进于向上一路,正所谓‘不要人夸颜色好,只留清气满乾坤’。”

张师栻说道:“做人莫要放纵嗜欲,无欲则心静,心静则身安。”

张伯行手捻须髯,面带笑意说道:“此皆是为父所书,吾儿可有兴致?”

张师栻一时之间不知该如何是好,只觉心下敬佩不已,说道:“儿子敬佩之至,对此亦有兴致。”

张伯行自书案之上,拿出数本书卷,交付于张师栻之手,说道:“此乃为父一生心血,个中精髓皆于此中,汝可仔细研习一番。”

张师栻似觉飘荡于浮云之中,心中有一股难以言喻之情,充斥于胸腔之中,激动地说道:“是,谨遵父亲之命。”

琅琅吟诵之声,不断自张师栻房屋之中飘荡而出。张伯行时常伫立于门扉外,侧耳倾听,一时之间,顿觉心中颇为舒畅。

(四)此番劳作之苦,真乃物有所值

这日,张师栻诵读良久,只觉口渴难耐,不禁将书卷轻柔地置于书案之上,徐步而出。却瞧见张伯行于此处,不由得微微一愣,说道:“不知父亲来到!”

张伯行说道:“无碍,无碍,为父途经此处,闻听吾儿所吟咏之声,便驻足倾听一番。”

张伯行略微一顿,继续说道:“吾儿,可是有事?怎么不在屋内诵读?”

张师栻垂首,说道:“只觉口渴,便来寻水,却不承想父亲在此。”

张伯行说道:“去吧,饮水过后,便来为父房中。为父有要事与吾儿相商。”

张师栻匆匆而去,步伐却不曾有丝毫凌乱。

张伯行满意地趋步回房等待着。

少顷,张师栻便来到张伯行房中,躬身施礼,说道:“父亲唤儿前来,所为何事?”

张伯行欣然起身,朗声吟诵道:“‘微雨众卉新,一雷惊蛰始。田家几日闲,耕种从此起。’”

言毕，张伯行看着张师栻，说道："吾儿，可知晓此中何意？"

张师栻说道："此乃唐朝韦应物所作，名为《观田家》，此中所述之意，便是农忙之起始。"

张伯行继续说道："'田家少闲月，五月人倍忙。夜来南风起，小麦覆陇黄。'吾儿，此诗何如？"

"此诗出自白居易所著之《观刈麦》，乃是农忙时节之景象。"张师栻说道，"父亲所言何意？"

张伯行颔首不答，看着张师栻，说道："'锄禾日当午，汗滴禾下土。谁知盘中餐，粒粒皆辛苦。'此诗何也？"

张师栻心有疑惑，仍旧老实说道："此诗出自唐代李绅之《悯农》，此中所言便是农民之劳苦。粮食之中，皆有农民之汗水。"

张伯行说道："吾儿可愿体味一番民间疾苦，前去寻觅其中所藏有之奥秘。"

张师栻说道："儿子遵命。"

张伯行手捻须髯，身姿傲然，说道："农作亦非易事，此中藏有之理。吾儿，需好生体验。"

张师栻说道："儿子自当谨记。"

王夫人身在内院，双眸低垂，纤纤素手，正拈着针线，时不时，玉指轻翘，眉眼之间充满温情。

院中稍稍充斥着虫鸟之声，然则，却略有安静。一时之间，王夫人只觉心中空落不已。

良久，方忆起，张师栻琅琅读书之声已失，不禁诧异不已。

王夫人抬首，轻声唤道："桃花。"

桃花姑娘闻听呼唤之声，疾驰入内，说道："夫人，有何吩咐？"

王夫人说道："为何院中如此安静，不曾听到吾儿读书之声？"

桃花姑娘亦疑惑不已，说道："夫人，不必担心，桃花这就前去打听一番。"

王夫人不禁将目光落于那女红之上。

王夫人心灵手巧，张伯行与张师栻身上所着衣衫，皆乃出自王夫人之手。王夫人自年幼之时，耳濡目染皆乃为妇之道。

贴身丫鬟桃花姑娘打探一番，回到王夫人面前，说道："夫人，少爷与老爷前去农作。”

王夫人闻听此言，不禁讶异不已。等回过神来，亦放下心，继续忙碌着。

桃花姑娘看着王夫人如此模样，心中不解，说道：“夫人，难道不忧心少爷？”

王夫人面色温和地说道：“有孝先在，自然无碍。更何况孝先如此做，自有一番道理，我等遵从便好。”

桃花姑娘说道：“夫人真乃善人。”

王夫人轻声说道：“相夫教子，恪守妇道，实乃我之本分，自当尽心尽力遵从。”

王夫人看着桃花姑娘说：“去看看老爷与少爷是否归来？”

桃花姑娘点头称是。

晴空万里无云，烈日光辉不断洒在地面之上。

此时，张师栻农作归来，身上汗水不断流淌而下。他将草帽摘下，面庞之上却带着笑意。

而张伯行则立于其身旁。王夫人瞧见二人归来，便迎上前来，关怀备至。

张伯行扭回身来，看着张师栻，说道：“吾儿，对此有何感想？”

张师栻说道：“《荀子·王制》有云：‘圣王之制也，草木荣华滋硕之时，则斧斤不入山林，不夭其生，不绝其长也；鼋鼍、鱼鳖、鳅鳝孕别之时，罔罟、毒药不入泽，不夭其生，不绝其长也；春耕、夏耘、秋收、冬藏四者不失时，故五谷不绝，而百姓有余食也；洿池、渊沼、川泽谨其时禁，故鱼鳖优多，而百姓有余用也；斩伐养长不失其时，故山林不童，而百姓有余材也。’就是说，人与自然要和谐相处，美美与共。”

张伯行但笑不语。

张师栻看着张伯行继续说道：“‘故天将降大任于斯人也，必先苦其心志，劳其筋骨，饿其体肤，空乏其身，行拂乱其所为，所以动心忍性，曾益其所不能。’正所谓：吃得苦中苦，方为人上人。因而，历经磨难，方有所提升。”

张伯行闻听此言，开怀大笑。王夫人立于身旁，亦浅笑盈盈。

笑罢多时，张伯行方说道：“吾儿感触颇深，此番劳作之苦，真乃物有所值。”

张师栻说道：“农作之中，掺杂着汗水，待秋日丰收之时，心中必然充溢着满足之感。”

张伯行与王夫人对视一眼，说道：“农作之中，学问亦颇多。”

张师栻说道：“儿尚不知，还望父亲指点一二。”

张伯行手捻须髯说：“此中有‘三月雨，贵似油；四月雨，好动锄’云云之俗语，农作并非要乱来。何时栽秧，何时浇灌，何时收割，皆有讲究。吾儿，仔细体会，自然知晓。”

张师栻说道：“父亲大人，所言极是。”

王夫人上前一步说：“老爷，天色已晚，还望老爷与吾儿一同前去用饭。”

张伯行方醒悟过来。

自此，张师栻读书之余，日日皆下地做农活。此中掺杂着苦意，却不失为一种修行。

后人有诗曰：

倚着麦秸垛感受阳光，是立冬过后几天的事情。刚下过雨的平原上，阳光正以特有的方式温暖村庄，倚着麦秸垛，感受到晌午的阳光正一点一点地，沿麦秸深入体内，在血管里奔涌流淌，青春的颜色从麦秸垛中走出，打湿了苍老呆滞的目光。阳光，冬天的阳光，静静地倾泻在麦秸垛上。

（五）满载幸福的老牛，便懂事地走向热气腾腾的炊烟

街道上，人头攒动，纷纷侧耳倾听。

此刻，张师栻于家中读书。偶然之间向窗外望去，却瞧见王夫人带领桃花姑娘，张正保带着几个仆人，正手持些许物品进行编织。

张师栻将书卷小心翼翼地置于书案之上，便徐步而出。

张师栻来到王夫人面前，拱手施礼，说道：“母亲，此乃何物？”

王夫人面色柔和，手中活计却不曾停歇，说道：“此乃席子。吾儿，应当知晓此物。”

张师栻沉思一番，眼前之物与脑海之中影子重合。

此时，张伯行自书院之中归来，浑身上下依旧透着一股书卷之气。张师

栻瞧见张伯行,不禁喜出望外,说道:“见过父亲。”

王夫人闻听此言,也迎上前去,说道:“老爷。”

张伯行问道:“意欲何为?”

王夫人眼角含笑,说道:“白蜡条堆积,芦苇丰收,弃之可惜。吾等欲要编制席子与箩筐,拿到集市上卖。”

张伯行颔首,说道:“吾儿,可欲前来一齐编制?”

张师栻神色真诚地说道:“自然愿意。”

张伯行闻听此言,满意地说道:“体会百姓疾苦,时时省察,事事检讨,方可修身。如此一来,心则会宛如幽泉一般明净。”

张师栻说:“是,儿子谨记。”

而后,便同众人一齐用苇子编席子,用白蜡条编箩头。

史载:仪封,乃为商贸巨镇。汉代之时,仪封为县治所在地,乃是最大料物集散之地。唐宋时期,仪封便已形成农历单日集市。每逢集日,经商与赶集交易之人成千上万。

张伯行、张师栻和众人一起,有说有笑,时而刀砍,时而手握。

初时,张师栻即便知晓此物,也曾用过,却从未编织过。因而,感觉到困难。

张伯行看着张师栻如此模样,拿起苇子,看着张师栻说道:“吾儿,来此。”

张师栻来到张伯行身旁,亦拿起苇子,看着张伯行。

张伯行神色自若,手指略有苍老,却灵活自如,有模有样。张师栻照葫芦画瓢,一番编织,却不得要领,然则,眼神之中,藏着执着与坚定。

张伯行看着张师栻,说道:“编织席子,并无任何诀窍,掌握手法便可。然而,此中之理颇丰,正所谓‘欲速则不达’。编织席子需戒骄戒躁,心至则成。”

张伯行将目光落于手中席子之上,宛如此乃手中至宝一般,说道:“编织席子,犹如人生一世,身直心正,为事心静,有‘行到水穷处,坐看云起时’之情怀。”

张师栻闻听张伯行一番言语,顿觉心中明悟,平静不已。手中所编织席子之时,亦放松下来,且逐渐掌握其中手法,愈发娴熟。

张伯行与众人有说有笑，不断编织着席子。

瞧着面前的席子与箩头，张伯行便带领着众人拿到仪封集上卖。

集市之上，来往之人络绎不绝。张伯行环顾四周，便选中一处。众人们将席子与箩头摆列整齐，不断吆喝。

张伯行闲来无事，便顺着集市闲逛。所经之处，皆是瓦盆之物，吆喝之声接连不断。

仪封县中，有村子曰“盆窑”，共有百户人家，皆靠烧窑为生，瓦盆、瓦罐摆满半道街。

即便是买卖盆窑的人家众多，却也夹杂着其他之声。偶有幼童在街道之上不断嬉戏打闹着。

这时，有数名学子瞧见人群之中张伯行身影，就紧走几步，来到张伯行近前，说道：“先生。”

张伯行的目光皆落于集市之上的叫卖之物。感觉集市年年如此，心中亦觉必藏无限乐趣与奥妙，不禁遐想，并未注意到几人到来。陡然听闻学子们言语，顿时唤回心神。

扭回身来，瞧见眼前数人，手捻须髯说道：“汝等数人来此，亦是赶集？”

那数名学子恭敬地说道：“确实如此，先生。”

张伯行看着眼前几人颇为拘谨，说道：“赶集乃是闲逸之时，可体味其中所蕴含之趣理，不必如此拘谨。”

说罢，张伯行便对着眼前几人一笑，露出眼尾藏着的皱纹。

那数名学子素来便知晓张伯行慈爱，在教书育人之中，即便是手拿戒尺，亦不会将此戒尺落于学子身上。他们自始至终便瞧见张伯行身上，由内而外散发出一股不怒自威之势，让他们不由心怀钦佩之情。

而今，在如此近距离之下，瞧见张伯行慈眉善目，身上并无半分威严之色，众人受其感染，身躯亦微微放松下来。此刻，他们在脑海之中想着，良师益友便是如此吧！

张伯行见几人略有松快，便将目光落于前方，说道：“汝等可知晓，此集市之中特色之处？”

那数名学子说道：“我等不知，还望先生指点迷津。”

张伯行但笑不语，只是向前趋步而行。几人心中不知先生何意，便紧紧跟随着。

这时，陡然发觉前方，左三层，右三层，围着一众人群。

众人并不知晓此中有何之事，竖起双耳，只听到“咿呀”唱腔：

大比之年开科举，
普天下的举子都去赴考期，
有一个赶考的书生叫罗艺，
他赶考路过俺那姜家集。
一路风霜经不起，
伤寒病病倒在破庙里
……

在此唱腔之中，亦夹杂着其他唱腔。

离家乡，寒来暑往一年半，
沿街乞讨我到河南。
春夏天暖好讨饭，
三九地冻我讨饭难。
望远处白茫茫不见村和店，
走一步喘一喘我头晕目眩。
望脚下积雪深来难分辨，
分不清哪是沟来哪是川
……

张伯行环顾着四周，方瞧见仪封集上几台大戏对着唱，仪封三弦各展所长，皆毫不逊色。

张伯行与那数名学子倾听半晌，方回首看着众人，说道：“戏中亦有深刻之理，汝等可仔细品味一番。”

那数名学子恭敬地说道：“是！”

张伯行说道：“汝等自行去吧，好生体会集市之中所蕴含之理。”

那几人施礼告辞。

张伯行复行数十步，耳畔之中不断响起打烧饼卖胡辣汤吆喝之声，只觉心中格外安宁。又见宫保府方向炊烟袅袅，不由得想起诗与远方：

阳光下的炊烟，霰然地弥漫在村庄上空。把麦种深深播进平原的汉子，抹了一把汗。抬眼望见青青的炊烟挂满树梢，如同看见挂满玉蜀黍棒子的温馨的家园，心中充满无限感激。扬手在蓝得让人想哭的天空上，清脆地打了一个响鞭，满载幸福的老牛，便懂事地走向热气腾腾的炊烟。阳光下的炊烟，袅袅地萦绕于村庄上空，使人明白吉祥的含义。

这时，张伯行突然瞧见夫人王凤仪等几人走来，十分高兴，与他们会合。

行至一处，见四周挂满衣衫，地面之上摆放着鞋履。王凤仪环顾四周，一眼便瞧见地上摆的猫头鞋。

那鞋煞是可爱，其上绣有猫头，两旁纷杂图案交错之中，朵朵梅花跃然而上。

夫人瞧见此猫头鞋，想起女儿穿上后的样子，充满向往。

史载：明末宫中女眷所穿绣鞋，其上绣有兽头，称猫头鞋。清代王誉昌《崇祯宫词》之七八："白凤装成鼠见愁，绸钩碧繶锦绸缪。假将名字除灾祲，何不呼为伏虎头！"自注："五六年间，宫眷每绣兽头于鞋上，以辟不祥，呼为猫头鞋。识者谓：猫，旄也，兵象也。"

众人看到夫人驻足不前，就顺着王凤仪目光望去。张伯行亦瞧见那双猫头鞋，不由得紧走几步，将那双猫头鞋买下。

夫人怀抱着猫头鞋，欣喜万分。

此时，张正保看见木料市场上的榆木、楝木，不断在脑海之中盘算着书院还需要多少木料。

张伯行同众人买齐所需之物，便打道回府。

八
父子情深

（一）张伯行与冉永光既是同僚又是同乡，由相识到相知，成为终生至交

九月秋夜，已有几分凉意。晋陶渊明《移居二首·其二》有诗曰：

春秋多佳日，登高赋新诗。
过门更相呼，有酒斟酌之。
农务各自归，闲暇辄相思。
相思则披衣，言笑无厌时。
此理将不胜？无为忽去兹。
衣食当须纪，力耕不吾欺。

这是张伯行进京的前夜。他先到父母住处问安，然后，才来到内宅的院中，与夫人在月下共处许久。

此时，孩子们早已沉浸于梦中。只有他们的父亲和母亲还在宫保府的深庭里，共处这离别前的珍贵时光。

只听夫人道："老爷，到得京城，有些事不可事必躬亲，遇有跑腿的事可让大黑、大仪去做。"

又道："老爷平素里严肃认真，到京城可要注意一些人情世故，多多结交贤达人士才是。"

张伯行道："贤妻所言，为夫记牢。只是家中老少诸多事务，都要交付与你。"

夫人道："老爷哪里话来？家里之事，勿要担心。有为妻在，家中一切不必担心，老爷只管专注仕途就是。"

正是"秋风起兮白云飞，草木黄落兮雁南归"的时节，张伯行和大黑、大仪三人却要踏上与鸿雁相反的路途。天明一早，他们就要启程向京城进发。

路上无话。

这一日，天近晌午，远远又望见永定门。

大仪这时开口道："我说大黑，上一次你进京城，就能发现个木栅栏，那眼也怪尖哩！"

大黑一听大仪夸他，顿时小尾巴翘起来，说道："那是当然，谁叫咱是武术大师呢！"

按理说，你倒谦虚谦虚呀！大黑倒好，一步一步登上大仪支好的梯子。

只听大仪大声问道："大黑，你看看永定门城楼共有几层？"

这一下倒把大黑给问住了。看着像两层，又不敢说，感觉又不像，因为太高大。

张伯行刚一听，就知道大仪在给大黑架梯子。也好，看看大黑怎么下来。但他瞅着大黑那副尴尬相，却有些于心不忍，便轻咳一声道："这个我已看到，大黑这练武出身，想必也一定看到了。"

大仪问道："老爷你看有几层？"

张伯行道："有两层。"

大仪道："老爷确定？"

张伯行道："这个还有假？"

又道："我不仅看到它有两层，还看到它位于中轴线上。这城楼形制一如内城，重檐歇山三滴水楼阁式建筑，灰筒瓦覆顶，面阔五间，通宽七十二尺；进深三间，通进深三十一尺半；楼连台通高七十八尺。"

唬得大黑眼睛瞪得溜圆。

大仪明知这是张伯行肚里有货，却假装不知地追问道："老爷又看到什么？"

张伯行道："我还看到明朝，看到明朝嘉靖三十二年永定门在此拔地而起。"

到这时，大黑才知上了大仪的当，气得直呼："小白脸，没有好心眼。"

最后,三人都拊掌大笑,一路之上的疲劳遂一扫而光。

进得京城,大仪便与张伯行商量,说道:“老爷,咱们这一路劳顿。要我说,咱今天找个旅店住下,明天一早再到内阁中书科报到。你看如何啊?”

张伯行道:“就依你言。但有一样,今天不要喝酒。”

大黑这会儿不太乐意,忙道:“喝些酒解解乏,有啥不可?”

张伯行也不搭话,只对大仪道:“所有食宿安排妥当。”

大仪便对大黑使个眼色,说道:“黑面,别再咋呼,听我的就是。”

大黑暗道:“有门。”便不再吭声。

这一晚,三人又住进河南会馆对面的鸿运旅店。耿掌柜刚好在家,少不得一番寒暄和热情招待。

且说这清朝于内阁中设置中书一官,掌撰拟、记载、翻译、缮写之事。官阶为从七品,定额满洲七十人、蒙古十六人、汉军八人、汉人三十人。新进士朝考后,改翰林院庶吉者之外,次一等的或分部,或以内阁中书用。经一定年限,即可外补同知、直隶州帝特赐者。进士出身之中书补缺后,可充乡试主考差。清朱寿彭《安乐康平室随笔》卷一:“京署各官,最重资格。其中若翰林、若御史,以及内阁中书、军机章京、吏部礼司员,对于同僚之先进者,不论年齿,皆称为前辈。”

在清朝之位阶约为从七品,中书职能通常为辅佐主官,为基层官员编制之一。设置在如六部之中央机构官署,负责典章法令编修撰拟、记载、翻译、缮写等工作。或由举人考授,或由特赐。若进士经朝考后,以内阁中书任用者,并可充乡试主考官。而依工作性质不同亦有“办事中书”“掌印中书”等细分区别。

张伯行于康熙二十四年科考高中进士之后,经纳兰性德推荐,曾经跟随索额图等众多人员出使俄罗斯,曾经作为书记员跟随大军征战噶尔丹,但时间很短,级别较低,并无太大影响。而自今日,张伯行出任内阁中书科中担任中书一职,开启他仕途新征程。在这里,张伯行遇到他人生中一位十分重要的挚友。

一天,在内阁中书科,张伯行见同僚左邻保定人李公建,与一人相距还远,却起身向那人施礼。只见那人,中等身材,五官匀称,目朗鼻挺。宽厚的嘴巴上长有一抹短髯,给人宽厚而又精明的感觉。

张伯行看见，顿时眼前一亮。感觉冥冥之中，似曾相识，但实不认得。他见李公建施礼，也连忙一同向来人施礼。

这时，那人也看到张伯行。他见张伯行前来，乃彬彬有礼地回道："在下冉觐祖见礼。不知这位贤弟抬谱如何称呼？"

张伯行忙道："学生张伯行有礼。"

李公建见他二人叙上话，在一旁说道："二位都是学问大家，以后可以多多探究。"

张伯行、冉觐祖皆回答道："这个自然，这个自然。"

谁知，冉觐祖突然问张伯行道："我听贤弟语调熟悉，可是河南人士？"

张伯行道："我乃河南开封府仪封县人士！"

冉觐祖大喜道："真是缘分，我乃河南中牟县人也！"

李公建见状道："冉太史和张中书既是同僚，又是同乡，真是天造机缘啊！"

自此，张伯行与冉觐祖二人相识相熟相知，互为知己！

这冉觐祖（1638—1719 年），字永光，号蟫庵，原籍山东曹县，系孔子弟子冉伯牛后裔。元末，其先人任中牟县丞，并定居中牟。

冉永光生性稳重，少有成人之风。清顺治十二年（1655 年）十七岁时娶郏县教谕梁天民之女为妻，同年十一月在鄢陵中秀才，不久补考博士子弟员，次年到卫辉百泉参加乡试。见书贩陈列大量名贵书籍，竟竭尽所有购买四书五经大全及著名诗文集等，因而不再专心应考，回家埋头研读，立志于著作。十九岁补廪。当时有人出售《二十一史》，要价很高。他个人资力不够，就借银买得此书，潜心研究。山东汶上袁某擅长音韵，来县城设教，二人倾谈五日，冉永光尽得其中奥妙。

康熙四年（1665 年），冉永光二十七岁时得中乡试第一名举人。此后，杜门潜居，爰取《四书集注》，研精覃思二十年。章求其旨，句求其解；字求其训，身体心验；订正群言，归于一是，名曰《玩注详说》。递及群经，各有专书，兼采汉儒、宋儒之说。

康熙十八年（1679 年），开博学鸿儒科，巡抚将荐之，欲见永光。永光曰："往见，是求荐也。"坚不往。

康熙二十八年（1689 年），应登封进士景日昣邀请，到嵩阳书院讲学。与诸生讲《孟子》一章，剖析天人，分别理欲，众皆悚听。次年兼应河南巡抚阎兴邦之约，“续修志书，务期克日而竣”，编修《郑州志》，主编《中州通志》。

康熙三十年（1691 年），冉永光中进士，留任翰林院庶吉士，三年后升检讨。是岁，圣祖遍试翰林，御西暖阁，询家世籍贯独详，有“气度老成”之褒。越日，赐宴瀛台，即席赋诗，上独识之，曰：“尔是河南解元耶？”盖以示优异也。

自从与冉永光往来，二人有说不完的话题。其间，讲道论德，而忘晨夕。短短半年，张伯行感到学问大增。

（二）王原祁特意临摹一幅《黄公望山水图》，作为东冈公的生日贺礼

眼见新年春节将至，张伯行看着空荡荡的住室，不由得想起家乡，想起父母双亲，想起夫人和孩子们。特别是看过夫人的来信，心里更是好生难受。

原来，夫人信中说，父亲想念儿子，但又担心影响他的官场事务。其语道：“父想儿隔日西门望，无语有泪光！”

看到这里，张伯行终于深深地体会到“忠孝不能两全”说法，但又于心不甘。

及第二日冉永光来找，仍面有倦怠忧郁之色，谈话题时多有恍惚。

冉永光何等精细，忙问张伯行道：“贤弟，莫不是有事？如若方便，可说与愚兄，想必能为贤弟分解一二。”

张伯行于是眼含热泪，把父子相互思念之事与他细说。最后道：“我今有辞官归土以陪父母之想，却不知如何办理。”

冉永光道：“愚兄有一办法，可解贤弟眼前之困。”

张伯行道：“仁兄速速相告。”

冉永光道：“京城至开封看似遥远，实则不过千里。老人家现在身体尚好，可来京探儿，未尝不可。”

张伯行道：“只是路途遥远，路上颠簸如何是好？”

冉永光道：“这有何妨？用马车即可，路上慢慢图之。此千里之途，日行六十余里，半月左右即可抵达！”

张伯行深施一礼道：“仁兄真指点迷津也！”

冉永光道:“贤弟为亲情所困,身于圈中,故不知圈外光亮。”

然后又道:“我观贤弟身边大黑、大仪都是干练之人,一个以文见长(书中暗表:其实大仪也是会武艺的,只是冉永光不知而已),一个以武见长。文者有精细干练之实,武的有利落豪爽之相。弟不需亲回,此二人便可玉全。”

张伯行再次致谢。

送走冉永光,张伯行仍是踱步不停。他正在细细思考怎样迎接父亲大人进京。

当他想到,此时还是数九寒天,确保父母安全健康才是重中之重。于是,第二日一早便到内阁中书科请假。

朝廷规定:在京大小官员告祭祖、父者,食俸十年以上;省亲者,食俸六年以上;迁葬者,食俸五年以上;亲老送还原籍者,不论食俸。”但“因父母患病,急欲省亲,或父母年逾七十者,可不受六年俸满之限。

朝廷还规定:所有在京官员,不管是什么级别,告假都要先行申诉。京官尚书、侍郎、内阁学士以上,自行向皇帝陈奏;以下官员须向所在衙门提出请求,并由吏部统一题请皇帝批准;地方官除总督、巡抚自行陈奏外,其他官员则由督抚上报吏部备案即可。

张伯行以父母年迈急于迎回照看为由,终获批准。假期一个月。五日后,张伯行带领大黑、大仪三人,终于踏上回乡之路。

一路上依然无话。这一天便回到仪封县,回到宫保府。

这正是“爱子心无尽,归家喜及辰。寒衣针线密,家信墨痕新”。

终于看到黑里河荡漾的涟漪,终于看到宫保府蹲守的石狮,终于看到父母双亲满脸的笑容,终于看到孩子们活泼的身影,终于看到贤妻深情的目光。

当晚,宫保府张灯结彩,一派热闹景象。

小住五日之后,张伯行就要启程进京。经过几番权衡,他决定把东冈公张岩和耿老夫人一起接到京城。为了照顾好父母,大黑、大仪依旧跟着一同前往。孩子们均在老家仪封,由妻子王凤仪照顾。张伯行心里满满的都是感激。

一行人迎着寒风,踏上进京的道路。十三天后,他们终于抵达京城。

到京之后,大黑、大仪负责安顿家人。张伯行则随即到内阁中书科报到,早出晚归,忙于公务。

及至八月,东冈公因思念孙子孙女,又对张伯行说道:“我儿,我知你孝道。但为父日夜思念栻儿他们,已无法安歇。我需快些返乡,不然我侍寝难安啊!”

张伯行虽然不舍,但怕如此下去父亲吃不消,便只得说道:“父亲这般,儿敢不从命?只怕路途遥远,我这一段时日公事繁忙,抽不开身,无法相送!”

东冈公道:“我儿放心,有大仪他们就可。况且,我已与你娘商议,俺老夫妻一起回家!”

张伯行还想相劝,东冈公已微闭双眼,扬手示意让张伯行出去歇息。

就这样,东冈公一行于八月下旬又回到仪封,见到他日思夜想的孙男孙女。大黑、大仪回京城复命,暂且不表。

且说这年冬日,开封府直接派人传来喜帖,说今年巧遇康熙皇帝加封有德京官父母官号,东冈公张岩和老夫人耿小俊均已受封。

此正是:冬遇覃恩,封为徵仕。张伯行父母俱封赠徵侍郎。

康熙三十三年五月,麦收将至,工作勤奋努力的张伯行由原来的中书被改授为中书科舍人,仕途上又迈上新台阶。

豫东还有句俗话:“三十年前看父敬子,三十年后看子敬父。”这些时日,因父子相互思念,加上张伯行受理学熏陶,想在父母有生之年大行孝道,故令大黑、大仪再次将父母妻儿接到京城。自此,家中又多一份持重、一份温馨。

光阴似箭,转眼又到七月二十。这一日晚上,夫人王凤仪正在书房拾掇东西,突然扭头对张伯行说道:“老爷,下月初二便是父亲寿辰,需早做安排!”

张伯行道:“若非夫人及时提醒,我忙得倒是忘记此事。我就找大黑、大仪他们商议,早做准备。”

夫人道:“老爷安排大事即可。”张伯行点头称是。

八月初二这天,天刚蒙蒙亮,大黑、大仪他们就把寿灯挂上,大门两旁贴有张伯行亲书的寿联。上联写的是:从仪封进京城,古朴之根香无声;下联对的是:自始祖到天朝,新花繁茂作寿歌;横批:家藏一宝!

刚过晌午,厨房里,由同僚同乡冉永光请来的京城一流厨师已经开始备菜。

太阳还没落山,亲朋好友便三三两两地赶过来。

年过半百的王原祁特意临摹一幅《黄公望山水图》,作为东冈公的生日贺礼,装裱后奉上。

张伯行在门前相迎,大黑、大仪赶紧引领众人安坐。

终于,等到开宴时刻。只听本次寿宴的“喜总”冉永光道:“今天是东冈公七十大寿,列位同僚,大家都尽兴吃喝!”

张伯行代表全家按河南规矩,先自饮三杯酒。然后,大家同饮共醉,不一时便热闹起来。

酒过三巡,菜过五味,大家纷纷给东冈公敬酒。

东冈公欲起身致谢,只听冉永光道:“老寿星只管安坐,我等哪个敢怪?”

大家皆笑言道:“寿星老儿在上,晚辈这厢有礼!”然后又说些“福如东海,寿比南山”之类的贺语。

冉永光听到这些套话,不免皱眉叹息道:“我说列位都是饱学之士,多少得弄点新鲜的。”

画家王原祁打破常规,应声说道:“此议甚好,但得有一定之规。”

冉永光道:“这个好办,我提议以对寿联为主。一人出上联,挨坐之人接下联,如此循环下去。如果不想作联亦可作诗或背诗皆可,不许无答或谬误。无答一次或错答一次,将罚酒一杯。”

众人皆说此议极好!

王原祁道:“那就从提议者开始。”

众人皆拭目以待。

只见冉永光略一思忖,轻咳一声道:“这有何难,且听我说。我的上联是:昨天已过,今日笙歌,京城有喜原为何?”

大家喊道:“好联,此是佳联!”

挨坐的王原祁手捻须髯,稍作停顿,便道:“这有何难,且听我的下联。”他的下联是:“明朝未到,此时欢颜,神州无忧因寿宴。”

大家齐声叫好!

接下来,有人出上联“南极星辉斑联玉树”,后面有人接道“北堂瑞霭花发金萱”;

又有人出联道“孙子生孙上寿同臻称国瑞”,有人对曰“老人偕老百年共乐阖家欢”。

还有一时接不上,然后即兴作诗或随口吟诵古人祝寿名诗的。

其中有位内阁学士张公吟诵一首晏殊的《燕归梁·双燕归飞绕画堂》：

双燕归飞绕画堂，似留恋虹梁。清风明月好时光，更何况、绮筵张。
云衫侍女，频倾寿酒，加意动笙簧。人人心在玉炉香。庆佳会、祝延长。

其声情并茂，情景交融，让人沉醉其中。

寿宴圆满成功。东冈公自是愉悦万分，张伯行也是感激不尽。这里暂且不提。

（三）张伯行把欠文契约全部当众焚烧，以安众人之心

俗话说："天有不测风云，人有旦夕祸福。"

有词云："人有悲欢离合，月有阴晴圆缺，此事古难全。"

此话一点不假。

这日晌午，东冈公想到院内看看前天打理的几束花，谁知迈步过门槛时，硬是没有迈过去，头一晕便跌倒门内。正好被耿老夫人看到，忙呼喊起来。很快，少夫人王凤仪和大黑都来到跟前。

只见东冈公脸色发红，双目紧闭，任由大家怎么呼叫，也是全无生息。好在耿老夫人有些经验，对少夫人道："媳妇，你等千万不要挪动他，且掐下人中。"

再看，已有身孕的少夫人稳住心神，此刻也顾不上长幼礼节，伸手狠掐东冈公人中。

别说，此招还真有效。不一刻，只听东冈公低低地"哼哼"两声，慢慢睁开眼睛。

到这时，耿老夫人才知道刚才所判很是正确，但又不免流出眼泪。她猜测，这个可能就是那个极为难治的老年中风。

此时，东冈公一直"哼哼"，却说不出话来。

见此情景，耿老夫人忙让王凤仪端杯温开水，用汤匙盛上几滴，慢慢润湿他的嘴唇。然后，令人慢慢把东冈公抬到床上，并让大黑急报张伯行得知。

再说张伯行接到大黑所报，并没有立马赶向家中，而是急忙咨询同僚何

处去请良医救治。

这时,有一位李中书道:“同仁堂东临巷子口有一神针张,或许可治。”

张伯行于是和大黑极速前往。

说来也巧,神针张刚好出诊回来。听说病情紧急,便把药包背上,快马扬鞭跟随张伯行赶往家中。

进得家门,直奔东冈公病床。待一搭脉,再看脸色,又问发生过程,神针张便道:“先不要着慌,好在能救。”

说罢,打开针包,拿出一根银针,开始点刺独阴、少商、商阳、中冲、关冲、少泽、隐白、大敦、足窍阴、至阴、素髎和风池诸穴。然后,取出几粒丹药,用水化开,给东冈公压舌饮下。最后,留下一壶丹药,说道:“好生照看,不出差错,应能过来。”

说罢,起身告辞。张伯行等人自是千恩万谢。

且说这天晚上,张伯行与少夫人都无心吃饭。老夫人劝过这个劝那个:“我儿,儿媳,只有吃饱饭,方可有精力伺候。”

张伯行道:“娘,还是您先吃吧,我们且歇息片刻,平静平静。”

说话之间,已到亥时。

突听有人低沉而虚弱地呼唤:“我儿,我儿!”原来东冈公张岩苏醒过来了。这一声唤,说明他没有中风哑语。全家人顿时泪目相望。

从此,张伯行衣不解带,顷刻不离,祈祷医药,必躬必亲,弹厥心力。

初时,张伯行不知煎药之法,便博览群书。

齐梁间陶弘景有言:“凡煮汤,欲微火,令小沸。其水数依方多少,大略二十两药,用水一斗,煮取四升,以此为准。然则利汤欲生,少水而多取;补汤欲熟,多水而少取。好详视之,不得令水多少。”

《太平圣惠方》中亦有云:“凡煮汤……其水数依方多少,不得参差。”

元代李东垣则主张:“病人服药……必用新净甜水为上,量水大小,斟酌以慢火煎熬分数。”

张伯行不甚明其理,便四处请教,直至心中知晓,方煎药。煎药之时,张伯行不假人手,皆亲力亲为,且双眸紧紧盯着药炉,未曾有一丝懈怠之心。

良久,药煎熬而成,张伯行方欲端下,却不曾想到药炉甚热,双手烫伤。

张伯行不顾手上疼痛,垫着布端下,倒入药碗之中。

而后，张伯行亲身试药，待药温正好，方备好蜜饯，端与父亲服下。时常目不交睫，衣不解带，亲身照顾。

至腊月初六，东冈公张岩卒于京邸。

张伯行悲痛欲绝，说道："夫孝，天之经也，地之义也。慈鸟尚反哺，羊羔犹跪足，人不孝其亲，不如草与木。而今，父亲病故，伯行却难晤末靥，真乃不孝。"

他本欲在父生前多多行孝，但天不假年，其奈若何？及至回想起父亲恩德，眼前浮现出往昔幕幕，便不由得大放悲声。"公呼号擗踊，哀毁骨立，有成人所不及者。"自此，便有张伯行"哀毁如成人"之言。

后与母亲及夫人商议：决定暂停棺宅中，待过年再扶柩返家。

康熙三十四年(1695 年)春三月，张伯行一行扶柩归里。

杨柳依依，柳枝轻拂河面，波纹依旧，荡漾而出。然则，时过境迁，河岸旁，再难见那谆谆教导之人。

三月的宫保府依然春寒料峭。俗话说，"三月还下桃花雪"，不觉间却成现实。也许是上天有灵，对失去一位德高望重的老者格外痛心；也许是只有这样，才能看见东冈公如雪品格；也许是雨雪霏霏，才能表达大家的悲痛心情。

张伯行、张仲行身披重孝，不时给前来祭拜的乡邻磕头行礼。仪封县的县府衙门、乡绅名士、佃户流民、街坊邻居，人来人往，肃穆庄重，均来送东冈公最后一程。

有文记载曰："东冈公之丧，至自京，乡邦士庶，感昔之惠，迎数十里。公至家，即率遗命，凡向通缓急而未及偿者，悉焚其券。延邑之耆儒，商榷治丧；一遵古礼，讣于四方，亲友届期吊者填巷。司宾执事，各得其人，送往迎来，悉从其厚。公居苫次餰粥面墨，擗踊尽哀，吊者莫不叹服。初议治丧之礼，或有疑于所费不资者。公泣曰：不孝平生未尝治产，皆先君子所遗留也。以是而用之先君子，于心独无饺乎？"

仪封知名"大总"(豫东民间丧葬主持)于伯当铿锵有力而又面色严肃地主持着葬礼。

起棺之前，他特别诵读一遍张伯行写的《先父颂》。其文有句曰：

吾父张公，生于仪封。仁爱礼义，一生贯行。及克己复礼，勤勉为众;今失吾父,行孝成空。忆往昔,言传身教,不分夏冬。及内恩施乡亲,外接灾民,视自损于不顾,施粥救万人。呜呼哀哉,吾父无应!呜呼哀哉,吾父无应!

于伯当读着读着,已是两眼泪出,咽喉哽咽。在场的亲朋好友无不大放悲声。

当日,东冈公被葬于宫保府南苑张氏祖坟。

子曰:“子生三年,然后免于父母之怀。夫三年之丧,天下之通丧也。”

清朝之守孝三年:在至亲去世之后的三年内,做官的要告“丁忧”回乡守孝,孝服满后再陈请复职。三年守孝中,不能参加宴会应酬,夫妇不能同房,家属不能生孩子,否则经人告发就要办罪。民间虽没有这许多限制,但在守孝中是不能婚娶的,周年之内也不参加喜庆。如遇必须婚娶的,可在百日之内操办,叫作“借孝”。

有文记载张伯行此时状态:“及丧毕,公不饮酒,不茹荤,不入内,哀毁三年,以迄于葬,如一日焉。”

东冈公辞世以后,张伯行就在其墓东边搭盖两间小屋守孝,在家丁忧。

“忙不忙,三两场。”转眼间,芒种又要来临。

一日清晨,张伯行看到父亲的墓前,麦子在朝阳的照耀下,呈现出金色光芒。霎时,让人分不清哪些是麦芒,哪些是阳光;分不清哪些是田园,哪些是村庄;分不清哪些是过去,哪些是当下。张伯行仿佛看见父亲从那些金黄色的麦浪里走来。对,那就是父亲走回来了。走回来的父亲想看看他耕作一生的田地,看看田地里的麦子,看看麦子饱满地昂着头,向着清晨,向着朝阳,向着辽阔的豫东平原,深情呼唤!

风吹麦成浪,鸟鸣夏日忙。一声清脆的鸟鸣把张伯行从梦幻中拉回来。是啊,自己明明是在给父亲守孝!这时,张伯行突然想起父亲在京城去世前,拉住自己的手说:“我儿,咱乃殷实之家,不缺吃喝,但仍有乡民忍饥挨饿。想我之腹度人之腹。我走之后,你把那些欠文契约全部当众烧掉,一则了却为父心愿,二则安定众人之心。我儿切切去办!”

张伯行本来就有此心愿,见与父亲不谋而合,遂含泪点头答应。

回转头,张伯行看见大仪从家中打饭来到,忙对大仪道:“你快叫张正保把所有欠文契约整理一遍,先列出名单,安排族长通知下去。今天午后,到南门外刚刚压好的打麦场上集合,我欲当众焚烧。”

大仪不敢怠慢,忙找张正保去办不提。

且说午后一到,张伯行准时来到南门外的打麦场上。这时,许多欠钱欠粮的乡亲,以及其他一些乡邻也都来到打麦场。张伯行因在守孝期间,故仍身穿孝衣。他对大家喊道:“诸位乡亲,大伙都是我张家的好乡邻,多年之间没少照顾我们,张伯行时刻牢记在心。先父生前,曾有遗言,令我当众焚毁所有欠文契约,以宽众位乡邻之心,张伯行今日当兑前言!”

话毕,令张正保拿来所有欠文契约,亲手打着火镰,把那些纸片全部烧掉。

初时,打麦场上一片鸦雀无声。接着,听见有人抽泣。还有人直呼:“恩公!”连一向高门大嗓的族长,此时硬是发不出声来,他也被张家父子的仁爱之举感动至极。从此,张伯行在家乡更是威信见长。

通过焚烧欠文契约,张伯行又进一步参悟理学。他终于明白父亲的良苦用心:对于父母双亲之孝,至多只能算个“小孝”;只有面对天下苍生而勇伸援手,才可以称之为“大孝”!

张伯行决定:那就从尊敬的每个人、关心每一位乡亲开始吧!

有道是:“麦熟一晌,蚕老一时。”

张伯行刚烧过欠文契约没几天,麦子就开始收割。看到牛马拉着满车的麦子,张伯行心中也是少有的愉悦。他心里想道:如果父亲大人还在,一定会高兴得合不拢嘴!

正当此时,宫保府内宅传来一阵响亮的婴啼。少夫人王凤仪又生个大胖小子,他就是那个叫师载的男孩。他在这个丰收季而来,注定要为人间带来一些祥瑞。只是,他没能见到自己的爷爷东冈公……

(四)欲大兴义学教化百姓,让琅琅书声响遍黄河故道

三年守孝之期,眼看着就要期满,但张伯行却不想再回内阁中书科。一年到头的撰写誊抄,机械往来,以至于人浮于事,虚与委蛇的各种做派,是张伯行从骨子里不喜欢和不习惯的。

他觉得再做那些事务,真的是打不起精神来。何况,自己压根儿就没想

着做多大官。他张伯行自从入仕那天起，就是奔着学问去的。所以，在有生之年继续理学的学习和探究，并努力传播与普及，才是不二法门。

在守孝期间，张伯行发现一种现象，那就是：乡村除去极少数乡绅子弟读书上私塾外，九成以上的人都不读书。甚至在一些村庄，大字不识一筐的文盲几乎全村都是。而那些所谓的读书人，大都属于“四体不勤，五谷不分”的腐儒。

就连当今皇上也觉察到这些现象。他张伯行身在农村，更有自身优势，此其一。其二，让更多的人都能识文断句甚至成才，总是积德之善举。当然他们不一定当官，但有文化总比没文化好吧！

那些困难百姓，除却物资贫瘠之外，就是精神贫瘠，其根源还是因为没文化，不识字。想着想着，三个硕大的汉字闪现在张伯行的脑海里，那就是：办义学！

义学也称“义塾”，是指中国旧时靠官款、地方公款或地租设立的蒙学。义学的招生对象多为贫寒子弟，免费上学。

义学由范仲淹于北宋创立，教学内容大多是识文断字，舞文弄墨。目的以普及为主，不会有太高深的课程。

当朝的义学主要有两种：一曰官办。即州县官通过筹集经费、调拨学田，条陈巡抚、义学备案，制定条规、完善制度，不时抽查、监督落实等方式兴建的义学，而义学也对州县官的治理、升迁和入祀名宦祠起着积极影响。二曰士绅所办。士绅在义学的创建、教学和运营中作出很大贡献，士绅通过义学也收获匾额奖美、捐银议叙等回馈。

至今，张伯行还记得北宋名臣范仲淹创办义学的故事。

范仲淹出任苏州知府期间，沿街微服私访。在一家经营纸扇的店铺里，经常听到孩子的啼哭声。经多方打听得知，原来该店经营惨淡，生活困难。于是，他就隔三差五来买纸扇，买多就送人。

当时，在苏州城内，谁能得到一把状元知府的纸扇，那是十分荣耀的事情。许多得不到馈赠的广大市民，也纷纷到该店购买纸扇。很快，这家店铺发家致富，再也听不到孩子的啼哭声。

后来，范仲淹想在苏州城办义学，苦于没有场所，纸扇店主献出自家房屋供办学，其他人家也纷纷响应，主动提供自家房屋作为办学场所。自此，苏州的基础教育遍地开花，自然也就人才辈出。仅苏州一条山塘街上，就先后考出十六名状元！

这天晌午，见大仪来到守墓之处，张伯行对他说道："大仪，我欲办义学，你道怎样？"

大仪道："老爷提议尚好，但不知如何去办？"

张伯行道："这个尚未深处去想，只与你商议，如有策略只管讲来！"

大仪道："老爷信任，没齿难忘，我只管胡说一二。"

接着，大仪便言道："办义学是功德无量之事，但需有几个条件方可。"

张伯行道："哪几个条件？"

大仪道："第一是选址。如小办，可在宫保府附近即可；如大办，可在县城之外。第二是择师。特别是选择启蒙先生，最为重要。第三是投资。聘人也好，置办物什都需钱财。即使以后有人捐助，然前期启动尚需自己出资。"

张伯行闻听大仪此番言语，欣慰地打量一下大仪，然后说道："此番分析入辙入里，有关大办小办之议很有见地。就目前而言，我欲大办之，选址就在城南陈阜冈，以求广招义学学子；有关聘师之事，我现已有人选；有关投资之议，我们尚能承担。后期如有人捐助，我们则要做账明细，每一笔用途都要写明。"

大仪问道："尚不知所选何人为师？"

"我正欲说与你。"

张伯行接着继续说道："仪封城西关有一孝廉，名为绳其相，热衷教育，素有贤名，我欲请他出山执教。但我尚在丁忧期间，多有不便。绳先生那里尚需你代我见他，看看是否有意。"

大仪道："我何时动身，需做准备。"

张伯行道："我先修书一封，你再买两盒点心，权当薄礼。明日一早便去。"

接着，张伯行凝神提笔，须臾便把信写好，然后交与大仪，这里不表。

且说西关绳其相，此时年方四十二岁，三十五岁中举人，此后再未赴考。他一心想做义学，不再留意功名，是个难得的贤士。绳家有薄田五十亩，倒也自给自足。一直有学生或二十余人或十七八个，全是自然状态，没有刻意招揽。加上他多有接济乡邻，故在西关颇有威信。此地有学问的老者称赞他：

“孝顺亲长,廉能正直!”

这一日,天近晌午,家人绳安来报:“绳先生,宫保府张进士处有人前来面见。”

绳先生闻听,略一停顿道:“好,有请,带他见我。”

不一刻,一位精明干练的青壮汉子来到近前,他便是大仪。

大仪抬眼观看,只见绳先生中等微胖身材,生得浓眉大眼,鼻正口方,目光炯炯,面色红润。遂赶紧向前深施一礼道:“绳先生安好!”

然后,从背包里拿出张伯行写的亲笔信,毕恭毕敬地呈上。

绳先生回礼道:“看茶就座!”

接信展开观瞧,只见上面隽永小字行楷写道:

绳先生台鉴:

我乃仪封宫保府张伯行是也。久闻先生贤名,今丁忧在家,不便亲往,着家人大仪直投信笺,呈丹心与君以观。

先生不屑于仕途,独慕教育,正与张伯行暗合。我欲大兴义学教化百姓,让琅琅书声响遍故园。欲联络贤士一二,相携而行矣!如若有意,可相约志之!

绳先生读之,不时频频点头,连声说道:“极好!极好!”

然后,问大仪道:“我欲与张公相约,但不知其丁忧何时期满?”

大仪道:“十日后即是期满。来时,我家老爷已有嘱咐,丁忧过后随时可约可见,以绳先生方便而定。”

绳先生道:“张公真尊礼也。既然如此,我且定本月二十六亲往宫保府相见。”

大仪于是拱手告辞不提。

(五)义学之道,关乎后代,乃国运之基,民所开悟之始

六月二十六晌午,仪封西关至宫保府的大街,迎面奔来两匹快马,他们便是绳其相和家人绳安。今天是他们与张伯行见面的相约之日,这不,转眼就

到宫保府门前。

张伯行与大仪早早便在此等候。彼此双方在大仪引见之下，连忙相互施礼。只听张伯行说道："绳孝廉亲来鄙处，真学士也，快请宅中就座叙谈。"

二人坐骑早由大仪令人牵走刷洗饮喂。

几人边说边走，移步来到内庭。

进得家门，分宾主落座，家人献茶。

稍作客套，绳先生开口道："张公德名远播，我久慕之。今来相约，愿为公之驱使也！"

张伯行很是感动，忙道："贤弟所言不需客气，我等联手共处，莫分伯仲，一心共办义学就是！"

绳先生内心亦是波澜起伏。两人最后达成共识，起名曰"仪封蒙学"。商定先期就由绳先生担任义学初班主教，待学子多时，再逐步扩招塾师；张伯行执掌全面政务管理，同时兼顾高年段之经学主讲；暂选大仪到校帮忙。二人测定，最近吉日为七月初三，当下就定此日开学。新学址就选在仪封城南陈阜罔老宅，绳先生现有学子一十八名全部转入新址。当天中午，张伯行设家宴热情招待绳其相，感觉有些惺惺相惜，相见恨晚。

且说七月初三黎明时分，刚刚装饰一新的陈阜罔老宅，尚可闻见淡淡的异香味。张伯行和绳先生早在教室等候，大仪守在大门口引导学生进校。其学习境况可用诗描绘之：

一阵乌鸦噪晚风，诸生齐逞好喉咙。
赵钱孙李周吴郑，天地玄黄宇宙洪。

远远闻听书声，其妙不可言也！

其中，有蒙学一篇《上大人》如是咏之：上大人，丘乙已。化三千，七十士。尔小生，八九子。佳作仁，可知礼。之乎者也！

其意是说：孔夫子是读书人的"上大人"人上之人，他的名字叫丘，在兄弟中他排行是第二，也就是甲乙的"乙"，生辰八字是已年。孔夫子教化三千名好学生，其中有七十二个学问最好的人。而七十二个好学生中呢，还有八九个像曾子、子路那样的亚圣人。他要他的学生都要做好人，要仁义，懂礼仪，也是我们要学习的。

他们日常所学的课程主要是背诵《三字经》《百家姓》《千字文》《千家诗》《论语》《孟子》等,另外还有毛笔课、作文课、简单的算术课。

要知道,当时许多义学的设施十分简陋,大都教室狭小,桌凳简单粗糙。有的是专门盖有学屋,有的是在破庙里上学,有的是在废旧的土屋里上课,有的是在农户的家里学习。

难怪清代著名诗人袁枚在义学读书时,写过一首很形象的诗:

漆黑茅柴屋半间,猪窝牛圈浴锅连。
牧童八九纵横坐,天地玄黄喊一年。

这其实是当时大多数义学的真实写照。

但张伯行可不是随便迁就之人。作为一名入仕不久而赋闲家中的读书人,其投入之大、专注之深,是非常难得的。

且说张伯行府上有一年轻仆人名叫苏万山,人老实勤快,来府三年,深得府中上下好评。他有一弟名叫苏万民,年方一十六岁,喜读诗书,曾上过两年私塾,因为无钱而辍学。现在看到张伯行兴办义学,便对哥哥说想到“仪封蒙学”念书。没办法,苏万山便硬着头皮与少夫人提起。少夫人答应道:“只管放心,只要老爷回家,我们便告知与他。”

这一天,刚好张伯行从义学归来。吃晚饭时,少夫人便把苏万山之弟的情况说与他听。

张伯行知道后,便叮嘱道:“此乃好事。可速安排万山将弟弟接来,我明天午后返校,可带他弟弟进校就读。”

第三天,苏万山便到十里之外的苏家庄,把弟弟万民接到宫保府,并带到张伯行跟前。苏万山对弟弟苏万民说道:“快与进士老爷见礼!”苏万民眼睛低垂,紧咬上唇,压着小步,十分拘谨地向张伯行鞠躬致礼。

张伯行道:“只管坐下说话。”

他怯怯地只压半个凳角。

张伯行再次问道:“先前所读何书?”

苏万民这才低低地说起话来:“所读不多,只念过《三字经》《百家姓》及

《大学》《中庸》，其他没有再读。”

张伯行这时已有几分喜欢，便对万民说道：“小子不必拘谨，但不知因何读书？”

苏万民诺诺地答道：“我知孟子有句，‘穷则独善其身，达则兼济天下’。我欲效之。”

张伯行大喜，当日便带苏万民来到仪封蒙学上学。

自此，苏万民日夜用功。三年后，竟考上秀才；八年后，考取举人；最终功成名就。

转眼间又是大雪时节，绳其相因贤名受地方举荐，年后需进京参加候选。于是，他赶紧给张伯行言说，让其再请贤士以续教义学。

张伯行虽有不舍，仍是欢喜万分，心中暗道：“如此贤德之人，如能做官，也是百姓之福。眼下好在自己能教，也无妨碍，只是以后尚需塾师。”

他想着想着，突然想起一个人来，那便是小表叔傅岂凡。

且说傅岂凡，今年三十八岁，前年会试高中进士。与张伯行原来一样，都是奉旨返乡读书，待时入仕，现就在兰阳老韩陵家中赋闲。年岁虽小，按辈分，张伯行却要喊他表叔。张伯行便与大仪一起骑马亲自前去拜访。

两人轻车熟路，不到半个时辰就来到兰阳老韩陵。门人认得张伯行，便飞脚报与傅岂凡。岂凡听说老表侄来访，忙出门相迎。

几人就座之后，岂凡道：“表侄，今天怎么来看表叔，应是表叔看你才是。”

张伯行道：“哪个是来看你的，我是来请你出山的。”

然后，便把仪封蒙学的近况及绳先生即将离职进京之事与他讲清。

傅岂凡道：“这个义学，多有听说，褒奖之词传于街巷，均言张中书有才有德，造福乡邻。不想，表侄不嫌表叔愚钝，竟亲自来家相请！”

张伯行道：“我尚不知表叔能否走开？”

傅岂凡道：“义学之道，关乎后代，乃国运之基，民所开悟之始。吾在家无事，尚可力助于你！”

张伯行闻之大喜。

三日后，傅岂凡到仪封蒙学上任，二人直面义学，第二年开春即收学子一百余人。正所谓：“学而不厌，诲人不倦。”

可借诗赞之：

绿野堂开占物华，路人指道令公家。

令公桃李满天下，何用堂前更种花。

（六）黄河故道的串串涟漪，渐渐为金黄的麦子所映照

黄河历来有九曲十八弯之说，泥沙俱下，大浪淘沙。李太白有“黄河之水天上来，奔流到海不复回”的名句，是说黄河之势、黄河之魂、黄河之魄！

是的，它虽然多次改道，但东进大海的趋势却是不可逆转。一路走来，有主流，有支流；有故道，有浅滩。它们吮吸着天地之精华，囊括着环宇之万物，滋润着广饶之大地，养育着万千之生灵。那些涓涓细流，润物无声，流淌在豫东平原，流淌在人们心里。像仪封县的黑里河就是万千细流中的一串珍珠。

黑里河的水流虽然来自黄河，但却清于黄河。民间有传言：傍清河而居者多出清官，反之则出奸官。当然，这里是指黄河这条母亲河之外的其他河流。虽是茶余饭后之小憩谈资，有时却误打误中。像王廷相、张伯行不正是清官吗？当然，还有被泥沙迷住双眼的奸佞之徒。

且说仪封县有一个叫作小宋集的村庄，村里有一位贫民名叫周四富，前一年因为一时急需用钱，就托人找到张家，欲将河地二十五亩卖于张家。张伯行本不想买，但看周四富十分可怜，便动怜悯之心，让张正保出面与他办理买卖事宜。并叮嘱张正保，一定要高出市价，办理后留好契约则可。张正保领命很快就把事办妥。事后，还向张伯行专门禀报，即河地薄田一般市场均价每亩二两至二两半纹银不等，张正保按每亩三两纹银计算，总共付给他纹银七十五两。张正保把买地契约给张伯行看后，入账存放不提。

初春的黑里河，依然被冰凌锁着。那些波澜，那些生机，此时，都被笼罩在冰层之下。河两岸的麦田此时刚刚遮住地面，黄土的田垄还都裸露在外，给人一半是荒凉、一半是希望的印象。乌鸦在河边的柳树上不时地飞上飞下，好像它们才是这里的主人。

这时，大黑带着李结实到黑里河来认领新地。他对李结实说道：“我说小子，你可记住，将来我和你大仪叔说不准就会跟上老爷外出。一旦庄稼成熟，可别认不得地界。”

李结实道："这还不好认？刚好挨着咱家原来的田地，离咱家看守庄稼的小屋只有百十步。再者，这河沿地头的三棵大柳树，个个弯着腰，也太好记啦！何况还有地界星，这最大的一棵柳树可是对着地界星的。"

大黑道："还真是小看你小子了，记住就行。"

李结实道："那接下来，黑叔是不是教我几招。假若有贼人来犯，叫他有来无回！"

两人边走边说，声音离黑里河越来越远……

转眼就到芒种时节，黑里河两岸又热闹起来。

一庵湿蛰似龟藏，深夏暄寒未可常。
昨日蒙絺今挟纩，莫嗔门外有炎凉。

从仪封蒙学回到家中的张伯行，不免随口咏出宋代诗人范成大的诗句来。

正在这时，张正保行色匆匆地来找张伯行。进门便道："老爷，有一事速报你知。"

张伯行道："有事请讲，莫要惊慌。"

张正保道："刚才李结实来报，说黑里河那边咱们新买的田地，有人在割地里的麦子。我怕有误，赶紧一边派大黑跟结实去看，一边来报于老爷。"

张伯行道："这个先不要惊慌，兴许是人家错认误割。"

张伯行又道："你叮嘱大黑，切不要随便动手伤人。"

张正保道："这个我已作安排，只让他问清楚就来。"

张伯行赞许道："如此最好！且稍等一下，再做行动。"

不到一顿饭工夫，大黑气喘吁吁地跑过来，进门便对张伯行道："老爷，这是怎么搞的，来割麦的竟是仪封城里陈长贵家里的人，他们说这地是他们买的。我问买谁的，他们说买小宋集周四富的。难道那周四富搞个一女二嫁不成？"

张伯行暗暗一惊，心道："这个掮客，该不是瞄上我了吧！"

却说这个陈长贵，本是官宦之家，祖上几代都做过地方小官，到他这一辈就已经衰落。由于少时被娇生惯养，养成投机取巧的习惯。但凡读书之事，见到就头疼。对于推个牌九，要个老千，这样偷鸡摸狗的营生，倒是玩得开心自在。

陈长贵遛街串巷，跻身集市，竟然做起“行户”。这行户主要是吃买家，即每促成一单生意，买家要给一些中介费。但这家伙却是买家卖家通吃，还恬不知耻地对卖家说道：“我给你卖得如此好价，不匀我些钱可行？”

后来，陈长贵收罗一些泼皮牛儿充当耳目和打手，以达到欺行霸市的目的。当然，他也懂得攀附一些地方势力，在他的“掮客”前面，又加上“官家”二字，使他做起事来更加有恃无恐。以至于像张伯行这样一心读书教学的人，也都知道他的恶名。

陈长贵之所以敢前来侵地，有三个原因。一是周四富曾找他撮合卖地，这次，他自己想独吞，故狠劲地压价，以至于每亩只出一吊钱。其二，他知道张伯行一心读书教学，许多事务疏于管理，不一定那么快就能知道。等生米做成熟饭，再说什么就晚八秋。其三，他以为张伯行还如他以前欺负的那些酸儒一样，敢怒而不敢言。陈长贵明目张胆公然作践仪封的张中书，可见气焰有多么嚣张。

但这次他是打错了如意算盘！

张伯行略加思考，便问大黑道：“他们前来割麦之人有多少？可有领队？”

大黑道：“割麦人外加领队共有十三人。那领队的叫陈三。”

张伯行道：“张管家和大黑你们现在就赶往黑里河，与李结实一起控制局面，可这么做……”

张正保和大黑不敢怠慢，忙从马厩里各拉一匹快马，极速向黑里河方向赶去。

一会儿工夫，二人便来到事发地点。只见李结实已经带着三十几个青壮年，早把陈长贵家人的后路给截断。

这边，张正保大声地向对方喊道：“各位听好，谁是领队，请出来搭话。”

那个陈三扒拉一下胸脯，从人群中走出来。只见他年龄三十开外，生得尖嘴猴腮，塌拉鼻，三角眼，外加一副瘦小枯干的矮矬身板，说起话来尖声尖气。

陈三抱个腕道：“在下陈三，就是领队，你等有何见教？”

张正保道：“也不看这里是谁家之地，朗朗乾坤，你们竟敢在此收割。”

陈三道：“老哥，此言差矣。这是俺家麦田，有啥敢与不敢？”

张正保道:“那你把地契拿来我看。”

陈三道:“地契当然有,怎么能随便示人？况且也不便带于身边。”

这时,张正保向大黑使个眼神,大黑立马明白,是该自己现身出手之时。只见大黑大喝一声道:“少要搬弄巧舌,没有地契,一个都甭想走。”

说话之间,大黑猛地一脚,踹向地面,只听“噗”的一声,右脚连鞋早已没入土里。这田地的土壤虽不甚瓷实,但一般人即使蹦上几蹦,也至多留个鞋底印,可见大黑功力了得!

这个陈三,也会个三脚猫功夫,自然懂得其中厉害。他暗道:“不好,今天遇见硬茬子了。”

此时,陈三已有几分怯意,但又苦于没有台阶可下。张正保看看时机成熟,就对陈三道:“你我都是办事之人,这里也不为难与你。你现在可派一人到府中去拿地契,其他人等暂且停留。”

陈三自知无计可施,也只得照办。

殊不知,他们已中张伯行“围点打援”之计。

且说陈府之人气喘吁吁地跑回陈府报于陈长贵,陈长贵竟一时愣在那里,这种情形是他万万没有想到的。这等酸儒竟然围住自己的家人不让离开,还让自己拿出什么地契,这是他能拿出来的吗?

突然,他胖乎乎的肉拳砸向桌案,忙喊管家陈大翩进来,如此耳语一番。

可这陈大翩去得快,回得也快。

原来,他是让陈大翩到小宋集威逼周四富销毁卖地地契。他想得倒是很美,心道:“卖方地契都已销毁,只有一个买方地契,让你等如瘸腿残疾,此证如何服人?”

不想,陈大翩到小宋集连个人影也没有见到,顿时感到不妙。

这周四富其实已让大仪接走,走时连同那个地契也一起带来。

原来,张伯行把张正保和大黑派出之后,感到还是有些漏洞,却一时想不起来。直到看见大仪进来,方才想起。

这大仪是来宫保府给仪封蒙学堂取粮油的,进门与大黑他们也就是前后脚时间。张伯行也不便细说,命他无论如何要把周四富及其地契一并带来。然后,安排周四富好生吃喝,专等陈长贵到来时作证。

陈长贵这时才知道张伯行的厉害,急得在屋里转起磨磨。不一会儿,他那臃肿的身子开始发抖,额头上也开始冒出冷汗。转着转着,停在窗前,一时想起主意,便连忙喊陈大翩进来,说道:“你且过来,我们需这般这般配合。另选些精壮人来,我们一同前往黑里河看看。”

不到半个时辰,这支有三十余人的队伍便来到黑里河畔那块麦田。远远望去,自己的一杆家人就像霜打的茄子一样,都蔫在那里。再瞧宫保府的众人,却个个精神抖擞,威风凛凛。看来,刚才来时给陈大翩叮嘱几句很有必要。

这时,张伯行已早一步来到。所不同的是,他身边还坐着本地里正和族长,以及自愿作证的周四富。他们按计行事,就在人群之中。张伯行想用他的四两之力,拨一拨这个看似千斤之重的烦心破事,而且还要一招制敌,不留遗患。

这边,陈长贵也隐于人群之后。按他的想法,让陈大翩先行出列。

这个陈大翩也算得上久经江湖,下马走到前面抱拳道:“众位乡邻,我们割自家麦子,你们为何不让收割,还随便扣人。难道没有王法吗?”

张正保接住话道:“你说这些田地是你家的,请把地契拿来一观。”

陈大翩道:“这地契岂是你等随便看的?不见官家身份,怕是看不得。”

张正保道:“这里有进士老爷,还有里正和族长,是否能够看得?”

随后,人群一闪,张伯行、里正、族长和周四富他们都走出来。

这一下,陈大翩顿时不知如何搭话。

大黑带头呼喊:“你倒拿来地契啊,你倒拿来地契啊!”

宫保府在场人员也都齐声高喊。

人群中早吓坏一人,他便是陈长贵。按照他的想法,先让陈大翩出马唬一唬宫保府的人,没想到根本不行。等他看到周四富、里正、族长和张伯行,已知今天没有胜算。看来,想赖张家这二十五亩田地是打错了算盘。

好在自己先让陈大翩出马,还留有一些余地。此时不出来,怕一会儿无法收拾。陈长贵忙走出人群,抱拳拱手道:“张中书大人,大家有请,长贵这厢有礼了!”

也不等对方回应,陈长贵接着又道:“长贵忙于市井之事,疏于管理农事,小子们竟然冒犯君家,在下赔礼致歉!”

说罢,陈长贵装模作样地深深一躬。

张伯行假装不知地回道:“陈先生商务繁忙,定是误会。”

再说这陈长贵,一转身看见陈大翩皮笑肉不笑地看着自己表演,一时气不打一处来。他从身边马鞍桥上抽出马鞭,对着陈大翩狠狠就是一皮鞭,一边打一边骂:“不操心的奴才,尽给我添乱。”

陈大翩后背立刻起道带血的鞭痕。这个陈大翩咋着就想不明白,从未打骂过自己的主子,今天这是怎么啦?

怎么啦?他的主子一败涂地,心里窝火没处发作,刚好看到陈大翩这货似笑非笑地观摩自己,直接就发泄起来。打罢人,陈长贵绷着个死猪脸,抱一下腕,然后与张伯行告辞,悻悻而去。

再说张伯行,此事处置的可谓未雨绸缪,有备无患。他一边让周四富把卖地地契收好,一边又向里正、族长拱手致谢。

黄河故道的串串涟漪,渐渐为金黄的麦子所映照,为两岸的辛勤忙碌所陶醉,为农人的滴滴汗水所感动。眼下看到的,只有那一幕幕丰收的画卷!就像那首诗写的那样:

> 我坐在母亲温柔的目光中,歌唱村庄,和村庄四周围的化肥。麦子咯吱咯吱拔节的时候,我便选择夜晚,看满天星光照耀我的土墙。此时,我的母亲和妹妹都劳作而归,她们在树梢上挂满我的祝福,她们的手依然粗大,像我脚下的土地一样质朴感人。她们会把我的诗一针一针缝进布里,用一朵盛开的棉花来说明一切。母亲还会看着一片片成熟的麦子,回想收割麦子那年我降临在世。妹妹还会踏上母亲走过的小路,她的目光会被思念拉得很高很远。我坐在母亲温柔的目光中,歌唱村庄,歌唱村庄里和麦子一样平凡的情节。

(七)树欲静而风不止,子欲孝而亲不待

临近十月,一连几个晚上,张伯行几乎都要梦见父亲东冈公张岩。

这天晚上,他又与夫人灯下说起,不免眼中含泪,几度哽咽。

夫人王凤仪安慰道:“常言道:日有所思,夜有所梦。想必是老爷太思念爹爹,才有如此之梦!”

张伯行道:“‘树欲静而风不止,子欲孝而亲不待’,是为至理名言。想当

初,如果甘心在家伺候父母双亲,想来父亲大人还不一定走得那么早。"

夫人道:"天命难违,也是正该如此吧!老爷也不要再有愧疚之念。"

张伯行暗想:老家的门墩多好,门墩上的灯盏多好;木格格窗户多好,砖雕的花纹多好;刚垒的院墙多好,你栽的榆树多好;堂屋的八仙桌多好,垛子梁方椽子多好。变天了,说有大雨。雨中的老屋里,你要是还在,那该多好!

张伯行道:"理是如此之说,只是这心中甚是难受。"

夫人劝道:"不要再这般悲伤。马上就到十月一,我们这两天准备些贡品,买些香火和火纸等祭品,一面设案在家祭奠,一面到父亲墓前祭拜。这样也能缓解思念之情!"

张伯行道:"贤妻所言甚是,就依贤妻。"

豫东民间有俗语道:"清明烧前,十月烧后。"就是说给先人添坟烧纸,清明节的时间可以提前,十月一的时间可以错后。

转眼已是十月初一。一大早,张伯行就率领大儿子张师栻和小儿子张师载来到南苑东冈公张岩墓前,大黑、大仪早把贡品摆上供桌之上。张伯行领孩子们跪拜磕头,嘴里刚刚喊出:"父亲大人在上,不孝儿孙儿前来看您了!"眼泪已是夺眶而出。

祭拜一毕,大黑、大仪整理一下香案就要返回,可张伯行却没有要走的意思。他走到父亲墓前,把手伸向一株枯干的荆棘上。这个荆棘像个长满白色小刺的怪物。张伯行看也不看,就使劲拔将起来,以至于把手都勒出血来。大黑、大仪看见,急忙奔过来,对张伯行道:"老爷且歇歇,由我等干便可!"张伯行像什么都没有听见,还是一顿一顿地拔着那棵荆棘。终于,那棵荆棘被他从板结的冻土里拔出。这边,大黑、大仪三下五除二地很快就把其他荆棘拔光,就连张师栻和小师载,也都参与其中。最后,大黑把这些荆棘和杂草集成一堆,拿出火镰一把火点燃。直到灰烬散去,一行人才依依不舍地离开东冈公的墓地。

当晚,张伯行在正堂,把先祖彦实公、父亲东冈公张岩、生母梁夫人的牌位供上,然后,又带领全家老少进行祭拜。

祭拜之后,张伯行长舒一口气,感觉心情舒畅许多,但心里多多少少还有些无名的忧虑和感伤。他觉得,有些人生的缺憾是此生所无法弥补的。他张伯行只有百倍孝顺母亲耿老夫人外,似乎没有其他办法找回那份失去的亲情。

一天晚上，张伯行在灯下阅读《孝经》，其中有文道："用天之道，分地之利，谨身节用，以养父母，此庶人之孝也。故自天子至于庶人，孝无终始，而患不及者，未之有也。"

其意是说：利用自然的季节，认清土地的高下优劣，行为谨慎，节省俭约，以此来孝养父母，这就是普通老百姓的孝道。所以，上自天子，下至普通老百姓，不论尊卑高下，孝道是无始无终、永恒存在的。有人担心自己不能尽到孝，那是没有的事情。

他又看到："生事爱敬，死事哀戚，生民之本尽矣，死生之义备矣，孝子之事亲终矣！"

其意是说：在父母亲在世时，以爱和敬来侍奉他们；在他们去世后，则怀着悲哀之情料理丧事。如此，尽到人生应尽的本分和义务。养生送死的大义都做到，才算是完成作为孝子侍奉亲人的义务。

张伯行不觉间又起一个念头，而且愈加强烈起来，那就是迁坟并把父母合葬，然后建家祠。建祠于家以奉祢，便于朝夕瞻拜，尽事死如生之道。

张伯行决定，这次迁葬父亲，不仅要迁父亲一人之坟，还有把生母梁夫人及大娘郭夫人迁来，与父亲合葬一起，让他们最终团圆。

原来，东冈公年少时，除张伯行的生母梁夫人外，还先娶一妻郭夫人。郭夫人来到张家没有生育，便因伤寒病去世。按照豫东风俗，有父母及丈夫在，这些去世的女性是不能葬入祖坟的。除非父母及丈夫都去世，方可择吉日与丈夫合葬。

东冈公张岩在京城去世，张伯行千里扶柩返乡，葬于南苑，乃不得已而为之。由于早些时日，精力都在义学之上，也没有工夫去想这些事情。但毕竟是块心病，以至于近日连夜梦见父亲。

现在，一卷《孝经》在手，又如何不让张伯行心中波澜起伏呢？

第二天一早，他喊上大仪，环绕宫保府周边十里之内细查起来。原来，他想要给父母找一个风景优美、地势平稳的安身之所。即所处之地，不能存水积涝，也不能处于河川风口，让父母整日风沙蒙面。不仅涝旱风沙之地除外，阳光直射的向阳高丘和陡坡背阴之处都是要避开的。要给父母寻找一个极佳之所，甚是困难。像河川绕弯之处，如天地之怀抱，父母一定会安稳静舒；如缓坡大转之盘，定能让父母与舒缓之中见识天地之大气势！

张伯行与大仪例行三日，终于在黑里河一个大转弯缓坡处，寻得一处佳穴。此处在黑里河之南，离堤岸三里之遥。即使河堤决口，也不会冲灌到此处。

康熙三十六年十月二十五，是为东冈公张岩迁坟的日子。张伯行决定，先把父亲的棺椁移入家中停棺一天。

张正保道："老爷若如此，有悖风俗，怕是不吉利！"

张伯行道："惟送死可以当大事。吾知尽情尽礼，稍伸迁于家中，同发人子之心而已。岂计利不利乎？"

这次迁坟与合葬的主持，还是仪封的民间名人于伯当。

迁坟前三天，于伯当在张伯行的带领下，又重新到宫保府转一圈，他不由得暗暗在心里跷起大拇指来。可以看出，张伯行不仅懂易经，而且是位至孝之人。如果不是至孝之人，他是不会寻得如此佳穴，此所谓最好的风水是在心里。

如果你自私的只想着自己，你的眼睛必然为自私的雾瘴所遮掩。即使再好的风水在你的脚下，你也是久寻不见。这于伯当也是位易学高手，其中奥妙自然懂得。最终，于伯当决定就用张伯行所选穴位。接下来，他绕此地连转数圈，先定棺材朝向，然后，遍插五色小旗，围成一个硕大的圆圈。

迁坟终于开始。

于伯当命人在墓前先摆上祭品，张伯行身着重孝，率领张氏晚辈男丁跪倒。几番大礼之后，于伯当喊停。然后命人撑起一顶巨型大黄伞，将东冈公的坟茔整个罩住。接着放起三声火筒炮，又点燃一长串鞭炮，于伯当拿起一把铁锹，在坟上铲起第一下，高喊道："起坟！"大家纷纷挥锹铲起土来。不到半个时辰，便将东冈公张岩的棺椁起出，然后抬到张府正堂停放。

第二天，郭夫人和梁夫人的迁坟事宜也逐一落实。

葬礼开始了。东冈公的棺椁依旧从正堂起棺抬出，张氏一族男女老幼哭拜一地。按照规矩，只有男丁才可以跟着棺椁前去坟地。家中女眷哭声直冲云天，让人望之无不动容。

看那送葬队伍，缓缓而下，绵延数里，将近一个时辰，方来到下葬之地。这时，郭、梁二位夫人重新装殓的棺椁也已抬到。

张伯行率领张氏男丁，在于伯当的主持下依次行着大礼。礼毕，张伯行开始亲启一锹黄土，倒入墓穴。这时，突然听到后面一片“呜呜”的哭泣之声。待回头看时，张伯行发现身后跪倒众多乡亲，不下三里多路，至少有千人以上，他们都是自发来送东冈公一程的。

张伯行心里激动万分。他心想：此正是父亲行善一生的回应啊！百姓心中都有一杆秤，我张伯行以后决不能给他老人家脸上抹黑。存善念，行善事，当是人生之终极追求！

当日，张伯行把东冈公张岩及郭、梁二位夫人合葬。然后在梁夫人一侧，给在世的耿老夫人圈砌一墓，单等耿老夫人百年后再用不迟。最后，张伯行跪谢众位乡亲，这里不提。

日头偏西时分，张伯行率领张氏族人先将二百多株松柏植于墓地内圈，再将二百多棵钻天杨植于外围。他要让这些长青的松柏和伟岸的杨树，陪伴自己至亲至爱的亲人。众乡邻无不为张伯行的孝心所感动。

迁坟之后，张伯行于十一月初用劈柴烧水和泥，开始在家中盖起祠堂，历时半个月方好。如此孝心，天日可表！

从此，张氏家族建祠于家以奉祢，朝夕瞻拜，尽事死如生之道，张伯行才略微心安。这时，他才又重新打开那些历史的书卷，凝神举目，开始洞穿前面的层层云天……

九
潜龙在渊

（一）子路八卦拳在孔子周游列国时传入开封，黄河两岸、豫东平原习之者众多

“迟日江山丽，春风花草香。”四月的黄河滩，春回大地，草长莺飞。张伯行、大黑、大仪闲暇之余，漫步于考城县一名曰“四明堂”的村庄，村内有一庄园，蓝砖白缝，院墙高筑。只听闻庄园之中，喊声震天，不禁心下疑惑。于是乎，便驻足此处，侧耳倾听。

良久，张伯行等亦未曾知晓此庄园之中因何事喊声震天，便轻叩门环。然叩门之声湮没于呐喊声之中，依然无人应答。

复叩门，门却自然而然敞开。张伯行等三人略微一顿，便徐步而入，向着呐喊之声趋步而去。

不久，便瞧见一行人于此，整齐站立，手持棍棒，正在习武，时不时有高喝之声传出。

一时之间，张伯行顿觉心驰神往，难以迈步离去，便于此驻足观看。

练至精彩之处，大黑情不自禁地拍手叫绝。

那众人闻听陌生之人的声音，都停下手中动作，看向来人。

此刻，带领众人习武的为首之人，鹤发童颜，仙风道骨，须发皆白。衣衫红白相间，短衣襟，小打扮，身上的威武之气、凛然之风不断散发出来。

那人走上前来，对着张伯行等三人抱拳行礼，不怒自威，说道：“汝等从何而来，何以至此？”

张伯行抱拳还礼，说道：“方叩门，却无人回应，便进入此地。如有冒犯之处，还望海涵。”

那人闻听此番言语，颔首微笑，说道:“有朋自远方来，不亦乐乎!”

张伯行略微一摇首，说道:“还未请教先生姓字名谁?”

“吾乃考城县四明堂村祝培功是也。”那人声音浑厚，说道，“请问先生尊姓大名?”

张伯行面带笑意，说道，“吾乃仪封张伯行是也。这两位是我同族兄弟，这个是张伯黑，小名大黑;这个是张伯仪，小名大仪。”

祝培功上下打量一番张伯行，说道:“莫不是仪封县宫保府东冈公张岩的公子张伯行乎?”

“正是。敢问先生可与家父熟知?”

“东冈公泽被乡里，仗义疏财，为人谦和，待人友善。仪封、考城、兰阳、祥符诸县，哪个不知、谁人不晓啊?”祝培功笑道，“说起来，东冈公还有恩于我。我从小热衷武术，外出投师学艺。因吃苦耐劳，勤奋好学，很得师父器重。经数载严寒酷暑，熟练掌握各种拳法套路，兵刃器械役使自如。可惜我当时家徒四壁，无依无靠。那年参加在开封举行的武术省考，我以七局七胜夺得比赛头名，就是东冈公资助路费盘缠，才最终成行。想来至今难以忘怀，感念不已!”

张伯行凄然答道:“我也是感念至久啊!”

大仪见此情景，忙岔开话题，说道:“祝先生雅量。我们三人对此颇为喜爱，幼时曾苦练子路八卦拳，略得一二。可否再与先生习上一番?”

“哈哈，以武会友，自古有之，更何况是恩人之后大驾光临!”老者朗声笑道，“刚听壮士说幼时曾苦练子路八卦拳。这拳术相传两千多年前的春秋时期，为圣人孔子的弟子子路所创。子路身材魁梧，体魄健壮，曾与自己影子对打，一招一式，随心所想，练就一身好武艺。后随从孔子外出，每遇到危难，常常是子路挺身而出，抗击强暴，转危为安。依据拳路特点，孔子亲自为其命名为‘子路八卦拳’，又称‘子路阴阳八卦拳’。后子路八卦拳传入开封，在黄河两岸、豫东平原落地生根，习之者众多。你且出手，待我一观如何?”

那大黑也不含蓄，伸手递招。只见他进退腾挪，拳脚攻防，横竖交叉;阴阳并举，左右开花;进中带防，退中兼打，收放无暇。进退气势宏伟，大开大展;收放如磐石坚，御敌八面。拳脚刚柔并举，击点刁钻，常以后发制人，能打能挨。誉称为“你打我不护，我打你护不住”。

大黑一个收式站稳,满脸自信地看着祝培功。

祝培功点头微笑,像是自言自语,又像是对张伯行、大黑他们说道:“你出手便知是子路八卦拳中的‘白拳’。‘白拳’是子路八卦拳传到开封以后,数代武林高手潜心揣摩,结合黄河九曲十八弯的河流走势,在子路八卦拳的基础上,将其发扬光大,创造出的一个新门派,以祥符县的大清耋老李朝德为其正宗。你最后那个收式的动作,就是以黄河最后那道弯的铜瓦厢黄河河水旋涡变化而成。它不但能强身健体,攻防兼备,同时还具备民间武术学的完整体系。学,有文图释术;习,有言传身教;用,有疗伤治病的祖传秘方,实属中华武术之精髓。”

见祝培功对子路八卦拳如数家珍,张伯行便知此为高人,遂深施一礼道:“前辈在上,吾辈苦练多年,惜无名师指点,一直徘徊不进。还请前辈多多指教一二,以期茅塞顿开。”

祝培功说道:“习武之人,先修武德,心无旁骛。之后再触类旁通,吸收他人所长,为己所用。”

大黑有些急不可待地说道:“我已初露峥嵘。先生可否露一手,让我等看看如何?”

张伯行忙斥责道:“大黑,休得无礼!”

祝培功笑而不语,双眸紧盯大黑的衣衫。瞬间之后,走到大黑身边,轻轻给大黑拂去身上的尘土。

祝培功转身对张伯行等三人说道:“可知习武皆要坚持不懈,刻苦耐劳。如若难以持之以恒,便莫要习之。”

张伯行眼神之中,浮现出一抹坚定之色,说道:“在下必当有始有终,百折不挠。”

祝培功颔首示意,转身而去。

只听见大黑在身后惊叫道:“我的衣裳,我的衣裳咋烂了啊?”

(二)习武是为强身健体,切不可意气用事,更不能随意伤人

自此,张伯行等三人便闻鸡起舞,习武练功。

初时,三人只是照葫芦画瓢,只学其行,难以体会其中精髓。然而,日久

天长，张伯行根骨奇佳，领悟力颇强，不断以千里之速，与日俱增。

祝培功观瞧张伯行等三人竟有如此天赋，便决定倾囊相授，除子路八卦拳之外，另授若干拳法，以期达到融会贯通、有我无我之境界。

祝培功提手闭气，骑马蹲裆，示范一套拳法，对着张伯行说道："此乃大洪拳。"

张伯行闻听此言，不禁眼前一亮，说道："听闻大洪拳乃上古伏羲遗之，尧王则之，老子继之，为少林武功之基础拳。凡练少林拳术、器械、短打、技击者，皆自大洪拳起手，故素有'洪拳为诸艺之源'之称。"

祝培功颔首称赞，说道："此言不假。大洪拳以活马步桩为根基，架子大开大合，刚劲有力。多崩打、架打、扒打、滚打，多发身力整劲。初练刚劲、明劲，再练柔劲、暗劲，后练混元劲。此功刚中有柔，刚柔相济，连绵不休，因其极具搏杀实效。"

张伯行三人便随其习之。

数日，张伯行将大洪拳融会贯通，大仪更是得心应手。只有大黑觉得，大洪拳翻来覆去就这么几个招数，远不如子路八卦拳带劲。

于是乎，祝培功看着张伯行复演练一番拳法，说道："此乃小洪拳，素有'十八拳之母'之说。其形姿小巧玲珑，节奏严紧，技法刚健有力，朴实无华。招含攻防，动作实战，自始至终行在一线。"

大黑嬉笑着对大仪说道："这小洪拳花拳绣腿，温文尔雅，更适合你练。"

大仪瞪眼踢腿，旋蹦脚飞起，却被大黑闪身躲过。

张伯行却将其铭记于心。逾数日，复将小洪拳融会贯通。

自此，张伯行闲暇之余，便习武练功，日渐精进。

习武之人，皆是"内练一口气，外练筋骨皮"。

在子路八卦拳的基础上，张伯行不断反复练习大洪拳、小洪拳、站桩、闭气。

祝培功观瞧张伯行已然厉害如斯，便与张伯行促膝长谈，说道："贤侄天赋异禀，真乃神人也！"

张伯行面带微笑，略微一摇首，说道："前辈言传身教，且倾囊相授，晚辈自当倾尽全力习之。"

祝培功闻听此言，不禁开怀大笑，良久，说道："贤侄可知十八般武器，皆为何?”

张伯行略作沉思,说道:“乃为刀、枪、剑、戟、斧、钺、钩、叉、鞭、锏、锤、戈、镋、棍、槊、棒、矛、钯十八种兵器。”

祝培功颔首,面庞之上,带着笑意,说道:“贤侄可对兵刃感兴趣?”

张伯行闻听此言,不禁略微一愣,而后,便抱拳施礼,说道:“自是喜爱不已。我一直苦练子路八卦拳的拳术,余则极少涉猎。”

祝培功顿觉豪气万丈,说道:“甚好,那洒家便教贤侄习兵刃如何?”

张伯行眼神之中,浮现出欣喜之色,复抱拳施礼,说道:“拜谢前辈。”

祝培功略微一挥手,便带领张伯行、大黑、大仪前去学习兵刃。一番讲解,张伯行已知晓兵刃使用之法。

祝培功扭回身来,脸色严肃,看着张伯行说道:“兵器,需慎用,否则,使用不当则会伤人伤己。”

张伯行颔首称是,便铭记于心。

大黑看着这么多兵器,不禁眼花缭乱,嘴里面嘟嘟囔囔道:“这些兵器都是花架子,中看不中用。哪像子路八卦拳的‘春秋刀’,舞起来针插不进,水泼不进,刀刀见血,步步致命!”

日久天长,在张伯行不断练习之下,绳鞭、九节鞭、三节棍等器械随手拈来,左右影随,不见人身。

祝培功将毕生所学倾囊相授,便再难以相传。

遂将张伯行等三人请入庄园之中,分宾主落座。

张伯行对着祝培功抱拳说道:“多日来,感谢前辈相授。”

祝培功略微一摆手,说道:“贤侄言重!江湖儿女,自是快意恩仇,豪情万丈。”

张伯行闻听此言,不禁心下一惊。他不曾想到祝培功竟粗中有细,思量出自己心中所想,不由得看向祝培功的双眸。那双眸之中坚定之色,不禁让张伯行心生触动!

祝培功方颔首,放声大笑。张伯行瞧见祝培功这般模样,不由得亦染上笑意。只是大黑感觉到二人笑得莫名其妙,却又不敢相问。

祝培功笑罢多时,方看着张伯行,脸庞之上浮现出严肃之色,说道:“身怀武艺,可强身健体,可路见不平,可拔刀相助。然则,绝不可恃强凌弱,仗势欺人。贤侄乃读书之人,此番道理,自然知晓!”

张伯行亦严峻说道:“那是自然!父亲也时常教育于我,‘凡天下疲癃残疾茕独鳏寡,皆吾兄弟之颠连而无告者也’,绝不能‘强凌弱,众暴寡’,定当‘克明俊德,以亲九族;九族既睦,平章百姓;百姓昭明,协和万邦’。”

还未待张伯行言毕,祝培功便笑着,说道:“贤侄为人,洒家自是相信。”

祝培功略微一顿,继续说道:“此去一别,望贤侄莫要心存懈怠之心。”

张伯行闻听此言,胸腔之中略有不舍之意,良久,方说道:“天下无不散之筵席,在下必当刻苦习武。他日相见,再相讨教!”

几人不禁相视一笑,皆在不言之中。

张伯行、大黑、大仪与祝培功道别,便回宫保府家中。逾数日,有一小厮送来书信。

书信之上并无任何字体,张伯行不禁心下怀疑,于是便拆开信封观瞧。只见书信之上,唯有寥寥数字:走也,勿念!

张伯行手持书信,眺望远方,不禁心生伤感。他知晓祝培功此举,乃是躲避离别伤感之情,不由得喟然长叹,默然不语。

次日清晨,张伯行早早起身,习武练功。

然而,张伯行方于院落之内站定,耳畔之中便传来窃窃私语之声。只见二人从院落之外翻墙而入。

那二人身着一袭黑色夜行衣,与黑夜融为一体。若不是张伯行习武出身,目力极佳,必难以看到二人。

张伯行眼神凌厉地盯着二人。那二人稳住身行,向前紧走几步,方瞧见张伯行立于院落之内。

那二人对视一眼,声音低沉着说道:“我等二人不欲伤人性命。或是快些让开,或是交出所有财物,我们便离去。”

张伯行看着二人,略微一摇首,说道:“快些离去,在下便不计较。”

那二人闻听此言,嗤笑一声,说道:“自不量力。”

说罢,那二人便冲过来。

还未等二人前来交手,张伯行一顿,说道:“慢着。”

那二人便停下脚步,说道:“莫不是改变主意?此刻,改变主意,我们便既往不咎。”

张伯行对着二人微微一笑，说道："尔等来看。"

那二人现出疑惑之色，紧紧盯着张伯行。

张伯行环顾着四周，看到角落有小瓦若干，就紧走几步，上前将小瓦摞在一处。

张伯行稍一运气，一掌便劈开十个小瓦。那两名窃贼，瞧见此景，倒退几步，逃窜而去。

张伯行瞧着二人离去，不禁双手伸开，五指并拢，手心下按，暗暗告诫自己：习武是强身健体，切不可意气用事，更不能随意伤人！

（三）张伯行以期用岐黄之术，杏林之手，悬壶济世，接济苍生

日光烁烁，洒下斑驳的光芒，不断映照于嫩叶之上、河水之中，为豫东平原添上一抹亮丽的色彩。

张伯行仰望长空，顿觉心中豁然，不禁徐步而出。

街道之上，熙攘不绝，热闹非凡。张伯行漫步于此，只觉岁月静好。

这时，张伯行瞧见有一人跪倒于药铺之外，泣不成声，神情之间悲伤难抑。

张伯行心生疑惑，紧走几步，看向那人。

那人乃为处于豆蔻年华的女童，浑身上下衣不蔽体。然而，双眸却有着灵韵，万分灵动，此刻，正垂首哭泣。

张伯行蹲下身来，眼神温和地看着那女童，声音轻柔，说道："孩子，你为何如此悲戚？发生何事？"

那女童闻听此言，不禁抬头看着张伯行，眼中却含着热泪。瞧见眼前慈眉善目之人，不由得眼前一亮，宛如遇到救命稻草，欲要伸出双手，抓住张伯行衣角。然则，却瞧见双手肮脏不已，眼神略微有些黯淡。

女童匍匐于张伯行面前，声音哽咽，哀求着说道："老爷，发发善心，救救我娘亲。我定当做牛做马，报答恩人。"

张伯行伸出双手，扶起那女童，说道："不必如此，慢慢道来。"

那女童抹着眼角泪水，将前后缘由讲述一番。

张伯行方知，原来是母亲病危，女童却身无分文，无法为母亲医治，不由得在此痛哭流涕。

张伯行瞅见身后药铺,便带女童徐步而入。

那药铺之人瞧见女童进入此处,眼神之中有着恼怒之色,方欲恶语一番,将其赶出。然而,却瞧见身旁的张伯行,顿时不敢造次,面庞之上露出谄媚之色,拱手施礼,对着张伯行说道:“大人,前来所为何事?”

张伯行看着那人,说道:“此女童母亲染疾,可否一救?”

那人闻听此言,不禁叫苦不迭,说道:“大人,吾乃小本经营,药材昂贵。此女身无分文,我等欲为其抓药,可心有余而力不足啊!”

张伯行看着眼中泛着泪花之女童,不禁叹息一声,自怀中拿出些许银两,说道:“为其母抓几服药吧!”

那人立即点头称是,询问一番女童母亲病情,便一丝不苟地前去抓药。

未几,那人便抓来几服药,小心翼翼地包好,来到张伯行近前,说道:“大人,药已抓好,请过目。”

张伯行颔首,说道:“不必,人无信不立。汝办事,自然信任。”

而后,便将几服药交付于女童之手。

那人看向女童,悠悠说道:“汝幸哉。今日,恰巧遇见大人,为汝解燃眉之急……”

还未等那人言毕,张伯行便略微一摆手,便制止那人言语。

女童闻听此番言语,心生感动,倒头便拜,说道:“叩谢老爷救命之恩。”

张伯行立即扶起那女童,说道:“药已抓好,快去救你母亲。”

那女童望一眼远方,回首看着张伯行。

张伯行看着女童这般模样,温和地说道:“何事?”

那女童说:“老爷,可到家一去?”

言毕,便小心翼翼地伸出双手,紧紧抓着张伯行衣角。药铺中那人方欲斥责,张伯行回首一眼,那人便如鲠在喉,不再言语。

张伯行看着女童眼神之中含着期盼之色,拒绝之语竟难以出口,颔首答应。

女童破涕为笑,便拉着张伯行欢快而出。

女童与张伯行一前一后,趋步而行。路途之中,张伯行环顾四周,只觉荒凉不已,心下不解,其家所处何地。

良久,女童止步。张伯行瞧见眼前之景,心生感慨。

只见眼前有村曰“刘岗”,村庄中唯有寥寥数户人家。而此女童所居之地,却乃一茅草屋,不断于风中摇曳。且屋顶之上,时不时有干草滑落。

茅草屋之中,不断有干咳之声,自屋内有嘶哑之音传入张伯行耳畔之中:“小玉?”

那女童看着张伯行,脸庞之上浮现出愧疚之色,叫声:“老爷。”

张伯行闻听此言,面带微笑,说道:“无碍。”便同女童徐步而入。

女童母亲双眸无神,不断在四周摸索。女童紧走几步,来到母亲面前。母亲摸到女童脸庞,方放下心来,说道:“小玉,家中可是来客了?”

张伯行看着眼前状况,方知此女童母亲乃是眼盲之人,只觉痛心不已。

那女童闻听此言,颔首说道:“母亲,正是如此,此老爷乃心善之人,还为您抓了几服药。”

其母不禁潸然泪下,用满是皱纹之双手抹掉泪水,方欲起身施礼。

张伯行立即向前紧走几步,扶住其母,说道:“不必如此。”

其母方作罢,哽咽着说道:“多谢老爷救命之恩!”

张伯行略微一摇首,说道:“夫人言重。”

良久,张伯行复留下些许银两,方缓缓离去。

那女童亦趋步而出,前来相送。

这时,哭泣之声自远处传来。张伯行心下疑惑,看向身旁那女童,说道:“发生何事?何以会有如此悲切之哭声?”

那女童望向声音发出之地,灵动双眸亦染上悲伤之色,说道:“那户有人因身染疾而不治身亡。”

张伯行心生悲痛,摇首叹息,不忍观看。

默然片刻,方与那女童告辞,离开此地。

张伯行归于家中,呆立于书案前,自众多书卷之中,寻觅出子路八卦拳中的《增广灵验方》《医术》进行熟读。子路八卦白拳归纳起来由拳谱、拳谱招式图、器械拳谱图、练功秘籍、医术、医书、药方等组成,尚有诸多印册、手抄本传世。

一番阅读,张伯行不禁心生敬佩。《增广灵验方》《医术》等书“从微至巨”“从贱至贵”,无不精细不已,更甚“标名为纲,列事为目”,真乃医书之珍品。

张伯行思忖，他自幼和大黑、大仪苦练子路八卦拳，想的是强身健体，保家护院。不期，医术亦如此重要。先贤子路以毕生精力，亲历实践，广收博采，实地考察，对医术进行全面总结。张伯行决定亦亲身实践，注重收集民间偏方，整理出来，以期用岐黄之术、杏林之手，悬壶济世、接济苍生。力图办义学教书育人，学医术治病救人。

张伯行读罢多时，闭上双眸，久久回味无穷。

良久，方睁开双眸。而今，医书之中所述之语，皆融会贯通，唯余寻来草药，以证心中所知。

张伯行沉思片刻，陡然忆起田间地头，生长着些许草药，不禁眼前一亮。遂欣然起身，自书案前疾步而出。

王夫人看张伯行神色匆匆，柔声说道："老爷，为何如此匆忙，可是发生何事?"

张伯行闻听此言，方瞧见王夫人来到，叹息一声，将那日所见所闻复述与王夫人。

王夫人闻听前因后果，亦是悲痛不已，说道："老爷，可是要去采药?"

张伯行将心中悲伤之意甩出脑海，说道："夫人所言不假，此番前去采摘草药。"

王夫人眼中含着柔情，抬起衣袖掩嘴偷笑，风韵亦是不减当年。

张伯行有些疑惑地看着王夫人，说道："夫人，此番前去，可有不妥之处?"

王夫人止住笑声，说道："老爷，如此空手前去，所采摘而来之草药，置于何处?"

张伯行不禁轻拍额头，说道："要不是夫人提醒，我倒是忘记了。"

王夫人扭回身来，看着贴身丫鬟说道："桃花，将后院背筐拿过来。"

桃花姑娘立即领命前去，不多时便将背筐交付于张伯行。

自此，张伯行便日日亲自到田间地头，采摘中草药。偶尔，孩子们亦会跟随其前去。

张伯行采摘而归，不断研习，逐渐小有所成。

张伯行知晓日日前去采摘中草药，亦非为良策。毕竟中草药有限，并非乃"取之不尽，用之不竭"之物。思虑良久，心中亦无对策，眉宇之间现出忧愁。

一日，张伯行似往时一样来到义学教书育人。

陡然之间，张伯行瞧见义学之中空地，杂草密布，顿觉眼前一亮，便决定在那空闲之地种植中草药。

思索许久，张伯行在脑海之中进行一番筛选。

白芍乃有养血调经、敛阴止汗、柔肝止痛、平抑肝阳之效。《神农本草经》中云："主邪气腹痛，除血痹，破坚积，治寒热疝瘕，止痛，利小便，益气。"

田七则有散瘀止血、消肿定痛之效。《医术》有云："金不换，近时始出，南人军中用为金疮要药，云有奇功。"

柴胡则有解热、镇痛、利胆之效。师傅曾曰："治阳气下陷，平肝胆三焦包络相火，及头痛眩晕，目昏赤痛障翳，耳聋鸣，诸疟，及肥气寒热，妇人热入血室，经水不调，小儿痘疹余热，五疳羸热。"

张伯行便在义学种植白芍、田七、柴胡。自此以后，不断给百姓针灸、煮药，药费随意。

时有百姓身无分文，待张伯行将其治愈，便送来日常应用之物，聊表感激之情。

时间不断流逝着，转眼间，五月端午来临。

张伯行忽忆起：艾，属菊科，多年生草本植物。叶似菊，表面深绿色，背面白色，有茸毛。性温芳香，二月播种，五月采集。

此时的张伯行，带领家中众人，前去采摘艾叶，包成艾叶粽子，来周济乡亲。

一时之间，乡亲们无不赞叹不已。

（四）圣人之处国者，必于不倾之地，而择地形之肥饶者

一日天明，张伯行欣然起身，前往城南义学。义学之中书声依旧，张伯行精神抖擞，将所有心神投入其中。

一番言传身教完毕，学子们便拱手告辞。然则，有一学子却并未随众人离去，端坐于书案前，丝毫不见离开之意。

张伯行不禁心生疑惑，徐步而前，来到那学子近前。

那学子身着湛蓝色长衫，头顶之上束起两个发髻，面如冠玉，目若朗星。

瞧见张伯行徐步而来,那学子立即起身,拱手施礼,说道:“先生。”

张伯行面带笑容,疑惑地问道:“为何还未离去? 可是有事?”

那学子恭敬地说道:“先生,理学繁杂,内容丰富,何以将理学于心中谨记?”

张伯行沉思一番,说道:“甚好,竟能有如此想法。理学需多学、多看,方能铭记。”

那学子眼眸低垂,神色低落地说道:“家严喜爱理学,然而,苦于难以铭记心中。学子愿为家严分忧,只是能力有限,难以思考出良策。因而在此忧愁不已,未曾离去。”

张伯行手捻须髯,带着笑意说道:“为人子,止于孝,汝孝心之甚已。‘知之者不如好之者,好之者不如乐之者。’此事不必忧心,明日汝自会知晓。快且回归,莫让父母忧心。”

那学子拱手告辞,欣然离去。

张伯行看着那学子离去,陷入沉思,未曾思虑出解决之法。

路途之中,张伯行不断低首沉思着,这时,陡然瞧见张师栻于乡邻之间正在讲解。

张师栻环顾着四周,说道:“古人有云,‘圣人之处国者,必于不倾之地,而择地形之肥饶者。乡山,左右经水若泽’。”

张伯行闻听此言,深觉张师栻学业有所精进,真乃“风翻白浪花千片,雁点青天字一行”。

张伯行并未叨扰,转身离去。此时,张师栻极目远眺,瞧见父亲身影,喜出望外,与乡邻们告辞。

张伯行心中依旧记挂着,何以将理学通俗易懂,铭记于心。

张师栻紧走几步,来到张伯行身旁,偷眼观瞧。只见张伯行紧皱眉头,似为何事烦扰,便问道:“父亲,为何事忧心? 可否让儿一知。”

张伯行闻听此言,扭回身来,手捻须髯,笑着说道:“吾儿,可知何以可使乡邻们将理学谨记心中?”

张师栻闻听此言,便陷入沉思。

突然,张伯行瞧见远处有数名幼童正唱着歌谣:“鹅、鹅、鹅,曲项向天歌。白毛浮绿水,红掌拨清波。”

不由得眼前一亮，眉宇舒展，眼角含笑，对着张师栻说道："可将理学编成歌谣，教化乡邻。"

闻听此言，张师栻不禁喜出望外。

回到家中，张伯行专心研究，把程朱理学编成歌谣，挥笔写下：

君臣父子论纲常，天理唯存人欲亡。
万善缘由太极理，格物致知永传扬。
清浊分，善恶别，气质之性辨划明。
要把主敬留此处，终身只愿致知行。

尔后，张伯行便将此歌谣广泛传播，教化乡邻。并将歌谣告知那学子，解其疑虑。

一日张伯行欲前往义学讲学，突然瞧见前方有一学子正与幼童争吵，紧走几步，来到那二人跟前，问道："发生何事？何故在此争吵？"

那学子瞧见张伯行，愧疚着拱手施礼，说道："先生。"

张伯行看着那学子，颔首示意。

那学子轻舒一口气，说道："此幼童言，传播理学乃无用之功。世人皆知理学乃为正统思想，如此这般便好。"

张伯行闻听此言，面庞之上并无恼怒之色，面带笑意看着那幼童。那幼童由于争论，不禁面红耳赤，看着张伯行前来，瑟缩一下。然而，看到张伯行面目慈祥，心中顿时安定少许。

张伯行轻柔地说道："汝为何如此言？"

那幼童略微一挺胸脯，说道："家父便是如此告知。"

张伯行看那幼童如此理直气壮，顿觉有些好笑，眼含笑意地说道："宋王安石《题张司业诗》有云：'苏州司业诗名老，乐府皆言妙入神。看似寻常最奇崛，成如容易却艰辛。'可知何意？"

那幼童闻听此言，沉思一番，说道："此诗是说，张籍的乐府诗看上去平淡无奇，无华丽辞藻，无艰字僻典，无斧凿痕。但这是平淡，而不是平庸。这是淡而有味，是诗人着力追求的一种艺术境界。然而这种境界并不容易达到。"

张伯行闻听此言，眼神之中现出惊愕之色。他未曾想到幼童尚小，却将此言理解得如此透彻。

那幼童复略微一挺胸脯,张伯行说道:“甚好,甚好。‘积力之所举,则无不胜也;众智之所为,则无不成也。’”

那幼童愈发疑惑,看着张伯行,说道:“此言何意?”

张伯行略微一顿,说道:“理学便是如此,传播理学,‘得其大者可以兼其小’,方能久远。”

那幼童闻听此言,恍然大悟,恭敬施礼道:“先生所言极是,受教不已。”

张伯行看着幼童身影,手捻须髯,但笑不语。

(五)老牛和石磙在打麦场上交谈,是一生中最辉煌的时刻

时光荏苒,岁月如梭,转眼之间,五月已至。田野之中,麦子已黄,放眼望去,一片金色。

后人有诗曰:

沿着麦子行走,走到麦子顶端。金子般辉煌的麦穗,与辘轱牛车一起走来的麦穗,喂饱整个平原的麦穗,此刻,在我胸前,闪着智慧之光哲理之光。麦穗朴实而沉重,硕大而丰满,生动地摇曳。从土地到麦穗,父亲,只有你知道,路有多长。父亲,思念麦子却走向玉米的父亲,在阳光背后沙沙作响的父亲,驾驭牛车让平原一点点感动的父亲,身上刮出白碱小盐的父亲,隔着五黄六月才能望到的父亲,与土地同一种颜色的父亲,肩膀和犁铧一个高度的父亲,此刻,你立在地头,像一株麦子。烈日投在破草帽上,成拱桥的姿势。把镰刀和架子车放在平原边缘,沿麦浪一波一波地,走进土地,深入土地。越来越大的村庄越来越小的麦地,呈现一种陌生状态。父亲,走出麦地你才说出,麦子对于村庄的深刻含义。

此时,张伯行自义学而出,仰望长空,沉思一番,并未回家,而是前往麦地。

来到麦地,极目远眺,一片麦海,映入眼帘,心生满足之感。

张伯行紧走几步,手捋麦穗,捻出麦子,放入嘴中,品尝一番,喃喃自语

道:“农忙时节将至……”

而后,张伯行负手顺着麦垄而行,时不时观望。

天色渐暗。此时,夫人王凤仪和孩子们早已等待多时。偶尔抬起眼眸,于略有暗淡的夜色中寻觅张伯行的身影。

良久,张伯行身影便于黑夜之中显现而出。看着众人面庞之上担忧之色,微微一笑。

王夫人迎上前来,说道:“老爷,因何事耽搁?”

张伯行环顾四周,看着众人眼神迫切之色,说道:“麦子已成熟,丰收时节已至。”

众人对视一眼,喜出望外。

张伯行说道:“告知乡邻,麦子已熟,该下地收麦了,今年丰收在望!”

众人颔首称是,奔走相告。

次日,张伯行便与家人一起下地收麦。张伯行同众人手持镰刀,不断穿梭于麦地之中。

男子以“走镰子”姿势割麦,乃弯着腰,左手搂麦,右手握镰,向右后方割拉,迅速,然则割出的麦茬较高。而女子则以“围镰子”的姿势割麦,乃半下蹲,缓慢,然则割出的麦茬较低,疲惫之时,可就势而坐,歇息一番。

张师栻闲暇之余,亦手持镰刀,不断前行。

数人不断穿梭于麦地之间,收割着。

张伯行扭回身来,看着张师栻说道:“吾儿,有何感想?”

张师栻手中动作不停歇,说道:“一分耕耘,一分收获。往日辛勤劳作,而今硕果累累,得以丰收,方知百姓们此中辛苦,亦体会到丰收之时心中那喜悦之情。”

张伯行连声说道:“甚好,甚好,‘民生在勤,勤则不匮’。一粒麦,千滴汗,粒粒粮食汗珠换。因而,要铭记此时感受。”

正所谓:“芒种忙,乱打场。”麦子收割完毕,便由男子运到麦场,扬场打麦。这时,毛驴便拉着石磙糙场,一阵叽里咕噜的响声在田野间响起。这种体力活儿妇女们虽然干不了,但她们依旧难掩心中喜悦之情。清脆的响鞭,招来一阵欢动的笑语。

张伯行看着石磙不断碾压麦子，愉悦至极。

后人有诗云：

老牛和石磙在打麦场上交谈，是你一生中最辉煌的时刻。黄河黄水黄色的土地，都被金黄的麦子渐渐溶化。你用无人知晓的语言，在和麦子倾心诉说。宽厚的手茧拥抱柔情的麦子，让人湿润。穿过阳光耕耘千年的开阔地，径直走到麦子身边。只是至今你还没悟出，你弯腰刈麦的姿势，与黄河上的帆影是多么默契。

旭日东升，阳光普照，河面之上，不断映照着星点光斑。

麦地之中，依旧有身影穿梭于其中。麦场中，石磙子“吱扭吱扭”之声不断响着。麦穗沉甸甸的，在石磙碾压之下，纷纷炸裂。而后，麦子便被装入布袋之中。

此时，张正保不断用木锨扬场。看着身旁的张伯行，他问道：“老爷，书里面可有怎么种地？怎么打场？”

张伯行闻听此言，笑而不语。

逾数日，张伯行看着新麦一布袋一布袋地不断拉入家中，甚为愉悦。

粮食丰收，硕果累累，张伯行来到义学之中。义学内，学子们早已等待多时。

张伯行手持书卷，一清喉咙，将目光落于书卷之上，朗声诵读而出。

读罢多时，学子们亦跟着诵读。待琅琅书声停止，张伯行环顾着四周，说道：“历览前贤家与国，成由勤俭败由奢。公正与清廉，乃为治国理政之要点；俭朴与勤劳，乃为持家兴家之本分。而今粮食丰收，还望诸位节俭朴素，莫要浪费。”

学子们闻听此言，方抬首，说道：“谨遵先生教诲。”

张伯行讲学毕，便自义学回家。

院落之中，孩子们正在嬉戏着，不亦乐乎。张伯行瞧见如此场景，不禁面带笑意，眼角纹路显现而出，心中有着满足之感。

孩子们听到脚步之声，循着声音望去。瞧见张伯行归来，皆欢呼一声，兴高采烈地扑过来。

张伯行看着怀中儿女，喜悦之情跃然于脸庞之上。自怀中掏出数枚糖果，置于女儿与儿子之手，数量皆相同，一碗水端平，毫无偏向之意。

儿女们瞧见手中糖果，都眉开眼笑地说道："多谢父亲。"便雀跃着前去嬉戏。

张伯行看着他们的身影，心中自是欣慰不已。

这时，张正保来到张伯行身旁，顺着张伯行目光望去，也暗自高兴，伫立原地，默然不语。

张伯行知晓张正保来到，收回目光，说道："何事？"

张正保拱手施礼，说道："老爷，今年是个丰收之年，地里小麦比去年多收三成。"

张伯行得知今年收成颇丰，开怀大笑。

张正保瞧见老爷如此欣悦，亦随之而笑。

逾数日，张伯行来到义学，便瞧见学田之中，先生与学子们正在担水浇玉蜀黍。

张伯行瞧见，便同众人一起劳作。

放眼望去，葱郁一片。这时，微风拂过，一片绿色跃然于眼底。张伯行面庞之上露出笑容。

义学送走一批学子，复来新人。日复一日，年复一年，学子面孔不断变换，张伯行却坚持不懈，不断地将理学广泛传播，将其发扬光大，始终如一，折枝成林却生生不息。

后人有诗曰：

麦季过了，秋收也过了。捂好你的粗布棉袄狗皮帽子，返回家园吧父亲！来年，你的大手上，粗壮的大手，长满茧子的大手，又会密布，长势喜人的麦穗。

十
请见书院

（一）学子们习圣人之文，读圣贤之书，这该是多么美好的景象啊

康熙三十七年（1698 年），惊蛰时节，正是百虫醒来待机而动的时候。经过多日的思考，张伯行心中的"百虫"也想捅破蛰伏已久的蜗居，一个愿望终于要冲将出来，这便是办书院。

提到办书院这个想法，可谓由来已久。

早在跟着秦明弼老先生念私塾时，张伯行多次憧憬：学子们布衣芒鞋，呼朋引伴；携笔墨纸砚，闻书香墨韵；穿文庙，过儒学；从兴贤门鱼贯而出，到饮泉书院，习圣人之文，读圣贤之书，这该是多么美好的景象啊！如果有一天把这个饮泉书院修缮一新，或者专门新建一所书院，那该多好啊！

近年，这种愿望愈来愈强烈。张伯行在想，眼看着自己已经快到知天命的年岁，再不抓些紧，将拖到何年何月？好在自己现在已有义学的班底，生员不是问题。唯一问题是书院如何建造，建造之后又如何运作，如何教学？他想着想着，眉头紧锁，不由地在屋里踱起步来。这时，他推开窗户，一股新鲜的空气扑面而来，顿时感到心旷神怡。突然，他想起一个人，想起半月前寄出的那封信，也不知道他收到没有。如果他能来该多好！如果他和自己一道共商建制书院之事，那又该多好！

张伯行想起的这个人，便是冉觐祖。

冉觐祖，字永光，是康熙三十年进士，留任翰林院庶吉士，三年后升检讨。在翰林院任职期间，曾与同僚被康熙皇帝召见、赐宴，即席赋诗，得到皇帝"气度老诚"的奖语。

康熙三十七年初，冉永光辞官还乡，即赴嵩阳书院讲学，不久东归故里。

他接到张伯行的书信后，很有触动，暗道："如再回信，尚需时日，不如先把家中事料理一下，直接赶奔仪封面见张伯行。"

史载：是时，太史冉永光告假回家，应登封令之聘，主教嵩阳书院。及公撰文具礼敦请，太史与公深契，又有旧约，遂来仪。既而登封令力请回嵩，不得已乃两就。太史好以太极、西铭指示后学。一时仪之士，皆知向道，不专以帖括为事，彬彬乎称盛焉。

这一天上午，张伯行让大仪帮他整理一下有关书院的一些资料。他自己便在宣纸上圈圈点点，写着有关书院的关键词。稍后，他打开古籍，一遍一遍地翻阅，试图追溯书院之要义。

是的，要建书院，真得理出其中头绪。

且说这书院，是中国古代有别于官学的教育系统，是唐宋至明清出现的一种独立的教育机构，是私人或官府所设的聚徒讲授、研究学问的场所。

中国著名的四大书院河南有其二：河南商丘的应天书院、河南登封的嵩阳书院，另外两个是湖南长沙的岳麓书院、江西庐山的白鹿洞书院。

清朝定鼎中原之后，为了加强其统治，实行尊重儒道的政策，逐步恢复各地的官学体系。但是书院却没有提倡恢复，原因是刚刚问鼎中原的清廷担心书院的活动会使反清复明思想滋生蔓延。顺治九年（1652年）下令禁建书院。禁令虽下，但禁而不严，一些未被毁坏的明代书院仍然在继续讲学。直到康熙年间，对书院的禁令仍未解除，但表现相当宽松，一些官员和士人的讲学也未受到干预。康熙帝还亲自给许多著名书院题写匾额。

清代书院的发展，大致可以分为四个阶段。自顺治至康熙年间为第一阶段，是书院的恢复发展时期；雍正、乾隆年间，为第二阶段，是书院全面发展时期；嘉庆、道光、咸丰年间，是第三阶段，是相对低落时期；同治、光绪年间，是第四阶段，是书院高速发展变化，并最终改制时期。

清代书院的管理体制与前代不同，它是直接接受各级官府的领导，省会书院由总督、巡抚管理。书院的主持人称为山长，多由地方官担任。由山长聘任教师，教师以兼职为多。书院课程设置与地方官学、国子监的课程相近，以“四书五经”为主。在课程分类方面,又可分为小学和大学两类。清代的书院虽有很明显的官学化趋势,但书院毕竟不是完全化的官学。

清代书院的另一个显著特点就是与科举的关系。科举制度一直以来都是知识阶层进入仕途的唯一阶梯,而清代书院作为培养人才的机构,肯定不能独立于科举之外。因此,大多数书院的教学目标、教学内容和课程设置,都围绕着科举而进行。但是书院也不是为科举而科举,而是在坚守自身特色的基础上去适应科举制度,并且通过自身制度建设来纠正培养科举人才过程中的偏差。这种和而不同的特殊关系,成为清代书院的显著特点。

难怪张伯行这些天茶饭不思,眉头紧锁。他只有全面深入了解书院的历史渊源及其特点,然后确立自己的运作方式,才能做到知此知彼、游刃有余啊!

正在这时,家人来报,说中牟大孟的冉永光来访。

张伯行闻听后大喜过望,长衫都没顾上穿,着身短薄小衣,跨槛急奔大门而去。到门口一看,只见冉永光和一书童打扮的年轻小伙正在向门内观望。

张伯行直奔过去,一边施礼一边口中喊道:“不知冉兄驾到,有失远迎,罪过! 罪过!”

这边,大仪也奔过来,忙把两匹马交与家人牵去马棚刷洗饮喂。

张伯行与冉永光手扯着手,从外面入堂就座。

少顷,大仪把茶水点心摆放茶案之上,说声“就座慢饮”,便悄悄退出来。

这边,张伯行与冉永光相视而坐。

张伯行这才仔细观瞧,只见冉永光须发已经花白,但还是那样精气十足。张伯行心中暗道:“真是岁月不饶人啊!”

待稳稳心神,张伯行道:“与兄京城一别,已有数载。今冉兄坐于面前,该不是梦中吧?”

冉永光道:“不是梦中,是我与贤弟就坐一起。前几日,我接贤弟书信,没敢迟疑,只把家中之事略一料理,便赶过来。”

张伯行道:“仁兄辛苦! 只听说兄台辞官还乡,一直想前往拜见。怎奈诸事缠身,至今未能成行,实弟之慵懒也!”

冉永光道:“贤弟莫要自怪。愚兄知弟大兴义学,其可有分身之术焉?”

张伯行道:“我知仁兄满腹珠玑,就不再客套。烦请仁兄指点迷津尔。”

冉永光道:“贤弟依然谦恭。为兄只管关公门前要要大刀,乱说一二。”

张伯行道:“愿闻其详。”

(二)二人纵论天下,决定在饮泉书院新建请见书院

接着,冉永光便说将起来。他说道:“欲建书院,需先知书院之史。其史不清,则脉络不清;不清者,则不知根基何在,故难寻现实之契合。不知者,则无主旨;即无主旨,则无魂魄;无有魂魄,则其行不远矣!”

张伯行接话道:“仁兄高屋建瓴,总览全景,所言极是。我正观此事,日前对周边书院盘查一二,得其点滴,现说与兄台。”

稍作停顿,张伯行继续道:“中原之地,书院众多。集大成而有名者,如滑县之欧阳书院,如登封之嵩阳书院,如归德之应天书院,还有咱们仪封之饮泉书院。其风格迥异,质地不同。”

张伯行呷口茶,接着说道:“欧阳书院为欧阳修任滑州通判时之住所,建有画舫斋及秋声楼。画舫斋乃欧阳修之‘燕私之居’,为欧阳修所造;秋声楼位于画舫斋之后,因《秋声赋》在这里所作而得名。

“嵩阳书院初建于北魏太和八年,宋景祐二年名为嵩阳书院,此后一直是历代名人讲授经典之教育场所。据载,先后讲学者有范仲淹、司马光、程颢、程颐、杨时、朱熹、李纲等二十四人。司马光之巨著《资治通鉴》第九卷至二十一卷,均在嵩阳书院和崇福宫撰写。号称‘二程’的程颐、程颢在嵩阳书院讲学十余载。嵩阳书院乃宋代理学发源之地,历经元、明、清各代重修增建。鼎盛时期,学田一千七百五十多亩,生徒达数百人,藏书达两千多册,如《朱子全书》《性理精义》《日讲四书》等。

“应天书院前身乃为后晋时杨悫所办之私学。至北宋开科取士,应天书院人才辈出,百余名学子及第者有六十余人。真宗将应天书院改为南京国子监,使之成为北宋的最高学府。范仲淹等在此任教,其人才辈出,显盛一时,后人立有《范文正公讲院碑记》,以兹纪念。钦宗时该书院毁于战乱。直至明朝嘉靖时,御史蔡瑷又在城西北隅以社学改建,沿用旧名。不久,宰相张居正于万历七年下令拆毁天下所有书院,该书院遂没。

“最后再说饮泉书院。仪封县志《名官》中这样记述:周,封人,仪掌封疆之官也。因孔子过此,而请见焉。进见之时则曰:‘君子之至于斯也,吾未曾

不得见也，其不绝于贤，有素矣。'既见之后，则曰：'天将以夫子为木铎，是能知圣道之不终废，世道之不终乱，天意之不终忘，斯世可谓智足以知圣人，且知天矣，其贤而隐于下位者欤！'后人在孔夫子饮泉处，兴建书院，曰饮泉书院。"

冉永光道："贤弟关注书院日久，其之如数家珍，情之笃可见一斑也。"接着又道："我观书院，皆有魂魄；我欲建之，亦需载有我魂，是为善之善也。"

张伯行道："愿再闻其详。"

冉永光道："魂隐于身，身显其魂，其天人合一，物我相宜也。如书院之地，如人之身也，其名其文，扬其魂魄也。"

张伯行见冉永光稍有停顿，便催促道："再说，再说说。"

冉永光继续道："如闻嵩山之名，已感山川之秀和幽静之境，必是修行捧读之所。其书院之名亦暗含诀窍，若恰当，必抓人心。细微至楹联字词，无不显其魂也。嵩阳书院有一联道：'近四旁，惟中央，统泰华衡恒，四塞关河拱神岳；历九朝，为都会，包伊瀍洛涧，三台风雨作高山。'其势飞动，其韵深厚。"

张伯行击案道："真大才也！就说今之书院，我欲托饮泉书院之王气，旧址新建，仁兄以为如何？"

冉永光道："封人请见之地，四海皆知。其根基已积千年，外人欲亲而难接近，我辈岂有抛弃之理？"

张伯行道："仁兄首肯，我之慰也。只名号尚不知若何？"

冉永光道："饮泉书院之传承，相继为善，其名切莫妄断王气。"

张伯行道："我欲称之'请见'若何？"

冉永光道："深有其意，可暂定之。"

张伯行又道："启发民智，教化民众，奖掖后学，是为院训也！"

及至夜影徐徐上来，二人全然不知。晚宴也没有找人陪伴，二人边吃边说，直至红日临窗，百鸟齐鸣。

最后，冉永光道："当今书院如雨后春笋，乃千年难有一遇，帝之润泽，此天时也；此处中原，中原乃中华人文之基，此地利也；我辈有皓首穷经之志，此人和也。我等拼力一搏，必成大事矣！"

通过商谈，二人达成如下共识：在饮泉书院旧址建立新书院，新书院暂定名"请见书院"。及至人员分工，冉永光答应书院建成运营之时，主管教务教学;张伯行总揽书院政务,间或授课教书。这正是:齐心乃协力,共襄大计成。

冉永光自此就紧随张伯行吃住在仪封。他们先行拜会仪封知县周之镐,以求支持。周知县闻听,当即表示:"此百年大计也!愿左右用力,随时呼叫则可。"

史载:周之镐,江南上元人,监生。康熙三十六年任仪封知县。

于是,张伯行出资纹银二百两,乃于请见亭之旁买地二十亩为基。前建大门,中立讲堂,后架高阁,东西建两厢房,阁旁有两耳房。绕以垣墙,墙内外植桑桐数百株,阁中聚书数千卷,招同志共肄业焉。历时月余,初见雏形。

其大门之上,由张伯行亲书四个苍劲有力的大字:"请见书院"。左右门旁,由冉永光手书所撰楹联。上联是:地本知名,到此希贤兼表圣;道源有统,於兹立命更传志。下联是:天降斯文,过化尚能闻木铎;谁明大学,前行安敢忘初心。

至二月底,请见书院终于竣工。其格局大气,环境静雅,与夫子请见亭、孔子饮泉处遥相辉映。

再看那请见亭,亭内立有一块碑石,正楷书写的碑文赫然生彩。上书道:仪封人请见,曰:"君子之至于斯也,吾未尝不得见也。"从者见之。出曰:"二三子何患于丧乎?天下之无道也久矣,天将以夫子为木铎。"

这一天傍晚,张伯行与冉永光相携巡查书院。

张伯行道:"总算事毕,你我兄弟终可舒缓一下。"

冉永光道:"贤弟早些时日太过辛劳,理应舒缓舒缓。"

张伯行道:"想要舒缓,亦非易事。君不闻此事毕,彼事始。"

冉永光道:"贤弟莫有愁绪。书院竣工已是天大喜事,我等应先贺之。"

张伯行道:"理应贺之。不知仁兄意指所在?"

冉永光道:"当作诗唱和尔。"

张伯行道:"就请仁兄先行赋诗一首。"

冉永光道:"愚兄献丑莫嫌!"

接着,冉永光咏道:

高人相并玉壶清，造物无端妒月明。
藜杖有神吹夜火，霓裳何处度新声。
萧森雨气凌窗入，缭绕云烟掠树行。
纵饮雄谈真胜事，庾楼得似此时情。

张伯行直呼好诗！

冉永光道：“正该贤弟亮出金句！”

张伯行稍作停顿，然后，即兴赋诗一首：

强仕年逾八，居然一老翁。
白驹愁迅疾，青简费研穷。
寡过思蘧相，勤修羡吴宫。
遗徽犹未远，努力在人功。

冉永光击掌喊好。

二人气韵十足，回声满院。良久，他们翘首远望星空，对于书院的明天，充满憧憬。

之后，张伯行经过深思熟虑，作《请见书院记》。其文曰：

吾邑旧有饮泉书院，盖因孔子饮泉遗迹而构椽于此，以纪其胜。一邑之士，得以时讲习焉。

自明中叶，迄于国初，闻人学士，杰出乎其中者，实繁有徒。

余髫龀时，往游其地，私心窃慕，低回不忍去。亡何，邑令某议欲毁之。余闻而骇，以为闻有建书院者矣，未闻有毁书院者也。阖邑绅士，欲出一言沮之。卒畏其严厉，相顾不敢发，而书院竟毁。令亦寻卒。

余尝有志兴复，以羁于官，弗获从事。甲戌丁外艰，服阕，方欲鸠工庀材。又念旧址为官地，私造非宜，乃于请见亭西，署田二十亩为之基址。旋请命于邑令周公，而改作焉。

今年二月，讲堂及大门落成，余亦渐次整理，颜之曰：请见书院。今而后，诸君子可以朝斯夕斯，如良工之入肆，以成其器矣。余因之有感焉。封人隐于下吏，等轩冕若涂泥，而独于大圣人之戾止，求一望见颜色。即能决其为上天所生，以拨乱反正之人，何其望道之切，见道之真。

吾愿学者登斯堂，入斯室，顾名思义，羹墙往哲，毅然以斯道为己任。不沧于俗学，不溺于异端；处则为幽独不愧之身，出则为国家有用之士。今虽去圣已远，不获一亲炙其高风，而行谊若此，是亦圣人之徒也。余因记兴作之始末，而并述所期望于诸君子者。如此，若夫维持风教，推奖英才，乐今日之有成，防他年之废坠，俾得继饮泉旧业，永垂不朽。当事贤大夫之责也，余何有焉？

（三）张伯行从自家田地里拨出良田五十亩作为书院学田

且说地处城南陈埠冈的仪封蒙学，这两年在张伯行和傅岂凡的执教下，再加上大仪的百般呵护，生员越来越多，眼见已逾百人，可谓书声琅琅，生机勃勃。

这一天傍晚，傅岂凡正在室内秉烛批阅学生的文章，大仪摸黑从请见书院赶过来，进门就给傅岂凡报喜道："傅先生，请见书院已经竣工。"

傅岂凡应道："这么快就竣工了？好事好事。"

大仪道："老爷让我等早点规整一下，做好搬到请见书院的准备。"

傅岂凡道："猛然闻听搬离，还真有几分不舍得。"

大仪道："是啊。但请见书院毕竟历史深厚，其恢宏远非这里可比。"

傅岂凡道："此言倒是不假，我们行动就是。"

于是，二人开始忙碌起来。先把书本归堆，然后用绳子捆扎或装进袋子，并用笔墨统计物什数目。单等吉日到来，随时搬离。

请见书院这边，虽说书院已经竣工，张伯行与冉永光但却没有一丝松懈的感觉，反而觉得比以前更忙碌。诸如课时的安排，诸如讲义的整理，诸如讲堂、食堂、寝室的安置，诸如书院的长久规划和运营。二人促膝长谈，以至于衣冠不整，面带倦容。

书院建立伊始，生存极为困难。张伯行又自掏腰包，购买木料，请木匠何师傅做桌椅板凳。何师傅是方圆几十里有名的"巧木匠"，为了向前赶工期，他还带来两个徒弟。张正保、大黑、李结实也被调到书院帮忙。特别是大黑、李结实二人，跑前跑后，尽挑重活做，但他们二人拉大锯的过程却让人忍俊不禁。刚开始，二人你拉他也拉，你推他也推，总是配合不到一块，累得满头大汗，也不见多少工。好在木匠何师傅很有耐心，他哈哈大笑后，对大黑说："你一会儿先拉。"

然后，对李结实说："大黑拉时，你顺劲推一下。"

让他们两个试一下后，又指导道："你们两个一定要做到同步。一个拉锯时，另一个顺势向前送；反过来，一个推锯时，另一个别忘拉锯。如此便可成功。"

在他的指导下，大黑与李结实很快就把大锯拉得像模像样。

这些情况，张伯行全都看到眼里，心中暗道："大黑他们真是肯干，师傅指导得也很得当。看来要做好事情，就必须齐心协力，配合默契。"

张伯行看到陈埠冈义学里，许多桌椅已有破损，便让大黑、大仪尽量把有修补价值的拉到请见书院。

这几日，冉永光决定先回中牟大孟一趟。一方面是想回家看看，另一方面是想把自己的藏书带到书院，填充一下藏书阁。张伯行虽然不舍，也只得设宴饯行。

此正是："兄弟之谊不需表，宇内难遇是知音！"

冉永光走后，张伯行开始编印《小学》和《近思录》，准备免费发放给众学子。

且说这《小学》是由朱熹老夫子编纂的，其核心内容是教育儿童如何处事待人，如何孝顺父母，如何尊敬长辈。做人做事的根基就在这本《小学》里面。

扎下这个根之后，再读"四书五经"，孩子就不会傲慢，就知道圣贤学问最重要的是什么。

《小学》全书共六卷，分内外篇。内篇四卷，外篇二卷，注释校勘本已有明代陈选《小学集注》。在此基础上，张伯行参照有关史籍，连续多日废寝忘食，手抄笔誊，终于编辑而成《小学集解》。

接着，张伯行又把理学经典《近思录》整理编撰一遍。

这个《近思录》是从《太极通书》《二程文集》《程氏易传》《正蒙》等十四种著作中选辑而出的，共有六百二十二条，分十四卷。具体内容包含甚广，"凡学者所以求端用力、处己治人之要，与夫辨异端、观圣贤之大略，皆粗见其梗概”。

张伯行自己刻版印刷，大黑、大仪帮助装订教材，一次性把两书各精制二百余本。然后，一些发放给书院学子，一些馈赠附近其他义学。

话说小宋集有学子唤作宋俞丰的，弟兄姊妹较多。加上父亲新亡，家境一时陷入困境，以至于最近上课总不在状态。他总想着那些学费，心中不免有退学的想法。张伯行从学子口中知道这事之后，专门把宋俞丰找来，问他道：“请见书院若何？”

宋俞丰道：“老师贤，同学亲，极善。”

张伯行道：“即善即亲，为何上课恍惚无为？”

宋俞丰垂首不能语。

张伯行和色道：“君子求学，不患于穷，而患不思进取也。”

而后，对身边的大仪道：“学杂免之，食宿免之，书本助之。”

宋俞丰顿时双眼泪出，对着张伯行深鞠一躬。

做好这些之后，张伯行又在思考一事，那就是书院怎么才能生存，它的收入在哪里。

经过深思熟虑，反复斟酌，张伯行决定从宫保府自家田地里拨出良田五十亩，作为书院直属学田，以后书院所有支出均来源于此。另一方面，这些学田，平时也可以由学校教职员工及学子进行管理耕种，勤工俭学。

日落时分，冉永光终于归来。这一次，他竟然带来三个随从，共五匹马。三人所骑之马后鞍桥上，都各搭有一大袋子书；另外两匹没人乘坐的马上，各搭有两个盛书的大布袋子。张伯行亲自接出门外，没等冉永光下马，便一把抓住马缰绳，神情庄重而言语激越地呼道：“张伯行给永光兄牵马坠镫，快请下马，书院歇息！”

冉永光感动得竟然一时语顿，稍后道：“贤弟，不要客气，为兄这就下马。”

在场的人无不感动。

大仪心里暗暗道：“如此至情之人，实不多见也。”

原来，这些书籍都是冉永光家中藏书。为了丰富请见书院藏书阁，冉永光无偿提供家中的全部书籍，这叫大家如何不感动啊！

经过十余天的努力，终于把仪封蒙学的桌椅板凳搬离完毕。接下来就是一边在书院恢复教学秩序，一边确定开学时间。最后，将开学日期定在二月二十日。

（四）康熙三十七年春二月，请见书院建成招生，学子有百余人

二月二十日好不热闹！

仪封知县周之镐亲自前来祝贺，并送来一个匾额，上书四个大字“恩泽仪邑”。许多乡绅也都前来道喜，或多或少都有捐赠。就连考城县的费万贯也派老管家费长保前来祝贺，并捐二十两纹银。这些，都给张伯行增添无穷的力量。大仪负责记账，大黑负责收钱，二人忙得不亦乐乎。大家看书院实在太忙，没多时都拱手告辞。张伯行强留不住，心里很是过意不去。

这一天晚饭后，张伯行约冉永光到请见亭小坐。望着夕阳之下的田园风光，张伯行对冉永光道：“仁兄，最近在书院观摩，不知可有感触？”

冉永光道：“要说感触，真有一二，但不知所言有谬否。”

张伯行道：“只管道来，莫要迟疑。”

冉永光应声道：“我观院中诸位学子，有几多成色。一曰蛮野之人，来自贫寒之家，欲施礼而不知何为礼。二曰轻薄之人，此为商贾小吏之子，知礼而择人，此最无礼也。三曰守成而求进之人，多为家境殷实小康之家，欲修礼而不得见也。我观蛮野之人及轻薄之人所占者少，相加约三分之一。其守成而求进者众，占约三分之二。”

张伯行道：“冉兄所言，令弟振聋发聩矣。我欲将教书与育人分而炼之，而后浑然天成。”

冉永光道：“弟可详谈。”

张伯行继续道：“习礼乃育人首课，不可少也。然，人生于天地之间，需有生存救济之技。诸如五谷不识，见怪不怪矣。我欲以校产而锤炼其之筋骨，以充其腹，最终免其所学之费。”

冉永光击掌称好。

且说第二天上午，张伯行让冉永光帮助大仪看守书院，然后和傅岂凡率领第一批三十名学子，来到那五十亩校田。

此时，正值小麦扬花的季节。在过一段时日，就要进入灌浆期。麦田套

种的豌豆,有些已经饱满可吃。小麦和豌豆溢出的馨香充满田园,沁人心脾。

按照先前安排,大家每两人一组摘一垄豌豆。不一会儿,众学子便投入火热的劳动中来。

大家正摘着豌豆,突然一位叫段小宝的文弱书生尖叫一声:"哎呀,快来看啊,这儿有一大堆小蚊子和一只小乌龟在打架呢!"

紧挨着他的同学张三维和陈道儒都围上来。他们一看:乖乖!只见一棵小麦穗子上爬着数不清的蚊子一样的昆虫,一只背上生有星星斑纹的小乌龟,正在吞吃它们。这几个人都看得目瞪口呆,竟然不敢向前走去。

不一会儿,张伯行和另外几位同学也都赶过来。其中一位叫张大兴的学子看过之后,竟然"嗤嗤"地笑弯腰,而张伯行却气得说不出话来。原来,这是一只瓢虫正在吃麦蚜虫呢!

这时,傅岂凡也来到跟前,便示意所有同学都过来。张伯行呼道:"留心脚下庄稼。"

同学们都蜂拥而至,来到跟前。

张伯行指着麦穗上的昆虫道:"这些黑色小飞虫,叫作蚜虫,是破坏庄稼之害虫。那有斑点之昆虫,是专门吃蚜虫者,故为益虫。"

稍顿又道:"瓢虫为全变态昆虫,一生所经四期:卵、幼虫、蛹和成虫。以蚜虫为食之瓢虫种类有七星瓢虫、异色瓢虫、六条瓢虫和龟纹瓢虫。蚜虫,乃一类植食性昆虫,是对农作物最具破坏性之害虫。其大小不一,为害至深,农人深恶痛绝。"

看到大家认真听讲,神情专注,张伯行又道:"当今圣上对植物皆有深入之考察,其亲播十余种,诸如稻麦、人参、花木等。鼓励农桑于不止,与京城之郊亲耕良田,南稻北引,终获成功。我等岂可做五谷不分、四体不勤之人乎?"

这时,张伯行突然想起康熙皇帝研究考察过的植物多达二十余种,如黑龙江麦、御稻、吐鲁番西瓜、葡萄、菱角、杨柳、枫树、竹子等。

康熙帝对这些植物的产地、生长期及根、茎、叶、花、果的性能、用途、味道等,都做过比较深入的考察。他在京城培育出的"御稻",亩产量竟然不低于江南米乡的亩产量。而这些,非常人所能及矣!

学子们听得有滋有味,对老师的博学多识和谆谆教诲皆敬佩不已。

张伯行见大家沉默不语,接着说道:"一会儿,每组把各田垄里的成熟豌豆摘完,我们再做个游戏。"

有学子问道:"那是什么游戏呢?"

张伯行微微一笑道:"大家且先干活,到时便会知晓。"

快到午时时分,张伯行见众学子把所分配的农活干完,便召集大伙道:"现在游戏马上开始。"

他指着脚下的麦田道:"有谁愿领大伙把这块地丈量一下,看看到底有多少亩地?"

这时,人群中有人应声道:"恩师,学生不才,愿意践行之。"

张伯行闪目观看,原来是考城学子郑其灿。

张伯行道:"你安排下去,如何量法,可自己主张,只小心庄稼则可。"郑其灿领令而去。

这边,张伯行与傅岂凡二人在田头树荫下小坐,二人叙谈起书院运作之事,瞬间便沉入其中。

正这时,郑其灿带领学子们回到张伯行跟前,对张伯行道:"恩师,我等已丈量完毕。"

张伯行暗道:"怎么如此之快。"

便问郑其灿道:"此方地共有多少亩?"

郑其灿道:"共有五十三亩零二分。"

张伯行暗暗吃惊:"竟然如此分毫不差。"

又问郑其灿道:"且说说如何丈量?"

郑其灿道:"我等先量好一亩之数,而后以此为度,量其十。再以十亩为度,量其五。其之剩余,用缩减之法须臾可见。"

张伯行甚是欣慰。

本次田间劳动,收获颇丰,张伯行让学子们返回书院。大家带着所摘豌豆,排队向仪封方向进发。

途中,看大家有些沉闷,张伯行便说道:"'春秋多佳日,登高赋新诗。'今日劳作,我欲让诸位即兴咏诗一首,也是对这次活动的记录。何如?"

郑其灿等人响应道:"就依恩师!就依恩师。"

张伯行道:"既然作诗,就要突破前人。如此,第一人作诗后,第二人所作诗的第一字,必须为第一人所作诗的最后一字,如此类推。"

众学子皆道:“这有何难,我等愿意一试。”

傅岂凡立马响应道:“我打头阵,先抛个砖头,且听我吟!”接着便吟起来:

宫保府前有良田,学子葱茏后无边。
桑梓难忘教化地,耕读胜似桃花源。

大家齐声叫好!然后,学子郑其灿接着咏道:

源头莫如知古今,细碎浪花润林荫。
轩辕犹知农桑事,吾辈应耻谷难分。

众学子大声呼好!学子陈道儒也不甘示弱,接着咏道:

分清真伪需投身,天上地下皆学问。
应知圣人尚尊卑,从此莫忘四体勤。

大家又是一阵喝彩。

这次作诗接诗,一路之上好不热闹。张伯行、傅岂凡感想也颇多。

(五)张伯行挨家挨户动员寒门子弟进入书院读书求学并减免学费

长空万里,湛蓝一片,偶有闲云飘过,却难以掩盖暖阳之光辉。

日光斑驳,折射出寸寸树叶之影,琅琅吟诵之声。

张伯行傲然挺立,手持戒尺,声音略有沧桑,然则,却不失洪亮,说道:“古人曰:‘国将兴,必贵师而重傅;贵师而重傅,则法度存。国将衰,必贱师而轻傅;贱师而轻傅,则人有快;人有快则法度坏。’”

学子们亦随之诵读。

待诵读之声停歇,张伯行便环顾四周说道:“此言之意乃为:国家要兴盛,一定要尊重老师并看重能工巧匠;如此,规矩和制度就能保持并得以推行。

反之，国家将衰亡，就会看不起老师和能工巧匠；看不起老师和能工巧匠，人们就会放纵自己。若人们都放纵自己，规矩和法度就会被败坏。”

张伯行略微一顿，说道：“知书达礼，就是说，只有知书，才能达礼。礼有三本：天地者，生之本也；先祖者，类之本也；君师者，治之本也。”

众人沉思一番，点头称是。

张伯行略微一清嗓子，继续说道：“《师说》有云：‘古之学者必有师。师者，所以传道授业解惑也。人非生而知之者，孰能无惑？惑而不从师，其为惑也，终不解矣。’”

此时，书院外，不断有行人聚集于此处，侧耳倾听。

而学子们回归家中，皆言于书院之中学习，颇有提升。

天长日久，百姓们皆传唱请见书院传道授业，乃是一绝。

因而，请见书院名气愈发提升，前来求学之人络绎不绝。即便是身处异地之人，亦纷纷来此，请求习之。

张伯行瞧见书院之中学子们不断递增，顿觉欣慰不已。传道授业之时，心中只觉力量非凡。

一日，张伯行一番讲习，似意犹未尽，然则，却只可留于他日。

学子们对着张伯行拱手施礼，便逐渐离去。

张伯行望着一道道身影消失在眼眸之中，方徐步而出。

这时，张伯行陡然瞧见院落外，有数名幼童围绕在此处。他心生疑惑，走上前去，问道：“何事围绕于此处？”

那数名幼童心神皆专注于院落之内，不曾想到有人会来到此处，略微一惊，扭回身来。看到张伯行，他们宛如身有过错一般，低首不语。

张伯行上下打量一番那数名幼童。此间幼童，皆处于总角之年，浑身上下粗布麻衣，身材瘦削，面黄肌瘦，脸庞之上略有灰尘。

张伯行看罢多时，神色温和，继续问道：“发生何事？”

为首一幼童，年龄稍大，身着褐色衣衫，对着张伯行拱手施礼，说道：“惊扰先生，请先生恕罪。我们只是为先生讲学所诱，方来此窃听，还望先生莫要责怪。”

言毕，身后那数名幼童缩于此幼童身后，身体微微颤抖。

张伯行闻听此言，方知前后缘由，手捻须髯，说道：“为何未曾进入学院之中学习一番?”

那幼童双眸略微一暗,说道:“家中清贫,未有余钱前来学习。”

张伯行闻听此言,心中一痛,说道:“汝等所住何处?”

那幼童不由得瞳孔一阵紧缩,说道:“先生,我等知错,还望先生莫要前去找我等家人。”

还未等张伯行言语,那幼童看向身后之人,用眼神示意,便一哄而散。

张伯行看着那数名幼童夺路而逃,方欲伸出手来,挽留一番,但他们着实离去突然,步履极快,再想挽留,已然来不及。

张伯行叹息一声,惆怅于街道之上。

不知多久,张伯行复瞧见前方有数名幼童聚集在一处,那身影颇有些熟悉,不由得紧走几步。

此刻,那身着褐色衣衫幼童亦瞧见张伯行。张伯行已然来到近前,再欲要躲避自然来不及,只好硬着头皮,说道:“先生!”

而其余幼童复躲于此幼童身后。

张伯行说道:“吾还不曾言尽,汝等便离去。即便是要离去,亦要等吾言毕,再离开亦不迟啊!”

那数名幼童垂首而立,默然听训。

张伯行说道:“吾本欲寻汝等家人,商议进入学院学习一事,却不承想汝等逃离。不过,幸好有缘,于此再次相遇。”

那数名幼童闻听此言,不知该如何是好。片刻,迸发出惊喜之色。

那为首幼童心有愧疚,对着张伯行拱手施礼,低首说道:“我等错怪先生,还望先生海涵。”

张伯行说道:“无妨,无妨,待吾前去寻汝等家人可好?”

那数名幼童颔首,便头前带路。

张伯行跟随着众人行至数百米,方瞧见众人所住之所。

那为首幼童,将张伯行让入屋内。其父母瞧见有客人来访,顿时受宠若惊。

那幼童一番介绍,其父母方知张伯行乃请见书院之先生,顿觉莫大殊荣。

其父将张伯行请入上座,方说道:“先生前来,不知所为何事?”

张伯行看看那幼童,说道:“吾观此子,天分颇佳,还望二老许可进入学院读书。”

其父面有为难之色，低首不语。那幼童亦知晓家中难处，亦垂首不发一言。

张伯行毫无气馁之色，朗声说道：“正所谓：‘立身以立学为先，立学以读书为本。’读书方能前途似锦，方可改变命运。”

其父知晓张伯行言语恳切，亦不忍辜负张伯行一番好意，叹息一声，说道：“先生所言有理。然家中清贫，实难以供此子读书，还望先生见谅。”

那幼童露出失望之色，然而，眼底却有着深深的期盼。

张伯行不紧不慢地说道：“如若学院将费用免之，可许此子入学？”

其父闻听此言，略微一惊。张伯行已然这般真心诚意，如若再不答应，便难以言说。其父立即对着张伯行躬身致谢，说道：“先生真乃心善之人！既然先生皆以如此盛情，我怎敢推脱？还望先生日后好生管教此子。”

张伯行拱手还礼，说道：“那是自然，此乃吾分内之事。”

那幼童听闻此番言语，愕然不已。只觉幸事突然而来，难以置信。

良久，方回过神来，拜谢张伯行。

张伯行于此处，复停留片刻，便起身告辞。那幼童随之相送。

张伯行立于门扉之外，看向身旁幼童，说道：“汝可知晓其余幼童家中所处之地？”

自从张伯行游说其父母成功，此幼童便心生钦佩，恭敬地说道：“知晓，这就带先生前去。”

张伯行示意那幼童立即紧走几步，于前方带路。

一路之上，张伯行不辞辛苦，挨家劝学，不断动员穷人子弟，前去读书。

即便是为之所拒，神色亦不变，继续进行游说。一番言语，直至天色暗沉，方打道回府。

此一日之劳，只觉口干舌燥，疲惫不已，然则，却心有满足之感。

次日，张伯行将心中决定告知学院众人，众人毫无反对之意，顿时，信心陡增。而后，晚间亦然，直至将所有穷人子弟皆纳入学院之中方罢休。

书院之中，学子愈发递增。为了传道授业愈发便利，书院先生皆把家眷接来，准备长期在书院之中授业解惑。

时光荏苒，岁月如梭，转眼间，三年一次的乡试来到。学子们准备充足，信心颇丰，纷纷报名前去参加。

不久，乡试中榜单者出。

在此次乡试中，学子们或金榜题名，纷纷前来拜谢张伯行；或名落孙山，发誓要改年再战。

考取功名之学子陆续离去。张伯行看着他们的身影，心中欣慰不已。

（六）他似乎看见那个魂牵梦绕的黄河故道，那个书声琅琅的请见书院

又一个芒种节就要到来，又一个丰收季就要到来！

请见书院至宫保府，宫保府至请见书院，成为张伯行几年来两点一线循环不断的路径。

融合着浓郁的麦香，张伯行刚从请见书院到家中，开封府的官人送来一份官文，上书道："着张伯行及早进京修补中书，不得有误。"

张伯行接文后，赶紧向夫人辞别，随即就和大黑返回请见书院。

张伯行让大黑把冉永光、傅岂凡等请过来，便把返回京城的事给大家言说。

大仪问道："何时启程，我是否还与老爷一道前往？"

张伯行道："我欲后天就走。这次，有大黑相随即可，你这边先帮傅先生打理书院。"

大仪道："那冉先生如何安排？"

张伯行冲着冉永光微微一笑道："冉兄乃大贤之人。从请见书院初建至今，皆鼎力相助也。然，冉兄还有几件事务要办，以后会有一段时间不在书院。来时已与我言，故你等要多用力。"

大仪这才明白其中缘由。

冉永光不好意思地说道："我这边可宽限几日再走，先帮傅先生梳理一二。"

傅先生道："表侄只管放心。这边冉先生之中牟离仪封不过百余里，若需相顾，我只管派人去请。还有一样，大仪多年受你熏陶，另加勤勉向学，学识可抵当今举子，现于书院只做杂役，着实有几分大材小用。依我之意，可使教

习学子矣。”

张伯行、冉永光皆点首称好。

收拾停当，张伯行与大黑向众人作别，骑马奔京城而去。

且说冉永光在张伯行走后十日，方离开书院，返回中牟大孟镇万胜村家中稍作整理，即赴登封嵩阳书院授业解惑。请见书院这边教务之事全部由傅岂凡负责。如傅岂凡所言，由大仪教授部分学子。没上几堂课，学子们都佩服得五体投地，均直呼“小张先生”，让大仪好好地过了一下老师瘾。

高兴之余，大仪更加感恩张伯行。他想：“只有好好地干，才能对得起视自己如亲弟弟的长兄，也不知大黑他们在京城怎样啦？”

且说张伯行来到京城后，依旧到内阁中书科报到。原想所做之事有所变化，可依旧是负责典章法令的编修、撰拟、记载、翻译、缮写等工作。

来京月余，张伯行十分挂念仪封请见书院，也不知道冉永光在嵩阳书院的课程如何。这次，他可是帮了大忙的。由于有言在先，近段时间冉永光还是嵩阳书院与请见书院两兼顾，还不能全力以赴投入请见书院的教学，故在他的一再推让之下，还未写下聘书。张伯行想：“这次如能及早返家，定为冉兄精制一尺见方的聘书，正式聘他为请见书院的主教塾师。”

这时，大黑从外面进来，说晚餐时间已过，让张伯行及早吃饭。张伯行招手道：“大黑，先不着急吃饭，我且有一事问你。”

大黑嘿嘿一笑道：“老爷，有话只管吩咐。”

张伯行盯着大黑道：“我欲辞官返家，你道怎样？”

大黑有些懵懂地问道：“这却为何？”

张伯行道：“我欲全力于请见书院之教习，故辞之。”

大黑道：“老爷是仁爱之人，如何决断，大黑都当尽力相助。只是这请辞之事不可太急。”

张伯行道：“这倒如何来说？”

大黑道：“老爷新来京城刚有月余，若现今请辞，上司、同僚一概心中难以接受。”

张伯行看看大黑道：“所言有理，只是何时请辞为好？”

大黑道：“我以为三月后请辞最好。”

张伯行嘴里说好，心里却高兴不起来。他对大黑道：“你先吃饭，我这会儿依然不饿,暂想静上一静。”

大黑只得无奈退出。

这边,张伯行就座于书案之前,一幕幕情景又浮现眼前。

是啊,他又想起宋俞丰,不知这小子学业有没有长进;他又想起段小宝,不知这家伙是否多认识几种昆虫;他又想起大仪,不知这位塾师是否进入角色。

他还想起永光兄所著的《四书五经详说》《尚书详说》。古人曰:学以致用。这些鸿篇巨制如能搬到讲堂,那该多好!

还有,他的理学系列《性理纂要》《阳明疑案》《正蒙补训》,如果能让学子早日接触,那该多好!

想着想着,张伯行竟然坐在书案前沉沉睡去。

张伯行终于苦捱至这年八月,便草拟一封请辞函,交与中书科,以传呈内阁。理由是说自己年岁已高,现想专心致力于义学,以效应朝廷之倡导。见第一封函没有回音,张伯行于九月底又撰写书信一封,尽表献身义学之志。至十月中旬,终得回复,内有句曰:“张伯行志在义学,其当励也!先中书科善后,事毕,可于十二月返籍。”

康熙三十七年腊月初三,京城越发寒冷起来,可张伯行心里却温暖如春。因为,他与大黑今天就要打马返回家乡。他们把物什收拾停当,只带两袋子书籍和路上所需的盘缠,便向河南进发。保定府,大名府,滑州城,陈桥驿,柳园口……张伯行眼望前方,心里想到许多许多。他似乎看见,那个魂牵梦绕的黄河故道,那个书声琅琅的请见书院,那个敬业的傅岂凡,那个勤进的张大仪,都在前面向他招手。

他仿佛遥遥望见,故乡的炊烟,淡蓝,淡蓝,含着泥土与草木的清香,一缕缕,从熏黑的灶火门前,从小闺女儿王凤仪弯弯的手臂间,从母亲耿老夫人灰白的头发上,轻轻地,轻轻地蔓延。故乡的炊烟,像一根细细的长线,悄悄地牵动游子的思念。母亲的心,就是圆圆的线团。无论漂到哪里,总能够听到母亲的呼唤。故乡的炊烟,是苦难中透明的希冀,是少年时神奇的梦幻。凡是炊烟飘荡的地方,都会找到母亲的爱;凡是炊烟飘荡的地方,都有游子深深的眷恋!

（七）张伯行礼贤下士，诚心聘请冉永光执掌请见书院，出任山人

且说张伯行与大黑一路马不停蹄，昼出夜伏，这一日终于赶回宫保府。稍作休息，次日黎明时分，便起身前往仪封请见书院。也是心急马快，不到半个时辰，便来到请见书院门前。

张伯行轻轻拍打门环，守门的老张头打开大门，一看是张伯行，高兴地喊道："老爷，您可回来啦！我这就报知傅先生他们。"

张伯行轻声道："这个不消说，你且好生看门。"然后，径直奔傅岂凡和大仪的办公之处。

这会儿，傅岂凡正在学堂讲解经文，只有大仪一人在此面对墙壁低头备课。

张伯行见他如此认真，也没有打扰，便找把椅子坐下仔细端详。大仪只觉得有人进来，以为是傅先生刚刚下课，便随口说道："傅先生，茶壶里有刚烧好的茶水，你且喝些。"

张伯行见他如此认真备课，还想着照顾别人，心中不免有些感动，便轻声接道："你且备课，如渴便喝。"

大仪听得声音不对，方转身抬头。猛然看见张伯行，竟惊诧地愣在那里，好半天方才缓过神来，结结巴巴地说道："老……老爷，您何时来到这里的？"

张伯行道："我这刚到，你就让茶。"

大仪似乎不敢相信，又有点不好意思地说道："我这不是在梦中吧？"

张伯行道："确实不在梦中，你我且说说话，如何？"

大仪道："就依老爷。"

然后，张伯行便问起这半年多书院所发生之事及大仪的讲习感受，大仪都认真回答。

最后，张伯行又问起冉永光来，言道："可有冉先生信息？"

大仪道："这个倒稍知一二。冉先生回中牟后，主要在家著书立说。后听说登封知县前去拜访于他，让他再次出山，执掌嵩阳书院，出任山人。"

张伯行道："这个因何获知？"

大仪道:“还是中秋时节,我与傅先生商议,冉先生在书院建造之时没少出力,我们何不登门造访呢?如此,便与傅先生一道,带点咱们仪封土特产,前去中牟看望。运气还算不错,冉先生偏巧在家。他见我们来,心里自是激动,也把自己的情况给我们粗略介绍。”

张伯行对大仪和傅岂凡的做法极为赞赏,边听边频频点头。

正在这时,傅岂凡从学堂里讲学归来,看到张伯行,自是高兴不已,少不得一番攀谈。

最后,张伯行对二人说:“我欲亲往中牟,大仪抽身帮我指个路。”

大仪道:“老爷刚回,路途劳顿还未歇息。依我之见,可着我前往,老爷只代我授课则可。”

傅岂凡也道:“大仪所讲有理。以表侄与冉先生情义,不消过于客套。只遣大仪前往探看或相请,很是妥当。”

张伯行沉吟片刻,说道:“若去中牟,非我亲往拜见方可。”

大仪道:“老爷可歇息几日再去无妨。”

张伯行道:“你且做好准备,明天随我前往。”

大仪应声说好。

且说张伯行回到请见书院之后,立刻用起心来。他首先到学堂了解学子们的学习状态,然后到藏书阁查看书籍保存管理。最后,又看看傅岂凡与大仪的备课讲稿。

是晚,他又仔细翻阅上月对书院整体盘点所作的记录。只见上面写道:“现有学子:小班五十六名,大班六十九名,共计一百二十五名。书院现有大小存书计一千六百五十二册,现有余粮一石半。”

张伯行非常欣慰,暗道:“有如此俊才,书院焉有不兴之理!”

次日清晨,张伯行和大仪骑着两匹快马,直奔中牟大孟万胜村而去。

走过杏花营,前面便是中牟地界。这时,大仪对张伯行道:“老爷,前边不远就是官渡古战场。你说那袁绍七十万大军,竟然打不过曹操八万军队,这是为何?”

张伯行道:“这个缘由虽然很多,但其任贤用人方面却是存在诸多诟病,此乃失败之主因。如若不是袁绍谋士许攸投奔曹操,建议曹操轻兵奇袭乌巢,烧其辎重,胜负未尝可知也!”

张伯行接着道:“由之引申至书院运营,莫不如此。得人才者得天下也!”

大仪道:“大仪方知老爷疲惫之躯又为何奔忙至此。”

从仪封至大盂一路鞍马劳顿,二人来到万胜村。大仪轻车熟路,带着张伯行径直来到村东一处大宅院前。

大仪轻声对张伯行道:“老爷,我们已到冉先生门前。”便轻轻叩起门环来。

少顷,大门打开,从里面走出位花白胡子的老人家。大仪一眼认出,这便是冉家老管家冉泰。冉泰这边也认出大仪来,忙开口道:“小张先生赶紧请进。”

大仪忙道:“这位是我家老爷。”接着还想介绍下去,张伯行忙挥手制止,对冉泰道:“老人家这边请,永光兄可在家中?”

冉泰道:“就在家中,先进门来,我这边就通禀。”

又忙对守门人道:“速报冉老爷得知。”一边说,一边缓缓向内庭书房方向引领。

这边,冉永光正在书房伏案疾书,得报后赶紧出门快步迎接。看见张伯行,忙说道:“贤弟前来,愚兄迎接来迟。恕罪,恕罪!”

张伯行急忙上步揽住冉先生手腕,言道:“多日不见,想煞小弟也。”

冉永光转脸示意大仪道:“快请进堂说话。”

他们跨槛就座,茶水果点早已摆好。

冉永光劝道:“贤弟且先吃茶。”

张伯行说好。

冉永光接着又道:“贤弟,从中书科何时转回?”

张伯行道:“算上今日方回转三日。”

冉永光道:“贤弟想必也没有正经歇息,愚兄不及。”

张伯行道:“小弟欲效仿仁兄,专事学问与教育。至于仕途,从此不相顾也!”

冉永光道:“贤弟之志,愚兄盛赞矣!”

张伯行道:“相别以来,一直记挂仁兄,也不知仁兄近况如何?”

冉永光道:“我返家之后,一直忙于著述,极少外出。但有一次,却不得不外出数日。”

张伯行道："这却为何？"

冉永光道："我曾应登封进士景东场邀请到嵩阳书院讲学。次年应本省抚军阎兴邦之约，主编《中州通志》，后专心著述。不想，今年七月登封知县王公登门造访，直言嵩阳书院现任山长景日昣因故告假，请我接任此职。我言道已许请见书院，不好再至嵩阳书院。谁知上月王知县又来造访，竟然如此说道：'山长如不便就任，可着塾师，东西兼顾；只讲主旨，细微不论。'以至于让人愁绪满头，不得已又去嵩阳书院讲学数日有余。"

张伯行闻听这番话来，深有感触，少顷，便道："我知仁兄宽厚仁慈，不便相拒，此皆为治学。我今一路奔来，只为相请仁兄也！"

说着，张伯行把聘书拿出呈上，大红聘书上写道："诚聘太史公冉永光胜任请见书院之主教。"此时，冉永光手指已经有些微颤。

不等冉永光说话，张伯行继续道："请见书院创建伊始，仁兄即参与其中，进得书院是为返家。"

冉永光道："贤弟所言极是。请见书院乃自家书院，兄一直心有所存矣！"

大仪接话道："大仪代表请见书院学子，恳请先生出山就教。"

冉永光一时激动得竟不能语，稍后道："我有提议，欲说与二位。"

张伯行接话道："愿闻其详。"

冉永光道："贤弟盛情，愚兄焉有不去之理？只是我有些书稿，尚需日内归类。不如贤弟先小住一日，而后，我与贤弟一道东归。不知如何？"张伯行听过，自是欢喜万分。

还是大仪机灵，对冉永光和张伯行道："我有一想法，冉先生只管先忙，我与老爷周边转转不知怎样？"

冉永光和张伯行都道此议甚好。最后，冉永光道："我欲让冉泰陪同，只管放心驱使耳。"

然后，让人把冉泰叫来叮嘱再三。

且说张伯行和大仪跟着冉泰来到客房。冉泰一边把茶水献上，一边与张伯行商议道："中书老爷，我家老爷让我陪护，我等何时动身？"

张伯行道："哪里皆可，只是不消太远。"

冉泰道："官渡古战场和潘安故里远近相宜，可选其一，也可二者兼顾。"

张伯行问道："不知其路多远？"

冉泰道:“两处皆五十余里。”

大仪道:“其时间有些紧张。”

张伯行接话道:“本次等冉兄为要,其他皆次。不若明日随便附近走走则可。”

这天晚宴,冉永光自是热情招待二位,这里不作赘述。

(八)嵩阳书院与请见书院结为友好书院,一时被传为佳话

第二天,冉永光陪张伯行、大仪吃过早饭,对张伯行道:“贤弟,今天午后约莫便可成行,且先与冉泰村外游玩。”张伯行应允。

于是,冉泰在前,张伯行、大仪在后,缓步走出村子来。

这日是个响晴天,难得的冬日暖阳,村子周围的护城河冰面被太阳照得发着银光。护城河边上的芦苇被风吹的“刷刷”作响,有几只野鸭从里面悄然而出,倒有些“远看山有色,近听水无声。春去花还在,人来鸟不惊”之感。

张伯行心想,在历史的长河之中,一定有许多故事藏匿其中。如果芦苇不摇,野鸭不飞,你是断然想不到那一幕幕历史事件就在其间。见有些沉闷,张伯行打破沉寂,对冉泰道:“冉兄,中牟可有些许人文故事否,恳请讲我一知。”

冉泰道:“要说人文故事,大潘庄便有一个。”

大仪道:“快快请讲。”

冉泰于是娓娓道来。

且说大潘庄有一位美男子,唤作潘安。他本名潘岳,字安仁,西晋的文学家、政治家。“掷果盈车”就是讲潘安的故事。潘安容貌出众,神态优雅。年轻时驾车走在街上,连老妇人都为之着迷,往潘安车里丢水果,回来时满满一车。

《世说新语 · 容止第十四篇 · 七则》:潘岳妙有姿容,好神情。少时挟弹出洛阳道,妇人遇者,莫不连手共萦之。“每行,老妪以果掷之满车。”

尤为可贵的是,他对妻子杨氏一往情深,相爱终身。杨氏逝后,并未再娶。他为她写的悼亡词情谊真挚,缠绵无尽,更被传为千古佳话,有“潘杨之好”的评价。潘安的小名“檀郎”“檀奴”,遂成为夫君或情郎的代名词。世人

皆以“貌若潘安”来形容一个人文采风流并且容貌出众。

大仪听得如痴如醉，不禁暗自佩服。连冉府管家都这么有学识，何况冉永光呢！

午后，张伯行和大仪终于迎冉永光向仪封而去。本是离年关只有二十余天时间，为办好请见书院，冉永光又离家别子，其敬业精神实在令人钦佩。

闲话少叙。三人到请见书院后，从人员配置到教案推演以及生源扩招，又是一连串动作。

转眼已是腊月二十六，张伯行赶到冉永光住室，说道：“仁兄，且不要再有停留，今天就回转家中与贤嫂团圆，我让大仪相送则可。”

冉永光道：“就依贤弟。不过，与弟年后初八同往嵩阳书院之事莫忘。”

张伯行道：“取经之事，焉能相忘，仁兄只管放心就是。”

就此二人话别，大仪携带年货护送冉永光回家过年不提。

且说正月初八天刚亮，张伯行便带领大仪，又骑上快马直奔中牟而去。只见得马蹄疾驰，转眼间便和冉永光在大孟会合。然后，打马西行，直奔登封嵩阳书院。

有道是：嵩山高万尺，洛水流千秋；嵩阳书院在，年少至白首。只见嵩阳书院大门两旁镶嵌长幅巨联。上联道：近四旁惟中央，统泰华衡恒，四塞关河拱神岳；下联道：历九朝为都会，包伊洛瀍涧，三台风雨作高山。

三人正在观赏吟诵，“吱扭”一声，书院大门打开，从里面走出一位青年书生，施礼问道：“可是中牟冉先生和仪封张先生来到？小生舒朗奉景山长之命，在此恭候大驾。”

冉永光道：“正是俺们。”

舒朗道声“请”字，然后带领三人直奔后院山长书房而去。

史载：景日昣，字冬旸，登封大冶人。入嵩阳书院受学于耿介，康熙二十六年中举人，康熙三十年进士。历任知县、京畿及地方监察御史、鸿胪寺、太仆寺少卿，礼部、户部侍郎加礼部尚书衔。曾三次主持科考。后告老归里，一心著述，有《说嵩》《嵩阳学》《学制书》《嵩台随笔》等存世。其中《嵩崖尊生》系中华医学专著，传入日本国并享有盛誉。

这时,景山长已走出书房,专门候在门前迎接。他与冉永光已是老熟人,一个箭步便揽住手腕,微笑着道:“想必这位便是孝先兄吧?二位鸿儒同来,真是难得矣!”一边说一边向屋里礼让。房内茶几之上,早已摆放好茶水点心。

几人坐定,张伯行方仔细端详起景山长来。只见这位景山长生得国字大脸,剑眉,大眼,阔口,双耳朝伦,皮肤白皙泛红,一看便知是位饱学之士。他不等冉永光介绍,便对张伯行道:“‘海内存知己,天涯若比邻。’孝先兄之修为,日昣早有耳闻,今终得一见矣!”

张伯行道:“愚兄新来唐突,一心向学耳,敬请不要见怪。”

冉永光道:“自家兄弟,何必如此酸腐,只需直言则个。”三人相视大笑。

这时,冉永光看看下首的大仪正垂首而坐,便对景日昣道:“此乃仪封张伯仪,原为孝先府里跟班,现请见书院代理塾师。”

只一句,就令景日昣心头微微一震,暗道:“这张伯行真乃大才也!”

言罢,冉永光道:“山长大人,莫不如趁此天色未暗之时,带我等观赏一二。”

景日昣道:“就依仁兄。”

而后,景日昣亲自带领几人在书院观看起来。

但见嵩阳书院环境幽美,建筑布局严谨,殿堂廊房五百余间,共由五进院落组成。首为先师祠,供奉与书院有关的先师先贤。其后为讲堂,讲堂后为道统祠,最后是藏书楼。两侧配房为程朱祠、书舍、学斋等。院内廊房墙壁上镶嵌有历代文人墨客题字留言,其内容、书法各具特色。西偏院为教室、考场。

是晚,景日昣专门设宴宴请张伯行一行。其间,又探讨书院运营之事,张伯行极为受益。

席间,景日昣再次向冉永光发出邀请,说在请见书院教习空余,可以兼顾一下嵩阳书院的教务。冉永光与张伯行相视一笑,只得应允。到后来,冉永光等请见书院教学秩序走入规范,教务系统已经建立,即与张伯行商议,还真的东西兼顾,三月轮流执教。他虽然辛苦,但学子们反倒知道珍惜。由于冉永光的缘故,嵩阳书院与请见书院结为友好书院,互通有无,一时被传为佳话。

次日晌午,张伯行、冉永光、大仪三人与景日昣依依惜别。路上,大仪对张伯行和冉永光道:“我看嵩阳书院除地处深山,也无什么特别之处。”

张伯行道:“深山寂静修为处,这倒不假。然,如无运营之基,亦无行远之途。其学田即一千七百五十余亩,乃坚实之基也;朝廷官府每每相顾,乃天雨之沐也!”

冉永光接话道:“理学升为主修,乃书院之所魂也;其教学与论道相济,乃为髓也;门户开放,有教无类,此之四体健硕也!”

大仪执鞭道:“妙哉,妙哉。”

三人边说边往仪封方向飞驰而去。

二月的豫东平原,春天的气息渐渐地从沟壑之中钻出来。虽然它还带着寒气,但还是压抑不住。比如,打上来的井水,竟然是温热的;比如,冻在冰上的鲫鱼,阳光一照,它竟然又欢蹦起来。

在请见书院,有一位寒门弟子,他的家庭境况就像初春的豫东平原,虽然春寒料峭,但心却是温热的。特别是遇到生命中的贵人后,他的人生追求就像那个冻僵的鲫鱼,经阳光一照,便活蹦乱跳起来。

这个学子名叫梁凤,中牟三官庙人士。他听闻冉永光理学讲解得好,便慕名前来。但他三心二意,并不努力,也没有什么远大志向。冉永光看他三分钟热度,也一时不知如何劝导。好在张伯行隔三差五地找他谈心,加上大仪侧面敲打,终于觉醒过来。后来,其学业大进。在张伯行和冉永光的动员下,梁凤决定参加乡试和会试,可家里却连盘缠都拿不出,两次科考的川资路费全部由张伯行资助。功夫不负有心人,梁凤终于考中进士。张伯行、冉永光、大仪自是欢喜万分。自此,张伯行更加专心治学,潜心办学,请见书院也是如日中天,群星璀璨。真可谓:“乘风好去,长空万里,直下看山河!”